# 中国电力行业年度发展报告

## 2024

中国电力企业联合会　编著

中国电力出版社
CHINA ELECTRIC POWER PRESS

**图书在版编目（CIP）数据**

中国电力行业年度发展报告. 2024 / 中国电力企业联合会编著. -- 北京 : 中国电力出版社, 2024. 7. -- ISBN 978-7-5198-9134-3

Ⅰ. F426.61

中国国家版本馆 CIP 数据核字第 2024NF0938 号

出版发行：中国电力出版社
地　　址：北京市东城区北京站西街 19 号（邮政编码 100005）
网　　址：http://www.cepp.sgcc.com.cn
责任编辑：丁　钊（010-63412393）
责任校对：黄　蓓　常燕昆
装帧设计：赵姗姗
责任印制：杨晓东

印　　刷：三河市万龙印装有限公司
版　　次：2024 年 7 月第一版
印　　次：2024 年 7 月北京第一次印刷
开　　本：889 毫米×1194 毫米　16 开本
印　　张：18.25
字　　数：375 千字
定　　价：498.00 元

# 中国电力行业年度发展报告 2024

## 编 委 会

# 中国电力行业年度发展报告 2024

## 编 写 组

组　　长　张　琳

统　　稿　刘　亮　张　喆

成　　员　（以姓氏笔画为序）

| | | | | |
|---|---|---|---|---|
| 马海伟 | 王　娜 | 王　娟 | 王艳召 | 王馨艺 |
| 方　国 | 尹琳琳 | 石丽娜 | 叶　静 | 付红娟 |
| 白洪海 | 邬　敏 | 庄　严 | 刘　伟 | 刘　彤 |
| 刘　坤 | 刘　亮 | 刘　涛 | 刘旭龙 | 刘志强 |
| 刘禹含 | 米富丽 | 孙　健 | 李　艺 | 李　泽 |
| 李　娜 | 李　真 | 李　硕 | 李　猛 | 李　想 |
| 李云凝 | 李治甫 | 李璟延 | 杨　丹 | 杨　帆 |
| 吴立强 | 张　亮 | 张　喆 | 张志强 | 张晶杰 |
| 陈　旦 | 陈瑞卿 | 周　宏 | 周　星 | 周　慧 |
| 周丽波 | 郑媛媛 | 屈　博 | 赵名锐 | 侯春杰 |
| 姜　晶 | 姜　锐 | 徐　丹 | 徐慧声 | 奚　杰 |
| 高云鹏 | 高长征 | 高丹丹 | 郭　涛 | 郭永成 |
| 谈　萌 | 常云岭 | 梁　良 | 董　博 | 韩　放 |
| 韩　超 | 韩晓宇 | 靳坤坤 | 蓝国青 | 雷雨蔚 |
| 潘卫群 | 魏聚妍 | | | |

# 前　言

PREFACE

中国电力企业联合会（以下简称“中电联”）自2006年以来，以电力行业统计与调查数据为依托，结合企业和相关机构提供的珍贵资料，按年度组织编制《中国电力行业年度发展报告》，力求全面、客观、准确、系统地反映中国电力行业发展与改革情况、行业数据（报告中涉及的全国性统计指标，除特殊说明外，均未包括香港、澳门和台湾地区数据）及信息，为保证年度数据的准确性、权威性，每年在7月出版。《中国电力行业年度发展报告》是一部鲜明特色的、权威性的行业基础报告，是中电联“1+N”报告之“1”，已成为政府、企业、社会了解及研究电力行业发展和决策的重要参考。

《中国电力行业年度发展报告2024》（以下简称“《行业报告2024》”）共分14章，重点反映2023年电力相关政策法规、电力消费、电力生产与供需、电力投资与建设、新型电力系统、电力市场建设、电力安全与可靠性、电力标准化、电力低碳环保、电力科技与数字化、电力企业发展与经营、国际电力发展与合作的情况，并对中长期电力发展进行展望，同时在附录中列出了2023年电力行业大事记、部分国外电力企业经营效益以及行业发展运行等相关数据。

为深入、系统、专业地展示电力行业各专业领域发展情况，中电联同时组织编撰了电力供需分析、电力行业国际合作、电力工程建设质量、电力标准化、电力行业可靠性、电力行业人才、电力行业造价管理、电气化、电力行业数字化、电力工程建设检验检测、电力行业信用体系建设、电力行业科技创新、电力行业法治合规等专业领域的年度系列报告，形成了以《中国电力行业年度发展报告》为龙头，以各专业领域年度报告为支撑的“1+N”年度发展系列报告体系。

我们真诚希望《行业报告2024》及其系列报告能够成为立足行业、服务企业、联系政府和沟通社会的重要载体，成为电力从业人员和所有关心电力事业的读者了解中国电力发展现状的重要参考资料。

**编委会**

2024年6月

# 目　录

CONTENTS

# 第一章

# 综　述

2023 年是全面建设社会主义现代化国家开局起步的重要一年，电力行业坚持以习近平新时代中国特色社会主义思想为指导，深入贯彻落实习近平总书记重要指示批示和党的二十大精神，按照党中央、国务院部署，坚持稳中求进工作总基调，统筹发展和安全，深入贯彻“四个革命、一个合作”能源安全新战略，积极稳妥推进碳达峰碳中和，加快构建新型电力系统，助力加快建设新型能源体系，在新的历史起点上推动电力源网荷储全链条发展迈上新台阶。电力行业深入学习贯彻习近平新时代中国特色社会主义思想主题教育，大力弘扬“忠诚担当、求实创新、追求卓越、奉献光明”的电力精神，实现电力清洁低碳、安全高效发展水平和各类用户电力获得感双提升；全力保障能源电力安全，着力增强电力供应链弹性和韧性，供需协同发力，有效缓解了年初和岁末部分地区部分时段供电紧张局面，坚决守牢民生用电安全底线，电力生产供应和系统运行保持稳定；加快推动电力绿色低碳转型，着力构建风、光、水、核、火多轮驱动的清洁电力供应体系，新能源保持快速发展势头，电力碳排放强度稳步下降；纵深推进电力市场化改革和科技创新，加快建设统一电力市场，持续完善市场交易机制，推动建立煤电容量电价机制，加大力度开展高效新能源发电、先进核电、灵活煤电、多元新型储能、特高压输电等关键技术攻关，加快推进电力产业数字化进程，电力高质量发展的活力和动力进一步增强；扎实推进共建绿色“一带一路”，构建亚太电力命运共同体取得新成效，高水平电力国际合作全方位拓展。电力行业践行责任担当，为推动经济高质量发展和满足人民美好生活需要提供了坚强电力保障，谱写了电力高质量发展新篇章。

## 一、电力消费

**全社会用电量同比增长 6.7%，全年增速逐季上升。**国民经济改善向好拉动电力消费同比提升，2023 年全国全社会用电量 92238 亿千瓦·时，同比增长 6.7%，增速同比提高 3.1 个百分点，高于 GDP 增速 1.5 个百分点；全国人均用电量 6538 千瓦·时/人，同比增加 422 千瓦·时/人。受经济回升及上年同期基数的影响，各季度全社会用电量同比分别增长 3.6%、6.4%、6.6%、10.0%，第四季度增速达到最高。

**电力消费结构继续优化，新兴产业用电量保持强劲增长势头。**2023 年，第一产业用电量延续快速增长势头，达到 1277 亿千瓦·时，同比增长 11.4%，占全社会用电量的 1.4%，与上年基本持平；第二产业用电量 60750 亿千瓦·时，同比增长 6.5%，占全社会用电量的 65.9%（其中，工业用电量 59785 亿千瓦·时，同比增长 6.7%）；第三产业用电量恢复快速增长势头，达到 16696 亿千瓦·时，同比增长 12.2%，占全社会用电量的 18.1%，同比提高 0.9 个百分点；城乡居民生活用电量 13514 亿千瓦·时，同比增长 0.8%，占全社会用电量的 14.7%，增速同比回落 12.8 个百分点。第一产业和第三产业用电量增速均超过 10%且明显高于全社会用电量增速。从用电增量构成看，第二产业和第三产业的拉动分别达到 4.3 和 2.1 个百分点，对全社会用电量增长的贡献率分别为 64.2%和 31.5%。第二产业中，高技术及装备制造业用电量同比增长 11.2%，超过制造业整体增长水平 3.8 个百分点，表现亮眼。其中，光伏设备制造用电量同比增长 76.0%，新能源整车制造用电量同比增长 38.8%，充换电服务业用电量同比增长 78.1%，展现了强劲的增长态势。

## 二、电力生产供应

**煤电总装机占比首次降至 40%以下，新能源发电装机突破 10 亿千瓦。**截至 2023 年底，全国全口径发电装机容量 292224 万千瓦，同比增长 14.0%，增速同比提升 6.0 个百分点。其中，水电 42237 万千瓦，同比增长 2.0%（其中抽水蓄能 5094 万千瓦，同比增长 11.2%）；火电 139099 万千瓦，同比增长 4.2%（煤电 116484 万千瓦，同比增长 3.4%，占总装机容量比重降至 39.9%，同比降低 4.1 个百分点；气电 12620 万千瓦，同比增长 9.1%）；核电 5691 万千瓦，同比增长 2.4%；并网风电 44144 万千瓦，同比增长 20.7%（其中陆上风电 40415 万千瓦，海上风电 3729 万千瓦）；并网太阳能发电 61048 万千瓦，同比增长 55.5%（其中，并网光伏发电 60991 万千瓦，集中式光伏 35224 万千瓦，分布式光伏 25767 万千瓦）；并网风电和光伏发电合计装机规模突破 10 亿千瓦大关，2023 年底达到 10.5 亿千瓦，占总装机容量比重为 36%。

**新能源发电量增量占总发电量增量的 46.1%。**2023 年，全国发电量 94564 亿千瓦·时，同比增长 6.9%。其中，受年初主要水库蓄水不足及降水偏少的影响，水电 12859 亿千瓦·时，同比下降 4.9%，占总发电量的 13.6%；火电 62657 亿千瓦·时，同比增长 6.4%，占总发电量的 66.3%；核电 4347 亿千瓦·时，同比增长 4.1%，占总发电量的 4.6%；风电 8859 亿千瓦·时，同比增长 16.2%，占总发电量的 9.4%；太阳能发电 5842 亿千瓦·时，同比增长 36.7%，占总发电量的 6.2%。在新能源发电装机快速带动下，风电和太阳能发电量快速增长，合计发电量同比增加 2801 亿千瓦·时，占全年总发电量增量的 46.1%。

**电网输配电能力不断增强，跨区、跨省配置电能稳步增长。**初步统计，截至 2023 年底，全国电网 220 千伏及以上输电线路长度 919667 千米，同比增长 4.6%。全国电网 220 千伏及以上公用变电设备容量 542400 万千伏安，同比增长 5.7%。2023 年，全国跨区输电能力达到 18815 万千瓦，同比持平；全国完成跨区输送电量 8497 亿千瓦•时，同比增长 9.7%。

## 三、电力供需

**全国电力供需总体平衡，局部地区局部时段供需偏紧。**2023 年，我国高温干旱、洪涝台风、雨雪冰冻等极端天气多发频发，电力负荷屡创新高，最高达到 13.45 亿千瓦，比 2022 年最高用电负荷增长 4.3%。年初受来水偏枯、电煤供应紧张等因素叠加影响，少数省份在部分时段供需形势较为紧张；迎峰度夏期间全国电力供需形势总体平衡，各省份均未采取有序用电措施，为近年来最好情况；12 月我国多地出现大范围寒潮、强雨雪天气，近 10 个省份电力供需形势偏紧，部分省级电网通过需求侧管理等措施，确保电力供需平衡。

**供需两端协同发力保用电，电力系统全年保持稳定运行。**2023 年，国家高度重视并出台一系列电力保供措施，电力行业以高度的政治责任感，不断提高电力保供能力，坚持政企联动、源网荷储协同发力，通过提升机组顶峰发电能力、加强省间余缺互济、实施负荷侧管理等措施，全力做好迎峰度夏、迎峰度冬期间电力保供，守牢民生用电安全底线，电力系统全年保持稳定运行。

## 四、电力投资与建设

**电源投资增速创新高，非化石能源发电投资占比达 89.2%。**2023 年，全国主要电力企业合计完成投资 15502 亿元，同比增长 24.7%。全国电源工程建设完成投资 10225 亿元，同比增长 37.7%，占电力投资比重的 66.0%。其中，水电投资 1029 亿元，同比增长 18.0%（其中抽水蓄能投资同比增长 40.0%，占水电投资比重 46.7%）；火电投资 1124 亿元，同比增长 25.6%；核电投资 1003 亿元，同比增长 27.7%；风电投资 2753 亿元，同比增长 36.9%；太阳能发电投资 4316 亿元，同比增长 50.7%。非化石能源发电投资同比增长 39.2%，占电源投资比重达到 89.2%，电源投资加速绿色低碳转型。

**新增并网太阳能装机突破 2 亿千瓦，新能源新增装机成为新增装机绝对主体。**2023 年，全国新增发电装机容量 37067 万千瓦，同比增长 86.7%，增速较上年提升 75.5 个百分点。其中，新增水电 943 万千瓦，同比下降 60.2%（其中新增抽水蓄能 545 万千瓦，同比下降 38.1%）；新增火电 6610 万千瓦，同比增长 44.7%（其中新增煤电 4775 万千瓦，同比增长 63.6%；新增气电 1025 万千瓦，同比增长 57.9%）；新增核电 139 万千瓦，同比下降 39.1%；新增并网风电 7622 千瓦，同比增长 97.4%；新增并网太阳能发电 21753 万千瓦，占同期全国总新增装机的比重为 58.7%，同比增长 146.6%。风电、光伏发电的新增装机占新增装机总容量的比重达到 79.2%，成为新增装机的绝对主体。

**电网投资持续提升，重点输电通道建设稳步推进。**2023 年全国电网工程建设完成投资 5277 亿元，同比增长 5.4%。其中，直流工程 145 亿元，同比下降 53.9%；交流工程 4987 亿元，同比增长 10.7%，占电网总投资的 94.5%。电网企业进一步加强农网巩固与提升配网建设，110 千伏及以下等级电网投资 2920 亿元，占电网工程投资总额的 55.3%。白鹤滩—浙江±800 千伏特高压直流输电工程实现全容量投产，驻马店—武汉 1000 千伏特高压交流工程正式投运。

## 五、电力低碳环保

**降碳减污工作扎实推进。**2023 年，全国单位火电发电量二氧化碳排放约 821 克/（千瓦·时），同比降低 0.4%，比 2005 年降低 21.7%；单位发电量二氧化碳排放约 540 克/（千瓦·时），同比降低 0.2%，比 2005 年降低 37.1%。火电清洁高效灵活转型深入推进，2023 年，全国火电烟尘、二氧化硫、氮氧化物排放总量分别为 8.5 万吨、48.4 万吨和 78.5 万吨，同比分别下降约 14.1%、上升约 1.7%、上升约 3.0%，全国 6000 千瓦及以上火电厂供电标准煤耗 301.6 克/千瓦·时。2023 年，全国电网线损率 4.54%，同比降低 0.3 个百分点。

**市场机制促进电力碳减排。**全国 2257 家火电企业参与碳排放权交易，2023 年全年碳配额总成交量达到 2.12 亿吨，累计成交额超过 144 亿元。全年覆盖二氧化碳排放量超过 50 亿吨，成为全球覆盖温室气体排放量最大的碳市场。全国温室气体自愿减排交易市场启动，温室气体自愿减排项目首批方法学发布，为降低减排成本提供更多渠道。

## 六、电力安全与可靠性

**电力可靠性稳步提升。**2023 年，纳入电力可靠性统计的水电机组等效可用系数为 93.38%，同比上升 0.43 个百分点；煤电机组可靠性总体维持在较高水平，等效可用系数为 91.73%，同比上升 0.22 个百分点；气电机组等效可用系数为 92.90%，同比上升 0.28 个百分点；核电机组等效可用系数为 89.35%，同比下降 0.33 个百分点；风电机组运行可靠性指标总体平稳，等效可用系数为 98.76%，同比上升 1.19 个百分点。输变电方面，纳入电力可靠性统计的 220 千伏及以上电压等级十一类输变电设施的可用系数保持在 99.44%以上。直流输电方面，纳入电力可靠性统计的 47 个直流输电系统合计能量可用率为 96.814%，同比上升 0.013 个百分点；能量利用率为 42.07%，同比下降 1.98 个百分点。供电方面，全国供电系统用户平均供电可靠率为 99.911%，同比提高了 0.015 个百分点；用户平均停电时间 7.83 小时/户，同比减少了 1.27 小时/户。

## 七、电力科技创新与数字化

**科技创新加快驱动新质生产力发展。**2023 年，电力行业全力打造原创技术策源地，围绕加快发展新质生产力，取得了一批自主创新成果。在发电领域，顺利投产拥有完全自主知识产权的全球首台 16 兆瓦超大容量海上风电机组；国内首台单机容量最大功率 150 兆瓦级大型冲击式水电机组于 2023 年 6 月投运发电，标志着我国实现高水头大容量冲击式水电机组从设计、制造到运行的全面自主化。在电网领域，建立了大型电力系统基础仿真理论，实现了万节点级大型电力系统仿真从毫秒级到微秒级仿真的突破，解决了海量电力电子设备微秒级响应下系统稳定特性暂态仿真难题；世界首条 35 千伏公里级超导输电示范工程完成满负荷试验；世界首套±1100 千伏自主可控特高压直流控制保护设备完成挂网试运行；成功研制具有完全自主知识产权的特高压换流变压器用真空机械式有载分接开关工程样机，于 2023 年 4 月正式投入使用，我国特高压直流工程换流变压器从整机到组部件实现全部国产化。

**电力数字基础设施和数据资源体系不断夯实。**2023 年，电力企业进一步深入实施国有企业数字化转型行动计划，完善体制机制、推进试点示范、探索对标评估、加强合作发展。电源领域特别是新能源发电依托数字化新技术，提升生产运营的数字化水平，实现对发电设施的远程监控和智能化管理，显著提升发电效率和经济效益；电网领域充分挖掘电力数据价值，以“电力＋算力”带动电力产业能级跃升，通过数字化转型促进数字技术渗透各环节，基于源网荷储协同发展，逐步构成“大电网 ＋ 微电网”的电网形态。2023 年，电力行业主要电力企业数字化投入为 396.46 亿元，电力数字化领域的专利数量、软件著作数量、获奖数分别为 5149 项、39614 项、1450 项。

## 八、电力市场建设

**电力市场交易规模快速扩大，市场化程度进一步提高。**2023 年，全国市场交易电量 56679.4 亿千瓦・时，同比增长 7.9%，占全社会用电量比重为 61.4%，比 2022 年提升 0.6 个百分点。各电力交易平台累计注册市场主体 74.3 万家，同比增长 23.9%，多元竞争主体格局初步形成，电力市场规模稳步扩大。

**电力市场交易机制不断完善。**2023 年，电力中长期交易已在全国范围内常态化运行并持续增长，全国中长期交易电量占市场交易电量比重在 90%以上，中长期合同履约率超过 96%，成交价格平稳，充分发挥了电力中长期交易保供稳价的基础作用。电力现货市场建设稳步推进，23 个省份启动电力现货市场试运行，反映实时电力供需的价格机制基本建立。辅助服务市场实现全覆盖，品种和主体进一步丰富。全国各电网区域已实现辅助服务市场全覆盖，初步建立市场引导的辅助服务资源优化配置机制，形成以调峰、调频、备用等交易品种为核心的区域、省级辅助服务市场体系，对保障电力系统安全稳定运行、促进新能源消纳、降低系统调节成本发挥了积极作用。

**电力市场化改革深入推进。**2023 年，煤电容量电价政策出台，初步形成了容量电价回收固定成本、电量电价回收变动成本、辅助服务回收调节成本的煤电价格机制，推动煤电向基础保障性和系统调节性电源并重转型。新能源进入电力市场节奏进一步加快，全国新能源市场化交易电量 6845 亿千瓦•时，占新能源总发电量的 47.3%，全国范围内促进有效竞争的交易规则体系基本形成。积极构建绿电、绿证市场体系，完善交易机制，绿电、绿证交易规模不断扩大，自绿电、绿证交易启动以来，截至 2023 年底，全国绿电交易累计成交量 954 亿千瓦•时。绿证交易累计成交量突破 1 亿张。

## 九、电力企业经营

**电力企业经营形势继续向好。**截至 2023 年底，国家电网有限公司、中国南方电网有限责任公司和内蒙古电力（集团）有限责任公司三家电网企业资产总额合计 6.56 万亿元，同比增长 6.5%；中国华能集团有限公司、中国大唐集团有限公司、中国华电集团有限公司、国家能源投资集团有限责任公司、国家电力投资集团有限公司五大发电集团资产总额合计 7.38 万亿元，同比增长 8.3%。2023 年，三家电网企业主营业务收入合计 4.51 万亿元，同比增长 2.6%，平均资产负债率为 56.3%，同比降低 0.2 个百分点；五大发电集团电力业务收入 1.58 万亿元，同比增长 3.4%，电力业务利润总额 1081 亿元，同比增长 906 亿元。

**煤电企业经营状况略有好转。**2023 年，国内电煤市场整体区域平衡，电煤中长期合同履约率明显提升，现货价格总体回落。电煤中长期合同机制持续发挥保供“稳定器”作用。根据 CECI 沿海指数统计，2023 年，5500 大卡现货成交价平均为 978 元/吨，同比下降 303 元/吨。煤电企业经营状况略有好转，五大发电集团全年火电业务利润总额为 196 亿元，部分发电集团火电业务仍处于亏损状态，其中，煤电业务利润总额为 202 亿元；其他 14 家大型发电企业全年火电业务利润为 229 亿元，其中煤电业务利润为 131 亿元。

## 十、电力国际合作

**电力对外投资规模持续扩大。**截至 2023 年底，中国主要电力企业对外直接投资项目共 34 个，投资总金额 44.23 亿美元，同比增长 30.82%。中国主要电力企业对外投资主要涉及太阳能发电、风电、水电、输变电、其他投资等领域。从项目数量看，新能源是对外投资项目数量最多的领域，占比约 61.8%，其中太阳能光伏发电占比 50%，风电占比 11.8%。

**电力对外工程承包发展态势良好。**2023 年，中国主要电力企业年度新签订境外工程承包合同项目 205 个，合同金额 264.55 亿美元。新签境外工程承包项目涉及 55 个国家和地区，分布在亚洲和非洲占比最高，分别为59%和23.9%。截至2023年底，中国主要电力企业对外工程承包合同额累计4024.26亿美元。

**构建亚太电力命运共同体迈出新步伐，中国电力“走出去”取得新进展。**2023年，第24届东亚及西太平洋电力工业协会大会在厦门成功召开，大会以“绿色低碳 点亮未来”为主题，中国同亚太各国一道，携手推动构建开放共赢的能源电力国际合作新格局。中国顺利接任亚太电协技术委员会主席国，指导推动成立澜湄区域电力技术标准促进会，不断拓展澜湄区域技术交流的深度和维度，发布由中国牵头制定的《分布式能源与电网互联》等8项国际标准。

## 十一、新型电力系统

**新型电力系统构建基础不断夯实。**清洁低碳方面，非化石能源发电装机容量157541万千瓦，同比增长24.1%，占总装机容量比重首次突破50%，达到53.9%。2023年，基建新增非化石能源发电装机容量合计30762万千瓦，同比增长96.2%，占新增发电装机总量的83.0%。安全充裕方面，2023年，全国新增支撑性电源（煤电、气电、常规水电、核电）6338万千瓦，西电东送规模超过3亿千瓦，电网资源配置能力持续提升。经济高效方面，建立煤电向基础保障性和系统调节性电源并重转型发展的容量电价机制，统一电力市场体系建设持续加强，系统综合能效水平稳步提升。供需协同方面，源网荷储一体化和多能互补蓬勃发展，电力需求响应能力稳步提升，虚拟电厂在京津冀区域、长三角区域、粤港澳大湾区加快布局，车网互动在东部负荷中心地区开展有益探索。灵活智能方面，系统调节能力持续加强，具备深度调节能力的煤电装机容量占比超过50%，抽水蓄能、新型储能新增装机容量2814万千瓦，在近年来新能源装机高速增长条件下，利用率连续五年保持95%以上，电力发输配售用全环节数字化、信息化、智能化发展势头强劲，持续激发电力发展新动能。

## 十二、电力发展展望

**2024年全国电力供需延续总体紧平衡态势。**综合当前阶段我国的经济增长潜力，以及国家宏观调控目标，2024年我国宏观经济运行将保持平稳增长，成为拉动电力消费增长的最主要动力，预计2024年全国全社会用电量同比增长6.5%左右。2024年新能源新增装机将保持快速增长，电力供应能力继续提升，为保障电力稳定供应提供了基本支撑；但由于新能源发电出力以及来水存在不确定性，常规电源增加规模小于用电负荷增加规模，均增加了电力生产供应的潜在风险。综合考虑用电增长、电源投产等情况，预计2024年全国电力供需形势呈现总体紧平衡态势；迎峰度夏和度冬用电高峰期，部分区域中的部分省级电网电力供应偏紧，部分时段可能需要实施需求侧管理等措施。

**电力中长期绿色低碳发展助力践行“双碳”目标。**从需求总量上看，我国经济发展长期向好，电力需求将持续保持刚性增长。预计 2030 年全国全社会用电量达到 13 万亿千瓦·时以上，绿氢、抽水蓄能和新型储能的用电需求将显著提高。从供应结构上看，推动能源供给体系清洁化、低碳化，持续加大非化石电力供给，推进大型风光电基地及其配套调节性电源规划建设，统筹优化抽水蓄能建设布局。预计 2030 年，全国非化石能源发电装机占比接近 70%，带动非化石能源消费比重达到 25%以上。从消费结构上看，深入实施可再生能源消费替代，全面推进终端能源消费电气化进程。预计 2030 年，全国电能占终端能源消费比重有望达到 35%。

**持续推进电力技术创新、市场机制创新、商业模式创新。**加快形成先进前沿技术创新牵引带动效应，加强基础前沿研究和源端技术研发，在高效新能源发电及主动支撑、新型储能、绿色氢能、CCUS 等重大关键技术和高端电力基础材料、电力气象、数字化智能化等重要支撑技术领域打造先发优势；建立“电—碳—证”多市场协同机制，加强可再生能源超额消纳量、绿证、碳排放权、CCER 衔接，健全不同环境权益产品间的流通规则、核算方式和价格传导机制；因地制宜推动多元商业模式更新迭代，聚焦煤新联营、新能源配储、虚拟电厂、综合能源服务领热点领域，培育电力新兴业态商业模式，支撑新型电力系统建设路径优化。

注：2023 年电力行业大事记见附录 1，2023 年电力行业基本数据一览表见附录 2。

# 第二章

# 电力政策法规

## 第一节　党中央全国人大国务院能源电力相关政策精神

### 一、党中央有关工作会议精神

#### （一）2023 年中央经济工作会议有关精神

围绕推动高质量发展，突出重点，把握关键，扎实做好经济工作。要以科技创新推动产业创新，特别是以颠覆性技术和前沿技术催生新产业、新模式、新动能，发展新质生产力。要发挥好政府投资的带动放大效应，重点支持关键核心技术攻关、新型基础设施、节能减排降碳，培育发展新动能。要加快全国统一大市场建设，着力破除各种形式的地方保护和市场分割。要深入推进生态文明建设和绿色低碳发展，建设美丽中国先行区，打造绿色低碳发展高地。积极稳妥推进碳达峰碳中和，加快打造绿色低碳供应链。持续深入打好蓝天、碧水、净土保卫战。加快建设新型能源体系，加强资源节约集约循环高效利用，提高能源资源安全保障能力。

#### （二）2023 年中央全面深化改革委员会第二次会议有关精神

会议审议通过了《关于推动能耗双控逐步转向碳排放双控的意见》《关于深化电力体制改革加快构建新型电力系统的指导意见》。会议指出，党的十八大以来，我们把绿色低碳和节能减排摆在突出位置，建立并实施能源消耗总量和强度双控制度，有力促进我国能源利用效率大幅提升和二氧化碳排放强度持续下降。从能耗双控逐步转向碳排放双控，要坚持先立后破，完善能耗双控制度，优化完善调控方式，加强碳排放双控基础能力建设，健全碳排放双控各项配套制度，为建立和实施碳排放双控制度积极创造条件。要一以贯之坚持节约优先方针，更高水平、更高质量地做好节能工作，用最小成本实现最大收益。要把稳工作节奏，统筹好发展和减排关系，实事求是、量力而行，科学调整优化政策举措。

会议强调，要科学合理设计新型电力系统建设路径，在新能源安全可靠替代的基础上，有计划分步骤逐步降低传统能源比重。要健全适应新型电力系统的体制机制，推动加强电力技术创新、市场机制创新、商业模式创新。要推动有效市场同有为政府更好结合，不断完善政策体系，做好电力基本公共服务供给。

## 二、全国人大有关工作会议精神

### 《关于 2022 年国民经济和社会发展计划执行情况与 2023 年国民经济和社会发展计划草案的审查结果报告》

2023 年 3 月第十四届全国人民代表大会第一次会议主席团第二次会议通过第十四届全国人民代表大会财政经济委员会《关于 2022 年国民经济和社会发展计划执行情况与 2023 年国民经济和社会发展计划草案的审查结果报告》（以下简称《报告》），《报告》提出要强化煤电油气运调节，压实地方政府、部门、企业责任，确保能源安全供应。推进煤炭清洁高效利用及相关技术研发，大力推进煤电“三改联动”。提升电力生产供应能力，加强各类电源特别是煤电等可靠性电源建设，深入推进煤炭与煤电、煤电与可再生能源联营，核定第三监管周期区域电网和省级电网输配电价，研究建立发电侧容量补偿机制，加快特高压输电通道建设，在全国重点规划、布局一批坚强局部电网，统筹水电开发和生态保护，积极安全有序发展核电。加快应急备用和调峰电源能力建设，完善建设运行保障机制。

## 三、国务院有关工作会议精神

### （一）《政府工作报告》有关精神

《政府工作报告》提出，2023 年发展主要预期目标包括：单位国内生产总值能耗和主要污染物排放量继续下降，重点控制化石能源消费，生态环境质量稳定改善。

推进能源清洁高效利用和技术研发，加快建设新型能源体系，提升可再生能源占比。完善支持绿色发展的政策和金融工具，发展循环经济，推进资源节约集约利用，推动重点领域节能降碳减污，持续打好蓝天、碧水、净土保卫战。

2023 年《政府工作报告》部署的有关能源电力重点工作见表 2–1。

表 2–1　2023 年《政府工作报告》部署的有关能源电力重点工作

| 重点工作 | 相关内容 |
| --- | --- |
| 加快建设现代化产业体系 | 围绕制造业重点产业链，集中优质资源合力推进关键核心技术攻关，充分激发创新活力。加强重要能源、矿产资源国内勘探开发和增储上产。加快传统产业和中小企业数字化转型，着力提升高端化、智能化、绿色化水平。加快前沿技术研发和应用推广，促进科技成果转化。建设高效顺畅的物流体系，大力发展数字经济，提升常态化监管水平，支持平台经济发展 |

续表

| 重点工作 | 相关内容 |
| --- | --- |
| 推动发展方式绿色转型 | 深入推进环境污染防治，加强城乡环境基础设施建设，持续实施重要生态系统保护和修复重大工程。推进煤炭清洁高效利用和技术研发，加快建设新型能源体系，提升可再生能源占比。完善支持绿色发展的政策和金融工具，发展循环经济，推进资源节约集约利用，推动重点领域节能降碳减污，持续打好蓝天、碧水、净土保卫战 |

### （二）国务院常务会议有关精神（见表 2–2）

表 2–2　2023 年国务院常务会议有关精神

| 召开时间 | 国务院常务会议相关内容 |
| --- | --- |
| 1 月 3 日 | 进一步抓好能源保供；持续释放煤炭先进产能，落实帮扶煤电企业纾困政策，支持能源企业节日安全正常生产，强化能源调度，做好电力、天然气顶峰保供预案，确保民生用能，加强重点地区、行业和企业用能保障；一丝不苟抓好安全生产；进一步压实安全生产责任，健全极端天气等应急预案，确保能源等基础设施安全稳定运行 |
| 5 月 5 日 | 要统筹推进传统产业改造升级和新兴产业培育壮大，促进技术创新和转化应用，推动高端化、智能化、绿色化转型，壮大优质企业群体，加快建设现代化产业体系；要加快建设充电基础设施，更好支持新能源汽车下乡和乡村振兴 |
| 6 月 2 日 | 要加强新能源汽车动力电池系统、新型底盘架构、智能驾驶体系等重点领域关键核心技术攻关，统筹国内国际资源开发利用，健全动力电池回收利用体系，构建“车能路云”融合发展的产业生态，提升全产业链自主可控能力和绿色发展水平。要构建高质量充电基础设施体系，优化消费环境，更大释放新能源汽车消费潜力 |
| 7 月 14 日 | 保障能源电力安全稳定供应，是事关国计民生的大事。当前我国正处于经济恢复和产业升级的关键期，各有关方面要落实责任、形成合力，以“时时放心不下”的责任感做好能源电力保供工作。要加强高峰时段重点地区电力保供，加强保供形势预判，全力抓好能源增产增供。要强化煤电保供稳价，落实好电价、财税、金融等煤电企业纾困支持政策，加强电煤中长期合同履约监管 |
| 7 月 31 日 | 决定核准山东石岛湾、福建宁德、辽宁徐大堡核电项目，强调安全是核电发展的生命线，要坚持安全第一、质量第一，按照全球最高安全要求建设新机组，按照最新安全标准改进已建机组，强化全链条全领域安全监管，提升关键核心技术国产化水平，确保万无一失 |
| 11 月 24 日 | 要大力发展新能源和清洁能源。到 2025 年，非化石能源消费比重达 20%左右，电能占终端能源消费比重达 30%左右；严格合理控制煤炭消费总量；在保障能源安全供应的前提下，重点区域继续实施煤炭消费总量控制；重点削减非电力用煤；原则上不再新增自备燃煤机组，支持自备燃煤机组实施清洁能源替代；对支撑电力稳定供应、电网安全运行、清洁能源大规模并网消纳的煤电项目及其用煤量应予以合理保障 |

## 第二节　电力发展与改革政策

2023 年，为推动电力行业高质量发展，顺利实现碳达峰碳中和目标，国家持续推进新型能源体系和新型电力系统、碳达峰碳中和的政策体系建设，围绕水电、煤电、可再生能源发电、新型储能、电力市场建设、电力供应与需求侧管理、信用体系、科技创新等重要领域，出台了一系列政策，为电力发展与改革提供了政策支持。2023 年电力发展与改革相关政策汇总列表见表 2–3。

表 2–3　　2023 年电力发展与改革相关政策汇总列表

| 发布时间 | 文件 | 相关内容 |
|---|---|---|
| 1月3日 | 《关于推动能源电子产业发展的指导意见》（工信部联电子〔2023〕181 号） | 到 2025 年，能源电子产业有效支撑新能源大规模应用，成为推动能源革命的重要力量。到 2030 年，能源电子产业综合实力持续提升，形成与国内外新能源需求相适应的产业规模。能源电子产业成为推动实现碳达峰碳中和的关键力量 |
| 1月6日 | 《关于完善招标投标交易担保制度进一步降低招标投标交易成本的通知》（发改法规〔2023〕27 号） | 提出鼓励招标人对无失信记录的中小微企业或信用记录良好的投标人，给予减免投标保证金的优惠待遇 |
| 1月13日 | 《失信行为纠正后的信用信息修复管理办法（试行）》（国家发展改革委令第 58 号） | 提出信用主体依法享有信用信息修复的权利。除法律、法规和党中央、国务院政策文件明确规定不可修复的情形外，满足相关条件的信用主体均可按要求申请信用信息修复 |
| 1月17日 | 《关于印发〈2023 年电力安全监管重点任务〉的通知》（国能综通安全〔2023〕4 号） | 加强电网安全风险管控，形成覆盖全年、层次清晰、重点突出的电网运行方式分析机制；组织开展电化学储能、虚拟电厂、分布式光伏等新型并网主体涉网安全研究，加强“源网荷储”安全共治；深入分析煤电机组定位变化对安全生产的影响，研究煤电机组深度调峰安全评估标准规范；组织研究机组延寿安全评估标准规范；继续推进煤电机组普遍性、家族性风险隐患整治；研究制定新能源涉网安全监督管理措施和流程 |
| 1月19日 | 《生态环境统计管理办法》（生态环境部令第 29 号） | 对生态环境状况和生态环境保护工作情况进行统计调查、统计分析，提供统计资料和统计咨询意见，实行统计监督。生态环境统计内容包括生态环境质量、环境污染及其防治、生态保护、应对气候变化、核与辐射安全、生态环境管理及其他有关生态环境保护事项 |
| 2月5日 | 《新型储能标准体系建设指南》（国标委联〔2023〕6 号） | 充分发挥标准在新型储能产业链供应链中的基础性和引导性作用。2023 年制（修）订 100 项以上新型储能重点标准，到 2025 年，在电化学储能、压缩空气储能、可逆燃料电池储能、超级电容储能、飞轮储能、超导储能等领域形成较为完善的系列标准 |
| 2月7日 | 《关于做好 2023—2025 年发电行业企业温室气体排放报告管理有关工作的通知》（环办气候函〔2023〕43 号） | 发电行业纳入全国碳排放权交易市场的年度重点排放单位名录，包括经最近一次核查结果确认以及上年度新投产预计年度排放量达到 2.6 万吨二氧化碳当量（综合能源消费量达到 1 万吨标准煤）的发电行业企业或其他经济组织 |
| 2月7日 | 《关于推进水利工程配套水文设施建设的指导意见》（水文〔2023〕30 号号） | 各类水库应在坝上建设水位站。水库及水电站水文设施设置需满足生态流量监测要求 |
| 2月8日 | 《关于促进企业计量能力提升的指导意见》（国市监计量发〔2023〕104 号） | 重点用能单位、排放单位应当配备能源资源、碳排放相关计量器具，满足能源资源、碳排放相关计量要求 |
| 2月9日 | 《能源行业信用信息应用清单（2023 年版）》（国能发资质规〔2023〕16 号） | 根据新版清单，能源行业信用信息应用清单由业务类别、应用事项、业务环节、信用分类、信用监管措施和法规政策依据共 6 方面内容组成 |

续表

| 发布时间 | 文件 | 相关内容 |
| --- | --- | --- |
| 2月14日 | 《关于加强电力可靠性管理工作的意见》（国能发安全规〔2023〕17号） | 电网企业要优化安排电网运行方式，做好电力供需分析和生产运行调度，强化电网安全风险管控，优化运行调度。发电企业要加强燃料、蓄水管控及风电、光伏发电等功率预测，强化涉网安全管理，科学实施机组深度调峰灵活性改造，提高设备运行可靠性，减少非计划停运 |
| 2月17日 | 《最高人民法院关于完整准确全面贯彻新发展理念为积极稳妥推进碳达峰碳中和提供司法服务的意见》（法发〔2023〕5号） | 紧扣国家“双碳”目标，对标中共中央、国务院《关于完整准确全面贯彻新发展理念做好碳达峰碳中和工作的意见》主要任务，遵循全国统筹、节约优先、双轮驱动、内外畅通、防范风险的原则要求，立足发挥审判职能作用，为积极稳妥推进碳达峰碳中和提供有力司法服务。《意见》全文分为六个部分24条。其中，第一部分是司法服务“双碳”工作的原则要求，第六部分是持续深化环境司法改革创新。第二～五部分重点对人民法院审理的涉碳案件提出具体的指导意见。第四部分依法助推构建清洁低碳安全高效能源体系主要内容：按照立足我国能源资源禀赋，坚持先立后破的原则要求，审理煤炭、油气资源开发等传统能源利用案件，以及电源结构调整案件，要尊重契约精神推动完善煤炭企业与发电供热企业长协机制，推动油气资源规模化开发，依法保障国家能源供应安全，推动高碳排放企业低碳公正转型。审理可再生能源案件，要妥善处理好沙漠、戈壁、荒漠等生态环境保护和大型风电、光伏发电基地等建设用地需求之间的关系，引导和推动电力企业增强促进碳减排和保护生态环境的责任意识，提升电力系统对可再生能源电力的消纳能力，推动能源高效、清洁利用 |
| 2月20日 | 《关于统筹节能降碳和回收利用加快重点领域产品设备更新改造的指导意见》（发改环资〔2023〕178号） | 深入实施全面节约战略，扩大有效投资和消费，逐步分类推进重点领域产品设备更新改造，加快构建废弃物循环利用体系，推动废旧产品设备物尽其用，实现生产、使用、更新、淘汰、回收利用产业链循环，推动制造业高端化、智能化、绿色化发展，形成绿色低碳的生产方式和生活方式，为实现碳达峰碳中和目标提供有力支撑。<br>加快填补风电、光伏等领域发电效率标准和老旧设备淘汰标准空白，为新型产品设备更新改造提供技术依据 |
| 2月27日 | 《加快油气勘探开发与新能源融合发展行动方案（2023—2025年）》（国能发油气〔2023〕21号） | 统筹推进陆上油气勘探开发与风光发电，着力提升新能源就地消纳能力；统筹推进海上风电与油气勘探开发，形成海上风电与油气田区域电力系统互补供电模式，逐步实现产业融合发展。对于作为油气勘探开发用能清洁替代的太阳能、风能、氢能、地热等新能源项目，优先列入各级能源发展规划 |
| 3月1日 | 《关于完善电力系统运行方式分析制度强化电力系统运行安全风险管控的通知》（国能综通安全〔2023〕13号） | 结合系统运行特性、季节性特点，至少从电力电量平衡预测、电力系统安全稳定风险、关键设备安全风险、重大灾害风险4方面，做好全国各区域、各省级电力系统运行安全风险分析排查 |
| 3月8日 | 国家发展改革委　市场监管总局《关于进一步加强节能标准更新升级和应用实施的通知》（发改环资规〔2023〕269号） | 持续推进节能标准更新升级和应用实施，支撑重点领域和行业节能降碳改造，加快节能降碳先进技术研发和推广应用，坚决遏制高耗能、高排放、低水平项目盲目发展 |
| 3月9日 | 《国家能源局综合司关于开展电力二次系统安全专项监管工作的通知》（国能综通安全〔2023〕21号） | 围绕二次系统技术监督工作情况、安全生产责任落实情况等七方面开展专项监管 |

续表

| 发布时间 | 文件 | 相关内容 |
| --- | --- | --- |
| 3月9日 | 《国家能源局关于印发〈防止电力生产事故的二十五项重点要求（2023 版）〉的通知》（国能发安全〔2023〕22 号） | 电力企业确保有关要求在规划设计、安装调试、运行维护、更新改造等阶段落实到位，有效防范电力生产事故的发生；要做好宣传培训，确保各项要求入脑入心 |
| 3月14日 | 《注册会计师行业诚信建设纲要》（财会〔2023〕5 号） | 《纲要》共分为八个部分，主要包括“充分认识加强注册会计师行业诚信建设的重要意义”“行业诚信建设的指导思想和基本原则”“以健全规范规则为基础，持续完善诚信标准建设”等方面内容 |
| 3月15日 | 《关于组织开展农村能源革命试点县建设的通知》（国能发新能〔2023〕23 号） | 以县域为基本单元统筹城乡清洁能源发展，探索建设多能互补的分布式低碳综合能源网络，提升清洁能源供给能力和消费水平。要充分利用农村地区空间资源，积极推进风电分散式开发；要统筹农村能源革命与农村集体经济发展，创新新能源投资建设模式和土地利用机制 |
| 3月15日 | 《国家能源局生态环境部农业农村部国家乡村振兴局关于组织开展农村能源革命试点县建设的通知》（国能发新能〔2023〕23 号） | 立足新发展阶段，完整、准确、全面贯彻新发展理念，构建新发展格局，锚定碳达峰碳中和目标任务，以县域为基本单元统筹城乡清洁能源发展，推动乡村清洁能源高质量发展，探索建设多能互补的分布式低碳综合能源网络，提升清洁能源供给能力和消费水平，满足农村经济社会发展和人民日益增长的美好生活清洁用能需求，将乡村清洁能源生产、消费与发展壮大村集体经济、建设宜居宜业和美乡村有机结合，为改善乡村生态环境、全面推进乡村振兴、加快推进农业农村现代化提供有力支撑 |
| 3月15日 | 《2021、2022 年度全国碳排放权交易配额总量设定与分配实施方案》（发电行业）（国环规气候〔2023〕1 号） | 采用基于强度的配额分配思路，即实际供电量、供热量越大，获得配额也越多，保障电力供应。配额分配过程中采用冷却方式修正系数、供热量修正系数、负荷（出力）系数修正系数，以鼓励机组更大范围供热、参与电力调峰，充分发挥碳市场在优化电源结构，充分发挥碳市场在优化电源结构、促进电力行业清洁低碳转型方面的引导作用 |
| 3月20日 | 《关于推动光热发电规模化发展有关事项的通知》（国能综通新能〔2023〕28 号） | 光热发电兼具调峰电源和储能的双重功能，是新能源安全可靠替代传统能源的有效手段，是加快规划建设新型能源体系的有效支撑，光热发电规模化开发利用将成为我国新能源产业新的增长点。力争“十四五”期间，全国光热发电每年新增开工规模达到 300 万千瓦（3GW）左右。要提高光热发电项目技术水平，优化光热电站单机规模和镜储等配置，原则上每 10 万千瓦电站的镜场面积不应少于 80 万平方米 |
| 3月28日 | 国家能源局印发《关于加快推进能源数字化智能化发展的若干意见》 | 到 2030 年，能源系统各环节数字化智能化创新应用体系初步构筑、数据要素潜能充分激活，一批制约能源数字化、智能化发展的共性关键技术取得突破，能源系统智能感知与智能调控体系加快形成，能源数字化、智能化新模式、新业态持续涌现，能源系统运行与管理模式向全面标准化、深度数字化和高度智能化加速转变，能源行业网络与信息安全保障能力明显增强，能源系统效率、可靠性、包容性稳步提高，能源生产和供应多元化加速拓展、质量效益加速提升，数字技术与能源产业融合发展对能源行业提质增效与碳排放强度和总量“双控”的支撑作用全面显现。<br>推动共性技术突破。推动能源装备智能感知与智能终端技术突破，推动能源系统智能调控技术突破，推动能源系统网络安全技术突破。<br>健全发展支撑体系。增强能源系统网络安全保障能力，推动能源数据分类分级管理与共享应用，完善能源数字化智能化标准体系，加快能源数字化智能化人才培养 |

续表

| 发布时间 | 文件 | 相关内容 |
|---|---|---|
| 3月28日 | 《固定资产投资项目节能审查办法》(国家发展和改革委员会令2023第2号) | 国家发展改革委负责制定节能审查的相关管理办法，组织编制技术标准、规范和指南，开展业务培训，依据各地能源消费形势、落实能源消耗总量和强度调控、控制化石能源消费、完成节能目标任务、推进碳达峰碳中和进展等情况，对各地新上重大高耗能项目的节能审查工作进行督导。<br>县级以上地方各级人民政府管理节能工作的部门应根据本地节能工作实际，对节能审查工作加强总体指导和统筹协调，落实能源消耗总量和强度调控，强化能耗强度降低约束性指标管理，有效增强能源消费总量管理弹性，控制化石能源消费，坚决遏制高耗能、高排放、低水平项目盲目发展 |
| 3月28日 | 《自然资源部办公厅国家林业和草原局办公室国家能源局综合司关于支持光伏发电产业发展规范用地管理有关工作的通知》(自然资办发〔2023〕12号) | 提出引导项目合理布局、实行用地分类管理、加快办理项目用地手续等五个方面措施，进一步支持绿色能源发展 |
| 3月29日 | 《电力行业公共信用综合评价标准（试行）》（国能发资质规〔2023〕28号） | 《电力行业公共信用综合评价标准（试行）》包括编制依据和主要原则、评价指标解释、评价方法和类别、有效期和发布方式等四方面，同时公布了电力行业公共信用综合评价指标 |
| 3月31日 | 《关于加快推进能源数字化智能化发展的若干意见》(国能发科技〔2023〕27号) | 到2030年，能源系统各环节数字化智能化创新应用体系初步构筑、数据要素潜能充分激活，一批制约能源数字化智能化发展的共性关键技术取得突破，能源系统智能感知与智能调控体系加快形成，能源数字化智能化新模式新业态持续涌现，能源系统运行与管理模式向全面标准化、深度数字化和高度智能化加速转变，能源行业网络与信息安全保障能力明显增强，能源系统效率、可靠性、包容性稳步提高，能源生产和供应多元化加速拓展、质量效益加速提升，数字技术与能源产业融合发展对能源行业提质增效与碳排放强度和总量“双控”的支撑作用全面显现。推动能源装备智能感知与智能终端技术突破，推动能源系统智能调控技术突破，推动能源系统网络安全技术突破 |
| 4月17日 | 《轻工业重点领域碳达峰实施方案》(中轻联综合〔2023〕89号) | 加快用能结构转换、调整优化产业结构、扩大绿色消费品供给、提升资源利用效率、强化技术节能降碳、全面推行绿色制造”，以绿色转型助力行业高质量发展，在推动高质量发展中促进绿色转型 |
| 4月21日 | 《碳达峰碳中和标准体系建设指南》(国标委联〔2023〕19号) | 旨在加快构建结构合理、层次分明、适应经济社会高质量发展的碳达峰碳中和标准体系。到2025年，制（修）订不少于1000项国家标准和行业标准（包括外文版本），绿色低碳国际标准化水平明显提升。<br>碳达峰碳中和标准体系包括基础通用标准子体系、碳减排标准子体系、碳清除标准子体系和市场化机制标准子体系等4个一级子体系，15个二级子体系和63个三级子体系 |
| 4月22日 | 《关于加快推进充电基础设施建设更好支持新能源汽车下乡和乡村振兴的实施意见》(发改综合〔2023〕545号) | 鼓励开展电动汽车与电网双向互动（V2G）、光储充协同控制等关键技术研究，探索在充电桩利用率较低的农村地区，建设提供光伏发电、储能、充电一体化的充电基础设施。落实峰谷分时电价政策，鼓励用户低谷时段充电 |
| 4月23日 | 《国家能源局综合司关于加强电力行业火灾风险防范和隐患排查治理工作的紧急通知》(国能综通安全〔2023〕48号) | 高度重视火灾风险防范，重点防范高风险领域、易忽视场所的火灾事故，抓好重要时段火灾安全风险管控，全力防范火灾事故影响重要用户可靠供电，着力提升火灾应急救援能力，坚决防范电力火灾事故发生 |

续表

| 发布时间 | 文件 | 相关内容 |
|---|---|---|
| 5月12日 | 《关于进一步做好抽水蓄能规划建设工作有关事项的通知》（国能综通新能〔2023〕47号） | 对于需求确有缺口的省份，按有关要求有序纳规。对于经深入论证、需求没有缺口的省份，暂时不予新增纳规，但可根据实际情况，按照“框定总量、提高质量、优中选优、有进有出、动态调整”的原则，提出项目调整建议。根据需求论证情况和实际需要，及时对全国或部分区域的中长期规划进行滚动调整，保持适度超前，支撑发展 |
| 5月15日 | 《关于抽水蓄能电站容量电价及有关事项的通知》（发改价格〔2023〕533号） | 电网企业要统筹保障电力供应、确保电网安全、促进新能源消纳等，合理安排抽水蓄能电站运行；要与电站签订年度调度运行协议并对外公示，公平公开公正实施调度；要严格执行本通知核定的抽水蓄能电站容量电价，按月及时结算电费 |
| 5月15日 | 《关于第三监管周期省级电网输配电价及有关事项的通知》（发改价格〔2023〕526号） | 工商业用户用电价格由上网电价、上网环节线损费用、输配电价、系统运行费用、政府性基金及附加组成，系统运行费用包括辅助服务费用、抽水蓄能容量电费等，上网环节线损费用按实际购电上网电价和综合线损率计算。执行工商业（或大工业、一般工商业）用电价格的用户，用电容量在100千伏安及以下的，执行单一制电价；100～315千伏安，可选择执行单一制或两部制电价；315千伏安及以上的，执行两部制电价，现执行单一制电价的用户可选择执行单一制电价或两部制电价 |
| 5月15日 | 《关于第三监管周期区域电网输配电价及有关事项的通知》（发改价格〔2023〕532号） | 核定华北、华东、华中、东北、西北区域电网第三监管周期两部制输电价格。其中，电量电价随区域电网实际交易结算电量收取；容量电价随各省级电网终端销售电量（含市场化交易电量）收取；京津唐电网范围内，位于北京、天津、河北境内的电厂参与京津唐地区交易电量不纳入华北电网电量电费计收范围 |
| 5月17日 | 《绿色数据中心政府采购需求标准》（试行）（财库〔2023〕7号） | 2023年6月起数据中心电能比不高于1.4，2025年起数据中心电能比不高于1.3。数据中心使用的可再生能源使用比例应逐年增加，2023、2025、2027、2028、2032年可再生能源最低使用率分别为5%、30%、50%、75%、100% |
| 6月5日 | 《风电场改造升级和退役管理办法》（国能发新能规〔2023〕45号） | 风电场改造升级和退役按照公平自愿、先进高效、生态优先、有序实施、确保安全的原则组织实施。在电网接入上，改造前需要重新办理接入系统审查意见。在电价上，等容改造项目和增容改造项目补贴电量执行原批复上网电价，其他电量上网电价按照改造升级核准变更时的电价政策执行。在补贴上，并网运行未满20年且累计发电量未超过全生命周期补贴电量的风电场改造升级项目，继续给予中央财政补贴，运行已满20年或已达到全生命周期合理利用小时数的项目不再享受中央财政补贴资金 |
| 6月8日 | 《国家能源局综合司关于开展海上风电施工安全专项监管工作的通知》（国能综通安全〔2023〕72号） | 从安全生产主体责任落实、现场安全管理等八个方面，对海上风电项目各参建单位施工安全管理工作开展专项监管 |
| 6月12日 | 《新能源基地送电配置新型储能规划技术导则》（NB/T 11194—2023） | 新能源基地送电配置的新型储能将主要用于调峰操作，主要考虑布局在输电通道送端，分为集中布置和分散布置两种类型。其中分散布置站址主要考虑新能源场站或新能源汇集站，集中布置主要配置在枢纽变电站或外送通道换流站。<br>储能的配置规模应综合考虑配套支撑电源的调峰能力和其他调控手段后，计算分析确定。配套支撑电源包括煤电、气电、水电、抽水蓄能等。其中最小技术出力煤电按不高于30%额定功率，抽水蓄能按200%额定功率确定调峰能力 |

续表

| 发布时间 | 文件 | 相关内容 |
| --- | --- | --- |
| 6 月 12 日 | 《发电机组进入及退出商业运营办法》（国能发监管规〔2023〕48 号） | 发电机组和独立新型储能调试运行期上网电量，按照当地同类型机组当月代理购电市场化采购平均价结算。同类型机组当月未形成代理购电市场化采购电量的，按照最近一次同类型机组月度代理购电市场化采购平均价结算。发电机组和独立新型储能在进入商业运营时间点起，执行现行有关电价政策。调试运行期的发电机组和独立新型储能，以及退出商业运营但仍可发电上网的发电机组（不含煤电应急备用电源）和独立新型储能辅助服务费用分摊标准，原则上应当高于商业运营机组分摊标准，但不超过当月调试期电费收入的 10%，分摊费用月结月清 |
| 6 月 19 日 | 《关于进一步构建高质量充电基础设施体系的指导意见》（国办发〔2023〕19 号） | 提升车网双向互动能力，大力推广应用智能充电基础设施，积极推动配电网智能化改造，强化对电动汽车充放电行为的调控能力。加强电动汽车与电网能量互动，提高电网调峰调频、安全应急等响应能力，推动车联网、车网互动、源网荷储一体化、光储充换一体站等试点示范。加强新体系动力电池、电池梯次利用等技术研究。<br>落实峰谷分时电价政策，引导用户广泛参与智能有序充电和车网互动。2030 年前，对实行两部制电价的集中式充换电设施用电免收需量（容量）电费。鼓励地方各级政府对充电基础设施场地租金实行阶段性减免。鼓励电网企业在电网接入、增容等方面优先服务充电基础设施建设。加大对大功率充电、车网互动等示范类项目的补贴力度 |
| 7 月 4 日 | 《关于实施农村电网巩固提升工程的指导意见》（发改能源规〔2023〕920 号） | 深入实施农村电网巩固提升工程，推动构建农村新型能源体系。到 2025 年农村电网网架结构更坚强，农村电网分布式可再生能源承载能力稳步提高，电气化水平稳步提升，电力自主保障能力逐步提升。到 2035 年，基本建成安全可靠、智能开放的现代化农村电网。电力供应保障能力全面提升，全面承载分布式可再生能源开发利用和就地消纳，农村地区电气化水平显著提升 |
| 7 月 7 日 | 《申请纳入抽水蓄能中长期发展规划重点实施项目技术要求（暂行）》（国能综通新能〔2023〕84 号） | 申请纳规项目应综合考虑抽水蓄能站点资源分布和项目建设条件，分析本省（自治区、直辖市）及所在区域电力系统负荷与电源分布及其供需特性、网架结构与潮流分布以及与区外电力交换等，明确抽水蓄能项目功能定位与服务范围 |
| 7 月 14 日 | 《关于全国碳排放权交易市场 2021、2022 年度碳排放配额清缴相关工作的通知》（环办气候函〔2023〕237 号） | 为做好全国碳排放权交易市场（以下简称全国碳市场）2021、2022 年度碳排放配额清缴相关工作，保障全国碳市场健康平稳运行，根据《关于做好 2021 2021、2022 年度全国碳排放权交易配额分配相关工作的通知》相关规定，发布该通知 |
| 7 月 19 日 | 《关于印发《氢能产业标准体系建设指南（2023 版）》的通知》（国标委联〔2023〕34 号） | 国家层面首个氢能全产业链标准体系建设指南。《指南》系统构建了氢能制、储、输、用全产业链标准体系，涵盖基础与安全、氢制备、氢储存和输运、氢加注、氢能应用五个子体系，按照技术、设备、系统、安全、检测等进一步分解，形成了 20 个二级子体系、69 个三级子体系 |
| 7 月 20 日 | 《关于促进汽车消费的若干措施》（发改就业〔2023〕1017 号） | 加快乡县、高速公路和居住区等场景充电基础设施建设，引导用户广泛参与智能有序充电和车网互动，鼓励开展新能源汽车与电网互动应用试点示范工作。持续推动换电基础设施相关标准制定，增强兼容性、通用性。加快换电模式推广应用。着力提升农村电网承载能力。合理提高乡村电网改造升级的投入力度，确保供电可靠性指标稳步提升。进一步加快配电网增容提质，提高乡村入户电压稳定性，确保农村地区电动汽车安全平稳充电。推动居民小区内的公共充换电设施用电实行居民电价，推动对执行工商业电价的充换电设施用电实行峰谷分时电价政策。到 2030 年前，对实行两部制电价的集中式充换电设施用电免收需量（容量）电费 |

续表

| 发布时间 | 文件 | 相关内容 |
| --- | --- | --- |
| 7 月 25 日 | 《关于做好可再生能源绿色电力证书全覆盖工作促进可再生能源电力消费的通知》（发改能源〔2023〕1044 号） | 将可再生能源绿色电力证书（绿证）核发范围从陆上风电和集中式光伏发电项目扩展到所有已建档立卡的可再生能源发电项目，实现绿证核发全覆盖。绿证是可再生能源电量环境属性的唯一证明，也是认定绿色电力生产、消费的唯一凭证。1 个绿证单位对应 1000 千瓦·时可再生能源电量 |
| 7 月 25 日 | 《国务院关于进一步优化外商投资环境加大吸引外商投资力度的意见》（国发〔2023〕11 号） | 出台促进绿色电力消费政策措施，支持外商投资企业更多参与绿证交易和跨省跨区绿色电力交易 |
| 7 月 27 日 | 《关于推动现代煤化工产业健康发展的通知》（发改产业〔2023〕773 号） | 《现代煤化工产业创新发展布局方案》明确的每个示范区“十三五”期间 2000 万吨新增煤炭转化总量不再延续。确需新建的现代煤化工项目，应确保煤炭供应稳定，优先完成国家明确的发电供热用煤保供任务，不得通过减少保供煤用于现代煤化工项目建设。<br>新建项目应优先依托园区集中供热供气设施，原则上不再新增自备燃煤机组。在资源禀赋和产业基础较好的地区，推动现代煤化工与可再生能源、绿氢、二氧化碳捕集利用与封存（CCUS）等耦合创新发展 |
| 8 月 4 日 | 《关于 2023 年可再生能源电力消纳责任权重及有关事项的通知》（发改办能源〔2023〕569 号） | 2023 年可再生能源电力消纳责任权重为约束性指标，各省（自治区、直辖市）按此进行考核评估，2024 年权重为预期性指标，各省（自治区、直辖市）按此开展项目储备。严格落实西电东送和跨省跨区输电通道可再生能源电量占比要求，2023 年的占比原则上不低于 2022 年实际执行情况 |
| 8 月 4 日 | 《绿色低碳先进技术示范工程实施方案》（发改环资〔2023〕1093 号） | 到 2025 年，一批绿色低碳先进技术示范项目落地实施，一批先进适用绿色低碳技术成果转化应用，若干有利于绿色低碳技术推广应用的支持政策、商业模式和监管机制逐步完善，为重点领域降碳探索有效路径。到 2030 年，通过绿色低碳先进技术示范工程带动引领，先进适用绿色低碳技术研发、示范、推广模式基本成熟，相关支持政策、商业模式、监管机制更加健全，绿色低碳技术和产业国际竞争优势进一步加强，为实现碳中和目标提供有力支撑 |
| 8 月 5 日 | 《关于完善政府诚信履约机制优化民营经济发展环境的通知》（发改财金〔2023〕1103 号） | 提出加强政府诚信履约机制建设，着力解决朝令夕改、新官不理旧账、损害市场公平交易、危害企业利益等政务失信行为，促进营商环境优化，增强民营企业投资信心，推动民营经济发展壮大 |
| 8 月 8 日 | 《安全生产严重失信主体名单管理办法》（中华人民共和国应急管理部令第 11 号） | 明确生产经营单位及其有关人员应当列入严重失信主体名单的情形，其中包括：发生特别重大、重大生产安全事故的生产经营单位及其主要负责人，以及经调查认定对该事故发生负有责任，应当列入名单的其他单位和人员 |
| 8 月 9 日 | 商务部国家发展改革委金融监管总局《关于推动商务信用体系建设高质量发展的指导意见》 | 到 2025 年，信用信息、信用产品和信用服务在商务领域广泛应用，信用交易规模和质量不断上升，商务信用经济发展壮大。商务信用管理水平不断提升，商务信用制度体系更加健全，商务领域诚信文化进一步弘扬，人民群众和经营主体充分享受信用红利，商务信用体系建设和应用水平迈上新台阶，服务构建新发展格局能力显著增强 |
| 8 月 17 日 | 《关于促进退役风电、光伏设备循环利用的指导意见》（发改环资〔2023〕1030 号） | 到 2025 年，集中式风电场、光伏发电站退役设备处理责任机制基本建立，退役风电、光伏设备循环利用相关标准规范进一步完善，资源循环利用关键技术取得突破。到 2030 年，风电、光伏设备全流程循环利用技术体系基本成熟，资源循环利用模式更加健全，资源循环利用能力与退役规模有效匹配，标准规范更加完善，风电、光伏产业资源循环利用水平显著提升，形成一批退役风电、光伏设备循环利用产业集聚区 |

续表

| 发布时间 | 文件 | 相关内容 |
| --- | --- | --- |
| 8月21日 | 《关于进一步加强电力市场管理委员会规范运作的指导意见》（国能发监管〔2023〕57号） | 明确工作职责。主要包括研究讨论电力交易机构章程，审议工作规则；协调电力市场相关事项，听取各方诉求，研究讨论并提出建议；研究讨论电力市场相关交易规则、实施细则及实施方案；协助国家能源局及其派出机构和政府有关部门监督规范交易机构行为，建立市场自律监督工作机制。<br>进一步优化组织架构。明确管委会应按照发电方代表、购电方代表、输配电方代表、市场运营机构代表、第三方代表分类，按合理比例确定各类别代表人数。主任委员原则上任期不超过三年，同一主任委员不得连任超过两届任期。<br>进一步完善议事规则。明确议题发起流程、会议召集方式和议事审议流程。议题审议原则上采取投票表决的方式确定，三分之二及以上表决同意的则为通过，形成审议结果 |
| 9月7日 | 《电力现货市场基本规则（试行）》（发改能源规〔2023〕1217号） | 明确电力现货市场建设路径。近期重点推进省间、省（区、市）/区域市场建设，以“统一市场、协同运行”起步，加强中长期、现货、辅助服务交易衔接，畅通批发、零售市场价格传导，推动新能源、新型主体、各类用户平等参与电力交易。中远期现货市场建设要适应新型电力系统运行要求，实现源网荷储各环节灵活互动、高效衔接，形成平等竞争、自主选择的市场环境，逐步推动省间、省（区、市）/区域市场融合，推动全国统一电力市场体系全面建成。<br>规范电力现货市场机制设计。扩大市场准入范围，将虚拟电厂等新型主体纳入市场交易；规范市场限价机制，明确价格限值的确定与修改原则；促进市场衔接，提出现货与中长期、辅助服务交易衔接的原则性要求；细化市场结算管理，明确结算流程及结算方式。<br>明确电力现货市场运营要求。明确电力现货市场要依序开展模拟试运行、结算试运行和正式运行，并从规则体系、信息披露、技术支持系统、人员培训、计量管理、市场干预等方面规范了各阶段工作内容及相关要求，保障电力现货市场建设工作平稳有序推进 |
| 9月27日 | 《电力负荷管理办法（2023年版）》（发改运行规〔2023〕1261号） | 建立并完善与电力市场衔接的需求响应价格机制。根据“谁提供、谁获利，谁受益、谁承担”的原则，支持具备条件的地区，通过实施尖峰电价、拉大现货市场限价区间等手段提高经济激励水平。鼓励需求响应主体参与相应电能量市场、辅助服务市场、容量市场等，按市场规则获取经济收益。<br>有序用电方案规模应不低于本地区历史最高负荷的30%；若无法满足以上条件，应将本地区所有重点保障用电以外的负荷全部纳入方案。方案按照Ⅰ～Ⅵ级六个等级制定，每5%为一挡。各地可结合本地区实际情况，在上述等级的基础上制定细化方案。<br>各级电力运行主管部门应指导电网企业统筹推进本地区新型电力负荷管理系统建设，制定负荷资源接入年度目标，逐步实现10千伏（6千伏）及以上高压用户全覆盖。负荷聚合商、虚拟电厂应接入新型电力负荷管理系统，确保负荷资源的统一管理、统一调控、统一服务，电网企业为第三方经营主体提供数据支撑和技术服务 |
| 9月27日 | 《电力需求侧管理办法（2023年版）》（发改运行规〔2023〕1283号） | 电力需求侧管理，是指加强全社会用电管理，综合采取合理可行的技术、经济和管理措施，优化配置电力资源，在用电环节实施节约用电、需求响应、绿色用电、电能替代、智能用电、有序用电，推动电力系统安全降碳、提效降耗。<br>电力需求侧管理应贯彻落实节约资源、保护环境的基本国策，坚持统筹发展和安全，守牢能源电力安全底线。电网企业、电力用户、电力需求侧管理服务机构、电力相关行业组织等是电力需求侧管理的重要实施主体。其中，电网企业包括省级及以上电网企业、其他地方电网企业以及增量配电网企业；电力需求侧管理服务机构包括负荷聚合商、售电公司、虚拟电厂运营商、综合能源服务商等。<br>提升需求响应能力。到2025年，各省需求响应能力达到最大用电负荷的3%～5%，其中年度最大用电负荷峰谷差率超过40%的省份达到5%或以上。到2030年，形成规模化的实时需求响应能力，结合辅助服务市场、电能量市场交易可实现电网区域内需求侧资源共享互济 |

续表

| 发布时间 | 文件 | 相关内容 |
| --- | --- | --- |
| 10月12日 | 《关于进一步加快电力现货市场建设工作的通知》（发改办体改〔2023〕813号） | 推动现货市场转正式运行。各省/区域、省间现货市场连续运行一年以上，并依据市场出清结果进行调度生产和结算的，可按程序转入正式运行。第一责任单位要委托具备专业能力和经验的第三方机构开展评估并形成正式评估报告。<br>有序扩大现货市场建设范围。福建尽快完善市场方案设计，2023年底前开展长周期结算试运行。浙江加快市场衔接，2024年6月前启动现货市场连续结算试运行。四川结合实际持续探索适应高比例水电的丰枯水季相衔接市场模式和市场机制。辽宁、江苏、安徽、河南、湖北、河北南网、江西、陕西等力争在2023年底前开展长周期结算试运行。其他地区（除西藏外）加快推进市场建设，力争在2023年底前具备结算试运行条件。<br>加快区域电力市场建设。南方区域电力现货市场在2023年底前启动结算试运行。2023年底前建立长三角电力市场一体化合作机制，加快推动长三角电力市场建设工作。京津冀电力市场在条件成熟后，力争2024年6月前启动模拟试运行。<br>持续优化省间交易机制。省间电力现货市场继续开展连续结算试运行，2023年底前具备连续开市能力。推动跨省跨区电力中长期交易频次逐步提高，加强与省间现货协调衔接，探索逐日开市、滚动交易的市场模式 |
| 10月12日 | 《关于统筹运用质量认证服务碳达峰碳中和工作的实施意见》 | 到2025年，基本建成直接涉碳类和间接涉碳类相结合、国家统一推行与机构自主开展相结合的碳达峰碳中和认证制度体系。分步建立产品碳标识认证、碳相关管理体系和服务认证等直接涉碳类认证制度体系，完善绿色产品认证、能源管理体系认证、环境管理体系认证等间接涉碳类认证制度体系，初步形成各类制度协同促进、认证市场规范有序、应用采信范围广泛、国际合作互认互信的发展格局，为碳达峰碳中和提供科学公正、准确高效的质量认证技术服务 |
| 10月17日 | 《国家能源局综合司关于进一步加强发电安全生产工作的通知》（国能综通安全〔2023〕115号） | 提出严格落实企业主体责任、加强生产作业过程管控、强化重点部位环节管理、加强外包安全管理、加大安全监管力度五方面要求 |
| 10月18日 | 《关于组织开展可再生能源发展试点示范的通知》（国能发新能〔2023〕66号） | 新能源加储能构网型技术示范方面，主要支持构网型风电、构网型光伏发电、构网型储能、新能源低频组网送出等技术研发与工程示范，显著提高新能源接入弱电网的电压、频率等稳定支撑能力，大幅提升风电光伏大基地项目输电通道的安全稳定送电能力 |
| 10月24日 | 《关于印发〈温室气体自愿减排项目方法学造林碳汇（CCER CCER CCER-14-001-V01）〉等4项方法学的通知》（环办气候函〔2023〕343号 | 为规范全国温室气体自愿减排项目设计、实施、审定和减排量核算、核查工作，我部根据《温室气体自愿减排交易管理办法（试行）》制定了《温室气体自愿减排项目方法学造林碳汇（CCER-14-001-V01）》《温室气体自愿减排项目方法学并网光热发电（CCER-01-001-V01）》《温室气体自愿减排项目方法学并网海上风力发电（CCER-01-002-V01）》《温室气体自愿减排项目方法学红树林营造（CCER-14-002-V01）》 |
| 10月24日 | 《国家能源局关于进一步规范可再生能源发电项目电力业务许可管理的通知》（国能发资质规〔2023〕67号） | 从豁免分散式风电项目电力业务许可，明确项目管理人员兼任范围、规划项目许可登记等6个方面，进一步规范可再生能源发电项目电力业务许可管理 |

续表

| 发布时间 | 文件 | 相关内容 |
|---|---|---|
| 10月26日 | 《关于加强新形势下电力系统稳定工作的指导意见》（发改能源〔2023〕1294号） | 科学构建源网荷储结构与布局，保证电源结构合理和电网强度，建设充足的灵活调节和稳定控制资源，确保必要的惯量、短路容量、有功、无功和阻尼支撑，满足电力系统电力电量平衡和安全稳定运行的需求。<br>大力提升新能源主动支撑能力，推动系统友好型电站建设，有序推动储能与可再生能源协同发展。协同推进大型新能源基地、调节支撑资源和外送通道开发建设，推动基地按相关标准要求配置储能。按需科学规划与配置储能，形成多时间尺度、多应用场景的电力调节与稳定控制能力。有序建设抽水蓄能，探索常规水电改抽水蓄能和混合式抽水蓄能电站技术应用，新建抽水蓄能机组应具备调相功能。积极推进新型储能建设，充分发挥各类新型储能的优势，结合应用场景构建储能多元融合发展模式。推动新型储能技术向高安全、高效率、主动支撑方向发展 |
| 11月6日 | 《国家碳达峰试点建设方案》（发改环资〔2023〕1409号） | 加快提升能源清洁化利用效率。开展园区节能诊断，系统分析园区能源利用状况，充分挖掘园区能源节约潜力，推进节能降碳改造，推广高效节能设备。推动园区用能系统再造，开展一体化供用能方案设计，加快园区用能电气化改造，推广综合能源站、源网荷储一体化、新能源微网等绿色高效供用能模式，推动能源梯级高效利用。积极推广应用各类清洁能源替代技术产品，提升园区清洁能源利用水平 |
| 11月8日 | 《国家能源局关于印发〈电力安全事故调查程序规定〉的通知》（国能发安全规〔2023〕76号） | 涵盖电力安全事故调查程序全过程，增加了相关单位需保护现场、配合调查取证等要求，以及不配合的相应处理要求 |
| 11月10日 | 《关于建立煤电容量电价机制的通知》（发改价格〔2023〕1501号） | 自2024年1月1日起建立煤电容量电价机制，对煤电实行两部制电价政策。<br>明确政策实施范围。煤电容量电价机制适用于合规在运的公用煤电机组。燃煤自备电厂、不符合国家规划的煤电机组以及不满足国家对于能耗、环保和灵活调节能力等要求的煤电机组，不执行容量电价机制。<br>确定容量电价水平。煤电容量电价按照回收煤电机组一定比例固定成本的方式确定。综合考虑各地电力系统需要、煤电功能转型情况等因素，2024～2025年，多数地方通过容量电价回收固定成本的比例为30%左右，即每年每千瓦100元，部分煤电功能转型较快的地方适当高一些；2026年起，各地通过容量电价回收固定成本的比例提升至不低于50%，即每年每千瓦165元。<br>明确容量电费分摊机制。各地煤电容量电费纳入系统运行费用，每月由工商业用户按当月用电量比例分摊。<br>明确容量电费考核机制。煤电机组如果无法按照调度指令提供所申报的最大出力，按照发生次数扣减容量电费；多次发生出力未达标、被扣减容量电费的，取消其获取容量电费的资格 |
| 11月13日 | 《关于开展第四批智能光伏试点示范活动的通知》（工信厅联电子函〔2023〕306号） | 支持建设一批智能光伏示范项目，包括应用智能光伏产品，融合运用5G通信、大数据、互联网、人工智能等新一代信息技术，为用户提供智能光伏服务的项目。优先考虑光储融合、建筑光伏、交通运输应用、交通运输应用等8个方向 |
| 11月13日 | 《关于加快建立产品碳足迹管理体系的意见》（发改环资〔2023〕1529号） | 到2025年，国家层面出台50个左右重点产品碳足迹核算规则和标准，一批重点行业碳足迹背景数据库初步建成，国家产品碳标识认证制度基本建立，碳足迹核算和标识在生产、消费、贸易、金融领域的应用场景显著拓展，若干重点产品碳足迹核算规则、标准和碳标识实现国际互认 |

续表

| 发布时间 | 文件 | 相关内容 |
| --- | --- | --- |
| 11 月 14 日 | 《可再生能源利用统计调查制度（国能发新能〔2023〕74 号） | 根据国家统计局的授权，由国家能源局新能源和可再生能源司组织各可再生能源行业有关单位共同建立能源行业监测统计体系，各单位根据不同的任务分工，分别完成各自的数据报送。调查制度统计内容为全国范围内可再生能源生产和消费等基础数据 |
| 11 月 16 日 | 《关于加强发电侧电网侧电化学储能电站安全运行风险监测的通知》（国能综通安全〔2023〕131 号号） | 电力企业应对本企业投资、运维的电化学储能电站电池组、电池管理系统（BMS）、能量管理系统（EMS）、储能变流器（PCS）、消防系统、网络安全、运行环境以及其他重要电气设备运行安全状态实施监测和管理，定期分析安全运行情况，强化运行风险预警与应急处置，对存在安全隐患的设备及系统，应能够及时预警并采取有效措施消除隐患 |
| 11 月 20 日 | 《关于组织开展生物柴油推广应用试点示范的通知》（国能发科技〔2023〕80 号） | 将对符合条件的试点示范项目优先纳入制造业中长期贷款项目予以支持，并积极推进建立生物柴油碳减排方法学，推动将生物柴油纳入国家核证自愿减排量（CCER）机制，加快实现生物柴油的绿色价值 |
| 11 月 28 日 | 《关于组织开展第四批能源领域首台（套）重大技术装备申报工作的通知》 | 对填补国内空白、打造世界首台（套）领先优势、引领新兴产业发展的成套、整机设备及关键零部件予以鼓励和倾斜。鼓励重型燃气轮机、变速抽水蓄能、特高压关键组部件等重大技术装备，申报不同批（次）首台（套）示范，通过工程应用促进技术装备优化完善和迭代升级，逐步提升自主可控水平 |
| 11 月 30 日 | 《国务院关于印发《空气质量持续改善行动计划》的通知》（国发〔2023〕24 号） | 为持续深入打好蓝天保卫战，切实保障人民群众身体健康，以空气质量持续改善推动经济高质量发展，制定本行动计划。<br>大力发展新能源和清洁能源。到 2025 年，非化石能源消费比重达 20%左右，电能占终端能源消费比重达 30%左右。持续增加天然气生产供应，新增天然气优先保障居民生活和清洁取暖需求。<br>严格合理控制煤炭消费总量。在保障能源安全供应的前提下，重点区域继续实施煤炭消费总量控制……重点区域新改扩建用煤项目，依法实行煤炭等量或减量替代，替代方案不完善的不予审批…原则上不再新增自备燃煤机组，支持自备燃煤机组实施清洁能源替代。对支撑电力稳定供应、电网安全运行、清洁能源大规模并网消纳的煤电项目及其用煤量应予以合理保障。<br>严格合理控制煤炭消费总量。在保障能源安全供应的前提下，重点区域继续实施煤炭消费总量控制……重点区域新改扩建用煤项目，依法实行煤炭等量或减量替代，替代方案不完善的不予审批……原则上不再新增自备燃煤机组，支持自备燃煤机组实施清洁能源替代。对支撑电力稳定供应、电网安全运行、清洁能源大规模并网消纳的煤电项目及其用煤量应予以合理保障 |
| 12 月 7 日 | 《关于做好 2024 年电力中长期合同签订履约工作的通知》（发改运行〔2023〕1662 号） | 完善与新能源发电特性相适应的中长期交易机制，满足新能源对交易电量、曲线的偏差调整需求。将第一批大型风电光伏基地项目按要求纳入优先发电规模计划，组织签订电力中长期合同。鼓励新能源按照“煤电与新能源联营”原则，联合调节性电源与用户签订电力中长期合同，推动消纳责任权重向用户侧传导 |
| 12 月 7 日 | 《关于加快内外贸一体化发展的若干措施》（国办发〔2023〕42 号） | 发挥全国信用信息共享平台作用，推动企业信用信息共享应用，帮助企业获得更多信贷支持。鼓励内外贸企业使用信用报告、保险、保理等信用工具，防范市场销售风险。推动电商平台、产业集聚区等开展信用体系建设试点，营造有利于畅通国内国际市场的信用环境 |

续表

| 发布时间 | 文件 | 相关内容 |
|---|---|---|
| 12月11日 | 工业和信息化部、生态环境部《国家鼓励发展的重大环保技术装备目录（2023年版）》（2023年第33号） | 为落实《环保装备制造业高质量发展行动计划（2022—2025年》（工信部联节〔2021〕237号）工作部署，加快先进环保技术装备研发和推广应用，提升环保装备制造业整体水平和供给质量，工业和信息化部、生态环境部编制了《国家鼓励发展的重大环保技术装备目录（2023年版）》<br>规定了各类技术装备（包括耦合型电除尘器、温室气体在线监测系统、高功率密度超音速离心风机、低温烟气余热蒸发脱硫废水零排放装备等）的关键技术及主要技术指标和适用范围 |
| 12月13日 | 《关于加强新能源汽车与电网融合互动的实施意见》（发改能源〔2023〕1721号） | 加快建立车网互动标准体系。加快制修订车网互动相关国家和行业标准，优先完成有序充电场景下的交互接口、通信协议、功率调节、预约充电和车辆唤醒等关键技术标准制修订；力争在2025年底前完成双向充放电场景下的充放电设备和车辆技术规范、车桩通信、并网运行、双向计量、充放电安全防护、信息安全等关键技术标准的制修订。同步完善标准配套检测认证体系，推动在车辆生产准入以及充电桩生产、报装、验收等环节落实智能有序充电标准要求。积极参与车网互动领域的国际标准合作，提升中国标准的国际影响力 |
| 12月25日 | 《关于深入实施“东数西算”工程加快构建全国一体化算力网的实施意见》（发改数据〔2023〕1779号） | 支持国家枢纽节点地区利用“源网荷储”等新型电力系统模式。探索分布式新能源参与绿电交易，提升数据中心集群电力供给便利度，充分利用数据中心闲时电力资源，降低用电损耗及算力成本。鼓励数据中心间开展碳汇互认结算探索，推动东西部国家枢纽节点间开展碳汇补偿试点。到2025年底，算力电力双向协同机制初步形成，国家枢纽节点新建数据中心绿电占比超过80% |
| 12月27日 | 《产业结构调整指导目录（2024年本）》（中华人民共和国国家发展和改革委员会令第7号） | 鼓励新型电力系统技术及装备、电力基础设施建设、电力系统数字化升级、火力发电低碳节能改造，限制大电网覆盖范围内设计供电煤耗高于285克标准煤/（千瓦·时）的常规烟煤湿冷发电机组、达不到超低排放要求的煤电机组（采用特殊炉型的机组除外）和燃煤锅炉，淘汰不达标的单机容量30万千瓦级及以下的常规燃煤火电机组 |

## 第三节 合规管理政策

2023年，国家在合规领域的探索得到了各个地区、各个领域的响应，合规领域的法规政策较之以往更为深化、细化。自《中央企业合规管理办法》颁布实施以来，国务院国资委持续强化合规管理，要求中央企业围绕加快建设世界一流企业目标，加快提升依法合规经营管理水平，确保改革发展各项任务在法治轨道上稳步前进。各省（区、市）纷纷结合本省（区、市）的情况发布规制本省（区、市）企业的合规管理规范；同时，各个领域也积极发布本领域的合规管理规范，如网络安全、知识产权、人工智能等，见表2–4。

表 2-4　　2023 年电力合规管理政策汇总列表

| 发布时间 | 文件 | 相关内容 |
|---|---|---|
| 1月13日 | 《关于促进数据安全产业发展的指导意见》（工信部联网安〔2023〕182号） | 聚焦数据安全保护及相关数据资源开发利用需求，提出七项重点任务和三方面保障措施 |
| 3月2日 | 《信息通信及互联网行业企业合规管理体系指南》（T/ISC 0023—2023） | 为信息通信及互联网企业提供了建立、实施、评估、维护及改进合规管理体系的详细指引，能有效提升行业依法合规经营管理水平，并助力行业企业高质量全面发展 |
| 3月24日 | 《制止滥用行政权力排除、限制竞争行为规定》（市场监管总局64号令）、《禁止垄断协议规定》（市场监管总局65号令）、《禁止滥用市场支配地位行为规定》（市场监管总局66号令）、《经营者集中审查规定》（市场监管总局67号令） | 在细化反垄断法有关规定、优化监管执法程序、强化有关主体法律责任等方面进行了修改完善，进一步夯实反垄断法律制度规则 |
| 4月17日 | 《关于做好2023年中央企业违规经营投资责任追究工作的通知》（国资厅发监责〔2023〕10号） | 强调要持续深化中央企业违规经营投资责任追究工作，突出提升责任追究震慑性、监督协同系统性、制度机制完备性、工作手段有效性，对中央企业合规管理工作提出了更高要求 |
| 4月27日 | 《商用密码管理条例》（国务院令第760号） | 鼓励公民、法人和其他组织依法使用商用密码保护网络与信息安全，支持网络产品和服务使用商用密码提升安全性，明确关键信息基础设施的商用密码使用要求和国家安全审查要求 |
| 5月15日 | 《公平竞争审查第三方评估实施指南》（国家市场监督管理总局公告2023年第17号） | 用于指导第三方机构依据指南规定的标准和程序，对各级公平竞争审查机构的公平竞争审查制度实施情况、有关政策措施以及公平竞争审查其他有关工作进行评估 |
| 5月29日 | 《网络安全标准实践指南—网络数据安全风险评估实施指引》（信安秘字〔2023〕70号） | 明确网络数据安全风险评估思路、工作流程和评估内容，用于指导数据处理者、第三方机构开展数据安全评估，发现数据安全隐患，防范数据安全风险 |
| 6月28日 | 《市场监管总局等部门关于开展妨碍统一市场和公平竞争的政策措施清理工作的通知》（国市监竞协发〔2023〕53号） | 针对国务院各部门和县级以上政府及所属部门2022年12月31日前制定、现行有效的涉及经营主体经济活动的规章、规范性文件和其他政策措施，重点清理妨碍市场准入和退出、妨碍商品和要素自由流动、影响生产经营成本、影响生产经营行为等妨碍建设全国统一大市场和公平竞争的规定和做法 |
| 9月5日 | 《企业知识产权合规管理体系要求》（GB/T 29490—2023） | 为企业建立完善知识产权管理体系、防范知识产权风险、实现知识产权价值提供参照标准 |
| 9月11日 | 《市场监管总局关于印发〈发经营者集中反垄断合规指引〉的通知》（国市监反执二发〔2023〕74号） | 聚焦经营者集中监管特点以及企业合规需求，从合规风险、合规管理、合规保障等方面为企业提供有益参考。企业可以根据经营规模、管理模式、集中频次、合规体系等自身情况，建立健全内部合规管理制度，增强合规管理能力 |
| 9月15日 | 《关于进一步加强网络侵权信息举报工作的指导意见》（中央网信办印发） | 明确网络侵权信息举报工作两大任务，一是切实保护公民个人网络合法权益，二是切实维护企业网络合法权益。要求开设线上涉企举报专区，健全举报查证机制，强化举报政策指导，重点受理处置侵害企业及企业家名誉的虚假不实信息、违法网站和账号，优化网上营商环境，支持各类企业做大做优做强 |

续表

| 发布时间 | 文件 | 相关内容 |
| --- | --- | --- |
| 10 月 29 日 | 《国家发展改革委办公厅关于规范招标投标领域信用评价应用的通知》（发改办财金〔2023〕860 号） | 强调不得以信用评价、信用评分等方式变相设立招标投标交易壁垒，不得将特定行政区域业绩、设立本地分支机构、本地缴纳税收社保等作为信用评价加分事项 |
| 12 月 14 日 | 《关于组织开展网络安全保险服务试点工作的通知》（工信厅网安函〔2023〕356 号） | 针对金融、能源等企业，要求结合行业网络安全风险特征，聚焦因网络攻击、操作不当、代码缺陷等导致的部件异常、系统停用、数据泄露等风险场景，确定可承保的第一方损失和第三方责任范围 |

# 第三章

# 电力消费

## 第一节 用 电 量

### 一、宏观经济形势

**经济运行回升向好。**初步核算，2023 年全年国内生产总值 1260582 亿元，同比增长 5.2%。其中，第一产业增加值 89755 亿元，同比增长 4.1%；第二产业增加值 482589 亿元，增长 4.7%；第三产业增加值 688238 亿元，增长 5.8%。第一产业增加值占国内生产总值比重为 7.1%，第二产业增加值比重为 38.3%，第三产业增加值比重为 54.6%。分季度看，一季度国内生产总值同比增长 4.5%，二季度增长 6.3%，三季度增长 4.9%，四季度增长 5.2%。全年人均国内生产总值 89358 元，同比增长 5.4%。2019—2023 年国内生产总值及其增速如图 3－1 所示，2019—2023 年三次产业增加值占国内生产总值比重情况如图 3－2 所示。

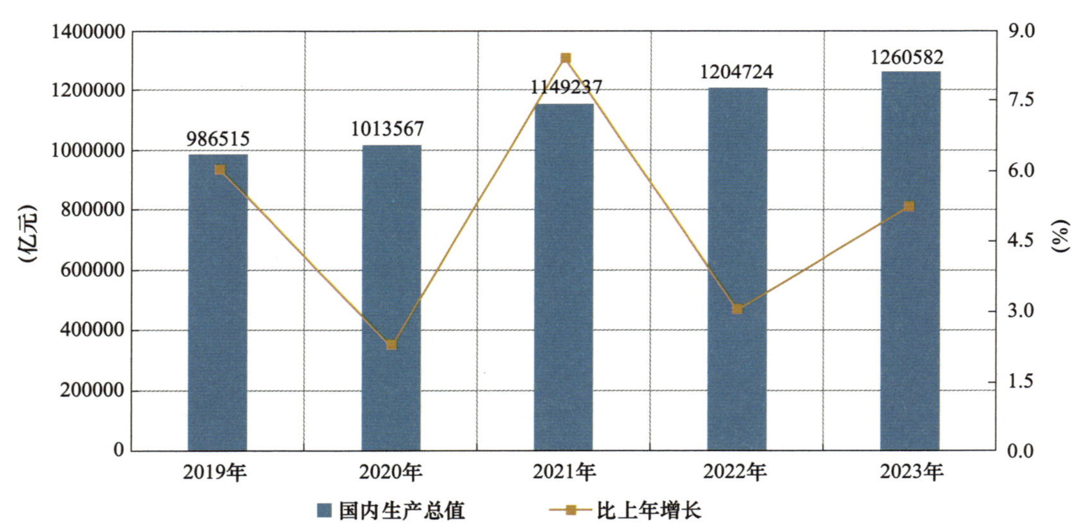


图 3－1　2019—2023 年国内生产总值及其增速

数据来源：国家统计局

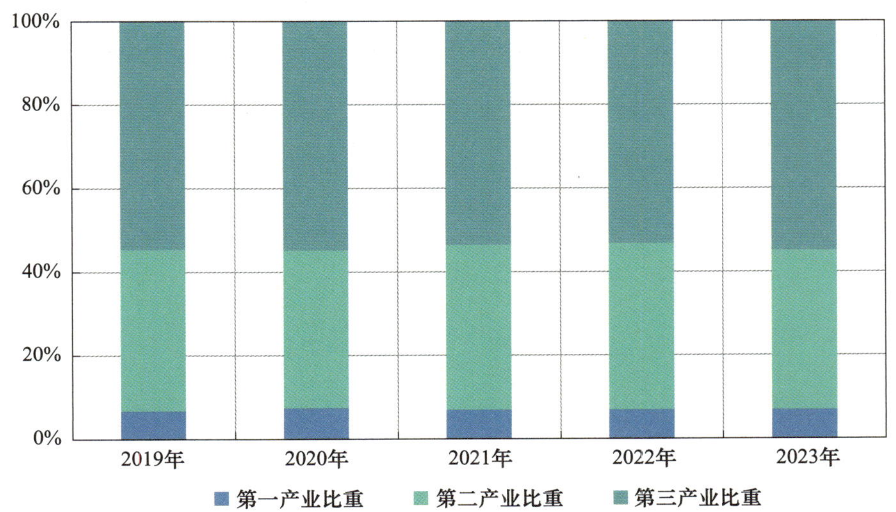


图 3-2　2019-2023 年三次产业增加值占国内生产总值比重情况

数据来源：国家统计局

**新动能成长壮大。**2023 年全年规模以上工业中，装备制造业增加值同比增长 6.8%，占规模以上工业增加值比重为 33.6%；高技术制造业增加值增长 2.7%，占规模以上工业增加值比重为 15.7%。新能源汽车产量 944.3 万辆，同比增长 30.3%；太阳能电池（光伏电池）产量 5.4 亿千瓦，增长 54.0%；服务机器人产量 783.3 万套，增长 23.3%；3D 打印设备产量 278.9 万台，增长 36.2%。规模以上服务业中，战略性新兴服务业企业营业收入同比增长 7.7%。高技术产业投资同比增长 10.3%，制造业技术改造投资增长 3.8%。电子商务交易额 468273 亿元，同比增长 9.4%。网上零售额 154264 亿元，同比增长 11.0%。2023 年工业战略性新兴产业、高技术制造业、装备制造业增加值增速情况如图 3-3 所示。

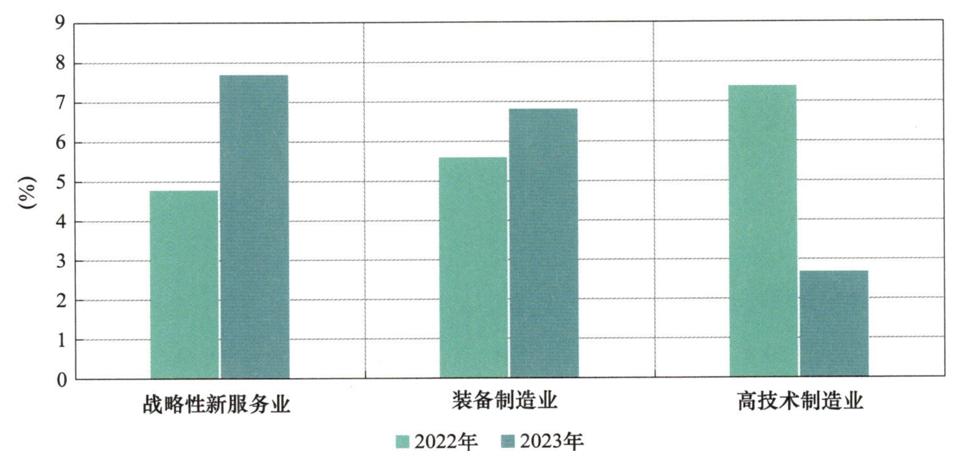


图 3-3　2023 年战略性新兴服务业、高技术制造业、装备制造业增加值增速情况

数据来源：国家统计局

**固定资产投资平稳增长，东部地区引领投资增长。**全年全社会固定资产投资 509708 亿元，同比增长 2.8%。固定资产投资（不含农户）503036 亿元，增长 3.0%，扣除价格因素影响，同比实际增长 6.4%。在固定资产投资（不含农户）中，分区域看，东部地区投资增长 4.4%，中部地区投资增长 0.3%，西部地区投资增长 0.1%，东北地区投资下降 1.8%。2023 年各地区投资增速情况如图 3-4 所示。

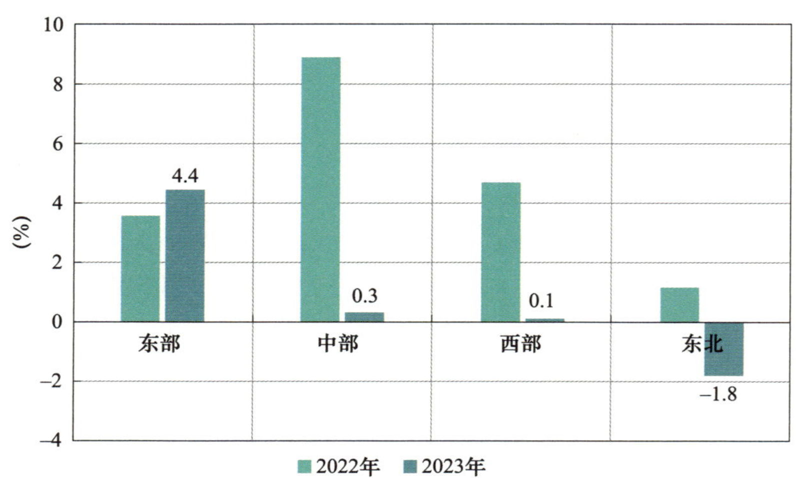


图 3-4　2023 年各地区投资增速情况

数据来源：国家统计局

**货物进出口总体平稳。**2023 年，全年货物进出口总额 417568 亿元，同比增长 0.2%。其中，出口 237726 亿元，增长 0.6%；进口 179842 亿元，下降 0.3%。货物进出口顺差 57883 亿元，同比增加 1938 亿元。对共建“一带一路”国家进出口额 194719 亿元，同比增长 2.8%。其中，出口 107314 亿元，增长 6.9%；进口 87405 亿元，下降 1.9%。对《区域全面经济伙伴关系协定》（RCEP）其他成员国进出口额 125967 亿元，同比下降 1.6%。民营企业进出口额 223601 亿元，同比增长 6.3%，占进出口总额比重为 53.5%。

## 二、全国用电情况

### （一）全社会用电

2023 年，国民经济回升向好，产业结构持续转型优化，服务业稳步恢复，乡村电气化改造和产业升级，新兴产业的崛起以及电力生产供应能力的增强，共同推动了全社会用电量的增长。2023 年，全国全社会用电量 92238[1]亿千瓦·时，同比增长 6.7%，增速

[1] 除发电量数据外，其他电力数据来自中电联 2023 年度统计数据（简称“年报数据”），数据因四舍五入的原因存在总计与分项合计不等的情况，下同。

同比提高 3.1 个百分点。2023 年，全国人均用电量 6538 千瓦·时/人，较上年增加 422 千瓦·时/人。2014—2023 年全国全社会用电量及其增速如图 3-5 所示。

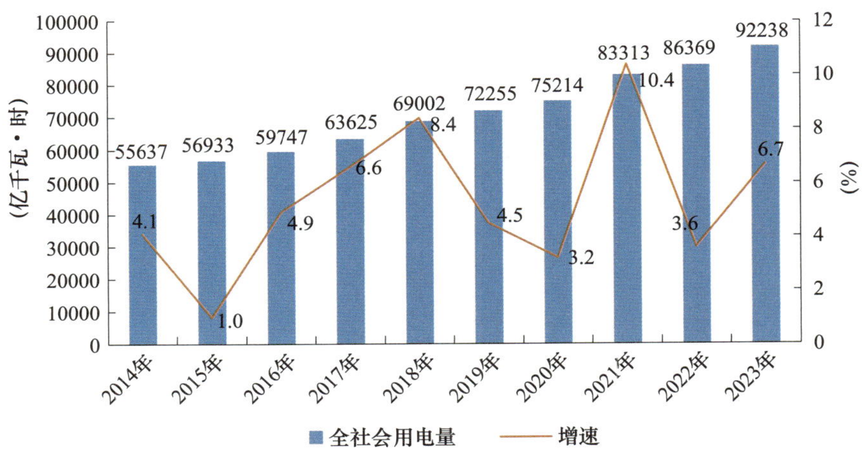


图 3-5　2014—2023 年全国全社会用电量及其增速

分季度看，一、二、三、四季度，全社会用电量同比分别增长 3.6%、6.4%、6.6%和 10.0%，同比增速呈逐季上升态势。2014—2023 年分季度全社会用电量增速如图 3-6 所示。

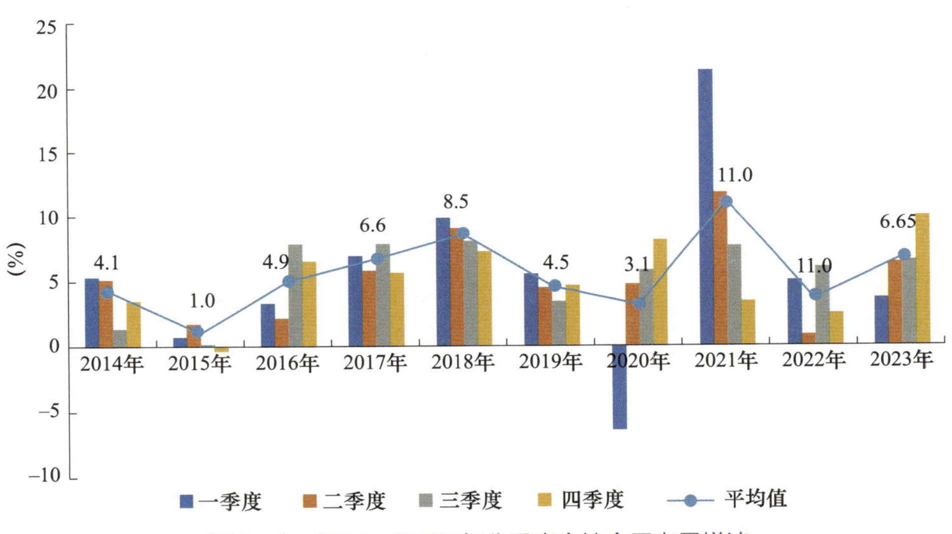


图 3-6　2014—2023 年分季度全社会用电量增速

## （二）用电结构

与上年相比，第一产业、第三产业用电量占比分别提高 0.1、0.9 个百分点；第二产业、城乡居民生活用电量占比分别降低 0.1、0.8 个百分点。2023 年各产业及居民生活用电情况如图 3-7 所示。

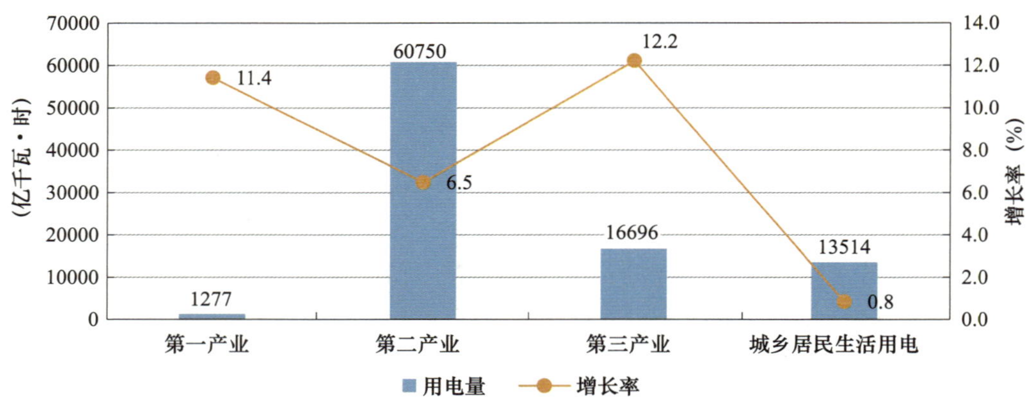

图 3-7　2023 年各产业及居民生活用电情况

2023 年分季度、分产业用电量增长对全社会用电量增长的拉动如图 3-8 所示，2022、2023 年全国电力消费结构如图 3-9 所示。

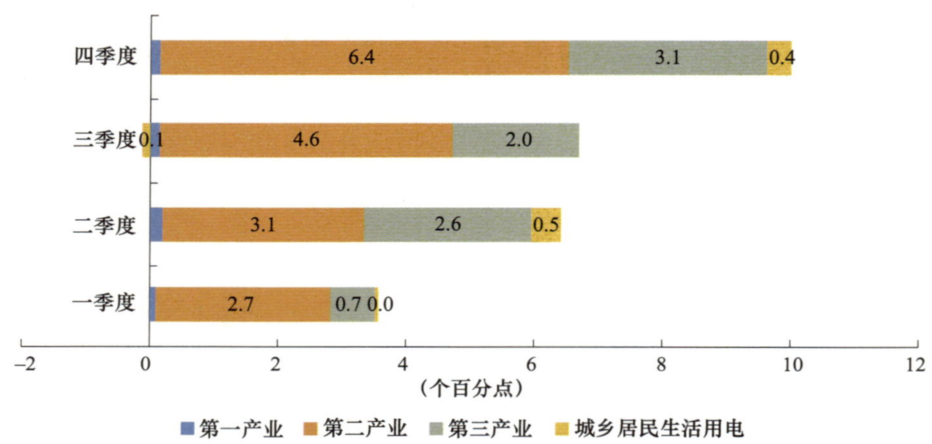

图 3-8　2023 年分季度、分产业用电量增长对全社会用电量增长的拉动

第二产业用电量是拉动全社会用电量增长的主力，拉动全社会用电量增长 4.3 个百分点，同比提高 3.5 个百分点。其中，工业用电量同比增长 6.7%，增速逐季提高；四大高载能行业用电量同比增长 5.4%，增速同比提高 5.6 个百分点；高技术装备制造业用电量同比增长 11.2%，增速同比提高 8.8 个百分点。城乡居民生活用电量增速较上年有较大幅度回落，对全社会用电量增长的拉动力同比回落 1.8 个百分点。

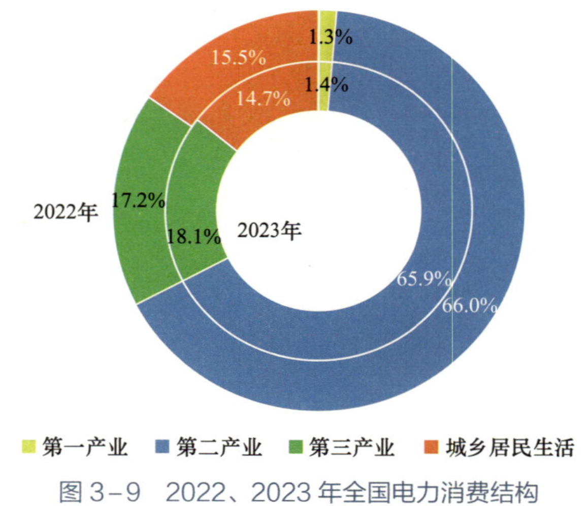

图 3-9　2022、2023 年全国电力消费结构

### 三、分区域情况

2023 年，华北、华东、华中和南方区域全年全社会用电量均超过 15000 亿千瓦·时，四个区域合计用电量占全国全社会用电量的 82.4%。华北、西北和南方区域全社会用电增速高于全国平均水平，分别拉动全社会用电量增长 1.8、0.6 个和 1.6 个百分点。各区域用电量增长对全社会用电量增长的拉动力比上年均有不同程度提高，其中，华北和南方区域对全社会用电量增长的拉动力比上年分别提高 1.2 个和 1.4 个百分点。2022、2023 年分区域用电量及其增速如图 3－10 所示。

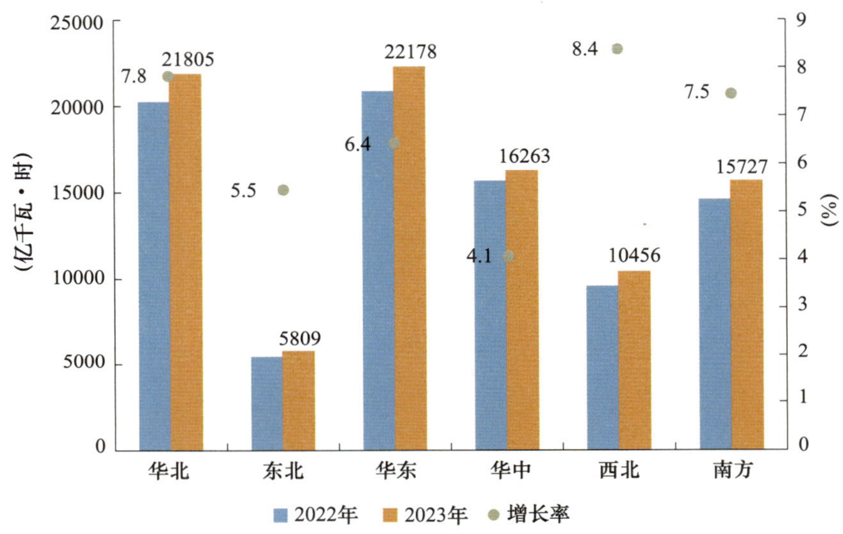


图 3－10　2022、2023 年分区域用电量及其增速

## 第二节　电　能　替　代

### 一、总体情况

2023 年，在中央及各地方政府的大力支持下，电能替代融入关键领域用能转型，国内终端用能电气化水平不断提升，工业、交通、建筑等重点行业电能替代持续推进，各部门都力争做好“双碳”工作。2023 年累计完成替代电量 734.37 亿千瓦·时。全国各地积极出台电能替代支持政策，在全社会形成了实施电能替代、促进清洁能源利用的良好氛围。

## 专栏 3-1 2023 年电能替代工作成效

2023 年，全国累计完成替代电量 734.37 亿千瓦·时，主要取得了以下成效：

电能替代工作以工业领域为主导，交通、建筑、农业和家庭居民生活领域协同发展。国家电网、南方电网和内蒙古电力因地制宜，开展符合地区特色的电能替代工作。

国家电网聚焦工业、建筑、交通等重点领域，科学有序实施电能替代。积极为用户提供用能诊断、节能咨询等服务，每月为高压客户推送电能能效账单；落实工信部组织开展的百家重点企业、千家中小企业工业节能诊断的工作要求。在北方地区推动以电代煤清洁取暖，全面开展全电景区、全电船舶、公路与铁路电气化等电能替代项目。加快建设充电基础设施，构建“十纵十横两环网”快充网络，有效缓解电动汽车远距离出行“里程焦虑”。大力开展用能诊断、能效提升等综合能源服务，积极推动电、氢、气、冷、热等多能互补、高效利用，打造高弹性、高韧性的现代综合能源系统。积极推动长江沿线港口岸电建设，投入建成岸电设施，实现主要港口岸电基本覆盖。在民航机场、沿海和内陆码头大力推广以电代油，实现电气化改造。

南方电网依托现代供电服务体系建设加快推进电能替代发展。构建用电用能产品体系，满足不同行业、不同地区、不同规模用户个性化的电能替代需求。在工业生产制造领域推广电锅炉、电窑炉等新型用能方式。在交通运输领域进一步提升铁路电气化率，加大力度建设电动汽车充电基础设施，大力推行港口岸电、机场桥电系统。在农业生产领域，积极推广农产品加工、农业辅助生产和农业电排灌。

内蒙古电力集团充分考虑电力替代用电需求，在工业领域以高排放行业为重点，推进电气化改造。重点发展电动汽车充电基础设施及相关产业，稳步推进电供热等相关产业，探索发展其他领域电能替代产业。

## 二、地方相关政策

在 2023 年发布的《国家碳达峰试点建设方案》中提出了一系列措施，旨在促进能源绿色低碳转型和产业结构优化升级。该方案重点关注了节能降碳增效，特别是在工业、建筑和交通等领域的清洁低碳转型方面。对试点城市和园区碳达峰碳中和目标进行有力支撑并支持各企业采用绿色低碳技术，推动碳排放减少。相较于 2022 年的《关于进一步推进电能替代的指导意见》，2023 年出台的各种政策更为具体和细化。在大力推进工业领域电气化方面，提出了优化能源结构、提高能源利用效率、推动智能制造等措施，以更快实现工业领域碳减排的目标。在交通领域，也强调了加快推广新能源汽车与智能交通；同时，还提出了加快推进建筑领域电气化的建议，包括推动建筑能效提升、智能建筑应用、推广新型建筑材料等。这些措施的推行都将促进相关产业的升级和转型，继而推动经济的可持续发展。

在各地方政策上，由于部分电网发展与能源转型需求还不适应，地方电网公司配电网基础薄弱，与新能源接入以及负荷增长支撑不足，而电力供需形势上的变化也增加了电能替代工作的难度；因此，各省市县出台相应的电能替代指导意见，应当因地制宜，对于工业、交通等领域，要出台专项的支持补贴政策，构建立体化的政策体系。2023 年电能替代各地方相关政策见表 3－1。

表 3－1　2023 年电能替代各地方政策

| 文件名称 | 相关内容 |
| --- | --- |
| 《福建省发展和改革委员会关于福建省完善能源绿色低碳转型体制机制和政策措施的意见》（闽发改能源综函〔2023〕150 号） | 加快提升工业领域绿色能源消费水平。引导工业企业开展清洁能源消费替代。推进终端用能领域在成本可控的前提下以电代煤、以电代油，推广热泵、电窑炉等新型用能技术，促进单位产品碳排放降低，鼓励具备条件的企业率先形成低碳、零碳能源消费模式。鼓励建设绿色园区和绿色工厂等绿色制造体系，支持在自有场所开发利用清洁低碳能源，鼓励工业企业、园区因地制宜依托分布式可再生能源建设绿色微电网 |
| 甘孜州《关于全面推进清洁能源高质量发展的意见》（甘委发〔2023〕12 号） | 甘孜州推进清洁能源高质量发展历程中，需深度谋划清洁能源体系规划布局、加快推进水风光一体化开发建设、扎实推动坚强可靠电网建设、稳步推进能源科技创新发展、强力提升行业安全管控水平 |
| 《长沙市“十四五”节能减排综合工作实施方案》（长政发〔2023〕11 号） | 加快绿色交通基础设施建设，有序推进充电桩、配套电网、加（注）气站、电动汽车和共享自行车专用停车位、“停车＋换乘”（P＋R）等基础设施建设。推进港口机场岸电建设，重点推动长沙黄花机场改扩建工程绿色能源项目建设。大力提升新能源汽车使用比例，加速推动电力、氢能等新能源在城市公交、道路货运、私人交通、专业用车等领域应用 |
| 《陕西省工业领域碳达峰实施方案》（陕工信发〔2023〕31 号） | 推动用能结构低碳化。推进源网荷储一体化和多能互补发展，加快工业绿色微电网建设，引导企业、园区加快分布式光伏、分散式风电、多元储能、高效热泵等一体化系统开发运行。推动多元化储能技术及装备示范项目。鼓励企业、园区推进“多能互补”和“源网荷储”一体化示范项目建设 |
| 《关于加快构建湖北省高质量充电基础设施体系的实施意见》（鄂政办发〔2023〕26 号） | 《实施意见》共 20 条内容，将加快建设全省互联互通的充电网络、结构完善的城市充电网络、便捷高效的城际充电网络、有效覆盖的农村充电网络、开放共享的公共服务体系，促进新能源汽车消费，推动湖北新能源与智能网联汽车产业发展崛起，更好服务湖北建设全国构建新发展格局先行区 |

## 三、各领域替代电量

电能替代主要集中在工农业生产制造、电力供应与消费、交通运输、居民采暖等领域。其中，工农业生产制造领域的电能替代占比最大，替代总量为 339.92 亿千瓦・时，占比为 46%。电力供应与消费领域完成电能替代量为 55.47 亿千瓦・时，占比 8%；交通领域完成替代电量为 221.53 亿千瓦・时，占比为 30%，生活消费电气化领域完成电能替代量 23.11 亿千瓦·时，占比为 3%。具体各领域、各技术类型替代电量详见表 3-2。

表 3-2　　2023 年各典型领域电能替代电量

| 典型领域 | 技术类型 | 替代电量（亿千瓦·时） | 所占比重（%） |
|---|---|---|---|
| **总计替代电量** | | **734.37** | **100** |
| 工农业生产制造领域 | 电锅炉 | 66.81 | 9.10 |
| | 电窑炉 | 193.81 | 26.39 |
| | 电炉 | 2.68 | 0.36 |
| | 工业辅助电动力 | 14.98 | 2.04 |
| | 矿山采选 | 2.01 | 0.27 |
| | 农业电排灌 | 5.39 | 0.73 |
| | 农业辅助生产 | 5.53 | 0.75 |
| | 农产品加工 | 5.41 | 0.74 |
| | 油田钻机油改电 | 1.07 | 0.14 |
| | 油气管线电加压 | 0.28 | 0.04 |
| | 其他 | 42.91 | 5.84 |
| | 小计 | 339.92 | 46 |
| 电力供应与消费领域 | 电蓄冷空调 | 46.70 | 6.36 |
| | 电力系统储能 | 0.03 | 0.00 |
| | 其他 | 8.76 | 1.19 |
| | 小计 | 55.47 | 8 |
| 交通运输领域 | 电动车 | 117.82 | 16.04 |
| | 轨道交通 | 94.49 | 12.87 |
| | 港口岸电 | 1.50 | 0.21 |
| | 机场桥载 APU | 0.28 | 0.04 |
| | 其他 | 7.70 | 1.05 |
| | 小计 | 221.53 | 30 |
| 居民采暖领域 | 分散电采暖 | 0.28 | 0.04 |
| | 电锅炉 | 1.76 | 0.24 |
| | 热泵 | 21.46 | 2.92 |
| | 小计 | 23.11 | 3 |
| 其他 | 家庭电气化 | 39.14 | 5.33 |
| | 燃煤自备电厂 | 30.63 | 4.17 |
| | 其他 | 23.07 | 3.14 |
| | 小计 | 93.54 | 13 |

与 2022 年电能替代情况相比，2023 年全国的电能替代量整体小幅增长，工农业生产制造与交通运输领域有较大增长，电力供应与消费领域电能替代量小幅下降。电能替代量增长最多的技术种类有电锅炉、电动车、轨道交通、电蓄冷空调等。对于工农业生产等领域电能替代量的小幅增长，分析主要是因为国家政策推动的作用，企业不断发展新的电能替代项目；另外，随着我国新能源汽车快速发展，交通领域电能替代量也随之增长。

## 专栏 3-2 部分省（区、市）电能替代项目典型案例

位于河南省郑州市郑东新区龙湖北岸的中原科技城核心起步区综合智慧能源项目，是由国家电投集团河南公司投资建设的河南省“十四五”期间集中全力打造的“城市科技带”项目。项目总供能面积 114.2 万平方米，总热负荷 18230.7 千瓦，总冷负荷 26034.25 千瓦，于 2022 年 7 月开工，2023 年 11 月投产运行。该项目供能采用浅层土壤源热泵 + 空气源热泵 + 单冷机组多种能源耦合的方式，布置浅层土壤源地热井 2300 口，屋顶分布式光伏 1.58 兆瓦，充电桩 1201 枪；通过“天枢”系统对能源站所有供能设备、光伏系统、充电桩进行智慧管理。能源站夏季工况综合能效比高于 4，冬季工况综合能效比高于 3.5。项目达产后较传统供能方式每年可节省标煤量 9113 吨，减排二氧化碳 2.4 万吨、氮氧化物 67 吨，节能减排效果较显著。项目具备参与电网需求响应能力，利用建筑物本身的热储特性，可采用间歇性短时停运设备的方式参与电网调峰，夏季、冬季理论参与最大负荷分别为 20、15 兆瓦。

江苏盐城建湖县供电公司结合生活燃气安全专项检查排查整治活动，全面推进清洁能源替代项目，其基层供电所在内 11 个职工食堂已全部实现烹饪无明火，成功改造为绿色、节能、安全、高效的电气化厨房，实现“全电厨房”全覆盖。“全电厨房”是指厨房内所有用能设备放弃传统的煤或者天然气等能源，采用全电力操作的烹饪系统。它拥有比传统厨房更高效、更节能的特点。“全电厨房”相较于传统厨房优势明显，电磁灶加热速度快，比传统燃气灶具效率高出 30%～60%，减少碳排放 30%～50%。同时，全电厨房使用电能无明火，精准控油控温，规避了燃气泄漏、油锅爆燃等安全隐患。同时，“全电厨房”中的设备还配备了高效的绝缘材料和温度控制系统，使电能精准地提供所需热量，提高了能源利用效率，不仅节能高效，而且安全可靠。

青海海北州自“十四五”以来，累计实施清洁能源项目 6 个，完成投资 26 亿元，四县全部列入全国整县屋顶分布式光伏开发试点县。清洁能源总装机规模突破 140 万千瓦，正在建设的项目总装机规模超过 225.5 万千瓦，谋划建设超 600 万千瓦。累计消纳新能源电量 18.87 亿千瓦·时。此外，积极探索推进“光伏 + 扶贫”多赢模式，建成 5 座村级光伏电站扶贫项目且均并网，实现生态、生产、生活“三生”共赢。新增变电容量 129.38 兆伏安，新增供电

线路 20 条长度 570.86 千米，完成 51 个贫困村、32 个中心村电网改造升级，81 个村通了动力电，海北全域实现电网覆盖。因地制宜推广电能替代、热电联产、空气能等清洁供暖技术，实施农牧区太阳能暖房、电热炕等清洁取暖项目，清洁能源发展红利惠及全州各族群众。

沈大换电干线沿沈大高速而设，聚焦“节能减排、双碳目标”，启源芯动力为 400 千米沿线的重工业企业筑起一条低碳发展的绿色通道。项目于 2023 年 12 月建成投运，现沿途涵盖 7 座站，服务车辆 300 余台，换电站＋车辆总投资约 3 亿元。启源换电站包含充换一体功能，单个换电站占地面积 500 平方米，换电站采用 7＋1 工位，3～5 分钟可完成全自动换电补能；此外每个换电站可独立作为储能单元，响应电网“削峰填谷”，采用先进的车储共用电池系统，保障用能高效、安全、可靠。经测算，本项目建成后每 300 台车每年可减少碳排放 6 万吨，现有 7 座换电站年充换电量超过 4500 万千瓦 • 时。

浙江国网湖州供电公司打造乡村用能新示范。响应乡村振兴用能新需求，塑造智慧用能“一条链”，服务农业产业新业态，提高乡村终端用能电气化水平，提升综合能效。一是推动农机装备电气化：协同推广农田电排灌、农业大棚电保温、电动喷淋、水产增氧、水循环等电气化技术，推动安吉农业大棚电气化改造 5500 亩、水产电气化养殖 1.6 万亩、电排灌站 112 个，全县农机电气化率达到 65%左右。二是推动产业设备自动化：在竹木加工、农产品加工、高端椅业、乡村旅游等重点领域，推动电能对化石能源的深度替代，年替代电量 6100 万千瓦 • 时。在竹木加工方面，推进竹木品烘干、熏制、压制等锅炉“煤改电”；在农产品加工方面，联合研发白茶生产线全电加工、全自动温控等技术设备，制定全国首个成套设备标准，推广炒茶专用变压器 165 台，惠及茶农 6058 户。三是推动乡村用能数字化：打造安吉“乡村智慧能源大脑”，建设首个覆盖农业生产、乡村产业、乡村生活的智慧用能服务平台，研发 WEB 系统应用功能 106 项、14 类 APP 移动应用功能 110 项，满足农户“遥视遥信遥测遥调”精细化控制，变“手机”为“农具”。建成智慧能源大数据可视化中心，对 4 大维度 15 个模块进行在线监测和全景分析，提供科学精准的优化策略建议、在线咨询服务。

## 第三节 负荷管理与需求响应

2023 年，国家及地方电力主管部门、电力行业企业从推动市场化需求响应、促进节能降耗、扩大绿电消费、保障电力安全等方面不断丰富电力需求侧管理实践，全社会电力电量节约成效显著，电力需求侧管理在提高需求侧资源调节控制能力、维持电力系统功率平衡、推动电能替代、可再生能源消纳以及电力系统智能化发展等方面取得积极成效。

## 一、各地方相关政策

2023 年，9 省（区、市）新出台了电力需求响应相关政策，见表 3–3。

表 3–3　　2023 年部分省（区、市）电力需求响应相关政策列表

| 发布时间 | 政策文件 | 相关内容 |
| --- | --- | --- |
| 2023.1.4 | 《新疆维吾尔自治区发展和改革委员会〈新疆维吾尔自治区 2023 年电力市场化交易实施方案〉》 | 鼓励新型储能、虚拟电厂等各类新型市场主体参与市场化交易 |
| 2023.1.11 | 《天津市 2023 年春节期间电力需求响应实施细则》（津工信电力〔2023〕1 号） | 虚拟电厂运营企业应已建成负荷管理平台，与天津市省级智慧能源服务平台（天津市能源供需互动服务平台，以下简称“平台”）实现数据交互，具备远程实时调节客户侧负荷能力且运营平台应满足平台数据传输和测试要求，响应能力不低于 6000 千瓦·时，最大不超过 120 万千瓦·时，应与代理用户签署需求响应协议，代理用户需位于天津市行政范围内 |
| 2023.3.30 | 《广东省能源局、国家能源局南方监管局〈广东省新型储能参与电力市场交易实施方案〉》 | 网侧和源侧储能可参与电能量市场、区域调频辅助服务市场交易；用户侧储能可参与电能量市场、需求响应市场 |
| 2023.4.6 | 《河北省发展和改革委员会关于进一步做好河北南部电网电力需求响应市场运营工作的通知》（冀发改运行〔2023〕407 号） | 明确负荷聚合商是指代理电力高、低压用户参与需求响应的运营商，其集成的用户单户运行容量在 1000 千伏安及以下，聚合削峰能力不低于 5000 千瓦 |
| 2023.4.7 | 《贵州省能源局〈贵州省电力需求响应实施方案（征求意见稿）〉》 | 现阶段暂由售电公司注册为负荷聚集商，聚合其零售用户的需求响应资源。市场化交易用户提出参与市场化需求响应时，售电公司原则上应受理。负荷聚集商聚合的单个虚拟电厂响应能力不低于 0.1 万千瓦，单个需求响应资源响应能力不低于 0.01 万千瓦，响应时长均不低于 1 小时 |
| 2023.4.19 | 《四川省经济和信息化厅〈2023 年四川省电力需求侧市场化响应实施方案〉》 | 2023 年度交易代理电量 10 亿千瓦·时以上，或缴纳履约保障凭证额度达 800 万元及以上的售电公司，可在电力交易平台申请成为负荷聚合商，代理电力用户参与需求侧市场化响应 |
| 2023.4.24 | 《河北省发展和改革委员会〈2023 年河北省电力需求侧管理工作方案〉》 | 结合区域经济结构、发展需求、用电特点等情况，构建基于多时间尺度的可调节负荷资源库，精准实施管控措施，确保电网安全运行。鼓励已具备调节能力的负荷聚合商、虚拟电厂等第三方平台规范接入新型电力负荷管理系统，进行系统对接 |
| 2023.4.25 | 《甘肃省工业和信息化厅〈甘肃省电力需求响应市场实施方案（试行）〉》 | 鼓励虚拟电厂等新型主体参与需求响应市场交易。负荷聚合商应自建电力能效监测系统，具备对代理用户负荷监测、计量和调控能力，具有负荷曲线整合、补偿费用分解、负荷控制与监视等功能；负荷调节能力原则上不低于 5000 千瓦，单次响应持续时间不低于 60 分钟 |
| 2023.4.27 | 《云南省能源局 2023 年云南省电力需求响应方案》（云能源运行〔2023〕126 号） | 负荷聚合商应具备云南省内电力交易资格，市场代理的用户应具有省内独立电力营销户号（包括直接购电用户和电网企业代理购电用户），并具备集成 2500 千瓦及以上响应负荷能力；应运行具备调度直接控制条件的虚拟电厂相关控制设备和技术系统，确保安全可控 |
| 2023.5.19 | 《广东省电力交易中心关于广东省市场化需求响应相关事项的通知》（广东交易〔2023〕93 号） | 建立灵活避峰需求响应。在日前邀约结束后，由地市负荷管理中心根据电力保供需要组织调用，作为日前邀约申报量未能覆盖电力缺口或日内出现临时缺口的补充措施 |

## 二、电力需求响应工作成效

### （一）节约用电

2023 年，国家电网、南方电网、内蒙古电力等累计节约电力 519.44 万千瓦，节约电量 224.9 亿千瓦·时。其中国家电网公司节约电力 421.90 万千瓦，节约电量 178.08 亿千瓦·时；南方电网节约电力 91.82 万千瓦，节约电量 39.26 亿千瓦·时。内蒙古电力节约电力 5.72 万千瓦，节约电量 7.56 亿千瓦·时。

### （二）电力需求响应

为促进新能源消纳，国网天津电力、国网山东电力配合政府开展填谷需求响应 16 天，最大填谷响应规模 181.8 万千瓦（2023 年 4 月 29 日）。为应对局部地区电力供需紧张，国网江苏电力、国网四川电力配合政府开展需求响应 7 天，最大响应规模 565.2 万千瓦（2023 年 12 月 22 日）。

内蒙古电力集团 2023 年实施需求响应 33 次，通过电力现货市场获取需求响应收益，助力电网供需平衡调节，发挥虚拟电厂主动调节功能。

各省（区、市）电力需求响应情况详见表 3－4。

表 3－4　2023 年部分省（区、市）电力需求响应情况表

| 地区 | 削峰响应 | | 填谷响应 | | 响应收益（亿元） |
|---|---|---|---|---|---|
| | 响应次数（次） | 响应容量（万千瓦） | 响应次数（次） | 响应容量（万千瓦） | |
| 天津 | — | — | 3 | 76 | 0.09 |
| 山东 | — | — | 13 | 181.8 | 0.27 |
| 江苏 | 1 | 565.2 | — | — | 0.26 |
| 四川 | 6 | 4.1 | — | — | 0.07 |
| 蒙西 | 33 | 3694 | — | — | 1.65 |
| 山东 | — | — | 13 | 181.8 | 0.27 |

### （三）绿色用电

2023 年国家电网经营区域内累计绿电交易量达到 589.17 亿千瓦·时，同比增长 288%，其中省内绿电交易 473.87 亿千瓦·时，省间交易 115.3 亿千瓦·时。南方电网经营区内累计

绿电交易 95.3 亿千瓦•时，同比增长 137%。

国家电网经营区各省（区、市）绿色电力交易情况详见表 3－5。

表 3－5　　国家电网经营区各省（区、市）绿色电力交易情况表

| 省（区、市） | 绿电交易量（亿千瓦•时） | | | 省（区、市） | 绿电交易量（亿千瓦•时） | | |
|---|---|---|---|---|---|---|---|
| | 合计 | 省间 | 省内 | | 合计 | 省间 | 省内 |
| 北京 | 14.78 | 14.78 | — | 江西 | 19.59 | — | 19.59 |
| 天津 | 18.02 | 14.02 | 4 | 四川 | 1.86 | 1.86 | — |
| 河北 | 1.07 | — | 1.07 | 重庆 | 9.83 | 9.83 | — |
| 冀北 | 197.9 | 20.67 | 177.23 | 辽宁 | 40.75 | — | 40.75 |
| 山西 | 1.08 | — | 1.08 | 吉林 | 14.89 | — | 14.89 |
| 山东 | 14.78 | — | 14.78 | 黑龙江 | 1.13 | — | 1.13 |
| 上海 | 21.69 | 21.69 | — | 蒙东 | 1.2 | — | 1.2 |
| 江苏 | 47.97 | 5.26 | 42.71 | 陕西 | 20.74 | 1.21 | 19.53 |
| 浙江 | 80.88 | 21.56 | 59.32 | 甘肃 | 4.32 | — | 4.32 |
| 安徽 | 35.45 | 3.46 | 31.99 | 青海 | 12.69 | — | 12.69 |
| 福建 | 7.2 | — | 7.2 | 宁夏 | 5.09 | — | 5.09 |
| 湖北 | 2.41 | 0.96 | 1.45 | 新疆 | 3.44 | — | 3.44 |
| 湖南 | 9.17 | — | 9.17 | 西藏 | 0.03 | — | 0.03 |
| 河南 | 1.21 | — | 1.21 | — | — | — | — |

## （四）有序用电

2023 年全国未执行有序用电。各电网企业大力开展新型负荷管理系统功能建设，扎实开展负荷资源排查专项行动，推动负荷多维监测能力提升，打造空调负荷管理、分时电价引导、负荷措施执行的有效监测和评价体系，有效支撑虚拟电厂运营商、负荷聚合商等第三方系统接入，实现资源常态管理和执行监测。加强对新型主体服务管理，加强对分布式光伏、电动汽车、储能、虚拟电厂、负荷聚合商等新型主体的规范管理和服务，组织省电力公司在技术应用、市场机制、管理模式等方面积极探索创新，加强对分布式光伏、储能等新型主体规范管理和服务。各省（区、市）新型负荷管理系统建设情况详见表 3－6。

表 3-6　各省（区、市）新型负荷管理系统建设情况表

| 省（区、市） | 新型电力负荷管理系统建设情况 | | 省（区、市） | 新型电力负荷管理系统建设情况 | |
|---|---|---|---|---|---|
| | 新型电力负荷管理系统监测负荷规模（万千瓦） | 占总负荷占比（%） | | 新型电力负荷管理系统监测负荷规模（万千瓦） | 占总负荷占比（%） |
| 北京 | 2057 | 76.83 | 辽宁 | 2699 | 70.29 |
| 天津 | 1001 | 55.26 | 吉林 | 738 | 49.10 |
| 河北 | 2263 | 48.62 | 黑龙江 | 585 | 32.12 |
| 冀北 | 1245 | 38.90 | 蒙东 | 963 | 92.90 |
| 山西 | 2719 | 67.44 | 陕西 | 1868 | 46.99 |
| 山东 | 6617 | 60.39 | 甘肃 | 1754 | 78.10 |
| 上海 | 2606 | 70.92 | 青海 | 987 | 72.91 |
| 江苏 | 10301 | 77.97 | 宁夏 | 1016 | 61.63 |
| 浙江 | 6712 | 60.99 | 新疆 | 2640 | 55.53 |
| 安徽 | 2184 | 38.97 | 西藏 | 89 | 35.93 |
| 福建 | 2791 | 54.47 | 广东 | 1116 | 9.40 |
| 湖北 | 2840 | 56.23 | 广西 | 265 | 8.70 |
| 湖南 | 1948 | 46.78 | 云南 | 728 | 21.20 |
| 河南 | 4161 | 52.55 | 贵州 | 177 | 7.10 |
| 江西 | 1427 | 42.80 | 海南 | 45 | 7.00 |
| 四川 | 2957 | 48.43 | 深圳市 | 153 | 7.20 |
| 重庆 | 1570 | 60.31 | 蒙西 | 2684 | 73.00 |

## （五）智能用电

智能用电呈现出快速发展的趋势。随着科技的发展和智能化技术的广泛应用，越来越多的企业和居民开始应用智能用电系统，以提高能源利用效率，降低能源消耗和碳排放。在企业领域，智能用电系统也被广泛应用于各种类型的建筑和设施，包括车网互动、智能办公楼、智能工厂、智能商业建筑等。这些系统不仅可以实现能源的精准监测和管理，还可以通过智能化控制系统实现能源的有效利用，实现能源和成本的双重节省。2023 年国内智能用电发展情况详见专栏 3-3。

## 专栏 3-3 2023 年国内智能用电发展情况

（1）车网互动智能用电。天津市津门湖综合服务中心充电站是国内首座集“政府监管、品牌运营、智慧充电、产品体验、技术开发”等功能场景于一体的新能源车综合服务中心，为用户提供技术最先进、充电方式最全、充电安全性最高、互动性最强的充电体验。中心集“光”“充”“储”“换”于一体，具有储能、有序等 9 种充电技术，提供机器人自动充电、即插即充、换电等 5 种充电方式，设有 71 个智能充电车位、利用屋顶和车棚建设了 379 千瓦的光伏电站，同时配有 1000 千瓦·时储能设施和绿色能源管理平台，共同构建了一套“源网荷储”交直流绿色微能源网。推动清洁能源低碳高效利用，实现办公楼宇近零能耗。

（2）农副食品加工智能用电。广西首个共享电烤房综合利用示范项目典型案例。广西是全国规模最大的水果生产基地，80%水果加工厂有干燥加工需求。以广西特色食品加工行业电能替代装备研发为主线，构建了面向中高温工质的高效“电—热”技术体系，研发了广西特色食品干燥加工行业电能替代装备，打造了“设备共享、自主烘烤”的共享商业模式，建成了广西首个共享电烤房综合利用示范项目，解决了传统食品干燥加工行业工艺能耗高、效率低、品质控制差、经济效益低等技术瓶颈。试点用户节约能源消耗 96.4%，降低生产成本 23.2%，投资回收期为 1.13 年，平均干燥周期从原先 26 小时缩短至 17 小时。

（3）园区智能用电。国家能源集团所属海南公司和科环集团龙源环保共同承担了博鳌零碳园区的绿色化项目和智能化系统平台建设，主要包括光储直柔系统和智慧能源管控平台。光储直柔系统是在分布式光伏、液流储能设施基础上，接入 6 台 500 瓦花朵风机，建成 2×250 千瓦直流互济光储直柔系统，实现了建筑物用能优化调控，助力园区主要建筑物达到“零能耗”水平。系统首次将全钒液流长时储能系统应用于海岛建筑，首创直流互济模式，打造覆盖风、光、储、柔性负荷的光储直柔系统和实时碳计量服务体系。智慧能源管控平台展示绿色发电、绿色建筑、绿色交通三大运营板块的碳流、能流和信息流，依照外部电力供给情况，实现岛内智慧能源系统“源网荷储”互动融合、快速响应、精准匹配。

（4）楼宇智能用电。大唐集团海南公司海口江东新区智慧综合能源项目，项目借助海南省峰谷电价差的优势，以低能耗制冷设备和谷价电冰蓄冷储能的工艺系统结合，将低温冷冻水经管网供给区域建筑物末端的空调系统（谷电时段，利用双工况机组制冰、蓄冰，采用高能效基载机组保障基本冷负荷；白天用冷高峰时段融冰放冷，满足区域内用户舒适性空调用冷需求）。在“安全高效、环保优先”的基础上，提高区域内的能源综合利用效率。

### （六）虚拟电厂

近年来，虚拟电厂呈现出不断增长的趋势。虚拟电厂是利用先进的通信、控制和管理技术，整合海量地理位置分散的分布式电源、用户侧储能、可调节负荷等需求侧资源，对外形成一个统一整体，像传统电厂一样，参与电力系统运行和电力市场交易。政府出台了一系列支持虚拟电厂发展的政策和措施，推动了虚拟电厂的规模化建设和商业化运营。各省（区、市）的虚拟电厂项目不断涌现，为电力系统的安全稳定运行和清洁能源消纳提供了新的路径和解决方案。2023 年国内主要电力企业虚拟电厂发展情况详见专栏 3－4。

#### 专栏 3－4　2023 年国内主要电力企业虚拟电厂发展情况

（1）国家电网。国网宁夏综合能源公司虚拟电厂。聚合用户 148 户共 13 类可调资源，负荷资源规模 161.57 万千瓦，形成 67.91 万千瓦的上调能力、154.69 万千瓦的下调能力，可参与“中长期＋现货＋辅助服务＋需求响应”多类型市场化业务，自 2023 年 10 月以来，累计参与 57 次调峰辅助服务市场。2023 年迎峰度夏期间，宁夏电网省间购电次数减少 20%，降低了电力保供成本；参与辅助服务市场累计获取收益超过 200 万元，增加了市场主体收入。在社会效益方面，增加系统调节能力 155 万千瓦，相当于 5 台 30 万千瓦火电机组或 10 座 15 万千瓦的储能电站，助力宁夏国家新能源综合示范区建设。在环境效益方面，虚拟电厂运行增加消纳新能源电量超过 1100 万千瓦·时，等效节约标煤约 1755 吨，减少二氧化碳排放约 9654 吨，助力双碳目标实现。在管理效益方面，为分散的可调节负荷资源参与电网互动和电力市场提供了解决方案，实现《电力负荷管理办法》《电力需求侧管理办法》推动需求侧资源参与市场交易的有效落地。

（2）南方电网。2022 年深圳市发展改革委和南方电网深圳供电局联合挂牌深圳虚拟电厂管理中心，这是国内首家政府挂牌设立的虚拟电厂管理中心，负责虚拟电厂调控管理云平台的建设和日常运行维护，组织开展虚拟电厂用户注册、资源接入、调试管理、接收和执行调度指令、响应监测、效果评估等工作。2023 年持续推进充电桩、楼宇空调、通信基站、储能等资源接入。截至 2023 年底，深圳虚拟电厂调控管理云平台已对接虚拟电厂运营商 90 家，管理资源规模超过 250 万千瓦（其中可调节负荷资源约 210 万千瓦，分布式光伏约 40 万千瓦），实时最大可调节负荷能力超 50 万千瓦。

（3）国家电投。国家电投江苏公司苏州综合智慧零碳电厂采用国家电投上海成套院自主研发的虚拟电厂技术开发建成。项目聚合了分布式新能源、分布式储能以及可调负荷等用户侧灵活性资源，涵盖了乡村、楼宇、园区等多个应用场景，具备户号级高精度负荷预测、资源实时平衡、协调控制等全国领先技术，形成了零碳电厂参与需求响应、辅助服务、调度调控、绿电交易等商业模式。截至2023年底，项目总装机容量91.4万千瓦，具备顶峰能力26.5万千瓦，调峰能力23.2万千瓦，相当于传统火电30万千瓦机组出力，可补充苏州市约10%的电力缺口，年发绿电量约6818万千瓦·时，可满足3万户家庭用电需求，减少二氧化碳排放约6万吨，相当于种植了315万棵树木。

# 第四章

# 电力生产与供需

## 第一节 发 电 生 产

### 一、总体情况

截至2023年底，全国发电装机容量[1]292224万千瓦，同比增长14.0%，增速同比提高6.0个百分点。2023年，全国发电量94564[2]亿千瓦·时，同比增长6.9%，增速同比提高3.2个百分点；全国6000千瓦及以上电厂发电设备利用小时3598小时，同比降低95小时。2014—2023年全国发电装机容量、发电量及增速、6000千瓦及以上电厂发电设备平均利用小时情况分别如图4-1～图4-3所示。

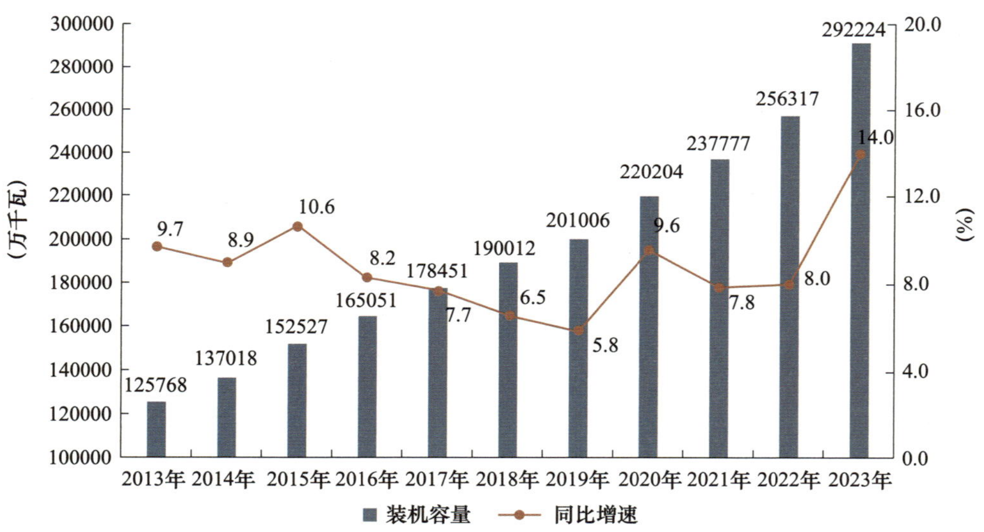


图4-1 2014—2023年全国发电装机容量及增速情况

[1] 全国发电装机容量不含新型储能，下同。

[2] 发电量数据来源于《中华人民共和国2023年国民经济和社会发展统计公报》。

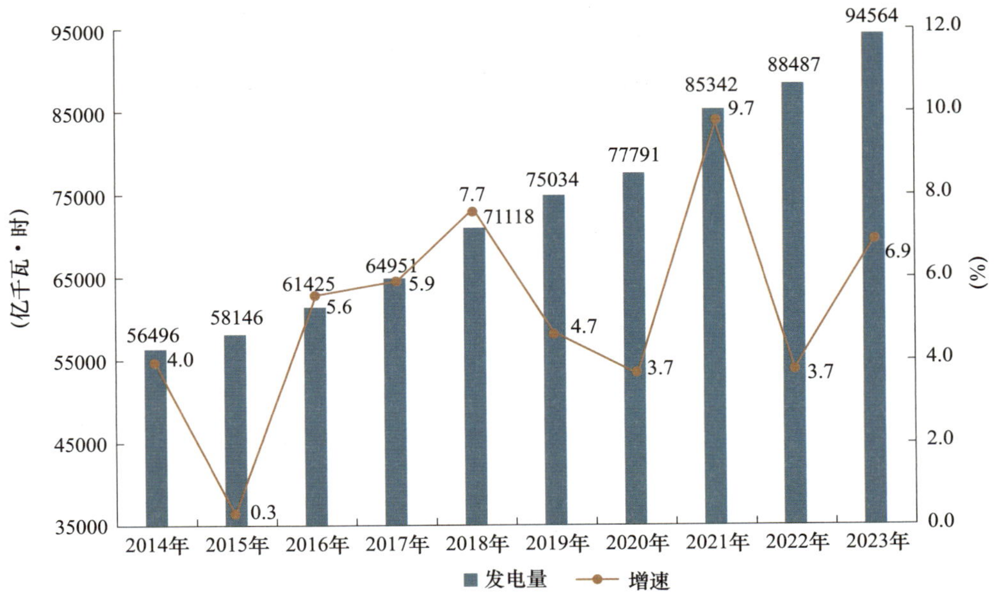


图 4-2　2014—2023 年全国发电量及增速情况

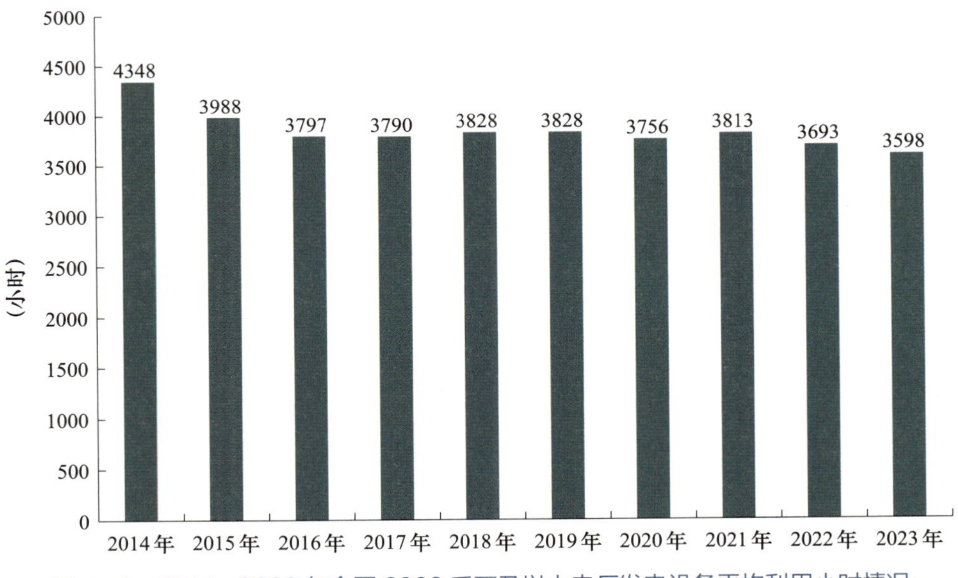


图 4-3　2014—2023 年全国 6000 千瓦及以上电厂发电设备平均利用小时情况

## 专栏 4-1　大型电厂

截至 2023 年底，全国百万千瓦级电厂共 616 座，装机容量 112210 万千瓦，分别同比增加 54 座和 7093 万千瓦。100 万千瓦及以上电厂分类情况如图 4-4 所示。

图 4-4　100 万千瓦及以上电厂分类

2023 年初，受主要水库蓄水不足、来水偏枯，以及上半年降水持续偏少、电煤供应紧张等多种因素的影响，上半年规模以上电厂水电发电量同比下降 22.9%，导致上半年发电量增速偏低，下半年以来降水形势好转，加之新能源发电和迎峰度夏（冬）期间电力消费增长，燃煤采购渠道扩展，火电企业积极发挥兜底保供作用，用电负荷增长的部分省份改善需求响应，发电量增长速度不断提升。2023 年全国规模以上电厂分月发电量及增速如图 4－5 所示。

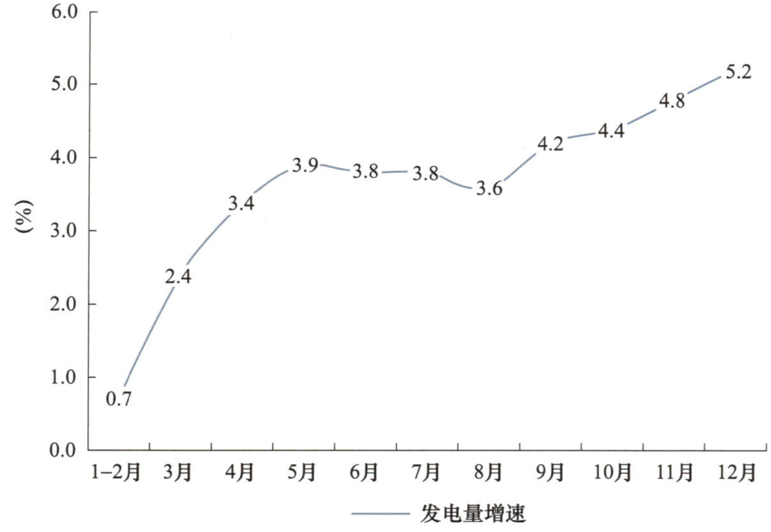


图 4－5　2023 年全国规模以上电厂分月发电量及增速

数据来源：国家统计局

## 二、分类型情况

截至2023年底，全国水电装机容量42237万千瓦，其中，抽水蓄能5094万千瓦；火电139099万千瓦，其中，燃煤发电116484万千瓦，燃气发电12620万千瓦；核电5691万千瓦；风电44144万千瓦，其中陆上风电40415万千瓦，海上风电3729万千瓦；太阳能发电61048万千瓦，其中，光伏发电60991万千瓦，集中式光伏发电35224万千瓦，分布式光伏发电25767万千瓦；地热能、海洋能等其他发电装机容量5万千瓦。非化石能源发电总装机容量157541万千瓦，同比增长24.1%，占全国发电总装机容量的比重为53.9%，比2022年提高4.4个百分点。

2023年，全国水电发电量12859亿千瓦·时，火电62657亿千瓦·时，核电4347亿千瓦·时，风电8859亿千瓦·时，太阳能发电5842亿千瓦·时。2023年全国分类型发电装机容量、发电量及增速如图4－6所示。

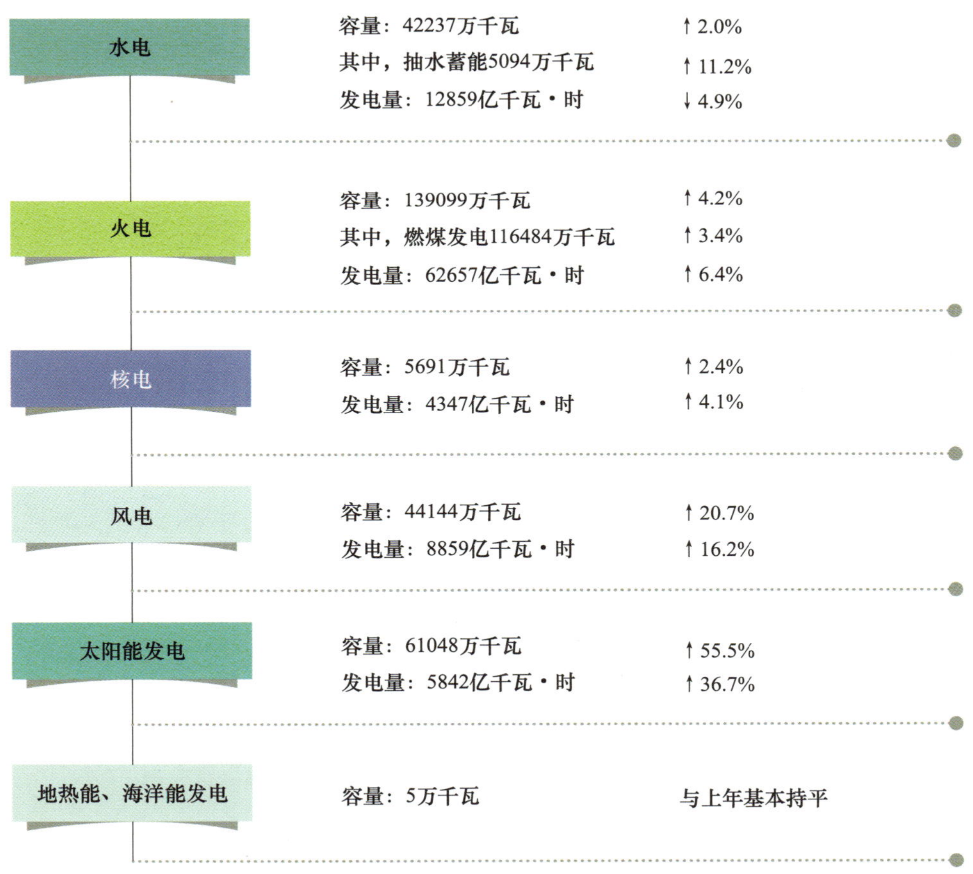


图4－6　2023年全国分类型发电装机容量、发电量及增速

2023年，全国6000千瓦及以上电厂中水电设备平均利用小时为3130小时，火电4476小时（燃煤发电4690小时，燃气发电2525小时），核电7670小时，风电2235小时，太阳能发电1292小时。2022、2023年全国分类型发电设备利用小时如图4－7所示。

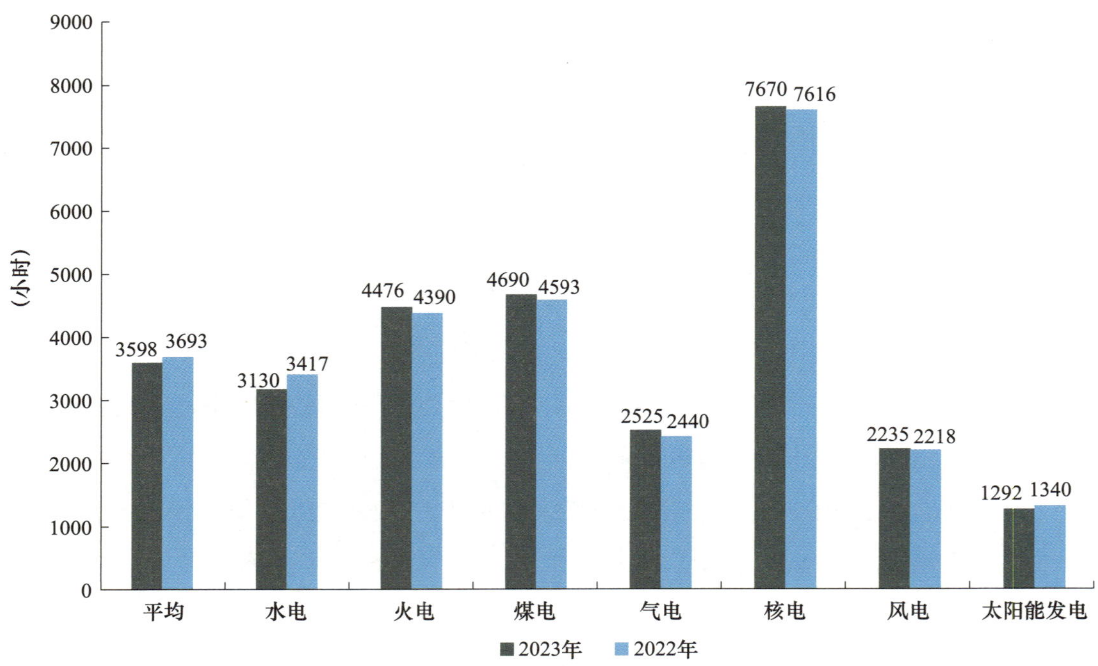

图 4-7　2022、2023 年全国分类型发电设备利用小时

## 三、分区域情况

分区域看，2023 年，华北、华东、华中和南网区域发电装机容量超过 5 亿千瓦，合计占全国总装机容量的 77.2%。全国各区域发电装机容量均同比增长，其中，西北区域发电装机容量同比增长 19.4%，是全国各区域增速最高的区域；华北区域是我国风电和太阳能发电装机容量最多的区域；华东区域是全国核电装机规模（2679 万千瓦）最大的区域，占全国核电装机容量的比重接近 50%；清洁能源发电是南方区域主要电源，合计装机容量占本区域装机容量的 60.7%。2023 年分区域发电装机容量占比情况如图 4-8 所示。

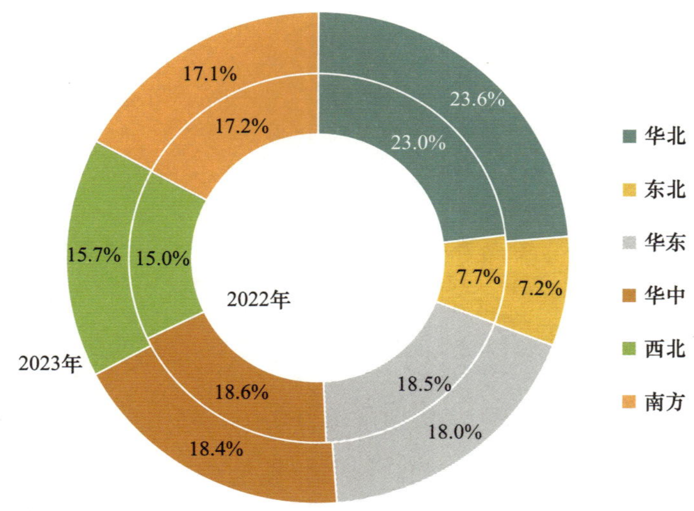

图 4-8　2023 年分区域发电装机容量占比情况

分区域看，华北、华东、华中和南方区域发电量均超过 1.5 万亿千瓦・时，合计占全国总发电量的 78.6%。全国各区域发电量均同比正增长，其中，华北区域发电量同比增长 9.8%，增长最快。2023 年分区域发电量占比情况如图 4－9 所示。

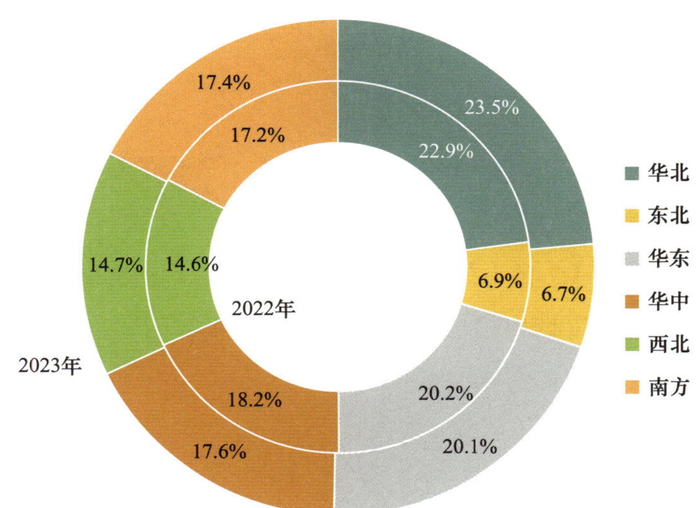


图 4－9　2023 年分区域发电量占比情况

2023 年分区域发电装机容量情况如图 4－10 所示。

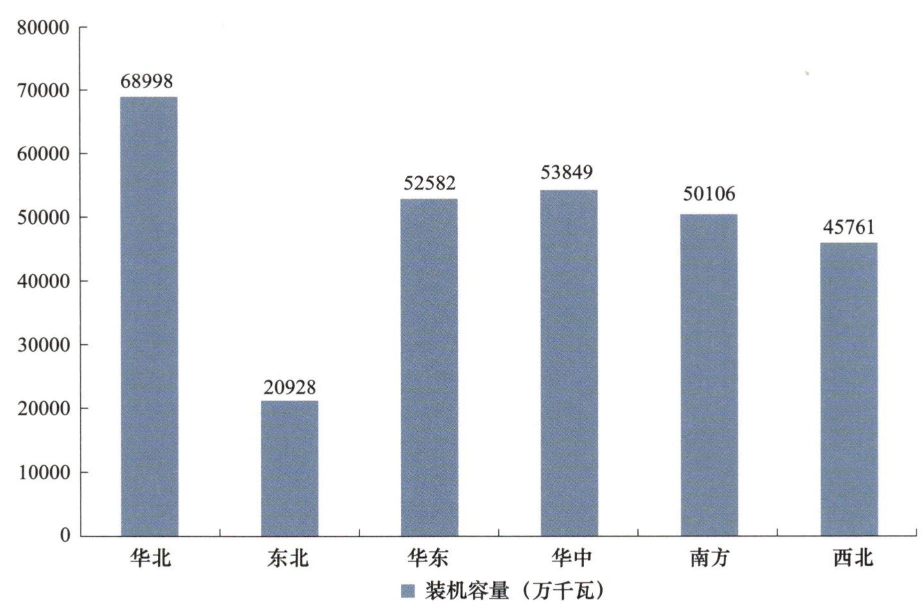


图 4－10　2023 年分区域发电装机容量情况

分区域看，除华东区域外，其他区域发电设备利用小时均低于 4000 小时，华北区域发电设备利用小时为 3608 小时，同比降低 99 小时；东北区域是发电设备利用小时最低的区域，仅为 3219 小时，同比降低 10 小时；华东区域是发电设备利用小时最高的区域，达到 4152

小时，同比增加 31 小时；华中区域发电设备利用小时为 3453 小时，同比降低 155 小时；南方区域发电设备利用小时为 3590 小时，同比降低 95 小时；西北区域发电设备利用小时为 3700 小时，同比降低 140 小时。全国除华东区域外，其他各区域发电设备利用小时均同比下降，其中，华中和西北区域降低超过 100 小时。

## 四、分省（区、市）情况

截至 2023 年底，山东、广东、内蒙古、江苏等 13 个省份的发电装机容量突破 1 亿千瓦；其中，内蒙古和山东发电装机容量超过 2.0 亿千瓦，分别为 21395 万、20754 万千瓦，广东和江苏发电装机容量也超过了 1.7 亿千瓦，分别为 19376 万、17888 万千瓦；内蒙古、山东、广东和江苏的火电发电装机容量也均超过 1 亿千瓦。2023 年发电装机规模较大的 13 个省（区、市）装机容量及同比增速情况如图 4－11 所示。

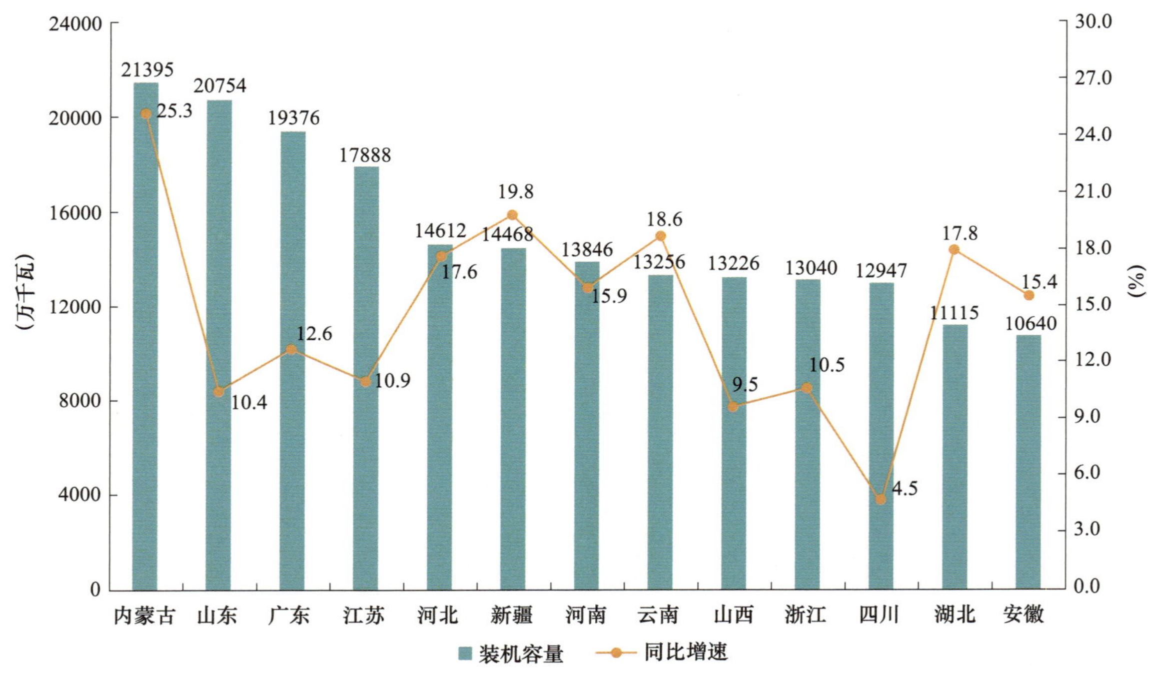


图 4－11　2023 年发电装机规模较大的 13 个省（区、市）装机容量及同比增速情况

**新能源发电装机情况。**2023 年，新能源发电高速增长，并网风电和太阳能发电合计总装机规模突破 10 亿千瓦。风电方面，截至 2023 年底，内蒙古、新疆、河北等 8 个省（区、市）风电装机容量超过 2000 万千瓦，合计容量占全国风电装机容量的 57.8%。西藏、云南、内蒙古、浙江、广西、四川等 20 个省（区、市）风电装机容量均同比增长超过 10%；甘肃风电装机容量为 2614 万千瓦，是本省第一大电源；内蒙古风电装机容量为 6962 万千瓦，为装机容

量最高的省份，同比增长52.4%。太阳能发电方面，截至2023年底，山东、河北、江苏、河南、浙江等16个省（区、市）太阳能发电装机容量超过2000万千瓦，其合计容量占全国太阳能发电装机容量的81.6%；其中，山东、河北、江苏、河南、浙江、安徽和新疆等省（区、市）太阳能发电装机容量超过3000万千瓦；青海太阳能发电装机容量为2561万千瓦，是本省第一大电源；截至2023年底，全国共有山东、河南、江苏、浙江、河北、安徽、广东和江西等8个省（区、市）分布式太阳能发电超过1000万千瓦，合计容量占全国分布式太阳能发电装机容量的76.4%。

2023年，内蒙古、山东、广东、江苏等15个省（区、市）的发电量超过3000亿千瓦·时，其中，内蒙古、广东、山东和江苏发电量超过6000亿千瓦·时；除四川和云南以水电为主外，其余省份均以火电发电量为主。内蒙古、河北、山东、新疆、江苏、山西、河南、甘肃等17个省（区、市）新能源发电是除火电外本省第二大电源，青海新能源发电是本省第一大电源。广东是我国核电发电量最大的省，内蒙古是我国风电发电量最大的省，山东是我国太阳能发电量最大的省。2023年发电量较多的15个省份发电量及同比增速情况如图4－12所示。

2023年全国共有14个省份发电设备平均利用小时高于全国水平，其中，福建、浙江、重庆、江苏和安徽的发电设备平均利用小时超过4000小时。2023年发电装机容量超过1亿千瓦省份的发电设备平均利用小时如图4－13所示。

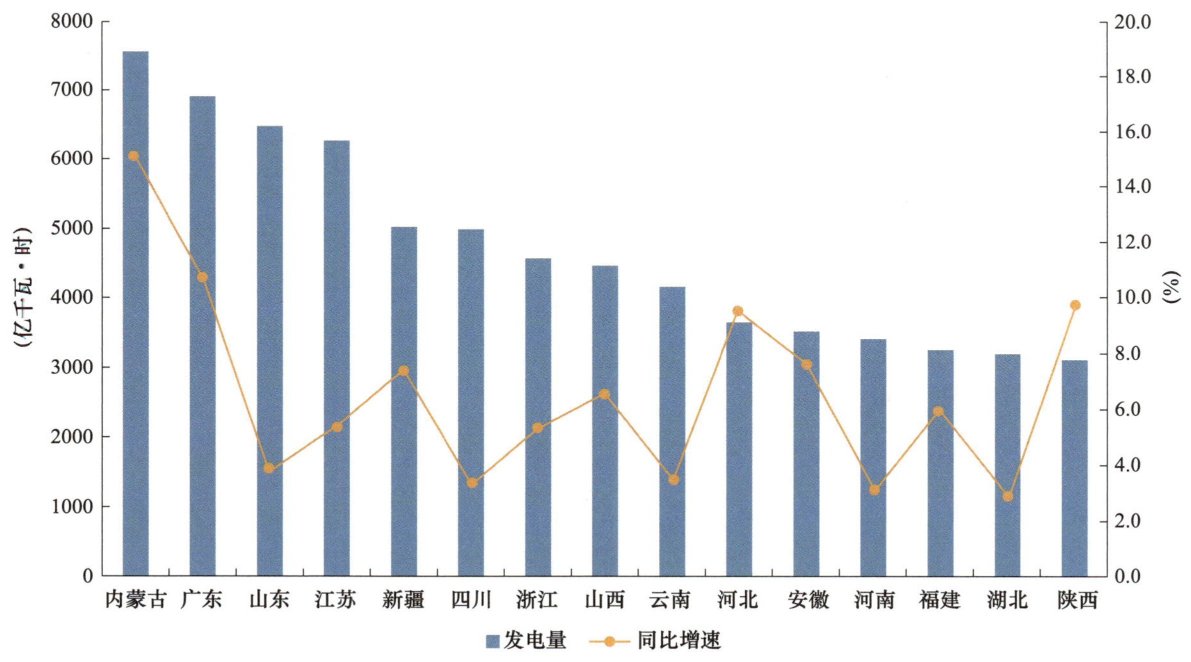

图4－12　2023年发电量较多的15个省（区、市）发电量及同比增速情况

**新能源发电利用小时。**风电方面，2023年，西藏、福建、四川、黑龙江等16个省（区、市）的6000千瓦及以上风电场发电设备平均利用小时超过全国平均水平，其中，西藏、福建、

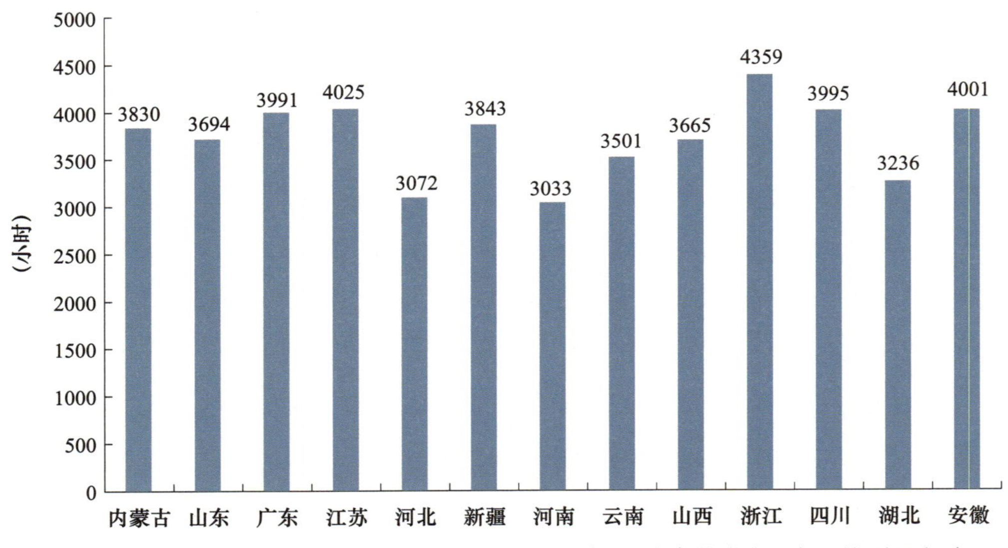

图 4-13　2023 年发电装机容量超过 1 亿千瓦省（区、市）的发电设备平均利用小时

四川、黑龙江和辽宁超过 2500 小时；在风电装机容量超过 1000 万千瓦的 17 个省（区、市）中，除新疆、内蒙古、陕西、云南、广西、黑龙江、河南和广东外，其他省（区、市）风电设备平均利用小时均同比增加，其中，辽宁、山西、宁夏、甘肃和山东同比增加超过 100 小时；而内蒙古和新疆风电设备平均利用小时同比降低超过 100 小时。太阳能发电方面，2023 年，陕西、新疆、西藏、内蒙古等 21 个省（区、市）6000 千瓦及以上太阳能发电厂发电设备平均利用小时同比降低，其中，陕西、新疆、西藏、内蒙古、重庆、黑龙江和浙江同比降低超过 100 小时；黑龙江、吉林、四川、辽宁等 12 个省份太阳能发电设备平均利用小时超过全国平均水平，其中，黑龙江、吉林、四川和辽宁等省份太阳能发电设备平均利用小时超过 1500 小时；在太阳能发电装机容量超过 2000 万千瓦的 16 个省（区、市）中，宁夏、内蒙古、甘肃、青海、山西、河北和山东等 7 个省（区、市）太阳能发电设备平均利用小时高于全国平均水平，其中，宁夏、内蒙古、甘肃和青海超过 1400 小时。除广东、山东、湖北、河北和山西外，其余省（区、市）太阳能发电设备平均利用小时同比降低，其中，山西、新疆、内蒙古和浙江降低超过 100 小时。

## 第二节　输　配　电

### 一、总体情况

截至 2023 年底，初步统计全国电网 35 千伏及以上输电线路回路长度 242.5 万千米，同比增长 3.4%，其中 220 千伏及以上输电线路回路长度 919667 千米，同比增长 4.6%。初步统计全国电网 35 千伏及以上变电设备容量 814000 万千伏安，同比增长 5.3%，其中 220 千伏及以上变电设备容量 542400 万千伏安，同比增长 5.7%。2023 年底全国 35 千伏及以上输电线路回路长度及变电设备容量见表 4－1。

表 4－1　　2023 年底全国 35 千伏及以上输电线路回路长度及容量

| 电压等级 | | 输电线路回路长度 | | 变电设备容量 | |
|---|---|---|---|---|---|
| | | 长度（万千米） | 增长率（%） | 容量（亿千伏安） | 增长率（%） |
| 35 千伏及以上各电压等级合计 | | 242.5 | 3.4 | 81.4 | 5.3 |
| 220 千伏及以上各电压等级 | | 92.0 | 4.6 | 54.2 | 5.7 |
| 其中 | 1000 千伏 | 1.7 | 6.6 | 2.1 | 2.9 |
| | ±800 千伏 | 3.2 | | 3.1 | 4.5 |
| | 750 千伏 | 2.9 | 3.6 | 2.5 | 8.2 |
| | 500 千伏 | 23.0 | 5.2 | 18.6 | 7.2 |
| | ±500 千伏 | 1.6 | | 1.3 | 3.5 |
| | 330 千伏 | 3.8 | 1.6 | 1.5 | 4.2 |
| | 220 千伏 | 55.2 | 5.1 | 24.7 | 5.0 |

## 二、跨区输电

### （一）输电能力

截至 2023 年底，全国跨区输电能力达到 18815 万千瓦。其中，跨区网对网输电能力 17481 万千瓦，跨区点对网送电能力 1334 万千瓦。截至 2023 年底全国已投运的跨区域联网及跨区线路见表 4－2。

表 4－2　　截至 2023 年底全国已投运的跨区域联网及跨区线路

| 送端地区 | 线路工程名称 | 电压等级（千伏） | 输送能力（万千瓦） | 投产时间 | 受端地区 |
|---|---|---|---|---|---|
| 全国总计 | | | 18815 | | |
| 华北 | 小计 | | 3630 | | |
| | 阳城送华东电网 | 500 | 330 | 2007 年 | 华东 |
| | 锡盟—泰州特高压直流 | ±800 | 1000 | 2017 年 | |
| | 晋北—南京特高压直流 | ±800 | 800 | 2017 年 | |

续表

| 送端地区 | 线路工程名称 | 电压等级（千伏） | 输送能力（万千瓦） | 投产时间 | 受端地区 |
|---|---|---|---|---|---|
| 华北 | 内蒙古上海庙—山东临沂特高压直流 | ±800 | 1000 | 2018 年 | 华东 |
| | 晋东南—南阳—荆门特高压交流 | 1000 | 500 | 2009 年，2011 年扩建 | 华中 |
| | 小计 | | 1500 | | |
| 东北 | 高岭直流背靠背 | | 300 | 2009 年，2012 年扩建 | 华北 |
| | 辽宁绥中电厂送华北电网 | 500 | 200 | 2015 年 | |
| | 扎鲁特至青州特高压直流 | ±800 | 1000 | 2017 年 | |
| | 小计 | | 1680 | | |
| 华中 | 葛洲坝—上海直流 | ±500 | 300 | 1989 年，2011 年扩建 | 华东 |
| | 三峡—常州直流 | ±500 | 300 | 2003 年 | |
| | 三峡—上海直流 | ±500 | 300 | 2006 年 | |
| | 团林—枫泾直流 | ±500 | 300 | 2011 年 | |
| | 湖南鲤鱼江水电站送南方区域 | 500 | 180 | 2003 年 | 南方 |
| | 江陵—鹅城直流 | ±500 | 300 | 2004 年 | |
| | 小计 | | 4560 | | |
| 西南 | 向家坝—上海直流 | ±800 | 640 | 2010 年 | 华东 |
| | 锦屏—苏南直流 | ±800 | 720 | 2012 年 | |
| | 溪洛渡—浙江直流 | ±800 | 800 | 2014 年 | |
| | 白鹤滩—江苏直流 | ±800 | 800 | 2022 年 | |
| 西南 | 白鹤滩—浙江直流 | ±800 | 800 | 2022 年 | |
| | 雅中—江西直流 | ±800 | 800 | 2021 年 | 华中 |
| | 小计 | | 7181 | | |
| 西北 | 陕西府谷、锦界送华北电网 | 500 | 360 | 2007 年 | 华北 |
| | 宁东—山东直流 | ±660 | 400 | 2012 年 | |
| | 榆横—潍坊 1000 千伏特高压交流 | 1000 | 750 | 2017 年 | |
| | 宁东—浙江直流 | ±800 | 800 | 2016 年 | 华东 |
| | 灵宝直流背靠背 | — | 111 | 2005 年，2009 年扩建 | 华中 |
| | 青海—河南特高压直流 | ±800 | 800 | 2020 年 | |

续表

| 送端地区 | 线路工程名称 | 电压等级（千伏） | 输送能力（万千瓦） | 投产时间 | 受端地区 |
|---|---|---|---|---|---|
| 西北 | 哈密南—郑州直流 | ±800 | 800 | 2013 年 | 华中 |
| | 酒泉—湖南特高压直流 | ±800 | 800 | 2017 年 | |
| | 陕北—武汉直流 | ±800 | 800 | 2021 年 | |
| | 宝鸡—德阳直流 | ±500 | 300 | 2009 年 | 西南 |
| | 青藏联网 | ±400 | 60 | 2011 年 | 西藏 |
| | 准东—皖南特高压直流 | ±1100 | 1200 | 2019 年 | 华东 |
| 南方 | 南方送出 | | 264 | | |
| | 贵州二郎电厂送重庆 | 500 | 264 | 2015 年 | 西南 |

### （二）输电量

2023 年，全国完成跨区域输送电量 8497 亿千瓦•时，同比增长 9.7%，增速同比提高 3.4 个百分点。2014—2023 年跨区送电量及增速如图 4－14 所示。

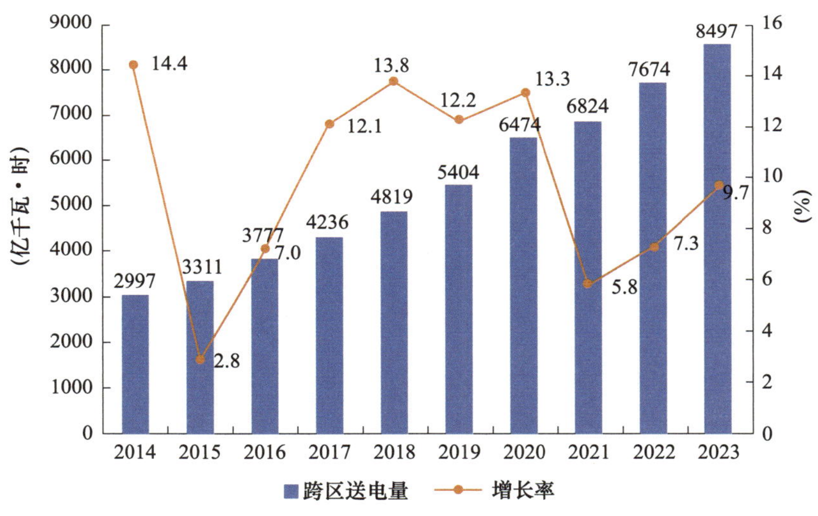


图 4－14　2014—2023 年跨区送电量及增速

西北、西南和华北是主要外送电区域，合计送出电量占全国跨区送电量的 73.2%。其中，西北送出电量 3097 亿千瓦•时，同比增长 3.2%，拉动全国跨区送电增长 1.2 个百分点。

## 三、配电能力

截至 2023 年底，初步统计全国 35～110 千伏配电网输电线路回路长度 151 万千米，同比增长 2.6%。其中，110 千伏（含 66 千伏）输电线路回路长度 86 万千米，同比增长 3.8%；35

千伏输电线路回路长度 64 万千米，同比增长 1.1%。全国 35～110 千伏配电网变电设备容量 27 亿千伏安，同比增长 4.2%。其中，110 千伏（含 66 千伏）变电设备容量 23 亿千伏安，同比增长 4.6%；35 千伏变电设备容量 4 亿千伏安，同比增长 2.3%。

## 四、港澳地区电力通道与交换电量

中国内地与香港、澳门已实现联网，为香港、澳门送电。截至 2023 年底，中国内地已与香港建成 4 回 400 千伏输电线路，与澳门已建成 8 回 220 千伏输电线路。

中国内地与港澳地区的合计完成电量交换 197 亿千瓦・时，同比增长 12.9%。其中，向香港送出电量 144 亿千瓦・时，增长 14.3%；向澳门送出电量 53 亿千瓦・时，增长 9.3%。2023 年中国内地与港澳地区交换电量如图 4－15 所示。

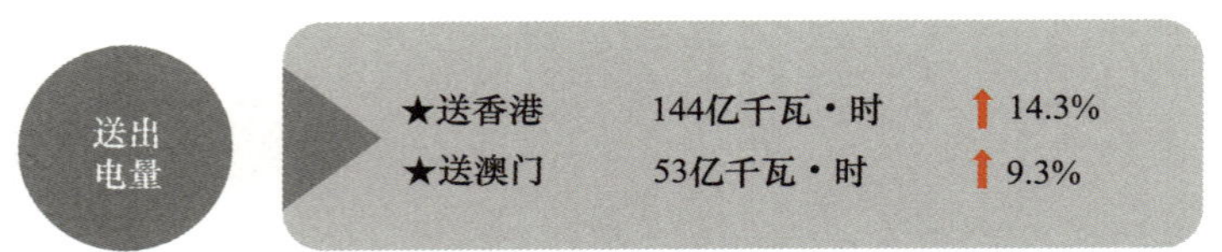


图 4－15　2023 年中国内地与港澳地区交换电量

## 五、电力进出口通道与电量

中国分别与俄罗斯、蒙古国、越南、缅甸和老挝等国实现了跨国输电线路互联和电量交易。截至 2023 年底，在大湄公河次区域，缅甸电厂以 1 回 500 千伏、2 回 220 千伏和 4 回 110 千伏线路向中国供电；中国以 3 回 220 千伏、4 回 110 千伏线路向越南供电，以 1 回 115 千伏线路向老挝供电。中国东北电网与俄罗斯远东电网建成了 1 回 500 千伏、2 回 220 千伏和 1 回 110 千伏输电线路；中国新疆通过 35 千伏、内蒙古通过 220 千伏和 110 千伏输电线路与蒙古国实现一定规模的电力交易。中国与俄罗斯、蒙古国、越南和缅甸等周边国家跨国电力交易初步实现。

中国与邻国的合计完成电量交换 80 亿千瓦・时，同比下降 14.9%。其中，购入电量 42 亿千瓦・时，同比下降 35.8%；送出电量 38 亿千瓦・时，同比增长 32.2%。

# 第三节　电　网　售　电

## 一、总体情况

2023 年，全国主要电网企业售电量 75651 亿千瓦・时，同比增长 6.4%，增速同比提高 2.7 个百分点。

## 二、分省（区、市）情况

分省（区、市）看，2023 年除贵州和广西外，全国各省（区、市）售电量均实现正增长。2023 年售电量增速超过全国平均水平的省（区、市）售电量及增速如图 4－16 所示，2023 年售电量排名前十位的省（区、市）售电量及增速如图 4－17 所示。

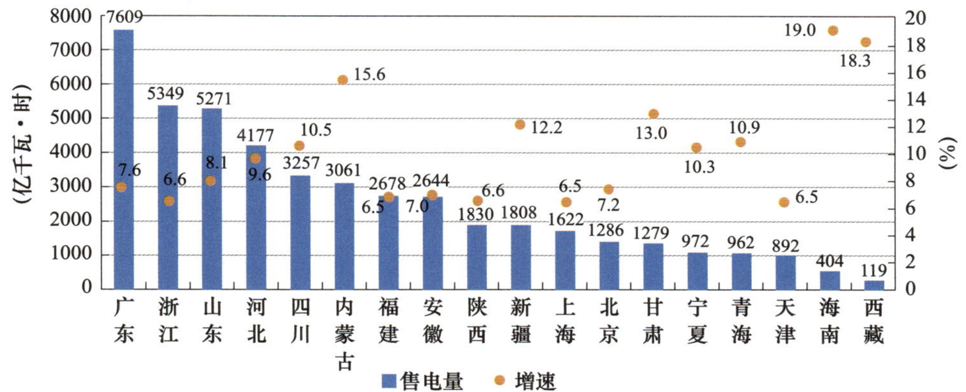


图 4－16 2023 年售电量增速超过全国平均水平的省（区、市）售电量及增速

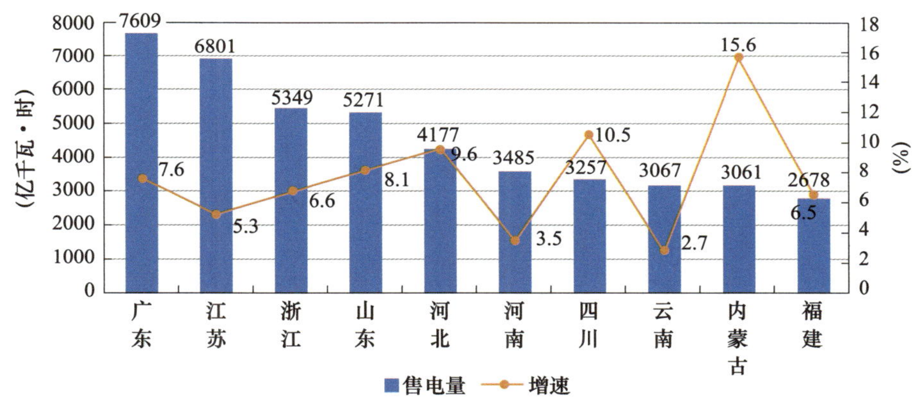


图 4－17 2023 年售电量排名前十位的省（区、市）售电量及增速

# 第四节 电 煤 供 需

## 一、电煤消耗与采购

2023 年，全国 6000 千瓦及以上火电厂发电和供热消耗原煤 27.3 亿吨，同比增长 2.8%。具体来看，受水电出力变化、天气因素和上年基数等因素影响，燃煤发电量及发电供热用煤量增速整体呈“V 字形”走势，其中，上半年由于水电年初主要水库蓄水不足以及降水持续

偏枯等原因，煤电及其电煤需求较旺盛；第三季度，在主要流域来水形势改善拉动下，水电出力有所恢复，电煤消耗随之回落；第四季度，随着经济的持续复苏、电力消费快速增长以及集中供暖等拉动，电煤消耗较快回升。

分省份看，除北京、甘肃、湖北、河南、辽宁、山东、安徽 7 省（市）耗用原煤量下降外，其余地区耗煤量均同比增长，全年增速超过 15%的省（市）有云南（38.6%）、广西（24.7%）、贵州（20.4%）、四川（19.0%），主要是受水库蓄水量不足、降水量偏少等影响，通过增加煤电出力满足社会用电需求。2023 年各省（区、市）发电供热消耗原煤情况如图 4－18 所示。

2023 年，发电企业认真落实国家保供部署，积极开展燃煤采购工作，严格执行电煤中长期合同，扩展采购渠道，增加煤炭进口，做好库存管控，确保电煤供应得到有效保障。2023 年全年全国燃煤电厂煤炭库存始终处于近几年同期高位，尤其迎峰度夏和度冬期间，纳入电力行业燃料统计的燃煤电厂库存可用天数保持在 25 天以上，为保障能源电力供应安全和维护电煤市场平稳运行发挥了重要支撑作用。截至 2023 年底，纳入电力行业燃料统计口径的燃煤电厂煤炭库存 10831 万吨，同比增长 15.8%。

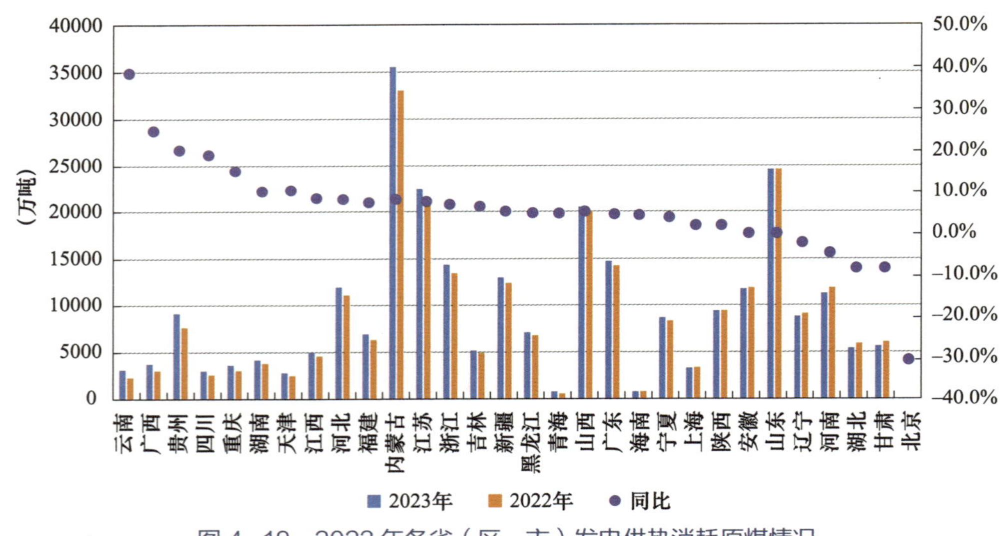


图 4－18　2023 年各省（区、市）发电供热消耗原煤情况

## 二、电煤生产与供应

### （一）煤炭生产

2023 年，随着国家继续释放煤炭先进产能，推进煤矿产能核增和分类处置，推动在产煤矿稳产增产、在建煤矿投产达产，晋陕蒙新黔等煤炭主产区产量继续增加，我国煤炭产量保

持较高水平，煤炭兜底保障能力持续增强。

据国家统计局数据，2023 年我国原煤产量 46.6 亿吨，同比增长 2.9%，创历史新高。具体来看，2023 年各月产量相对均衡，其中，11～12 月份原煤产量达 4.2 亿吨以上，第四季度，日均产量 1383 万吨，为冬季供热供电用煤提供安全稳定支撑。2021—2023 年全国燃煤电厂期末库存煤量走势如图 4-19 所示。

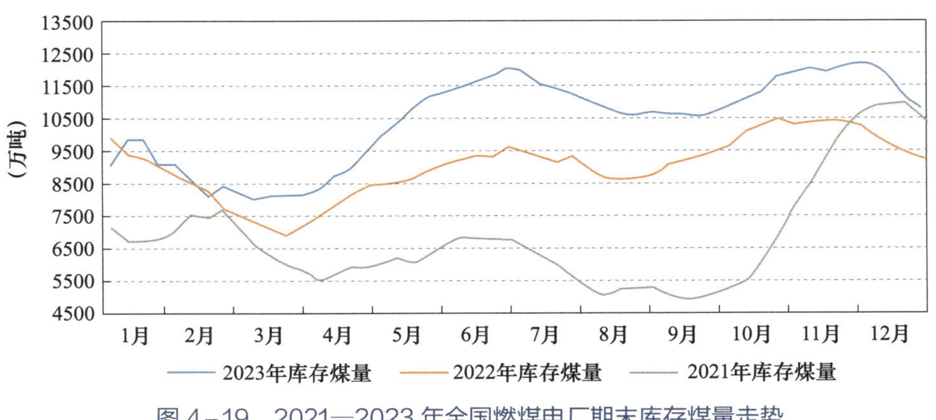

图 4-19　2021—2023 年全国燃煤电厂期末库存煤量走势

从生产分布看，原煤产量超亿吨的省份共有 7 个，同比增加 1 个，分别是山西 13.57 亿吨、内蒙古 12.11 亿吨、陕西 7.61 亿吨、新疆 4.57 亿吨、贵州 1.31 亿吨、安徽 1.12 亿吨和河南 1.02 亿吨。其中，山西、陕西、内蒙古、新疆四省份原煤产量占全国的 81.3%。新疆原煤产量较 2020 年增长近 2 亿吨，"疆煤外运"突破 1 亿吨，已经成为全国煤炭供应的新增长极。2021—2023 年各月原煤产量如图 4-20 所示。

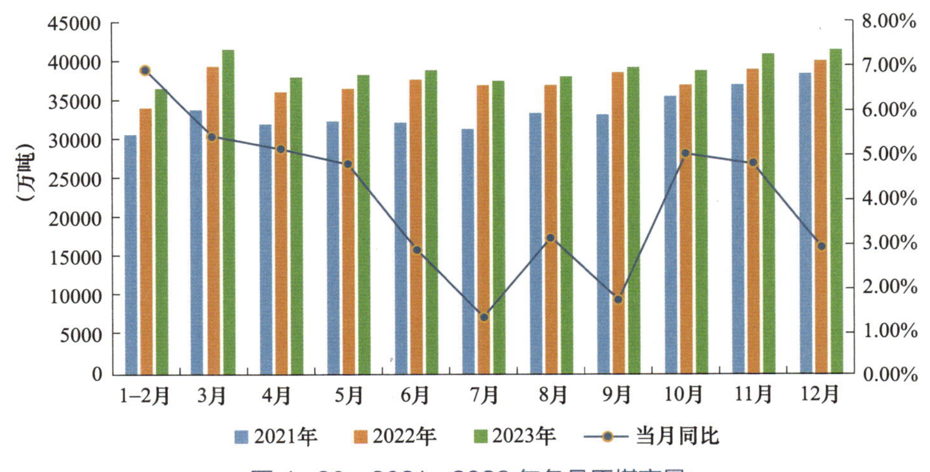

图 4-20　2021—2023 年各月原煤产量

注：1～2 月份产量为 1～2 月合计产量的平均值。

## （二）煤炭进口

2023 年，我国进口煤及褐煤 4.74 亿吨，同比增加 18107.9 万吨，增长 61.8%，进口金额为 3723 亿元，进口金额和数量均创下历史新高。其中，12 月份我国煤炭进口量创单月历史新高，达 4729.7 万吨，较 2022 年同期的 3091 万吨增加 1638.7 万吨，同比增长 53.0%；较 11 月份的 4350.6 万吨增加 379.1 万吨，环比增长 8.7%，如图 4－21 所示。

从进口国别看，2023 年我国进口煤炭主要来自印尼、俄罗斯、蒙古国和澳大利亚等国，分别进口煤炭 2.20、1.02、0.70 亿吨和 0.52 亿吨，占我国煤炭进口总量的比重分别为 46.4%、21.3%、14.7%和 11.2%，4 国合计进口煤量占比约 94%。

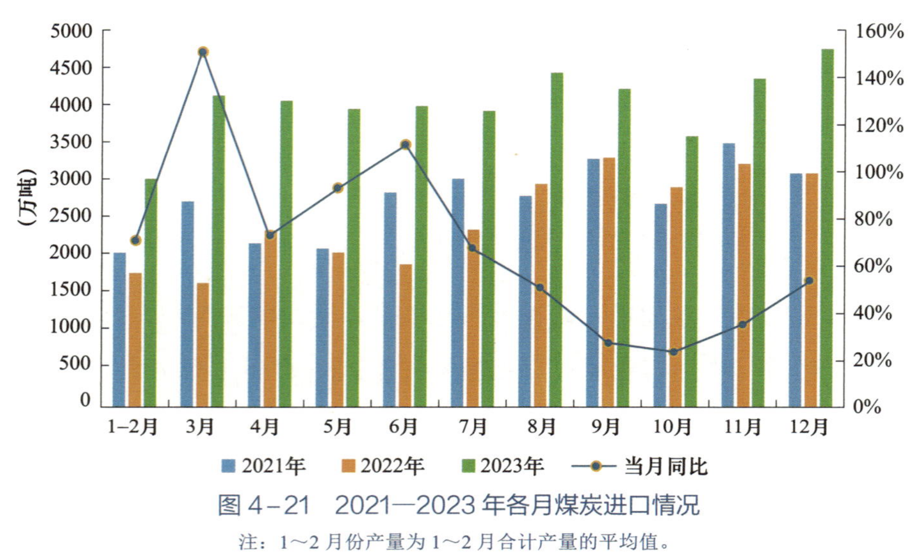


图 4－21　2021—2023 年各月煤炭进口情况

注：1～2 月份产量为 1～2 月合计产量的平均值。

从各煤源国增长情况看，澳大利亚、哥伦比亚、蒙古国、南非、美国、俄罗斯和印度尼西亚进口煤炭数量同比均增加，同比增幅分别为 1737%、1053%、125%、56%、51%、50%和 29%。其中，澳煤自 3 月份开始恢复通关，叠加高热值优质煤具较高性价比，进口量明显增加；哥伦比亚和南非煤受欧洲地区 2022 年暖冬影响库存未被消化，导致需求不足、库存外溢，较多煤炭资源转移到国内及亚太地区；蒙煤得益于进口零关税政策带来的价格优势，适用于配煤降本，采购积极性提高；俄煤在出口重心向中国转移拉动下，进口量显著增长；印尼煤受国内进口中高卡动力煤需求增加，导致同比增速相对缓慢。

从进口煤热值看，由于国内煤炭供应热值的持续下降，发电企业需进口更多的高热值煤种进行掺配，以达到适烧要求。根据 CECI 进口指数样本数据分析，2023 年，进口指数样本平均热值较 2022 年提高 200 千卡/千克左右，其中，5500 千卡/千克样本占样本总量比重提高 11.8 个百分点，4600、3800 千卡/千克样本占样本总量比重分别降低 1.51、10.76 个百分点。

## 三、电煤市场与价格

2023 年，国内电煤市场整体区域平衡，电煤中长期合同履约率明显提升，现货价格总体回落。

电煤中长期合同机制持续发挥保供“稳定器”作用。国家有关部门高度重视电煤中长期合同签订和履约工作，加强统筹协调和监督管理。2023 年，发电企业严格按照《关于 2023 年电煤中长期合同签订履约工作方案》（发改办运行〔2022〕903 号）（以下简称《工作方案》）等有关文件要求，积极对接煤炭资源，全年电煤中长期合同签订总量超 25 亿吨，基本实现签约全覆盖，通过加强沟通协调和严格履约，履约率较往年明显提升，对保障电煤供应发挥“压舱石”重要作用。价格方面，部分港口价格计算的中长期合同采用《工作方案》中要求的“基准价＋浮动价”价格机制，5500 千卡/千克全年平均价格 714 元/吨，较 2022 年均价下降 8 元/吨；此外，存在大量以《国家发展改革委关于进一步完善煤炭市场价格行程机制的通知》（发改价格〔2022〕303 号）文件要求的价格区间上限 770 元/吨为电煤中长期合同的执行价格。

电煤现货市场价格前高后低整体呈“V”形波动，波动幅度进一步收窄，价格中枢继续回落。根据 CECI 沿海指数统计，2023 年，北方港口现货成交平均价格为 978 元/吨（5500 千卡/千克），比上年下降 303 元/吨。全年价格最高值为 1 月初的 1226 元/吨，比 2022 年全年最高价（3 月中旬，1707 元/吨）低 481 元/吨。春节过后，电力需求恢复不及预期，价格持续回落。到 6 月初，现货价格降至 783 元/吨，为全年最低点，比 2022 年全年最低价（年初的 711 元/吨）高 72 元/吨。9 月初至 10 月中旬，受安全检查、大秦铁路检修等影响，现货价格再次走出上涨行情后，震荡回落；截至 12 月末，CECI 沿海现货价格始终在 920～980 元/吨高位震荡运行。全年波动幅度较 2022 年收窄 553 元/吨，如图 4－22 所示。

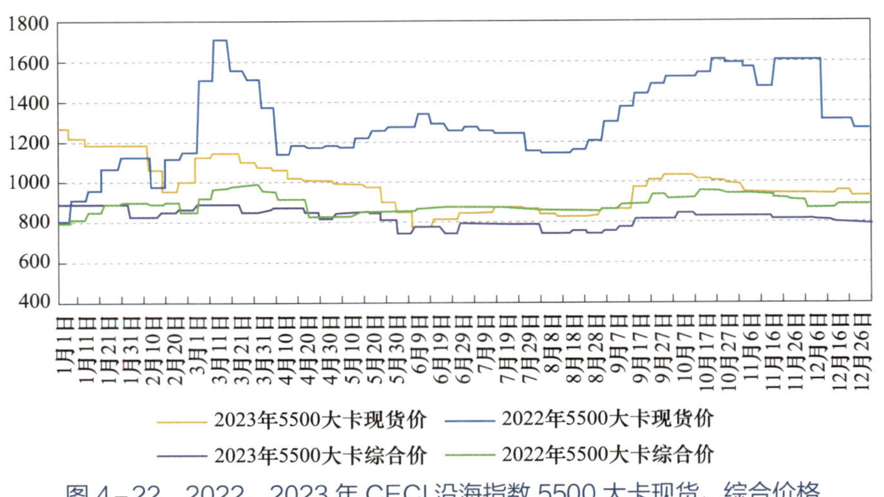

图 4－22　2022、2023 年 CECI 沿海指数 5500 大卡现货、综合价格

# 第五节　电　力　供　需

## 一、电力供需总体形势

2023 年，电力系统经受住了上半年来水偏枯、夏季多轮高温、冬季大范围极端严寒等考验，电力行业全力以赴保安全、保民生、保重点供电，电力系统保持稳定运行，电力供需总体平衡。

年初，受来水偏枯、电煤供应偏紧、用电负荷增长等因素叠加影响，云南、贵州等少数省级电网在部分时段电力供需形势较为紧张，通过供需两端协同发力，守牢了民生用电安全底线。夏季，各相关政府部门及电力企业提前做好了充分准备，迎峰度夏期间全国电力供需形势总体平衡，各省级电网均未采取有序用电措施，创造了近年来迎峰度夏电力保供最好成效。冬季，12 月共有 3 次冷空气过程影响我国，多地出现大范围强寒潮、强雨雪天气，江苏、浙江、安徽、山东、河北、蒙西等近十个省级电网电力供需形势偏紧，部分省级电网通过需求响应等措施，保障了电力系统安全稳定运行。

## 二、分区域电力供需形势

**华北区域电力供需总体平衡。**其中，蒙西电网用电负荷快速增长，电力供需形势持续紧张，通过强化火电机组检修计划管理、优化输变电检修计划管理、加强省间互济、采取需求侧管理等措施，大幅缓解了全网供电紧张局面，未发生有序用电，守牢了民生用电安全底线；山西、山东、河北在 12 月强寒潮天气期间受用电负荷激增、新能源小发等叠加影响，电力供需形势偏紧。

**东北区域电力供需总体平衡。**辽宁电力供需总体呈现“用电需求超预期增长、供给能力提升有限、关键时段偏紧”的态势，迎峰度夏期间部分时段电力供需形势偏紧，通过发挥黑龙江与吉林“北电南送”、辽宁负荷中心优势和大电网互济作用，积极开展联络线日内应急支援，有效保障电网安全稳定运行。

**华东区域电力供需紧平衡。**福建 8 月电力供需紧平衡，其余月份均有一定盈余；江苏、浙江、安徽在夏季以及冬季部分时段电力供需形势偏紧。12 月强寒潮雨雪天气期间，江苏等省在个别时段采取了需求响应措施，其中江苏深挖多元化负荷资源，通过需求响应最大错峰 565 万千瓦，有效保障电网安全稳定运行。

**华中区域电力供需总体平衡。**部分时段江西电力供应偏紧，大力争取送电省份支持，多渠道提升网间电力受入水平，通过省间现货和区内交易等方式临时增购省外电力，最大增购电力 421 万千瓦，保障了电力系统安全稳定运行。

**西北区域电力供需总体平衡。**度夏和度冬期间陕西、甘肃、新疆等电网在极端天气、新能源出力极小等情况下存在不同情况的电力缺口，经西北网调统筹，采用储能顶峰、配套电源支援及各省份错峰互济支援等措施后，全网电力平衡，未发生有序用电情况。

**西南区域电力供需总体平衡。**四川部分时段电力系统调节能力不足，用电最大峰谷差已超 2000 万千瓦，而火电调节能力仅约 550 万千瓦，大部分水电丰水期发电近似“直线”，部分时段发、用电平衡较为困难。

**南方区域电力供需形势偏紧。**云南、贵州在上半年部分时段电力供需形势紧张，云南、贵州年初水电蓄能不足，叠加上半年降水持续偏少，以及部分时段电煤供应偏紧、电煤热质下降等因素综合影响，导致电力供应紧张。广东全力挖掘供电能力，推动建立“黔电送粤”“云电送粤”分电到厂机制，保障西电东送计划电量有效落实，全年电力供应安全平稳，未启用需求响应及有序用电。

## 三、电力保供

2023 年，主要电力央企深刻领会习近平总书记关于“能源保障和安全事关国计民生，是须臾不可忽视的‘国之大者’”重要指示精神，深化巩固央地协同、政企协同、厂网协同、区域协同的保供格局，持续提升电力保供能力，有效化解重大供电安全风险，有力应对十年最枯、四季连旱、煤炭产能受限等严峻考验，守住了不发生拉闸限电底线。

### （一）国家电网

**一是强化组织领导。**在迎峰度夏和迎峰度冬期间，多次专题研究电力保供工作，成立以主要领导为组长的电力保供领导小组，召开了公司系统迎峰度夏电力保供、迎峰度冬保暖保供电视电话会议，对保供工作进行再部署再安排。针对迎峰度夏工作，公司出台了电力保供六方面 20 项工作要点，以及九方面 30 项重点举措；针对迎峰度冬工作，出台了 7 方面 25 项重点措施，主要领导多次视频连线基层单位调研电力保供，上下齐心协力，全力以赴保安全、保供电、保民生、保重点。用电高峰期间，加强值班值守，严格执行 24 小时值班和领导带班制度，150 万电网职工全部进入应急保电模式。

**二是强化增发稳供。**加强一次能源供需动态监测，与各方携手保障燃料充足供应，国家电网统调电厂存煤维持在历史高位。做好发电机组并网服务，确保机组“应并尽并”。在国家部委的领导下，强化机组运行管理、严肃调度纪律，煤电非停率、受阻率始终保持低位。用电高峰期间，全网煤电机组“应开尽开”，水电、气电顶峰电力充分发挥，抽蓄、新型储能采取“两抽两发”“一充多放、多充多放”等调度模式，最大程度提高发电能力。此外，公司严格执行燃煤发电上网电价市场化政策，发挥现货市场激励补偿作用，调动发电企业积极性。

**三是强化供电服务与应急处理。**精心编制特高压互联电网运行方案，统筹做好送受端、交直流、高低压电网方式安排。加强政企协同，最大限度引导用户错峰避峰、削峰填谷，与医院、学校等客户保持沟通，开展灾害预警及特巡特护，保障居民、公共服务和重要用户用电。开展负荷管理实战演练，措施充分、容量充足，形成了较为完善的负荷侧保供管理体系。针对平衡紧张地区，进一步细化负荷管理措施，备足需求响应等措施手段，做好严格规范启动有序用电方案的准备。主动做好防御准备，总部提前发布雨雪冰冻、寒潮大负荷等各类预警，完善应急处置方案，补齐各类备品备件，预置抢修队伍、车辆、除融冰装备、中低压发电车等应急资源。极端天气期间，公司均及时启动应急响应，总部、相关分部、省公司互联互通，各级应急指挥中心实行 24 小时战时值班，及时掌握、滚动更新电网设备受灾、抢修复电等信息，统筹调配人员、应急发电车，全面加强设备特巡、覆冰监测、应急抢修、值班值守、现场安全等各方面工作，全力把灾害影响降至最低。

### （二）南方电网

**一是实现电力资源更大范围的优化配置。**加强向国家部委、地方政府汇报沟通，政企联动推动加大一次能源供给和运力保障，持续加大网内支援调剂，汛前保云南供应优化外送，汛中抓住西部来水全力补送，汛后保水库蓄能应送优送，实现贵州电煤供应大幅好转、云南火电近 8 年首次全容量开机。首次实现广西市场化送电海南，首次实现白鹤滩 40 亿千瓦·时电量足额留存，缓解云南电力供应压力；增购网外电力，成功签订广东与福建、与上海电力电量互送协议，协调江城直流、闽粤联网在供应紧张时按最大能力进行支援，闽电送粤突破 100 万千瓦。首次建立“黔电送粤”与“云电送粤”责任机制，推进跨省优先发电计划分电到厂和责任机制，压紧压实送电责任，强化计划执行保障，为西电东送可持续发展提供了制度保障。

**二是需求侧管理水平大幅提升。**五省区均组建负荷管理中心，网省两级新型电力负荷管理系统建成上线，调控能力明显增强。累计接入负荷管理系统可控资源 2484 万千瓦，占全网最高负荷 10.51%。

### （三）中国华能

**一是释放先进产能，增强保供能力。**公司深入贯彻落实党中央、国务院决策部署，坚持把能源保供作为最现实的“国之大者”，切实提高政治站位，压实保供责任，增强保供能力，以释放先进产能为目标，以“一优三减”为导向，全面细化措施落实，优化生产计划，科学组织生产，在确保安全的前提下努力做到满负荷生产，以实际行动确保能源安全稳定供应。充分发挥央企“压舱石”和“稳定器”的作用，综合煤源、运力和电厂库存消耗等情况，结合实时天气变化，制订针对性煤炭保供措施和应急保供预案。中国华能蒙东、蒙西、甘肃、陕西4个煤炭基地23个生产煤矿齐心聚力保障全国18个省市109个发电供热企业用煤安全。2023年，累计完成中长期电煤兑现量8713.02万吨，同比增加752.12万吨，完成铁路外运量6232.97万吨，同比增加298.64万吨，均创历史同期新高。中国华能在北方民生供热区域主要分布于内蒙古、黑龙江、山东、京津冀等12个省份，供热面积达10.26亿平方米。2023年累计供热量51283.97万吉焦，同比增长5.35%。2023年12月开始，我国多地遭遇寒潮天气，中国华能集团日供热量增加幅度同比超10%。

**二是千方百计抓电煤供应保障。**发挥好长协“压舱石”作用，中国华能年度长协合同签订实现全覆盖，狠抓长协履约兑现，履约率不足部分采购市场现货补充。不惜代价增加高热值煤采购，全力保障迎峰度夏/度冬顶峰保供。2023年，中国华能累计采购电煤31475万吨，首次突破3.1亿吨，同比增加5.6%。抓实库存管理，电煤库存一直处于安全水平以上，未发生缺煤停机事件。发挥内部煤矿产能兜底保供作用，迎峰度冬/度夏前华能曹妃甸、太仓等港口战略储煤达到100万吨以上。全力保障极端寒潮天气下的电煤供应工作。华能滇东公司远距离采购新疆煤、云南省内首次采购进口煤保供保障云南省用电安全；中国华能河北、山东、华北公司积极应对“石太线”“丰沙线”因水害受损对公司电煤供应的影响。丁薛祥副总理到集团公司调研时对中国华能能源保供给予了充分肯定。

### （四）中国大唐

**一是构建能源保供长效机制，超前谋划布局。**全面分析研究能源保供形势，结合2023年电力供需新形势新特点，超前谋划，提前部署保供工作，推动重点难点问题的解决。坚持临修及出力受阻机组挂牌督办及日调度机制，落实各级责任，全力做好机组抢修、消缺的组织工作，推动临修机组动态清零、限出力机组缺陷消除，筑牢能源保供防线。围绕全国“两会”等重大活动保电，早安排早部署，提前开展保电督查，印发保电方案，梳理保电期间检修技改、高风险作业现场，圆满完成了各项重大活动保电任务。迎峰度夏前，各煤电企业全部完成机组满负荷试验，水电企业完成汛前机组检修工作，及时消除影响机组带满负荷缺陷，提升了设备健康水平。迎峰度冬前严格落实“冬保夏备”供热保障项目，重点抓好供热能力提升、保障能力提高及公用系统隐患治理，在供热季前，完成供热机组检修113台、“冬保夏备”项目23571项。

**二是加强设备管理，全面提高机组可靠性。**持续深化降缺陷、降非停、创金牌活动，深化点检定修管理，聚焦锅炉“四管”泄漏、电气绝缘等难点问题攻坚治理。完善技术监控体系，狠抓技术监督问题整改；深刻吸取系统内外设备事故教训，开展汽轮机超速、输煤系统着火、公用系统故障及设备设施系统“应检未检、应试未试”、设备设施风险隐患专项隐患排查治理，确保风险可控在控。加强检修质量管控，规范检修全过程管理，深化检修技改现场分级管控，消除设备隐患。2023 年机组非计划停运同比下降 22 台次，幅度 17.6%，累计实现临停机组 19 次动态清零，非计划停运率完成 0.56%、五大对标第一，出力受阻率完成 3.49%、五大对标第二，均优于保供责任书的指标要求。

### （五）国家电投

**一是提高政治站位，严守电煤库存底线。**公司党委以主题教育为契机，推动公司系统再学习、再领会习近平总书记关于能源安全的重要论述和重要指示批示精神，始终以高度的政治责任感抓能源保供。从讲政治的高度，千方百计抓资源保供应。做好与重点煤炭企业、国铁集团的沟通协调，积极争取货源及铁路运力支持，指定专人每日动态跟踪计划发运情况，提高长协煤履约。在优先长协煤发运基础上，强化市场形势研判，合理把控市场煤采购节奏，加强电煤调运、接卸和存储等重点环节的组织衔接，坚决守住库存 15 天底线，保持电煤库存处于较高水平。

**二是科学优化蓄水策略，增强发电补偿效应。**充分发挥雅砻江梯级电站联合运行优势，增加下游电站蓄能，科学优化蓄水策略，提升水电发电补偿效应。坚决扛起迎峰度夏和成都大运会能源保供政治责任，顶住 5～7 月来水偏枯 4 成、同比少发超 140 亿千瓦·时电量的巨大压力，以近 100 亿千瓦·时的雅砻江梯级蓄能作为电力储备，以日均 4 亿千瓦·时的发电能力作为强力支撑，充分发挥两河口、锦屏一级、二滩三大水库联合调节优势，及时响应电网负荷需求，积极参与电网调峰调频，做好电力电量平衡，切实发挥了电力保供压舱石、顶梁柱作用，有力保障了迎峰度夏和成都大运会期间电力可靠供应。

# 第五章

# 电力投资与建设

## 第一节　电源投资与建设

### 一、总体情况

2023 年，电力行业着力调整优化能源结构，继续统筹推进能源绿色低碳转型。2023 年全国电源工程建设投资占电力工程建设投资的比重为 66.0%，较上年增加 6.2 个百分点。全国主要电力企业[1]电源工程建设完成投资 10225 亿元，同比增长 37.7%，保持快速增长态势。其中，非化石能源发电投资同比增长 39.2%，占电源总投资的 89.2%。2014—2023 年全国电源工程建设完成投资及增速如图 5－1 所示。

全国发电新增装机（正式投产）37067 万千瓦，同比多投产 17219 万千瓦。其中，非化石能源发电新增装机 30762 万千瓦，占总新增装机的 83.0%。2014—2023 年全国新增发电装机容量情况如图 5－2 所示。

---

[1] 本报告中电力投资（含电源投资、电网投资）均为主要电力企业电力工程建设投资。其中，全国主要电网企业指国家电网有限公司（以下简称“国家电网”）、中国南方电网有限责任公司（以下简称“南方电网”）、内蒙古电力（集团）有限责任公司（以下简称“内蒙古电力集团”）；全国主要发电企业指中国华能集团有限公司（以下简称“中国华能”）、中国大唐集团有限公司（以下简称“中国大唐”）、中国华电集团有限公司（以下简称“中国华电”）、国家能源投资集团有限责任公司（以下简称“国家能源集团”）、国家电力投资集团有限公司（以下简称“国家电投”）、中国长江三峡集团有限公司（以下简称“中国三峡集团”）、中国核工业集团有限公司（以下简称“中核集团”）、中国广核集团有限公司（以下简称“中广核”）、广东省能源集团有限公司（以下简称“广东能源”）、浙江省能源集团有限公司（以下简称“浙能集团”）、北京能源集团有限责任公司（以下简称“京能集团”）、申能股份有限公司（以下简称“申能股份”）、河北省建设投资集团有限责任公司（以下简称“河北建投”）、华润电力控股有限公司（以下简称“华润电力”）、国投电力控股股份有限公司（以下简称“国投电力”）、新力能源开发有限公司（以下简称“新力能源”）、甘肃省电力投资集团有限责任公司（以下简称“甘肃电投”）、安徽省皖能股份有限公司（以下简称“皖能股份”）、江苏省国信集团有限公司（以下简称“江苏国信”）、广州发展集团股份有限公司（以下简称“广州发展”）、深圳能源集团股份有限公司（以下简称“深圳能源”）、晋能控股山西电力股份有限公司（以下简称“晋控电力”）；全国主要电建企业指中国电力建设集团有限公司（以下简称“中国电建”）、中国能源建设集团有限公司（以下简称 “中国能建”）。

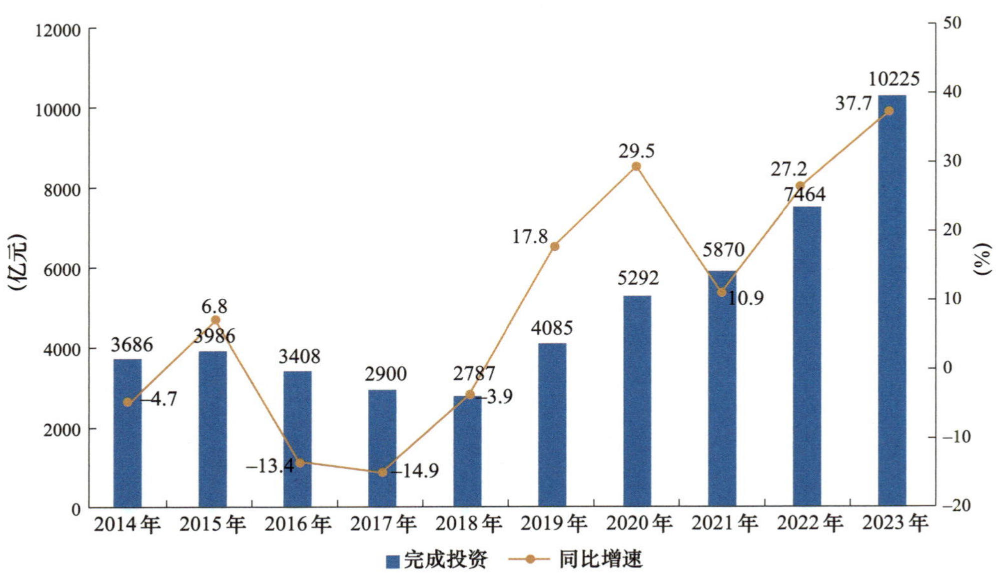


图 5–1　2014—2023 年全国电源工程建设完成投资及增速

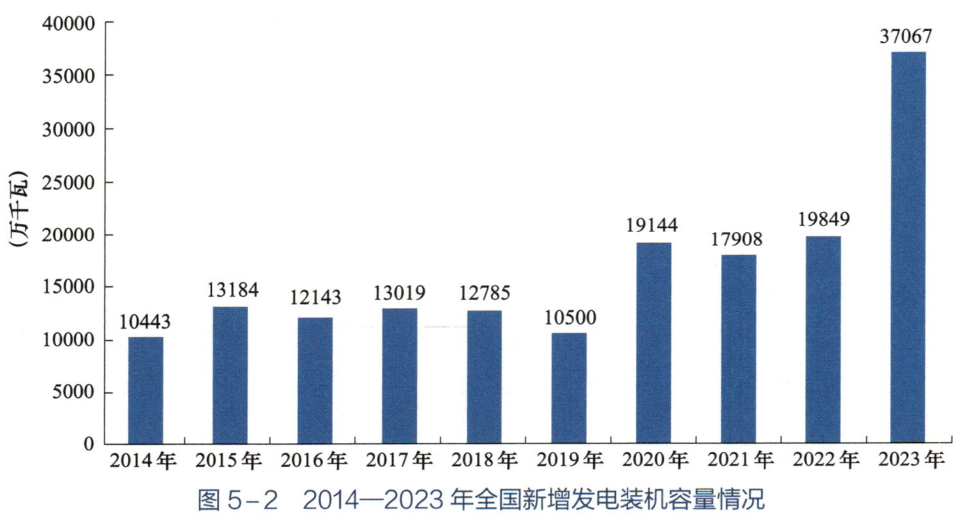


图 5–2　2014—2023 年全国新增发电装机容量情况

## 二、分类型情况

在 2023 年的各类型电源完成投资中，水电完成 1029 亿元，同比增长 18.0%；火电完成 1124 亿元，同比增长 25.6%；核电完成 1003 亿元，同比增长 27.7%；风电完成 2753 亿元，同比增长 36.9%；太阳能发电完成 4316 亿元，同比增长 50.7%。

2022 年、2023 年分电源类型工程建设完成投资及增速情况如图 5–3 所示。

在 2023 年的各类型发电新增装机中，水电新增 943 万千瓦（抽水蓄能 545 万千瓦），同比下降 60.2%；火电新增 6610 万千瓦，同比增长 44.7%；核电新增 139 万千瓦，同比下降 39.1%；

风电新增 7622 万千瓦，同比增长 97.4%，其中，海上风电新增 633 万千瓦；太阳能发电新增 21753 万千瓦，同比增长 146.6%。

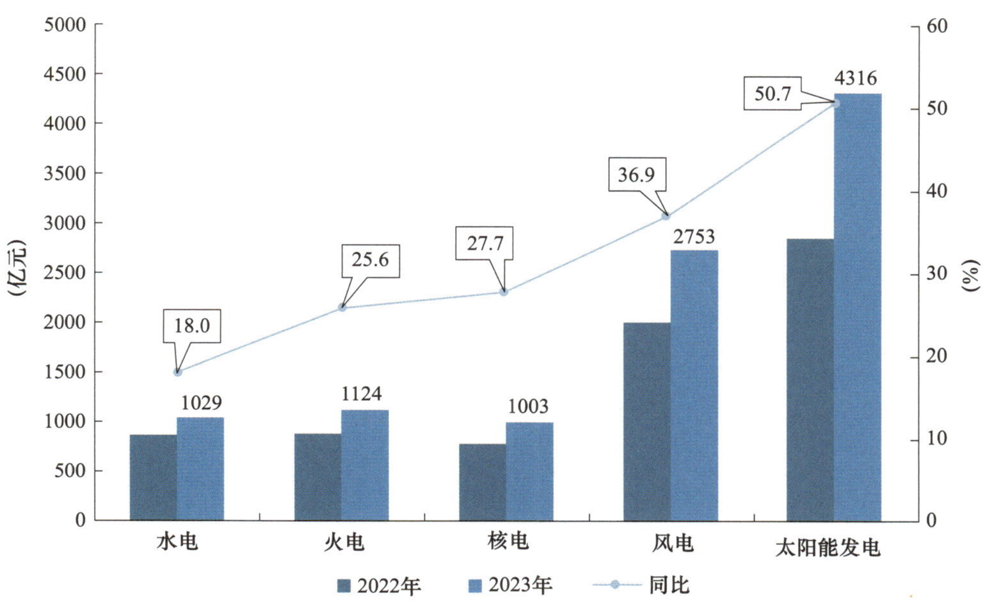


图 5-3　2022 年、2023 年分电源类型工程建设完成投资及增速情况

2023 年全国分类型新增发电装机容量如图 5-4 所示。

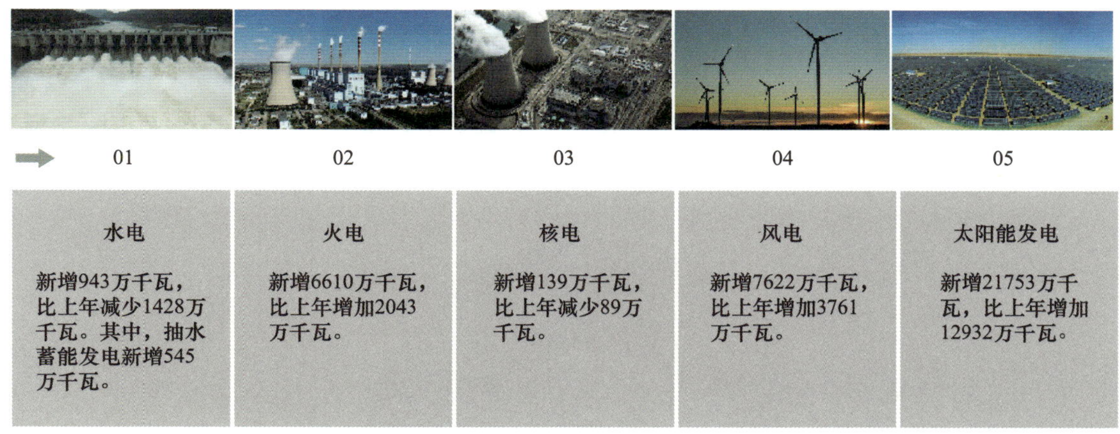


图 5-4　2023 年全国分类型新增发电装机容量

## 三、分区域情况

分区域看，2023 年，南方、华北和西北区域电源完成投资超过 2000 亿元，分别为 2275、2160 亿元和 2084 亿元，合计占全国电源完成投资的 63.8%，主要是太阳能和风电等新能源发电完成投资较多的影响；华东和华中区域电源完成投资也超过 1500 亿元，分别为 1562 亿元和

1525 亿元，其中，华东区域主要是受核电、太阳能发电和风电完成投资较多的影响；华中主要是受太阳能发电和水电完成投资较多的影响。2022、2023 年分区域电源完成投资占比情况如图 5－5 所示。

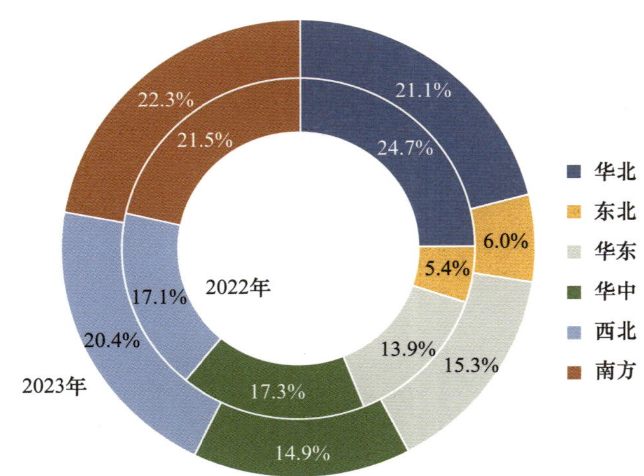


图 5－5　2022、2023 年分区域电源完成投资占比情况

2023 年，华北和西北区域新增装机容量超过 7000 万千瓦，分别为 10355 万千瓦和 7543 万千瓦，合计占全国新增装机的 48.3%。华北区域和西北区域主要是受风电和太阳能发电新增装机拉动的影响，华北区域风电和太阳能发电新增装机容量同比均增长了一倍，西北区域太阳能发电新增装机容量同比增长超三倍，西北区域新增装机占全国新增装机的比重比去年提高了 8.0 个百分点。除东北区域外，其他区域的火电新增装机均比去年有所增加，华北区域新增火电装机接近 2000 万千瓦。2022、2023 年分区域新增装机占比情况如图 5－6 所示。2023 年分区域电源完成投资和新增装机情况如图 5－7 所示。

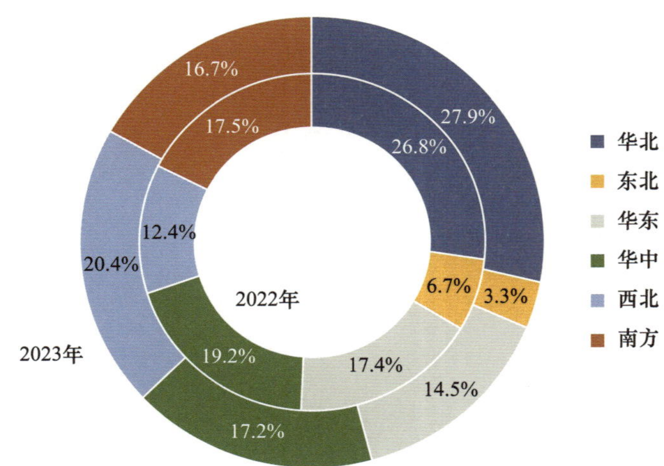


图 5－6　2022、2023 年分区域新增装机占比情况

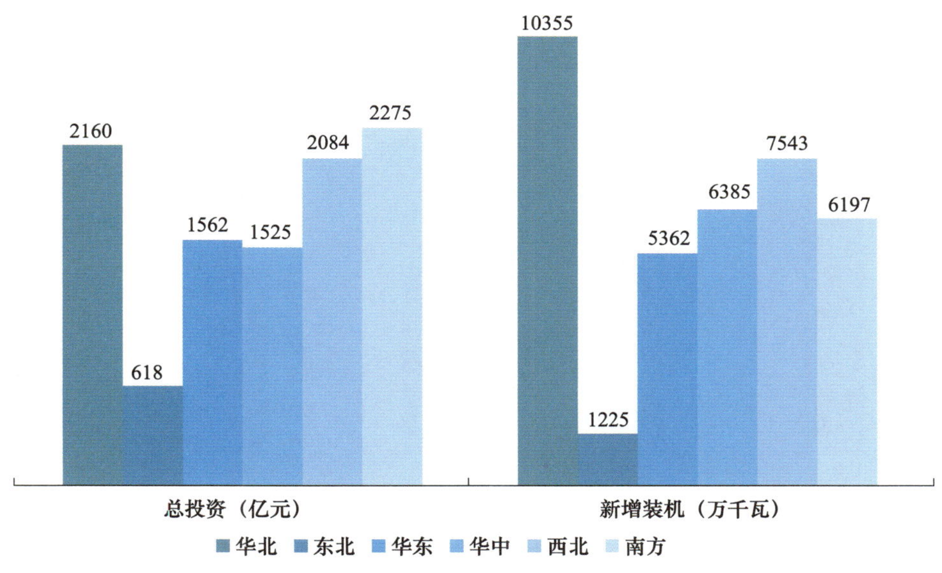


图 5-7　2023 年分区域电源完成投资和新增装机情况

## 四、分省（区、市）情况

2023 年，共有内蒙古、广东、山东等 13 个省（区、市）电源投资超过 300 亿元，其合计投资超过全国电源投资的 70%。内蒙古、新疆、河北等 11 个省（区、市）的新增装机超过 1500 万千瓦，合计新增装机容量占全国新增装机容量比重约为 65%。

2023 年全国电源投资超过 300 亿元的 13 个省（区、市）情况、新增装机较多的 5 省（区、市）新增装机容量及占全国新增装机容量比重分别如图 5-8、图 5-9 所示。

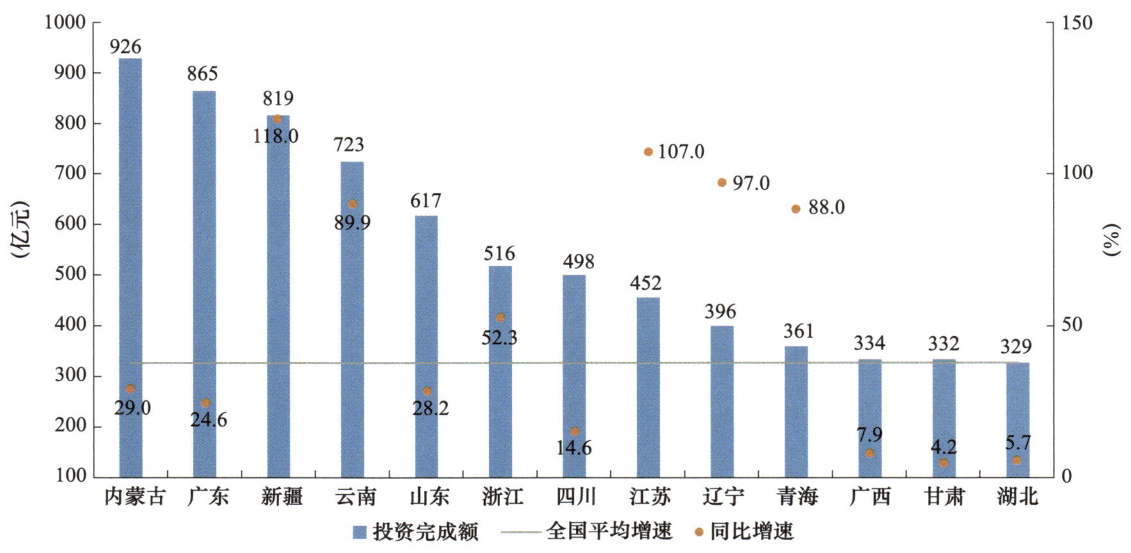


图 5-8　2023 年全国分省（区、市）电源工程完成投资及增速情况

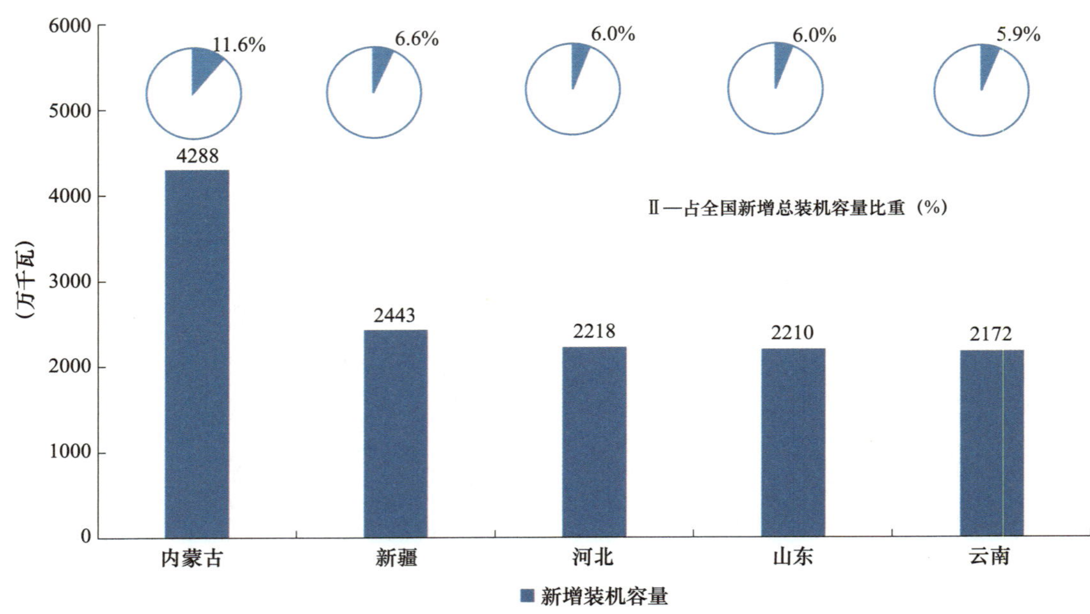

图 5-9　2023 年全国新增装机较多的 5 省（区、市）新增装机容量及占全国新增装机容量比重

## 五、新开工及在建工程情况

2023 年，全国主要发电企业新开工电源项目合计装机容量 18817 万千瓦，同比增加 3597 万千瓦。

截至 2023 年底，全国主要发电企业电源工程在建项目合计装机容量 37308 万千瓦，同比增加 10349 万千瓦。其中，水电 9129 万千瓦，火电 9926 万千瓦，核电 3460 万千瓦，风电 5074 万千瓦，太阳能发电 9698 万千瓦。

# 第二节　电网投资与建设

## 一、总体情况

2023 年，全国电网完成投资 5277 亿元，同比增长 5.4%。其中，直流工程 145 亿元，同比下降 53.9%；交流工程 4987 亿元，同比增长 10.7%，占电网总投资的 94.5%。全年新增交流 110 千伏及以上输电线路长度 59049 千米，同比下降 1.9%；新增交流 110 千伏及以上变电设备容量 35978 万千伏安，同比增长 1.9%；新投产直流输电线路 2123 千米，同比下降 4.5%；新投产换流容量 1600 万千瓦，同比下降 11.1%。

2014—2023 年全国电网投资及增速如图 5-10 所示。

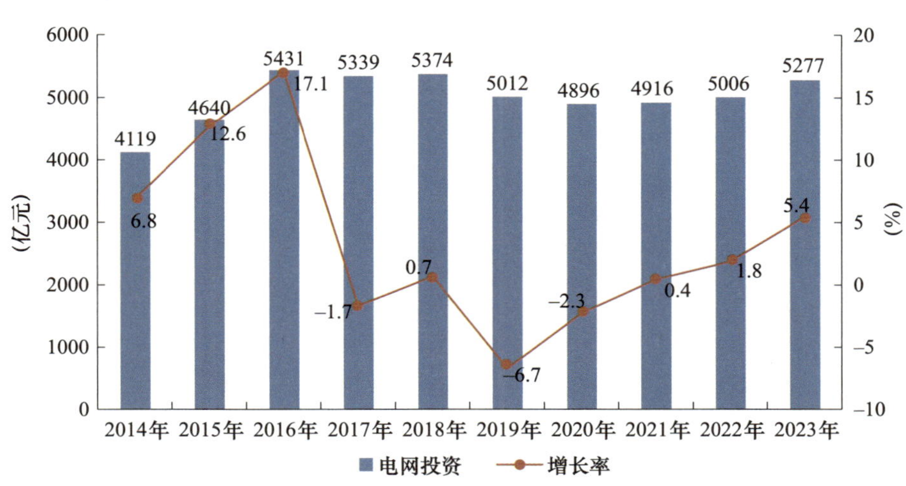

图 5-10　2014—2023 年全国电网投资及增速

## 二、分电压等级情况

220 千伏及以上电压等级电网投资同比增长。2023 年，220 千伏及以上电压等级电网完成投资 2212 亿元，同比增长 7.0%。分电压等级看，220 千伏和 500 千伏电网完成投资金额超 600 亿元，分别为 892 亿元和 677 亿元。2022、2023 年全国分电压等级电网完成投资及增速如图 5－11 所示，2023 年全国分电压等级电网完成投资占全国电网投资比重如图 5－12 所示。

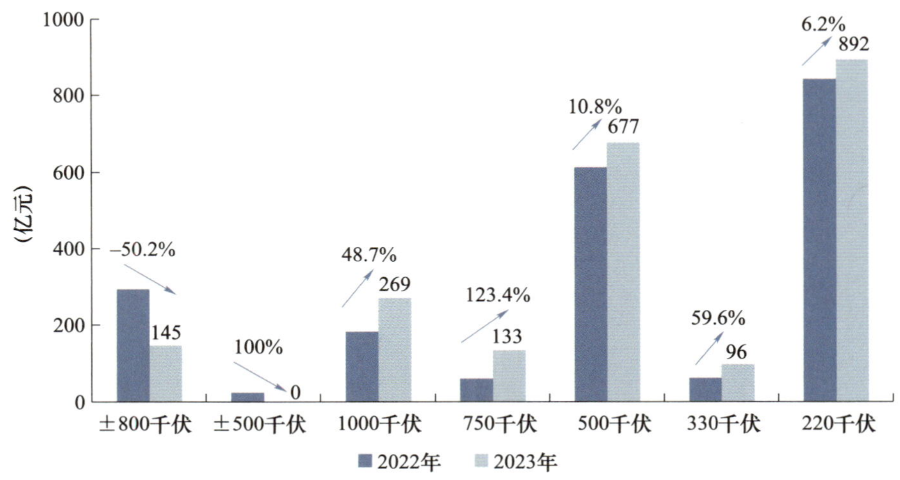

图 5-11　2022、2023 年全国 220 千伏及以上电压等级电网完成投资及增速

在交流工程中，从结构看，220 千伏和 110 千伏（含 66 千伏）新增线路长度占全国新增 110 千伏及以上线路长度的 42.7%和 33.5%；500、220 千伏和 110 千伏（含 66 千伏）变电设备容量分别占全国新增 110 千伏及以上变电设备容量的 36.5%、29.5%和 23.4%。

2022年、2023年全国新增110千伏及以上交流输电线路、变电设备容量分别如图5-13、图5-14所示。

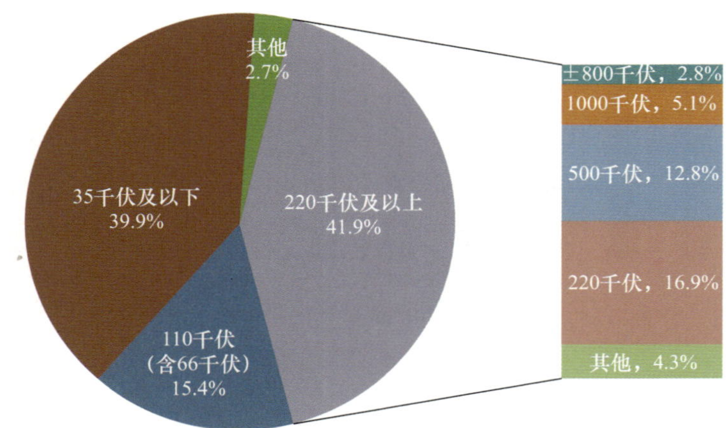


图5-12　2023年全国分电压等级电网完成投资占全国电网投资比重

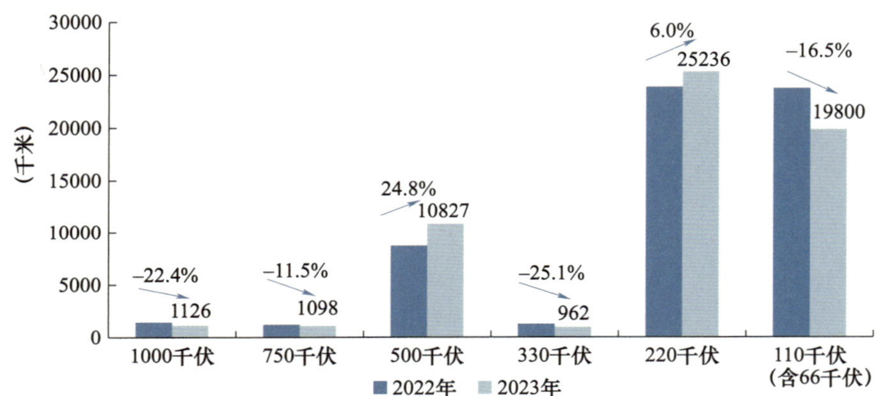


图5-13　2022、2023年全国新增110千伏及以上交流输电线路长度

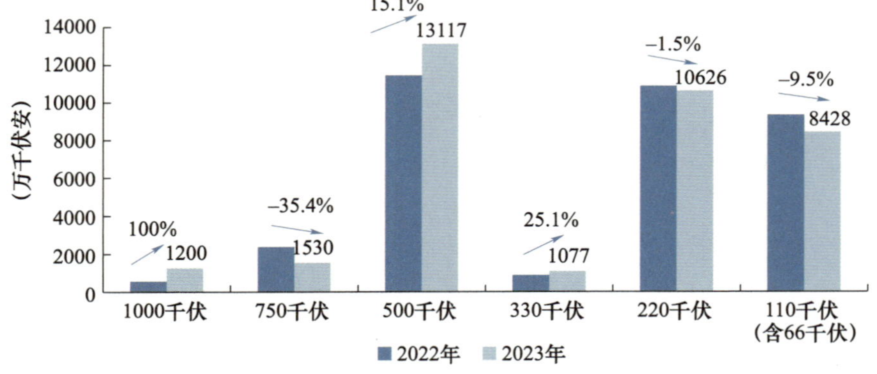


图5-14　2022、2023年全国新增110千伏及以上交流变电设备容量

**配电网投资同比上升。**2023 年，全国完成配电网投资 2920 亿元，同比增长 6.0%。其中，110 千伏（含 66 千伏）电网投资同比增长 5.6%；35 千伏及以下电网投资同比增长 6.2%，占全国电网投资比重为 39.9%，同比提高 0.3 个百分点。

2014—2023 年配电网投资及其增速如图 5－15 所示，2023 年 110 千伏及以下配电网投资如图 5－16 所示。

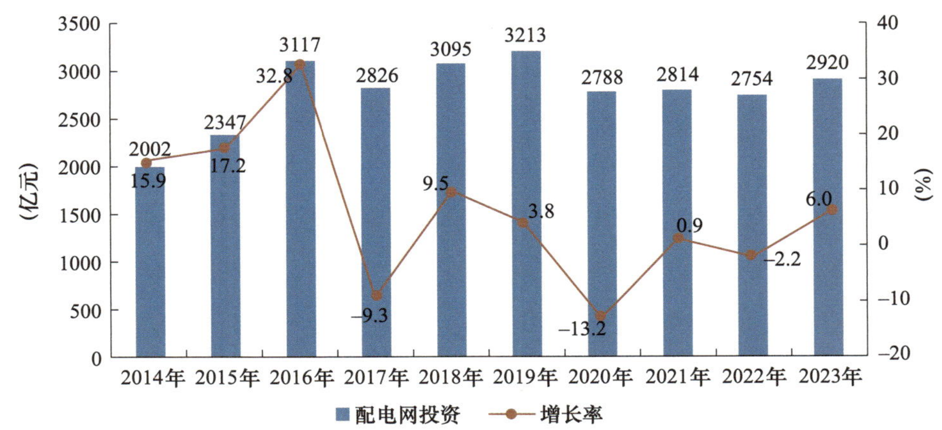


图 5－15　2014—2023 年配电网投资及其增速

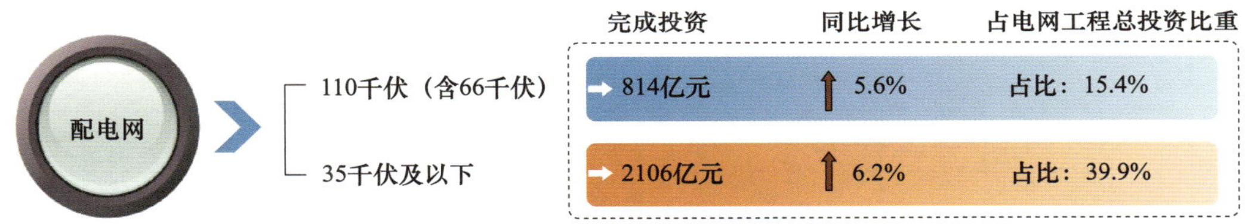


图 5－16　2023 年 110 千伏及以下配电网投资

**农网改造投资同比增长。**2023 年，全国主要农网改造完成投资 1743 亿元，同比增长 5.6%。其中，国家电网公司完成投资增速高于全国平均增长水平。

## 三、投产重点项目

2023 年，投产特高压直流输电线路 1 条，为白鹤滩—浙江特高压直流输电工程，线路长度 2123 千米，换流容量为 1600 万千瓦；投产特高压交流输电线路 5 条，合计线路长度 1126 千米，变电容量 1200 万千伏安。

## 四、新开工及在建工程情况

2023 年，新开工特高压项目主要有金上—湖北±800 千伏特高压直流工程、陇东至山东±800 千伏特高压直流工程、宁夏—湖南±800 千伏特高压直流工程、哈密北—重庆±800 千伏特高压直流工程、张北—胜利 1000 千伏特高压工程等。

截至 2023 年底，除新开工建设项目以外，还有川渝 1000 千伏特高压交流工程、武汉—南昌 1000 千伏特高压交流输变电工程等特高压在建项目。

## 第三节　电力建设工程造价

### 一、总体情况

2023 年，在电源工程方面，水电工程、燃煤发电工程、燃气—蒸汽联合循环发电工程和核电工程单位造价水平对比 2022 年上涨，风力发电工程、光伏发电工程和垃圾焚烧发电工程单位造价水平下降。在电网工程方面，架空输电线路工程、电缆输电线路工程、变电站工程和换流站工程单位造价水平对比 2022 年均上涨。在电化学储能电站工程方面，中型和大型锂离子电池储能电站工程造价水平对比 2022 年下降；钠离子电池储能电站工程和液流电池储能电站工程因工程个体情况差异和政策等因素影响，各典型工程单位造价水平具有一定差异。2023 年我国电力建设工程单位造价水平见表 5－1。

表 5－1　　2023 年我国电力建设工程单位造价水平一览表

| 序号 | 工程类型 | 单位造价水平 | 变动趋势（率） |
|---|---|---|---|
| 一、电源工程 | | | |
| 1 | 燃煤发电工程 | | |
| 1.1 | 2×35 万千瓦超临界 | 4681 元/千瓦 | ↑（3.06%） |
| 1.2 | 2×66 万千瓦超超临界 | 4074 元/千瓦 | ↑（6.07%） |
| | 其中，采用一次再热技术 | 3974 元/千瓦 | — |
| | 采用二次再热技术 | 4100 元/千瓦 | — |
| 1.3 | 2×100 万千瓦超超临界 | 3753 元/千瓦 | ↑（6.14%） |
| | 其中，采用一次再热技术 | 3568 元/千瓦 | — |
| | 采用二次再热技术 | 3800 元/千瓦 | — |
| 2 | 燃气—蒸汽联合循环发电工程 | | |
| 2.1 | 2×40 万千瓦级 | 2372 元/千瓦 | ↑（0.81%） |
| 2.2 | 2×65 万千瓦级 | 2400 元/千瓦 | ↑（0.21%） |
| 3 | 水电工程 | | |
| 3.1 | 常规水电工程 | 14523 元/千瓦 | ↑（5.05%） |

续表

| 序号 | 工程类型 | 单位造价水平 | 变动趋势（率） |
| --- | --- | --- | --- |
| 3.1 | 其中，高海拔地区 | 15100～21600 元/千瓦 | — |
|  | 其他地区 | 13023 元/千瓦 | — |
| 3.2 | 抽水蓄能电站工程 | 6230 元/千瓦 | ↑（2.65%） |
|  | 其中：东北地区 | 5924 元/千瓦 | — |
|  | 华北地区 | 6373 元/千瓦 | — |
|  | 华东地区 | 5937 元/千瓦 | — |
|  | 华中地区 | 5690 元/千瓦 | — |
|  | 南方地区 | 5734 元/千瓦 | — |
|  | 西北地区 | 6724 元/千瓦 | — |
|  | 西南地区 | 6169 元/千瓦 | — |
| **4** | **核电工程** | 17800 元/千瓦 | ↑（2.08%） |
| **5** | **风力发电工程** |  |  |
| 5.1 | 陆上风电工程 | 4723 元/千瓦 | ↓（9.47%） |
|  | 其中：沙漠戈壁荒漠地区 | 3311 元/千瓦 | — |
|  | 平原 | 4602 元/千瓦 | — |
|  | 丘陵 | 4811 元/千瓦 | — |
|  | 山地 | 5271 元/千瓦 | — |
| 5.2 | 海上风电工程 | 13245 元/千瓦 | ↓（33.59%） |
|  | 海上风电工程（近海海域）① | 12133 元/千瓦 | ↓（8.40%） |
| **6** | **光伏发电工程** |  |  |
| 6.1 | 集中式光伏发电工程 | 3813 元/千瓦 | ↓（10.05%） |
|  | 其中：沙漠戈壁荒漠地区 | 3067 元/千瓦 | — |
|  | 平原 | 3599 元/千瓦 | — |
|  | 水面 | 3855 元/千瓦 | — |
|  | 山区 | 3949 元/千瓦 | — |
| 6.2 | 分布式光伏发电工程 | 3553 元/千瓦 | ↓（10.62%） |
| **7** | **垃圾焚烧发电工程** | 23722 元/千瓦<br>（59.30 万元/t.d） | ↓（1.08%） |
| **二、电网工程** |  |  |  |
| **8** | **35～1000 千伏交流架空线路工程** |  |  |
|  | 35 千伏交流架空线路工程 | 66 万元/千米 | ↑（10.00%） |

续表

| 序号 | 工程类型 | 单位造价水平 | 变动趋势（率） |
| --- | --- | --- | --- |
| 8 | 110 千伏交流架空线路工程 | 95 万元/千米 | ↑（7.95%） |
| | 220 千伏交流架空线路工程 | 146 万元/千米 | ↑（8.96%） |
| | 330 千伏交流架空线路工程 | 154 万元/千米 | ↑（7.69%） |
| | 500 千伏交流架空线路工程 | 311 万元/千米 | ↑（5.42%） |
| | 750 千伏交流架空线路工程 | 343 万元/千米 | ↑（1.78%） |
| | 1000 千伏交流架空线路工程 | 841 万元/千米 | ↑（9.65%） |
| **9** | **±800 千伏直流架空线路工程** | 699 万元/千米 | ↑（8.04%） |
| **10** | **35～220 千伏交流电缆线路工程** | | |
| | 35 千伏交流电缆线路工程 | 422 万元/千米 | ↑（2.93%） |
| | 110 千伏交流电缆线路工程 | 697 万元/千米 | ↑（2.80%） |
| | 220 千伏交流电缆线路工程 | 1548 万元/千米 | ↑（4.95%） |
| **11** | **35～1000 千伏变电站工程** | | |
| | 35 千伏变电站工程 | 831 元/千伏安 | ↑（0.36%） |
| | 110 千伏变电站工程 | 451 元/千伏安 | ↑（2.73%） |
| | 220 千伏变电站工程 | 333 元/千伏安 | ↑（5.71%） |
| | 330 千伏变电站工程 | 320 元/千伏安 | ↑（4.58%） |
| | 500 千伏变电站工程 | 199 元/千伏安 | ↑（10.56%） |
| | 750 千伏变电站工程 | 277 元/千伏安 | ↑（3.36%） |
| | 1000 千伏变电站工程 | 359 元/千伏安 | ↑（8.13%） |
| **12** | **±800 千伏直流换流站工程** | 729 元/千瓦 | ↑（10.12%） |
| | **三、电化学储能电站工程** | | |
| **13** | **锂离子电池储能电站（储能时长 2h）** | 3743 元/千瓦［1871 元/（千瓦·时）］ | |
| | 其中：大型电站② | 3722 元/千瓦<br>［1861 元/（千瓦·时）］ | ↓（13.02%） |
| | 中型电站 | 3696 元/千瓦<br>［1848 元/（千瓦·时）］ | ↓（7.21%） |
| **14** | **钠离子电池储能电站（储能时长 2h）** | 4400 元/千瓦［2200 元/（千瓦·时）］ | |
| **15** | **液流电池储能电站** | | |
| 15.1 | 全钒液流电池（储能时长 4h） | 15152 元/千瓦［3788 元/（千瓦·时）］ | |
| 15.2 | 铁基液流电池（储能时长 4h） | 9111 元/千瓦［2278 元/（千瓦·时）］ | |

① 离岸 50 千米以内且水深 50 米以内的海上风电工程。

② 小型：500 千瓦≤储能电站功率＜5 兆瓦；中型：5 兆瓦≤储能电站功率＜100 兆瓦；大型：储能电站功率≥100 兆瓦。

## 二、电源工程

### （一）燃煤发电工程

2023 年，2×35 万千瓦超临界燃煤发电工程单位造价水平约为 4681 元/千瓦，比 2022 年上涨 3.06%。2×66 万千瓦超超临界燃煤发电工程单位造价水平约为 4074 元/千瓦，比 2022 年上涨 6.07%，其中采用一次再热技术的工程单位造价水平约为 3974 元/千瓦，采用二次再热技术的工程单位造价水平约为 4100 元/千瓦。2×100 万千瓦超超临界燃煤发电工程单位造价水平约为 3753 元/千瓦，比 2022 年上涨 6.14%，其中采用一次再热技术的工程单位造价水平约为 3568 元/千瓦，采用二次再热技术的工程单位造价水平约为 3800 元/千瓦。

煤电是电力系统安全稳定运行的“压舱石”。2023 年，我国稳妥有序推动大型清洁高效燃煤机组核准建设，充分发挥煤电基础保障和系统调节作用。基于电力供应保障要求和电源结构调整完善，2023 年不同容量燃煤发电工程单位造价水平较 2022 年呈现一定幅度的上涨。从分项费用水平来看，由于主要设备供需情况导致价格上涨，设备购置费较 2022 年有所上涨，其中，各容量等级和类型的锅炉价格上涨 5.8%～25.5%，磨煤机、给煤机、除尘器、给水泵、加热器和凝汽器等辅机价格上涨 10%～30%。由于安装材料价格下降，安装工程费较 2022 年呈现下降趋势，其中，主蒸汽管道价格下降 2.08%～3.90%，再热蒸汽管道（冷段和热段）价格下降 2.96%～4.24%，主给水管道价格下降 2.10%～2.99%。建设场地征用及清理费等其他费用呈现上涨趋势。2023 年，不同容量燃煤发电工程单位造价水平如图 5－17 所示。

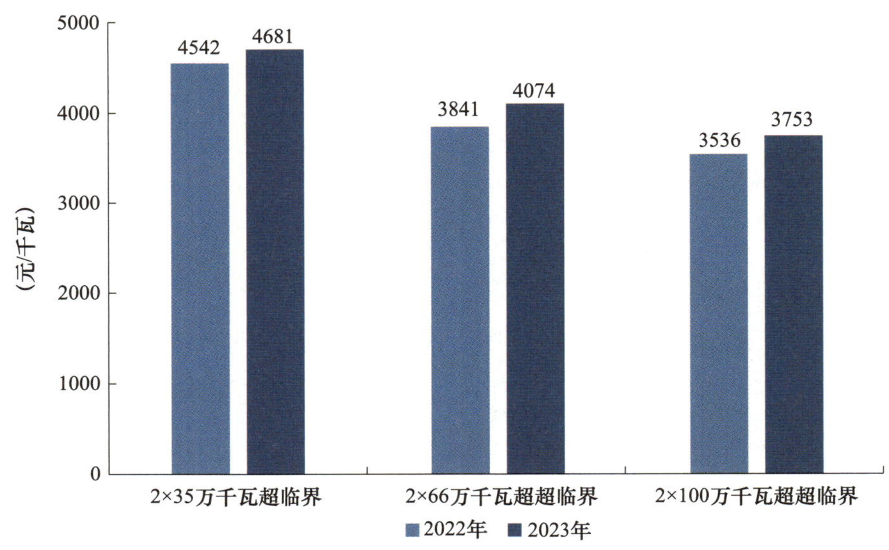


图 5－17　2023 年不同容量燃煤发电工程单位造价水平

## （二）燃气—蒸汽联合循环发电工程

2023 年，2×40 万千瓦级燃气—蒸汽联合循环发电工程单位造价水平约为 2372 元/千瓦，对比 2022 年上涨 0.81%。2×65 万千瓦级燃气—蒸汽联合循环发电工程单位造价水平约为 2400 元/千瓦，对比 2022 年上涨 0.21%。2023 年，不同容量燃气—蒸汽联合循环发电工程单位造价水平如图 5－18 所示。

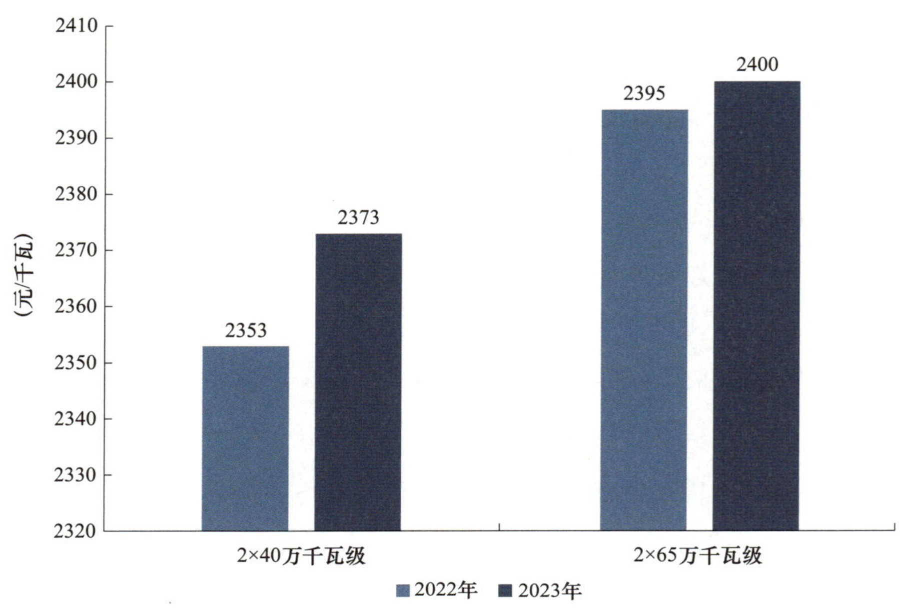


图 5－18　2023 年不同容量燃气—蒸汽联合循环发电工程单位造价水平

2023 年，燃气—蒸汽联合循环发电工程建设规模相对稳定，燃机设备继续向大容量化发展，大容量机组技术逐步成熟，燃气轮机、燃机发电机、余热锅炉和蒸汽轮机等主要设备价格与 2022 年相比小幅上涨。

## （三）水电工程

1. 常规水电工程

2023 年，常规水电工程单位造价水平约为 14523 元/千瓦，对比 2022 年上涨 5.05%。从项目所在地区来看，高海拔地区常规水电工程单位造价水平约在 15100～21600 元/千瓦之间，其他地区常规水电工程单位造价水平约为 13023 元/千瓦。受建设条件和规模等因素影响，工程单位造价水平个体差异较大。

2023 年，我国有序推进主要流域水电开发，加快常规水电重点工程建设，先后核准批复了“四川雅砻江牙根一级水电站项目”和“金沙江上游昌波水电站项目”等典型常规水电站项目。从单位工程造价水平角度看，2023 年常规水电工程单位造价水平较 2022 年呈现上涨，主要包括两方面原因：① 常规水电工程站址向水域上游、青藏高原等高海拔地区持续深入，开发建设难度不断增大；② 常规水电工程建设在征地移民费用投入较高的同时，也面临着水域资源和生态环境保护等方面要求的逐步提高。

2. 抽水蓄能电站工程

2023 年，抽水蓄能电站工程单位造价水平约为 6230 元/千瓦，对比 2022 年上涨 2.65%。从项目所在地区看，西北地区工程造价水平最高（6724 元/千瓦），华中地区最低（5690 元/千瓦）。

抽水蓄能是电力系统重要的清洁调节电源，合理规划建设抽水蓄能电站，可为新能源大规模接入电力系统安全稳定运行提供有效支撑。2023 年，我国抽水蓄能建设进入新阶段，项目开发建设速度明显加快，核准抽水蓄能项目 50 个，总装机规模为 6460 万千瓦。从单位工程造价水平角度看，2023 年抽水蓄能电站工程单位造价水平较 2022 年呈现上涨，主要包括四方面原因：① 随着抽水蓄能电站工程核准项目数量的持续增加，地势优越、人烟稀少、交通便利的优质站址资源逐渐稀缺且可选站址的地质条件日益复杂，导致建设征地移民安置补偿和地质处理等费用上涨；② 由于站址涉及自然保护区和生态敏感区的比例提升且工程建设的环保要求不断提高，环保投入也相应增加；③ 在主机价格稳定的基础上，抽水蓄能建设市场竞争加剧，受设备供需影响，相关辅助设备价格上涨；④ 不同建设条件、装机规模和建设地点的抽水蓄能电站单位工程造价水平存在差异，与中部、东部地区较为丰富的站址资源相比，西部地区地质条件较差且水资源短缺，需设补水工程并采取防渗措施，导致建设总费用增加。2023 年抽水蓄能电站工程单位造价水平（分区域）如图 5－19 所示。

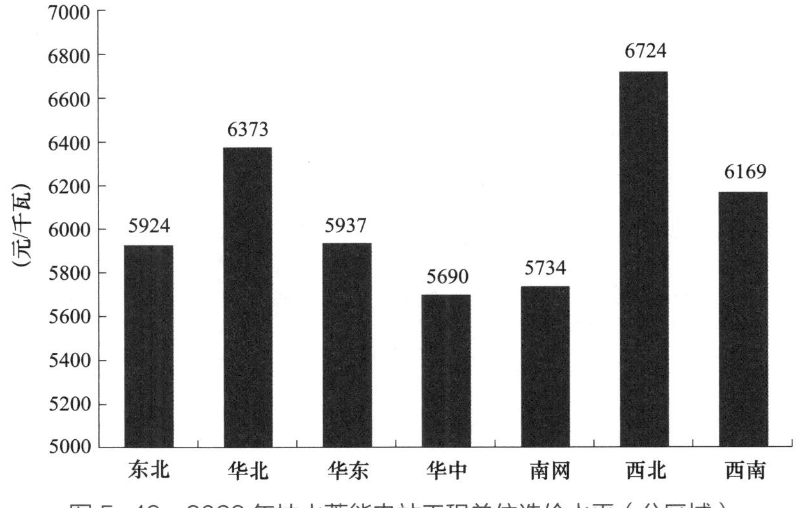

图 5－19　2023 年抽水蓄能电站工程单位造价水平（分区域）

## （四）核电工程

2023 年，我国核电工程（三代核电技术）单位造价水平约为 17800 元/千瓦，对比 2022 年上涨 2.08%。

近年来，在确保安全的前提下，我国合理布局新增沿海核电项目，以“华龙一号”为代表的三代核电机组进入批量化、规模化生产和应用。2023 年，我国先后核准了“辽宁徐大堡核电项目 1、2 号机组”“福建宁德核电项目 5、6 号机组”“山东石岛湾核电厂扩建一期工程项目 1、2 号机组”“广东太平岭核电项目 3、4 号机组”和“浙江金七门核电项目 1、2 号机组”等 5 个核电项目。与此同时，广东、海南、福建等地在建核电工程项目也全面有序推进。从单位工程造价水平角度看，2023 年核电工程单位造价水平与 2022 年相比基本平稳呈小幅上涨，主要受核电工程厂址及相关配套核设施选址影响。

## （五）风力发电工程

1. 陆上风电工程

2023 年，陆上风电工程单位造价水平约为 4723 元/千瓦（不含送出线路、配套储能），对比 2022 年下降 9.47%。从项目所在地区（地形）来看，沙漠、戈壁、荒漠地区工程单位造价水平约为 3067 元/千瓦，平原工程单位造价水平约为 4602 元/千瓦，丘陵工程单位造价水平约为 4811 元/千瓦，山地工程单位造价水平约为 5271 元/千瓦。2023 年不同地区（地形）陆上风力发电工程单位造价水平如图 5－20 所示。

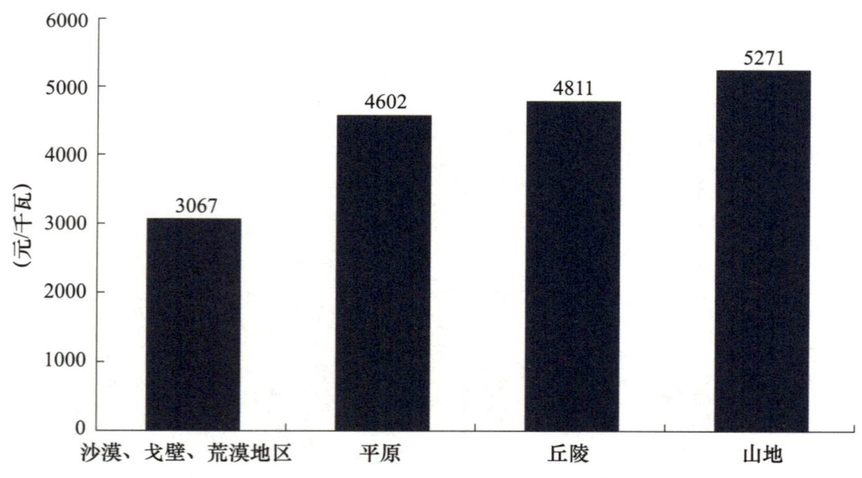


图 5－20 2023 年不同地区（地形）陆上风力发电工程单位造价水平

2023 年，受风场规模、设备价格和技术水平进步等因素的影响，陆上风电工程单位造价水平呈现较大幅度下降趋势。具体来看，一方面风电工程造价水平受主要设备费用影响较大，随着技术成熟和设备机组的规模化生产，国内风电产业链逐渐完善，零部件国产化率提高，风电机组价格逐步降低；另一方面综合考虑风资源利用率及经济效益等因素，陆上风力发电逐渐向沙漠、戈壁、荒漠地区布局，风场规模趋于大型化，机组单机容量同步提升，促使造价进一步降低。

2. 海上风电工程

2023 年，海上风电工程（近海海域）的单位造价水平约为 12133 元/千瓦，对比 2022 年下降 8.40%。

近年来，我国积极推动海上风电规模化发展，随着海上风电技术的不断发展与成熟，我国已经攻克超长柔性叶片、大型主轴轴承、超大容量发电机小型化等一系列关键技术难题。大容量风机陆续推出，机组大型化成为海上风电发展的显著趋势。风电行业产能增加、海上风电技术成熟、机组大型化等一系列因素导致海上风电机组价格下降。此外，海上风电工程施工技术日益成熟，海上风电建设市场供需趋于平衡，海上风电工程施工费用呈较大幅度下降趋势。

## （六）光伏发电工程

2023 年，集中式光伏发电工程（不含送出线路、配套储能）单位造价水平约为 3813 元/千瓦，对比 2022 年下降 10.05%。其中，沙漠、戈壁、荒漠地区工程单位造价水平约为 3067 元/千瓦，平原工程单位造价水平约为 3599 元/千瓦，水面工程单位造价水平约为 3855 元/千瓦，山区工程单位造价水平约为 3949 元/千瓦；2023 年，分布式光伏发电工程单位造价水平约为 3553 元/千瓦，对比 2022 年下降 10.62%。

受光伏产业技术迭代升级、供需关系影响，2023 年我国光伏主要设备材料价格呈现大幅下降趋势，导致光伏发电工程单位造价水平下降。根据工业和信息化部的公开数据显示，2023 年，我国光伏产业规模持续扩大，多晶硅、硅片、电池、组件等主要制造环节产量同比增长 66.9%、67.5%、64.9%、69.3%，均超过 64%。其中，多晶硅价格年平均降幅超过 50%，N、P 型电池片价格年平均降幅超过 30%。2023 年不同地区（地形）集中式光伏发电工程单位造价水平如图 5–21 所示。

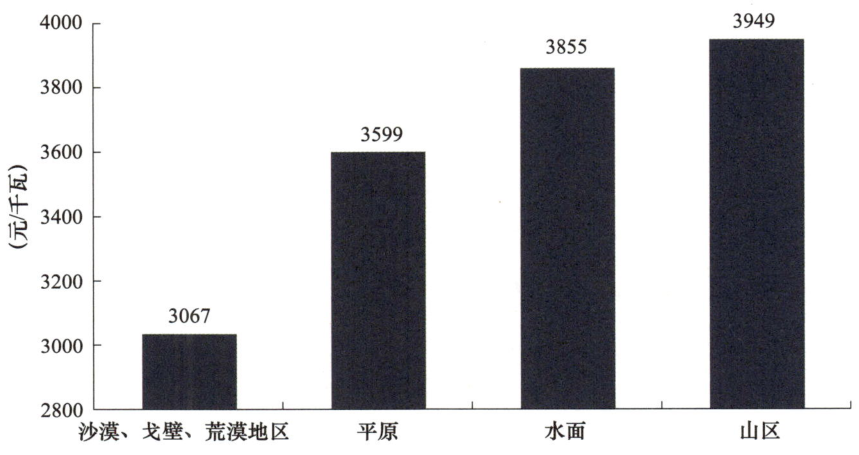


图 5–21　2023 年不同地区（地形）集中式光伏发电工程单位造价水平

### （七）垃圾焚烧发电工程

2023 年，垃圾焚烧发电工程单位造价水平约为 23722 元/千瓦（59.30 万元/t.d），与 2022 年基本持平，略有下降。

2023 年，我国稳步发展城镇生活垃圾焚烧发电，进一步推动垃圾焚烧发电项目建设。固废产量的不断增加及其处置方式的加速转型，持续推动垃圾焚烧发电工程建设。一方面，垃圾焚烧发电能够为新型电力系统提供稳定、持续的电力输出；另一方面，垃圾焚烧发电有助于推动新型电力系统低碳建设，优化电力系统成本结构。

## 三、电网工程

### （一）架空输电线路工程

2023 年，35～1000 千伏交流架空输电线路工程折算单回路单位造价水平约为 66 万元/千米～841 万元/千米，对比 2022 年上涨 1.78%～10.00%。

2023 年，±800 千伏直流架空输电线路工程单位造价水平约为 699 万元/千米，对比 2022 年上涨 8.04%。2023 年架空输电线路工程单位造价水平如图 5－22 所示。

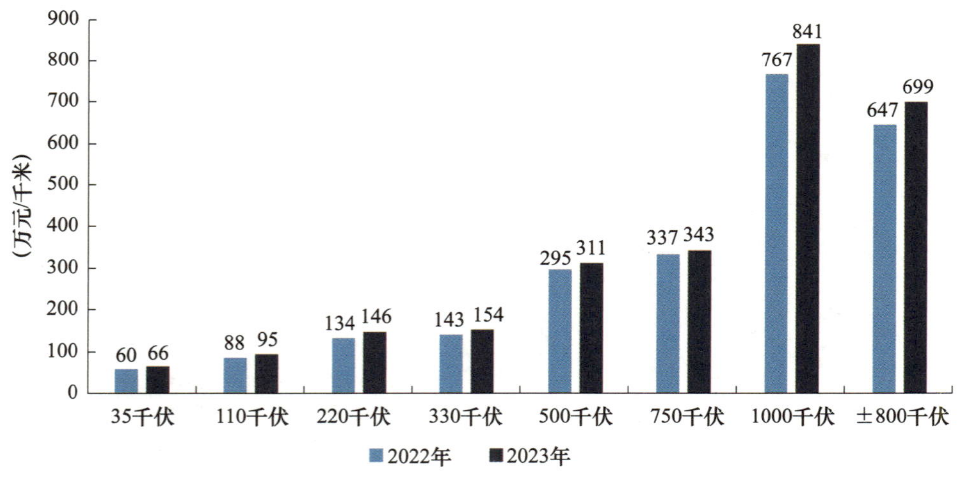


图 5－22　2023 年架空输电线路工程单位造价水平

架空输电线路工程单位造价水平受建设环境、技术选型和材料价格等多重因素影响。2023 年，受到钢材等原材料价格下降的影响，架空输电线路工程中的塔材、导线等主要材料价格呈现小幅下降趋势。然而，有限的土地资源制约着架空输电线路工程路径的选择，线路走廊环境日益复杂，路径复杂程度日益增加，促使线路耐张比例不断上升、交叉跨越类型和数量增多，线路走廊中河网泥沼和山地高山等复杂地形比例不断提高，导致线路施工工程量及费月、走廊赔偿清理费用等不断上涨。与此同时，由于大截面导线应用比例的提升以及新荷载规范的要求，导线、塔材和基础工程量的增加，造成相关费用上涨，架空输电线路工程主要（原）材料价格也呈现上升趋势。

### （二）电缆线路工程

2022 年，35、110、220 千伏交流电缆输电线路工程折算单回路单位造价水平分别为 422、697、1548 万元/千米，对比 2022 年单位造价分别上涨 2.93%、2.80%、4.95%。其中，不同建筑形式下的电缆输电线路工程单位造价水平个体差异显著。

电缆输电线路工程单位造价水平主要受建设条件、电缆价格等因素影响。在建设条件方面，电缆输电线路工程的建设环境日趋复杂，例如采用直埋法铺设电缆受城市绿化和地上设施影响，地下沟道和隧道等形式的电缆线路受复杂的城市管网系统影响，导致建筑工程费、勘察设计费和建设场地征用清理费等费用不断增加；在电缆价格方面，2023 年中、高压电缆价格较 2022 年上涨 1.78%左右。2023 年 35～220 千伏交流电缆输电线路工程造价水平如图 5－23 所示。

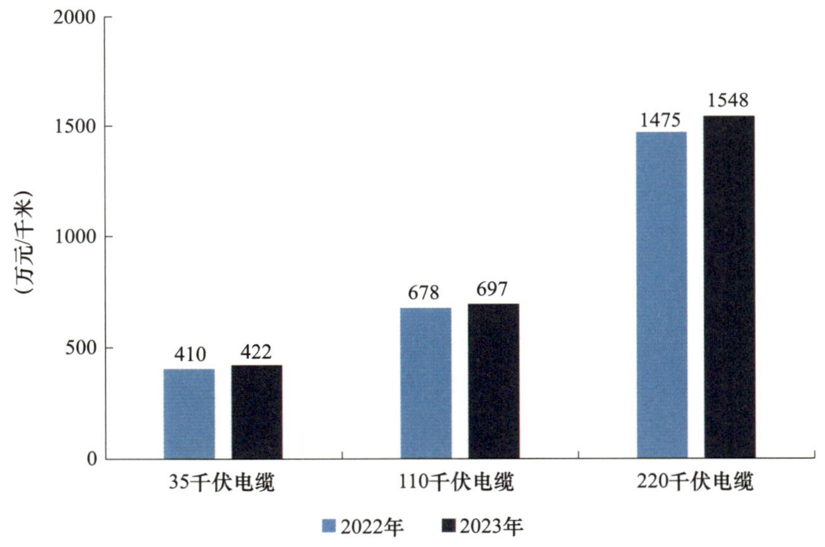


图 5－23　2023 年 35～220 千伏交流电缆输电线路工程单位造价水平

### （三）变电站工程

2023 年，35～1000 千伏变电站工程单位造价水平约为 199 元/千伏～831 元/千伏安，对比 2022 年，变电站单位造价水平上涨幅度为 0.36%～10.56%。

变电站工程单位造价水平主要受技术选型、站址选择和设备价格等多重因素影响。在技术选型方面，为了进一步提高用地经济性，减少对周边环境的影响，适应新型电力系统建设对电网安全稳定灵活运行的要求，变电站向集成化和智能化方向不断发展，户内变电站、预制式变电站的比例不断增加，导致变电站建筑安装工程费、设备购置费上涨；在站址选择方面，选址的受限因素变多，建筑工程量的增加导致建筑工程费上涨，建设场地征用清理费、环保、水保等相关费用也不断上涨；在设备价格方面，对比 2022 年，主要变配电设备的价格基本稳定，略有上涨。2023 年 35～1000 千伏变电站工程单位造价水平如图 5－24 所示。

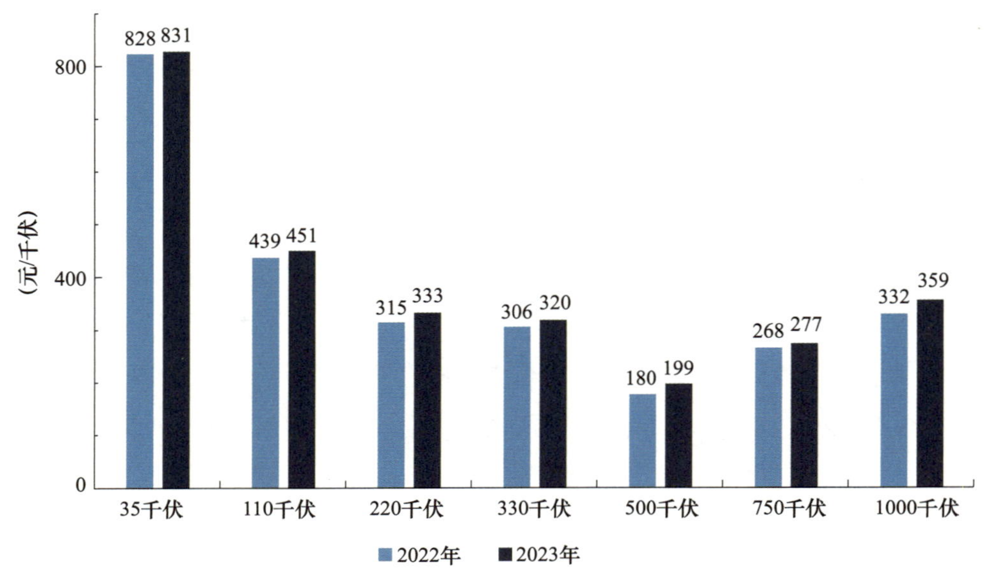


图 5－24　2023 年 35～1000 千伏变电站工程单位造价水平

### （四）换流站工程

2023 年，±800 千伏换流站工程单位造价水平约为 729 元/千瓦，同比 2022 年上涨 10.12%。

换流站工程单位造价水平的影响因素与变电站工程类似，主要受设计技术选型、站址选择和设备价格等因素影响。2023 年±800 千伏换流站工程单位造价水平上涨主要包括两方面原因：① 2023 年新建设的直流特高压工程送端换流站主要位于西北地区，交流侧电压等级为 750 千伏，相比其他地区的 500 千伏交流侧配置，导致造价增加；② 面对复杂恶劣的自然环境，换流站场址建设环境条件日益复杂，除了建设场地征用和清理费用不断提高外，建筑工程量也呈现出较大幅度的增长，进而导致建筑工程费用的显著上涨。

## 四、电化学储能电站工程

### （一）锂离子电池储能电站

2023 年，锂离子电池储能电站工程（储能时长 2 小时）单位造价水平约为 3743 元/千瓦［1871 元/（千瓦·时）］，同比 2022 年呈现下降趋势。其中，中型储能电站单位造价水平约为 3696 元/千瓦［1848 元/（千瓦·时）］，同比下降 7.21%。大型储能电站单位造价水平约为 3722 元/千瓦［1861 元/（千瓦·时）］，同比下降 13.02%。

近年来，我国新型储能新技术不断涌现，呈现多元化发展态势。截至 2023 年底，已投运锂离子电池储能占比 97.4%，仍占绝对主导地位。2023 年，锂离子电池储能电站工程单位造价水平对比 2022 年呈现下降趋势，主要受电站容量规模、设备市场价格和储能设施技术改造升级等因素影响。从电站容量规模角度看，锂离子电池储能工程平均功率以 200～300 兆瓦为主，平均容量以 400～600 兆瓦·时为主，相比以往呈现出大功率、大容量特征；从分项费用角度看，在电化学储能电站工程中各分项费用中设备购置费占比最高。在锂离子电池储能电站工程造价中，主要设备购置费占比约为 70%～85%，建筑工程费、安装工程费、其他费用占比随着工程建设地点、规模不同具有一定差异。

从锂离子电池设备原材料价格来看，2023 年，电池级磷酸铁锂价格下降 39.98%，正、负极材料价格平均水平相较 2022 年分别下降 34.87%、35.89%。

### （二）其他技术形式电化学储能电站

2023 年以来，我国多个 100 兆瓦级液流电池储能项目、钠离子电池储能项目核准及开工建设。从单位工程造价水平来看，各典型和示范工程单位造价水平差异明显。2023 年，钠离子电池储能电站工程造价水平约为 4400 元/千瓦［2200 元/（千瓦·时）］；液流电池（全钒液流）储能电站工程单位造价水平约为 15152 元/千瓦［3788 元/（千瓦·时）］，液流电池（铁基液流）储能电站工程单位造价水平约为 9111 元/千瓦［2278 元/（千瓦·时）］。2023 年其他技术形式电化学储能电站单位造价水平见表 5–2。

表 5–2　其他技术形式电化学储能电站单位造价水平一览表

| 电站类型 | 技术类型 | 建设规模 | 储能时长 | 单位造价 |
|---|---|---|---|---|
| 钠离子电池储能 | 钠离子 | 200 兆瓦<br>（400 兆瓦·时） | 2 小时 | 4400 元/千瓦<br>［2200 元/（千瓦·时）］ |
| 电站工程 | 全钒液流 | 100 兆瓦<br>（400 兆瓦·时） | 4 小时 | 15152 元/千瓦<br>［3788 元/（千瓦·时）］ |
|  | 铁基液流 |  | 4 小时 | 9111 元/千瓦<br>［2278 元/（千瓦·时）］ |

## 第四节 电力建设工程质量

### 一、电力工程质量监督管理

2023 年，在国家能源局的指导下，电力行业坚持以高质量发展为首要任务，紧紧围绕质量强国战略，严格执行电力工程质量监督有关规定，电力工程质量监督机构依法规范、履职尽责，电力企业严格电力建设基本程序，不断促进电力工程建设质量提升，共同推动电力建设领域高质量发展。

## （一）质监注册

2023 年，全国新注册规模以上电力建设项目 4572 个，同比增加 6.32%。其中，电源项目 1352 个，装机容量 37992.40 万千瓦；电网项目 3220 个，直流输送容量 3200 万千瓦、交流变电容量 638803.27 兆伏安、新增线路长度约 11.04 万千米。2023 年全国新注册电源项目情况如图 5－25 所示。2023 年全国新注册电网项目情况如图 5－26 所示。

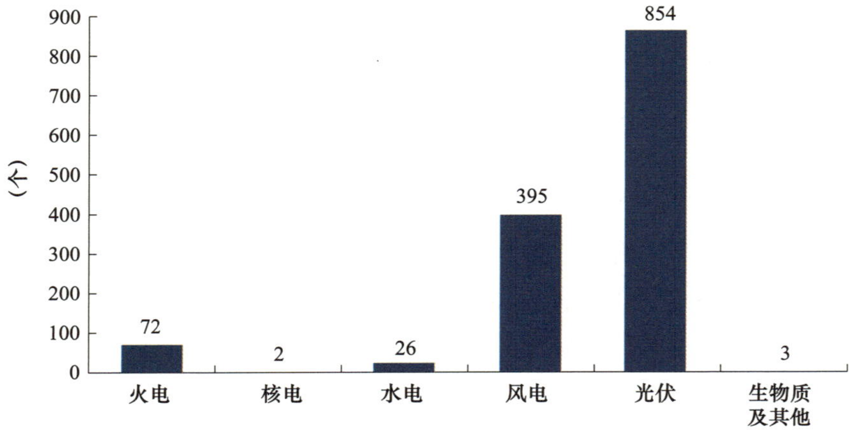


图 5－25　2023 年全国新注册电源项目情况

近年来，随着国民经济恢复回升向好态势的发展，电力投资逐年上升。2020—2023 年全国新注册质监项目情况如图 5－27 所示。

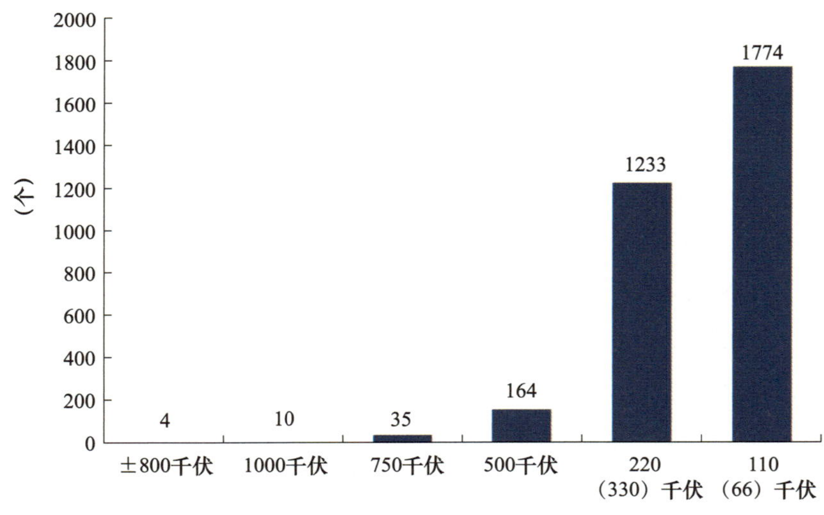


图 5－26　2023 年全国新注册电网项目情况

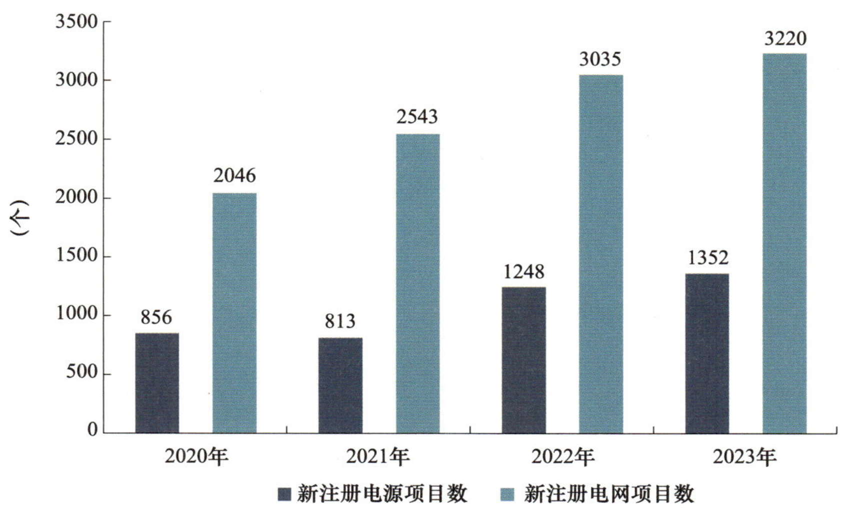


图 5-27　2020—2023 年全国新注册质监项目注册情况

## （二）质监项目

2023 年，各电力质监机构全年累计检查规模以上项目 12478 个，同比增长 41.65%。其中，累计检查电源项目 4486 个，同比增加 48.10%；累计检查电网项目 7992 个，同比增长 38.27%。

2022、2023 年全国电力质监机构全年累计检查规模以上项目情况如图 5-28 所示。

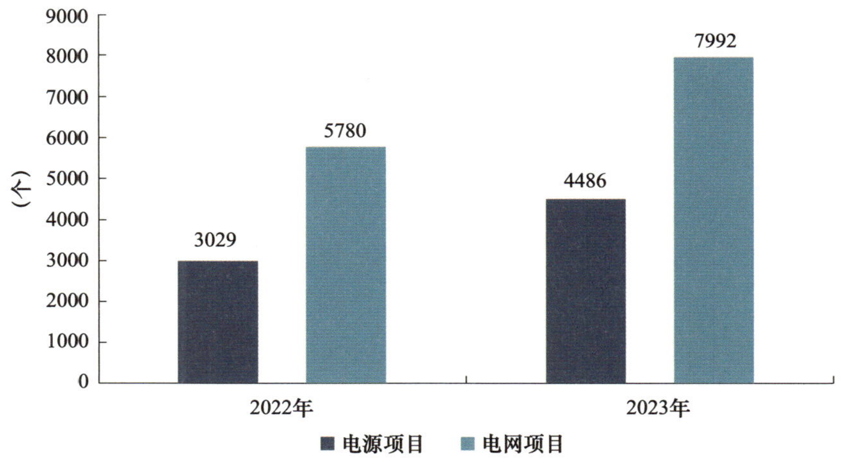


图 5-28　2022、2023 年全国电力质监机构全年累计检查项目情况

## （三）监督检查

2023 年，全国电力工程质量监督机构共开展质量监督检查 17099 次，累计派出专家 117064

人·天。其中，电源项目共计 4922 次，累计派出专家 60605 人·天；电网项目共计 12177 次，累计派出专家 57570 人·天。2023 年电源项目监督检查次数如图 5–29 所示。

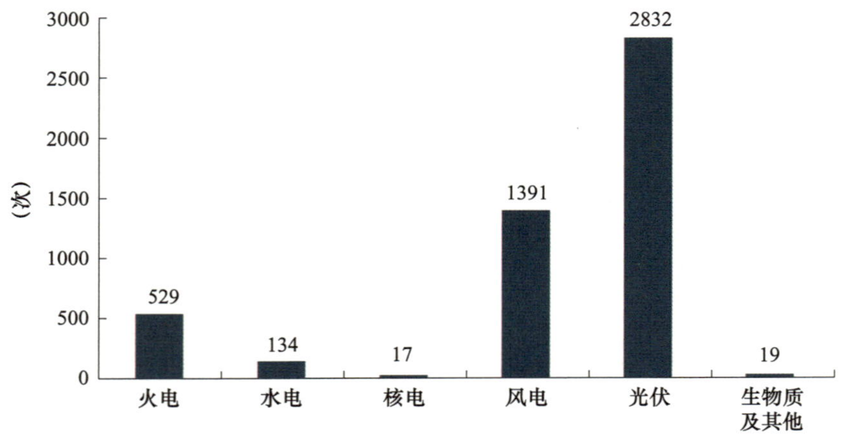


图 5–29　2023 年电源项目监督检查次数

2023 年电网项目监督检查次数如图 5–30 所示。

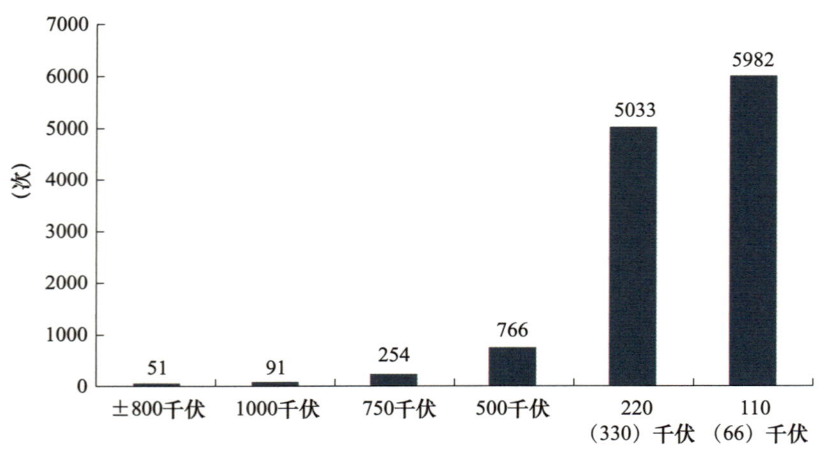


图 5–30　2023 年电网项目监督检查次数

## （四）质监成效

2023 年，全国电力质监机构发现各类质量问题 410076 条，其中，电源项目质量问题 239753 条，电网项目质量问题 170323 条。在质量问题中，涉及质量行为类问题 225218 条，实体质量类问题 184858 条。从各质监机构上报情况统计，各责任主体质量行为的典型问题主要涉及开工程序、过程控制、资质资格、人员履职、技术交底、计量器具设备管理等方面；实体质量主要涉及原材料和构配件、桩基础施工、结构工程施工、电气设备安装，工程防水防腐、成品保护等方面。各参建单位对质监发现的问题高度重视，举一反三积极整改，有效保障了工程建设质量。2023 年电网工程发现质量问题情况如图 5－31 所示。

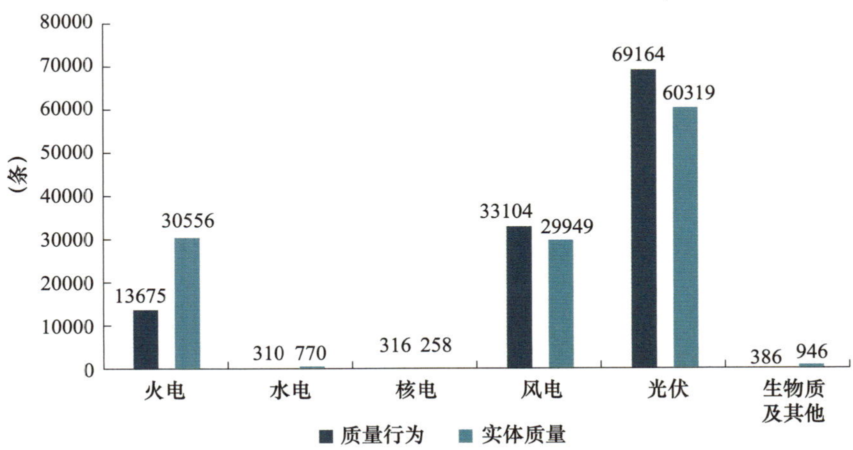


图 5－31　2023 年电源工程发现质量问题情况图

2023 年电网工程发现质量问题情况如图 5－32 所示。

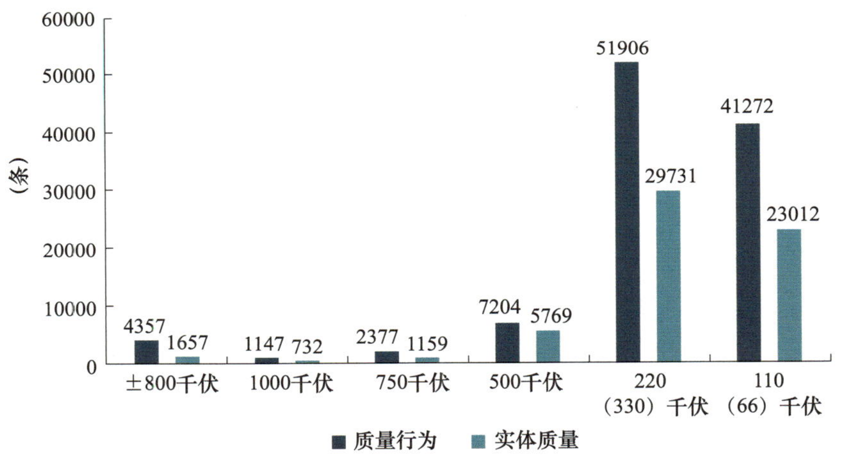


图 5－32　2023 年电网工程发现质量问题情况

## 二、获奖优质工程

### （一）国家优质工程奖

1. 国家优质工程金奖

2023 年，国家优质工程金奖评选有 23 项（含境外工程 2 项）工程获奖，其中电力工程获奖 9 项，占比 39.13%。电力行业获得 2023 年度国家优质工程金奖获奖工程见表 5－3。

表 5-3　　2023 年度获得国家优质工程金奖电力项目名单

| 序号 | 工程名称 | 建设单位 |
|---|---|---|
| 1 | 福清核电 5、6 号机组工程 | 福建福清核电有限公司 |
| 2 | 丰满水电站全面治理（重建）工程 | 国网新源丰满大坝重建工程建设局 |
| 3 | 张家口—北京可再生能源综合应用示范工程 | 北京京能清洁能源电力股份有限公司 |
| 4 | 张北柔性直流电网试验示范工程 | 国家电网有限公司特高压建设分公司 |
| 5 | 大湾区柔性直流背靠背工程 | 广东电网有限责任公司 |
| 6 | 湛江徐闻海上风电场项目 | 国家电投集团徐闻风力发电有限公司 |
| 7 | 华能瑞金电厂二期扩建工程 | 华能秦煤瑞金发电有限责任公司 |
| 8 | 大唐东营 2×1000 兆瓦新建工程 | 大唐东营发电有限公司 |
| 9 | 西藏雅鲁藏布江大古水电站 | 华电西藏能源有限公司大古水电分公司 |

2. 国家优质工程奖

2023 年，国家优质工程奖评选中共有 317 项工程获奖，其中获奖电力工程 23 项（含境外工程 3 项），占比 7.26%。获奖电力工程中，火电工程 6 项，输变电工程 9 项，风电工程 4 项，生物质发电工程 2 项，其他工程 2 项。各工程类别占比如图 5-33 所示。

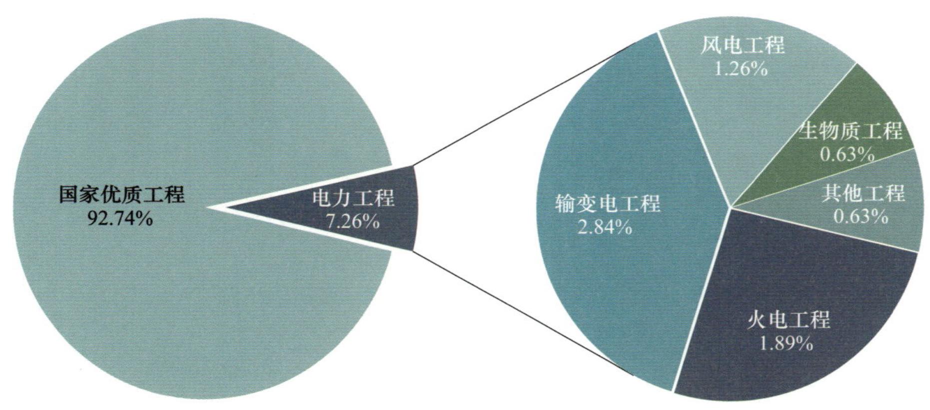


图 5-33　2023 年国家优质工程奖电力工程获奖情况

## （二）中国建设工程鲁班奖

2023 年，中国建设工程鲁班奖评选中共有 127 项工程获奖，其中获奖电力工程 8 项，占比 6.3%，获奖电力工程名单见表 5-4。

表 5-4　　2022—2023 年度第一批中国建设工程鲁班奖获奖名单

| 序号 | 工程名称 | 承建单位 |
|---|---|---|
| 1 | 哈尔滨市玉泉固体废物综合处理园区垃圾焚烧发电项目 | 中国建筑第五工程局有限公司 |
| 2 | 柳州市生活垃圾焚烧处理工程 1～9 号楼 | 中国电建集团山东电力建设第一工程有限公司 |
| 3 | 重庆市洛碛垃圾焚烧发电厂项目 | 广西建工集团冶金建设有限公司 |
| 4 | 天威云南变压器股份有限公司搬迁扩能及高原型特高压电力变压器建设项目（一期工程）工程施工 | 广西建工第五建筑工程集团有限公司 |
| 5 | 博州 750 千伏变电站工程 | 广西建工集团第四建筑工程有限责任公司 |
| 6 | 长沙 1000 千伏变电站新建工程 | 重庆三峰卡万塔环境产业有限公司 |
| 7 | 妙岭 750 千伏变电站新建工程 | 中冶建工集团有限公司 |
| 8 | 长沙市污水处理厂污泥与生活垃圾清洁焚烧协同处置二期工程 | 云南建投第五建设有限公司 |

### （三）中国安装工程优质奖（中国安装之星）

2023 年，中国安装工程优质奖评选有 284 项工程获奖，其中电力工程获奖 51 项（含境外工程 1 项），占比 17.96%。其中输变电工程 21 项、燃煤发电工程 4 项、燃机发电工程 2 项、水电工程 3 项、风电工程 9 项、光伏发电工程 2 项、生物质发电工程 9 项，储能工程 1 项。2023 年度获得中国安装工程优质奖的电力工程中各类工程占比情况如图 5-34 所示。

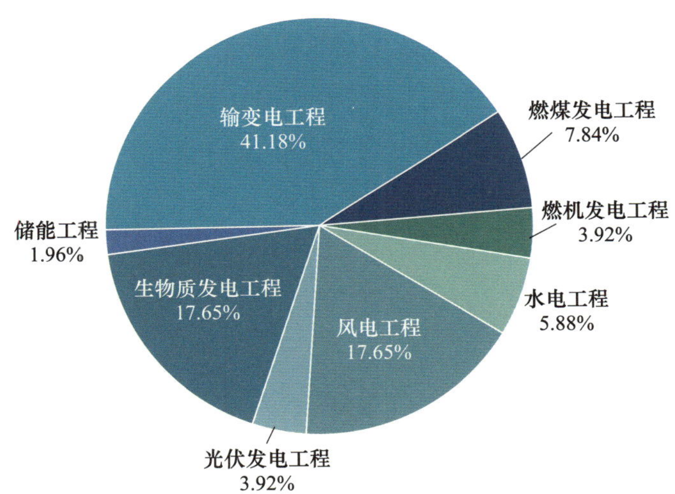


图 5-34　2023 年度中国安装工程优质奖的电力工程中各类工程占比情况

## 三、电力建设工程检验检测

检验检测是电力工程建设质量保障与提升的重要抓手，根据国家有关法律、法规、标准规范以及电力行业管理要求，利用检验检测仪器设备、环境设施等技术手段和专业技能，进行检测验证及测试评定的活动。2023 年，电力工程建设检验检测相关政策接连发布，标准规范持续更新完善，专业创新驱动显著加强，专业服务质效有所提升，为检验检测与电力工程建设领域加快形成新质生产力、实现高质量发展提供有力支撑。

### （一）标准规范不断完善

标准规范是电力工程建设检验检测业务实施的重要依据，也是驱动检验检测质效提升的关键要素。2023 年，住房和城乡建设部、国家市场监督管理总局、国家能源局等部委和相关机构，相继颁布了《预应力混凝土用钢绞线》（GB/T 5224—2023）、《110kV 及以上架空输电线路施工质量检验规程》（DL/T 5168—2023）、《无损检测数字射线检测图像处理与通信》（GB/T 43613—2023）等基础标准，发布了《建筑幕墙热循环和结露检测方法》（GB/T 43496—2023）、《无损检测红外热成像检测热弹性应力测量方法通则》（GB/T 43413—2023）、《三相异步电动机试验方法》（GB/T 1032—2023）等技术标准，为电力工程建设检验检测标准满足工程质量验证的市场需求持续提供保障。《光伏组件红外热成像（TIS）检测技术规范》（NB/T 11081—2023）、《风电场工程施工质量检验与评定规程》（NB/T 11372—2023）、《光伏发电站一次调频检测规程》（T/CEC 757—2023）、《储能变流器检测技术规程》（GB/T 34133—2023）等标准的发布实施，对新能源领域建设质量规范发展起到了引领作用。

### （二）市场规模稳步增长

基于 2019—2023 年各类电源、电网工程建设投资规模统计，参照各类工程“预算编制与计算规定”等计价依据中关于“质量检测费”等相关计费标准，并结合典型工程实际投入水平、代表性电力检测机构营收结构，对电力工程建设检验检测市场规模进行初步分析，如图 5－35 所示。

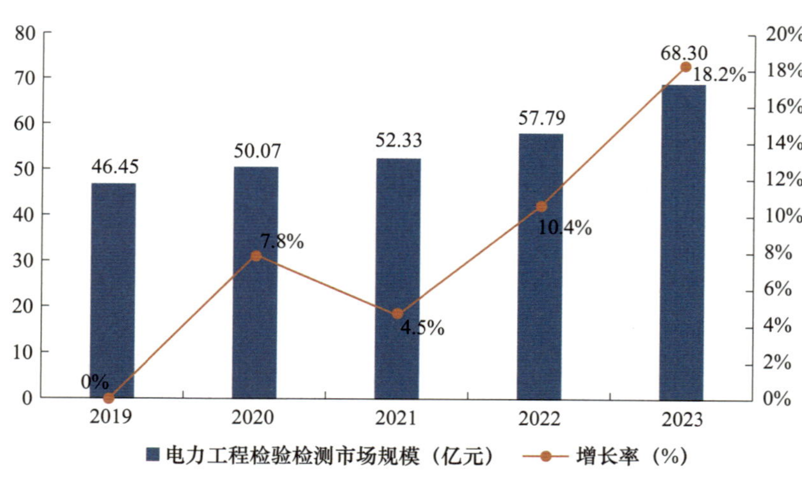


图 5－35　电力工程建设检验检测市场规模变化情况

2023 年，电力工程建设检验检测市场规模约为 68.30 亿元，较 2022 年增长 18.2%，增幅水平较去年明显提高。伴随电力工程建设整体投资规模增加，电力工程质量要求不断提升，检验检测覆盖范围逐步扩大，电力工程建设检验检测市场规模呈现稳步增长态势。

### （三）创新发展取得成效

创新驱动是电力工程建设检验检测高质量发展的动力源泉，也是检验检测领域加快形成新质生产力的核心要素。2023 年，装备与技术创新方面，土建专业混凝土抗压强度智能检测机器人应用、金属专业激光超声波可视化检测技术应用、电气专业电力工业设备自主感知与预测运维系统应用、热控专业热成像检测技术在检测温度异常元器件中的应用等创新实践不断丰富，推动智能化检测设备、标准化检测流程、无损非接触式和跨专业检测技术优化提升。经营理念与管理模式创新方面，相关检验检测机构在建设信息化平台、加快新技术应用研发、提升数智化管理、加强人才培养等方面积极探索，朝着市场规模逐步扩大、组织管理效率提升、运营管理数字化升级、复合型人才跨专业化融合的方向发展，取得了积极成效，发挥示范作用，为其他检验检测机构转型升级提供了参考借鉴。

### （四）支撑作用持续彰显

2023 年，随着检验检测实施覆盖广度与技术应用深度的不断扩增，作为电力工程建设质量验证评估的必要手段，火电、光伏、风电、输变电等工程建设检验检测深入实施，为各类工程土建、金属、电气、热控等专业的实体质量问题及时发现及纠正预防提供了强大助力，有效减少了工程质量潜在风险隐患，同时也规范了从业人员执业行为，提升了检测机构服务质效，受到工程参建各方和质量监管机构的高度重视与充分认可，综合印证了检验检测工作的重要性与支撑作用的逐步提升。

# 第六章

# 新型电力系统

## 第一节 总体情况

**新型电力系统顶层设计进一步强化。**中央全面深化改革委员会第二次会议提出要深化电力体制改革，加快构建清洁低碳、安全充裕、经济高效、供需协同、灵活智能的新型电力系统，更好推动能源生产和消费革命，保障国家能源安全。国家能源局发布《新型电力系统发展蓝皮书》，全面阐述新型电力系统发展理念、内涵特征，系统描绘新型电力系统的发展阶段及显著特点，提出建设新型电力系统的总体架构和重点任务。

**新型电力系统构建基础不断夯实。**清洁低碳方面，截至 2023 年底，全国非化石能源发电装机容量 157541 万千瓦，同比增长 24.1%，占总装机容量比重首次突破 50%，达到 53.9%。2023 年，基建新增非化石能源发电装机容量合计 30762 万千瓦，同比增长 96.2%，占新增发电装机总量的 83.0%。安全充裕方面，2023 年，全国新增支撑性电源（煤电、气电、常规水电、核电）6338 万千瓦，西电东送规模超过 3 亿千瓦，电网资源配置能力持续提升。经济高效方面，建立煤电向基础保障性和系统调节性电源并重转型发展的容量电价机制，统一电力市场体系建设持续加强，系统综合能效水平稳步提升。供需协同方面，源网荷储一体化和多能互补蓬勃发展，电力需求侧响应能力稳步提升，虚拟电厂在京津冀区域、长三角区域、粤港澳大湾区加快布局，车网互动在东部负荷中心地区开展有益探索。灵活智能方面，系统调节能力持续加强，具备深度调节能力的煤电装机容量占比超过 50%，抽水蓄能、新型储能新增装机容量 2814 万千瓦，电力发输配售用全环节数字化、信息化、智能化发展势头强劲，持续激发电力发展新动能。

**电力企业积极开展新型电力系统技术创新、市场机制创新、商业模式创新。**主要电力企业推动主业与战略性新兴产业全面融入新型电力系统构建工作大局，围绕大容量高效新能源发电、火电掺氢/氨、柔性直流输电、智能微电网、负荷柔性控制、多元新型储能、构网型设备等领域，结合企业发展实际，谋划新型电力系统关键技术攻关路线；顺应电力市场化改革趋势，提高新能源参与电力市场的规模和比重，助力工商业用户参与电力市场；发展煤新联营、共享储能等新兴商业模式，为促进更大规模新能源供给消纳拓宽新路径。部分省份新型电力系统建设实践见表 6-1。

表 6-1 部分省份新型电力系统建设实践

| 省份 | 重点举措 | 示范引领 |
| --- | --- | --- |
| 浙江 | 推进《浙江省“十四五”新型电力系统试点建设方案》实施，积极开展源网荷储一体化、多能互补、虚拟电厂、智慧电厂等新业态试点示范，充分挖掘系统灵活性调节能力和需求侧资源，强化源网荷储各环节间协调互动，提升新能源消纳水平 | 国家电网浙江新型电力系统省级示范区 |
| 江苏 | 发布《江苏沿海地区新型电力系统实施方案（2023—2027）》，以在国内率先打造系统规模大、电力元素全、绿电消纳多、支撑产业实的区域级新型电力系统为目标，实施“八千工程”，构建绿色能源开发、电力供应支撑、新型储能布局、智能电网输配、绿电就近消纳、低碳互补供能、调节能力提升、系统智慧运行、电力市场革新、电力装备产业“十大体系” | 国家电网连云港绿色净零碳电力互动示范区 |
| 湖南 | 印发《湖南省新型电力系统发展规划纲要》，推进“一枢纽五领先”建设，将湖南打造成为承西启东、连南接北的区域电力交换枢纽，实现清洁电力高质量发展水平领先、内陆匮能型省份电力安全保障能力领先、电力资源分类分级聚合互动创新领先、抽水蓄能和新型储能应用领先、新型电力系统深化创新改革领先，加快构建具有湖南特色的新型电力系统，实施区域电力交换枢纽打造行动、清洁能源高质量发展行动、电力支撑能力提升行动、电力资源聚合互动行动、调节能力区域支撑行动、新型电力系统创新改革行动 | 长沙临空经济新型电力系统示范区 |
| 广东 | 强化电力调峰和应急能力建设，提升电网安全保障水平。推进源网荷储一体化和多能互补发展，支持区域综合能源示范项目建设。大力提升电力需求侧响应调节能力，完善市场化需求响应交易机制和品种设计，加快形成较成熟的需求侧响应商业模式。增强电力供给侧灵活调节能力，推动开展新型储能电站示范及规模化应用，稳步推进“新能源+储能”项目建设 | 南方电网广州超大型新型电力系统示范区 |

## 专栏 6-1 国家电网推动构建新型电力系统典型实践——打造新型电力系统技术创新联盟

国家电网发起成立新型电力系统技术创新联盟，搭建技术创新交流平台，建立协同创新网络，联合开展前沿基础理论研究、关键核心技术攻关。联盟成立以来，编制发布了《新型电力系统重大技术联合创新框架》，研究提出 58 项重点研究建议，在大型风光电基地、统一电力市场建设、高比例新能源消纳等方面发挥联盟成员各自技术优势，合作共享、联合攻关，开展务实合作。合计 10 项技术纳入国家重点研发计划，12 项课题通过国家能源局立项评审，5 项技术纳入工信部大数据示范专项。

### 专栏 6-2 南方电网推动构建新型电力系统典型实践——建设粤港澳大湾区新型电力系统

南方电网通过“四突破”（突破源、网、荷、储四个环节关键工程）、“四强化”（强化安全保供、体制创新、科技创新、产业发展），构建具备“四高”（高比例清洁能源、高可靠主网架、高度灵活系统调节、高度市场化体制机制）显著特征的新型电力系统。清洁能源占比不断提高，支撑大湾区电源总装机规模突破 1 亿千瓦，新能源装机占比持续提升，清洁能源消纳电量占全社会用电量超过 60%。电网结构日益完善，首次在电网负荷中心实现柔性分区互联，广东东西分区电力交换能力由 400 万千瓦稳定提升至 1000 万千瓦。率先实现绿电市场化交易，南方（以广东起步）电力现货市场创新可再生能源电力交易机制，搭建可再生能源电力消纳保障机制下的交易、结算、核算、发证全流程交易路径。粤港澳大湾区直流背靠背工程如图 6-1 所示。

图 6-1 粤港澳大湾区直流背靠背工程

## 第二节 新型储能

2023 年迎来了新型储能的爆发式增长，新型储能技术创新、市场机制创新和商业模式创新取得新进展，新型储能日益成为加快构建新型电力系统的重要支撑技术以及促进能源新质生产力发展的重要抓手。新型储能装机超过 3000 万千瓦，电源侧新能源配建新型储能和电网侧规模化独立储能成为新增新型储能装机的主体，用户侧工商业配置储能在广东、浙江、江苏加快布局。一批技术指标先进、应用场景丰富的新型储能示范项目落地。

## 一、总体情况

**新型储能装机迅猛增长，电化学储能电站逐步呈现集约化、规模化发展趋势。**据国家能源局发布数据，截至2023年底，全国已建成投运新型储能项目累计装机规模达3139万千瓦/6687万千瓦·时，平均储能时长2.1小时。2023年新增装机规模约2260万千瓦/4870万千瓦·时，较2022年底增长超过260%。分省（区、市）看，11个省（区）装机规模超过100万千瓦。截至2023年底，新型储能累计装机规模排名前5位的省（区）分别为：山东398万千瓦/802万千瓦·时、内蒙古354万千瓦/710万千瓦·时、新疆309万千瓦/952万千瓦·时、甘肃293万千瓦/673万千瓦·时、湖南266万千瓦/531万千瓦·时，装机规模均超过200万千瓦，宁夏、贵州、广东、湖北、安徽、广西等6个省（区）装机规模超过100万千瓦。分区域看，华北、西北地区新型储能发展较快，合计装机占比超过全国50%，其中西北地区占29%，华北地区占27%。从年内建成投运的电化学储能电站单体规模看，百兆级项目加快部署，广东、山东、贵州、湖南、宁夏、内蒙古等多地建成一批集中式、大容量独立/共享型新型储能电站项目。2021—2023年新型储能装机规模如图6–2所示。

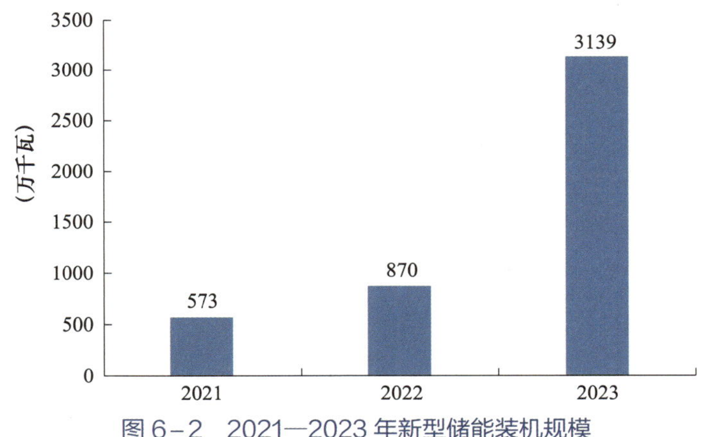


图6–2　2021—2023年新型储能装机规模

数据来源：2021年数据取自中关村储能联盟，2022—2023年数据取自国家能源局

**电化学储能电站运行情况总体平稳。**全国电力安全委员会19家企业成员单位投资或使用或运维的电化学储能电站平均运行系数0.13（日均运行小时数3.12小时、年均运行小时数1139小时），平均利用率指数27%，平均等效充放电次数162次，平均出力系数0.54，平均备用系数0.84。分省（区、市）看，同口径下累计建成投运总功率在50万千瓦以上的省份中，电化学储能电站平均运行系数排名前5位的省（区）分别为：广东0.50、西藏0.44、江苏0.31、湖南0.16、湖北0.13；电化学储能电站平均利用率指数排名前5位的省（区）分别为：广东76%、青海56%、宁夏56%、江苏49%、西藏47%[1]。

[1] 更多电化学储能电站装机、电力电量、能效、可靠性等情况详见中电联《2023年度电化学储能电站行业统计数据》。

**新型储能多元技术创新及应用稳步推进，新一轮试点示范全面铺开。**多个 300 兆瓦级压缩空气储能、100 兆瓦级液流电池储能、兆瓦级飞轮储能项目开工，重力储能、液态空气储能、二氧化碳储能等新技术落地实施。国家能源局部署第二批 56 个新型储能试点示范项目，为进一步提升多类型新型储能技术成熟度和经济性、拓展应用场景、培育商业模式打造新样本。电力企业协同推进先进储能技术研发和工程应用，国家电投在大容量飞轮储能技术领域取得新突破，5 台兆瓦级飞轮装置应用于河南长丰风电场；中国三峡集团依托在建内蒙古乌兰察布示范产业园项目（10 兆瓦/40 兆瓦·时）和化德压缩空气项目（60 兆瓦/240 兆瓦·时），推进规模化压缩空气储能关键技术装备研制及应用。截至 2023 年底已投运新型储能装机技术构成如图 6–3 所示。

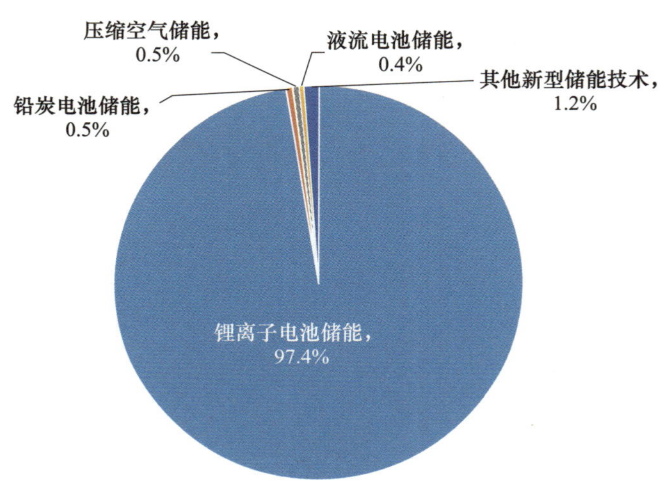


图 6–3　截至 2023 年底已投运新型储能装机技术构成

数据来源：国家能源局

**新型储能参与电力市场的配套机制和交易规则逐步完善，电源侧、电网侧盈利模式持续拓展。**央地协同为明确新型储能参与电力市场的主体身份和市场规则提供政策引导，国家发展改革委 813 号文鼓励新型储能参与电力市场，推动储能在削峰填谷、优化电能质量等方面发挥积极作用，广东、河南等地制定完善新型储能参与电力市场方案规则。截至 2023 年底，广东、山东、山西、甘肃电力现货市场均已纳入新型储能，并促成交易。多地结合新型储能在电力系统功能定位，健全新型储能产业政策，推动电源侧和电网侧新型储能逐步形成容量租赁、容量补偿、电能量交易、辅助服务收益等多元化盈利模式。

## 二、各应用场景情况

**（1）电源侧。**新能源超预期发展带动电源侧储能规模加速扩大。截至 2023 年底，电源侧新能源配建新型储能装机规模约 1236 万千瓦，主要分布在内蒙古、新疆、甘肃等新能源发展较快的省区。煤电机组耦合熔盐储热开展有益实践探索，江苏国信靖江电厂采用熔融盐电加热系统支撑提升全厂两台机组一、二次调频性能，更好满足燃煤热电联产机组热电解耦及深度调峰运行灵活性要求。

**（2）电网侧。**多地推动提高电网顶峰调节能力，提升新型储能调度运行水平，带动电网侧集中式、大容量新型储能项目加快布局，呈现强劲增长势头。截至 2023 年底，电网侧独立储能、共享储能装机规模约 1539 万千瓦，主要分布在山东、湖南、宁夏等系统调节需求较大的省区。针对负荷密集接入、大规模新能源汇集、大容量直流馈入等关键电网节点的独立储能、共享储能布局不断增加。

**（3）用户侧。**广东、浙江、江苏等省工商业储能迅速发展。广东、浙江、江苏、北京、天津、重庆、四川、安徽、湖南、河南、山西等省份的部分市（区）为工商业配置储能提供专项补贴，具体方式包括放电补贴、容量/功率补贴、投资补贴等。现阶段，用户侧储能盈利模式仍以峰谷电价差套利为主，浙江、广东等省份探索工商业储能参与虚拟电厂，为拓宽用户侧储能项目收益渠道提供新路径。2022—2023 年主要应用场景电化学储能电站运行情况如图 6－4 所示。

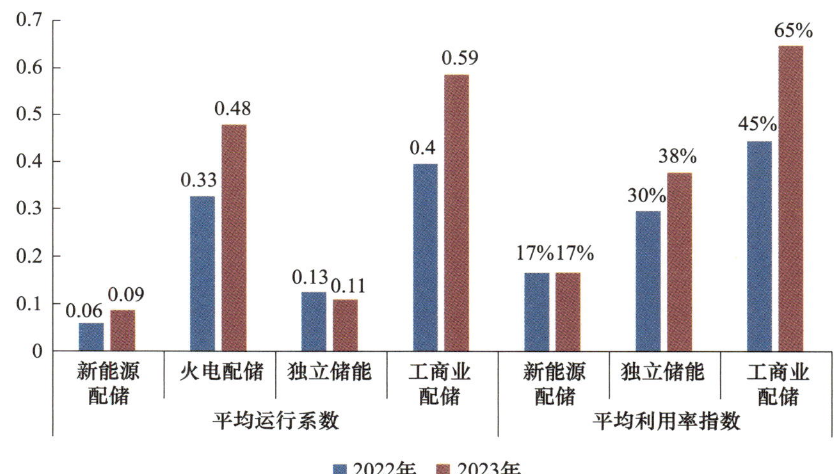


图 6－4　2022—2023 年主要应用场景电化学储能电站运行情况

## 第三节　电动汽车与充电基础设施

2023 年，国家进一步加强新能源汽车产业扩围提质和充电基础设施高质量发展政策引导，部署公共领域车辆全面电动化先行区试点和车网互动试点示范，加强农村地区充电保障，打造新能源汽车与充换电服务产业融合发展新生态。纯电动汽车保有量超过 1500 万辆，充电基础设施保有量超过 850 万台，车网互动应用场景进一步丰富，促进电动汽车更好参与电力系统调节的物理基础、支撑技术和商业模式逐步建立。

## 一、电动汽车

**促进新能源汽车规模化发展的政策导向清晰显现，公共车辆全面电动化试点先行。**国家发展改革委等十三部门联合印发《关于促进汽车消费的若干措施的通知》（发改就业〔2023〕1017 号），提出加强新能源汽车配套设施建设，降低新能源汽车购置使用成本，推动公共领域增加新能源汽车采购数量。工业和信息化部等八部门联合印发《关于组织开展公共领域车辆全面电动化先行区试点工作的通知》（工信部联通装函〔2023〕23 号），在全国范围内启动公共领域车辆全面电动化先行区试点工作，试点期为 2023—2025 年，聚焦公务用车、城市公交车、环卫车、出租车、邮政快递车、城市物流配送车、机场用车、特定场景重型货车等领域，鼓励探索形成一批可复制推广的公共车辆电动化经验模式。

**电动汽车保有量持续快速增长，智能网联汽车新业态日臻成熟。**据公安部统计，截至 2023 年底，全国新能源汽车保有量 2041 万辆，同比增长 55.8%，全年新增 731 万辆，增量达到 2022 年的 1.4 倍。其中，纯电动汽车保有量 1552 万辆，占新能源汽车总量的 76.0%。据工信部公开数据显示，2023 年全国新能源乘用车 L2 级及以上的辅助驾驶功能装车率达到 55.3%，较上年提高 20.8 个百分点。2020—2023 年新能源汽车及纯电动汽车保有量及增速如图 6-5 所示。

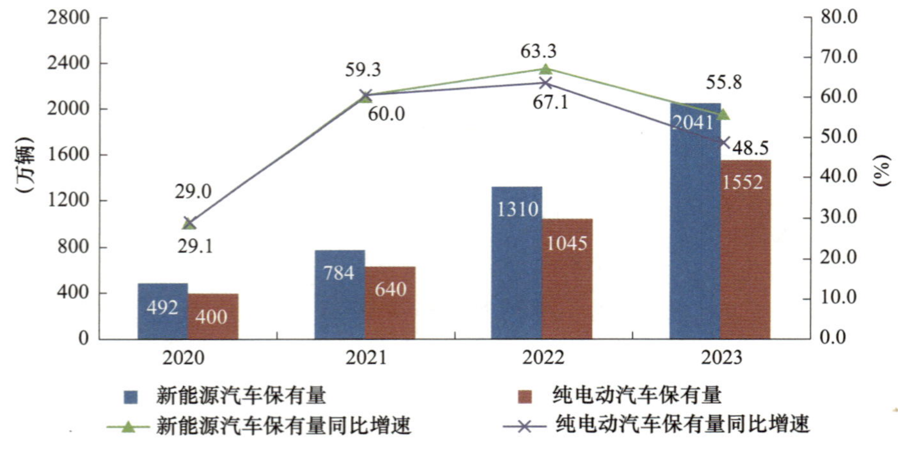


图 6-5　2020—2023 年新能源汽车及纯电动汽车保有量及增速

数据来源：公安部交通管理局

## 二、充电基础设施

**产业发展顶层设计进一步强化，农村充电网络加快完善。**国务院办公厅印发《关于进一步构建高质量充电基础设施体系的指导意见》（国办发〔2023〕19 号），提出到 2030 年，基本建成覆盖广泛、规模适度、结构合理、功能完善的高质量充电基础设施体系，建设形成城市面状、公路线状、乡村点状布局的充电网络。国家发展改革委、国家能源局印发《关于加快推进充电基础设施建设更好支持新能源汽车下乡和乡村振兴的实施意见》（发改综合〔2023〕545 号），提出加强农村地区公共充电基础设施布局建设，做好与国土空间规划、配电网规划等的衔接，加快实现适宜使用新能源汽车的地区充电站“县县全覆盖”、充电桩“乡乡全覆盖”。电力企业贯彻落实国家加快推进农村地区充电基础设施建设决策部署，国家电网聚焦提升农村充电服务保障能力，部署调查摸底和政府对接、农村电网巩固提升等专项行动；南方电网推动实现南方五省（区）充换电服务乡镇全覆盖，乡村地区充电电量同比增长约 80%。

**充电基础设施保有量持续快速增长。**据中国电动汽车充电基础设施促进联盟（以下简称中促盟）统计，截至 2023 年底，全国充电基础设施保有量 859.6 万台，同比增长 65.0%。其中，公共充电桩保有量 272.6 万台，达到 2022 年的 1.5 倍，公共充电桩保有量占比 31.7%，较上年下降 2.8 个百分点；全国在运公共充电站 16.5 万座，同比增长 48.6%，在运换电站 3567 座，同比增长 80.8%。截至 2023 年底，全国新能源汽车与充电基础设施保有量配比 2.37:1，较上年小幅下降；全国新能源汽车与公共充电桩保有量配比 7.49:1，保持小幅上升态势。2020—2023 年充电基础设施保有量、公共充电桩保有量及车桩比如图 6–6 所示。

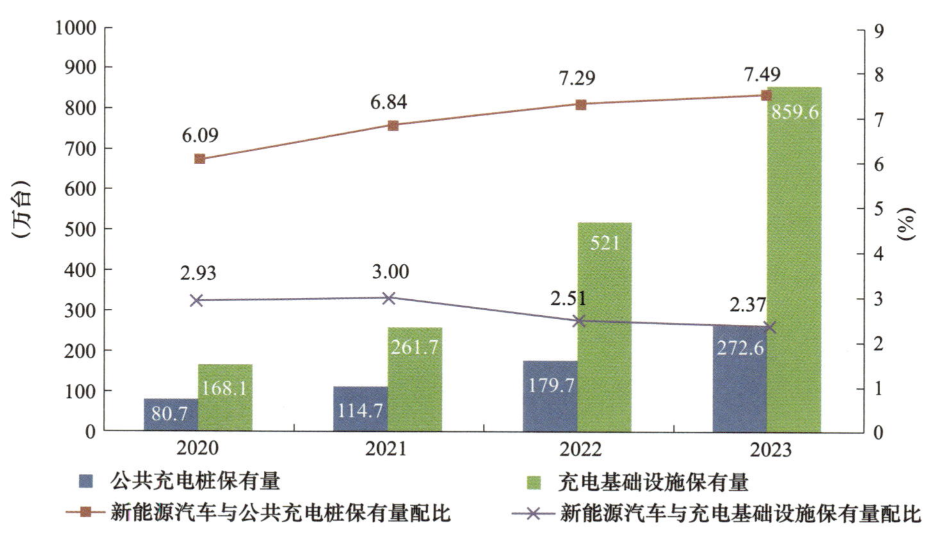


图 6–6　2020—2023 年充电基础设施保有量、公共充电桩保有量及车桩比

数据来源：中国电动汽车基础设施促进联盟

车网融合互动发展势头良好。国家发展改革委等四部门联合印发《关于加强新能源汽车与电网融合互动的实施意见》（发改能源〔2023〕1721 号），提出 2025 年底前力争建

成 5 个以上示范城市以及 50 个以上双向充放电示范项目，到 2030 年力争为电力系统提供千万千瓦级的双向灵活性调节能力。电力企业积极推进车网融合发展实践，国家电网围绕公交场站、办公园区、楼宇建筑等典型场景开展示范验证，聚合公共、专用、社区等各类充放电资源参与需求响应、辅助服务、绿电消纳，培育新型车网互动商业模式；南方电网推动完善“光储充”多元补能等多元充电业务商业模式，提升充电设施经济效益。

## 第四节　源网荷储一体化与综合能源服务

2023 年，源网荷储一体化发展顶层设计在地方层面逐步深化落实，多地结合自身能源资源禀赋、电力供应结构、用电负荷特性，积极稳妥有序谋划不同类型源网荷储一体化项目布局；综合能源服务的应用场景和商业模式日新月异，能源电力企业面向公共建筑、工业园区、新型基础设施、农村地区等不同类型用户的多元化、定制化、低碳化用能需求，精益化设计多能供应、能效提升、增值服务等先进用能解决方案，着力提升用户能源电力获得感。

### 一、源网荷储一体化

**促进源网荷储一体化发展的政策机制逐步健全。**国家发展改革委发布《产业结构调整指导目录（2024 年本）》，将电力源网荷储一体化建设纳入鼓励类目录。据不完全统计，截至 2023 年底，全国 27 个省（区、市）针对源网荷储一体化发展作出政策安排，新疆、青海、山西、内蒙古、广西、宁夏、安徽、浙江、河北等省（区）印发指导意见/工作通知，明确源网荷储一体化项目规划、建设、并网、运营相关要求，细化管理流程，优化审批程序，积极探索形成符合地方实际的源网荷储一体化发展路径。

**电力企业稳步推进示范工程建设。**主要电力企业统筹主营业务区域分布和新兴产业发展布局，因地制宜细化区域（省）级、市（县）级、园区（居民区）级源网荷储一体化项目实施方案，加强与各类负荷主体衔接，提升新建项目绿色电力供应保障能力，加快形成试点示范效应，促进电力供需协同。湖北黄冈“源网荷储”友好交互新型配电网工程、新疆吉木乃县“源网荷储”一体化工程、内蒙古额济纳“源网荷储”微电网工程等一批由主要电力企业投资建设运营的示范项目并网发电。园区级源网荷储一体化逐步成为现阶段新建项目的热点领域，湖北祥云化工“源网荷储一体化”等一批示范项目开工建设。中国三峡集团内蒙古乌兰察布新一代电网友好绿色电站示范项目见专栏 6–2。

### 专栏 6-3　中国三峡集团内蒙古乌兰察布新一代电网友好绿色电站示范项目

该项目为中国三峡集团在乌兰察布新建“源网荷储”300 万千瓦示范项目的子项目，位于内蒙古自治区乌兰察布市四子王旗，项目分为三期实施，总建设规模 200 万千瓦，其中风电 170 万千瓦、光伏发电 30 万千瓦，配套建设 55 万千瓦/2 小时新型储能电站，设置 4 套“风光储”单元，共计建设 4 座升压储能一体化站和 1 座智慧联合调度中心。项目生产绿色电力主要用于满足乌兰察布市南部大工业负荷用电需求（见图 6-7）。

图 6-7　内蒙古乌兰察布新一代电网友好绿色电站示范项目

该项目通过风光储一体化建设、运行，自主研发和应用智慧联合集控系统，实现风光储电站可观、可测、可调、可控、可支撑等电网友好功能，新能源可参照火电日前发电曲线调控运行，有效提升项目所在区域新能源消纳水平。同时，项目可提升顶峰供电能力 60 万千瓦，促进新能源参与区域电力平衡。

## 二、综合能源服务

**综合能源服务应用场景持续延展。**主要电力企业面向多元主体差异化、定制化用能需求，多措并举提升综合能源服务响应能力：推动一批公共机构能源费用托管项目落地实施，带动公共机构节能规划、能效诊断、降碳改造、平台建设等“一站式”服务蓬勃发展；顺应工业园区实施绿色低碳循环化改造和新型用电基础设施节能要求，持续延伸能量系统优化、余热余压利用、可再生能源利用、公辅设施改造、数据中心能效提升等综合能源服务链条；促进分布式能源全面融入农村能源革命试点工作大局，探索分布式新能源参与农污治理新模式。

**综合能源服务新型商业模式不断涌现。**主要电力企业积极培育售电与能源托管、能源数字化增值服务、电力市场交易辅助决策、绿电绿证交易、碳资产管理和需求响应等融合发展新模式，推动综合能源服务逐步向托管型合同能源管理转型升级，合理控制用户用能成本，提高用户清洁能源消费比重。例如国家电投旗下五凌电力创新升级“售电+综合供能+需求响应+绿电绿证交易+能源管理”综合服务模式，全年实现增收超过 4200 万元，降低客户用能成本逾 1700 万元。部分能源电力企业 2023 年综合能源服务业务开展情况见表 6-2。

表 6-2　　部分能源电力企业 2023 年综合能源服务业务开展情况

| 企业 | | 业务概况 | 典型工程 |
| --- | --- | --- | --- |
| 国家电网 | | 开展工业、建筑、园区等领域重点用能设备节能技术攻关，聚焦造纸、平板玻璃等重点行业开展现场能效诊断技术研究，完成重点领域能效诊断标准化设计，为近 4 万户公共机构、工业企业提供现场能效诊断服务 | 全国公共机构节约能源资源综合信息平台项目<br>河南兰考东坝头镇农村微电网示范项目 |
| 南方电网 | | 推动分布式新能源与乡村振兴、农村能源转型融合发展，在广东推进新能源反哺“百县千镇万村高质量发展工程”合作模式，在广西实践风光充储聚合发展助力“美丽乡村”建设，协助推广全国公共机构节能降碳 | 湖南宁乡市人民医院智慧能源管理项目 |
| 中国华能 | | 构建“源头零碳替碳、过程减污降碳、终端捕碳固碳、多能互补友好、数字智能支撑”技术体系 | 山东莒县绿色智慧综合能源项目 |
| 中国华电 | | 拓展“清洁友好、多能联供、智慧高效”综合能源服务，实施“风光储充换一体化”项目，推动油气勘探开发与新能源融合发展 | 上海闵行综合能源服务业务智慧园区应用服务项目 |
| 大唐集团 | | 发掘智慧能源多场景应用，构建多元综合服务体系，创建提供电力检修、节能改造、电气试验、油化验等综合能源服务平台 | 青海海西蒙古族藏族自治洲清洁能源供暖项目 |
| 国家能源集团 | | 提升源网荷储互动、多能协同互补的基地型、园区型、城市型综合能源服务能力，推进综合能源系统仿真平台建设 | 江西“水储充换”一体化综合能源服务及智慧物流项目<br>海南博鳌零碳示范区智慧能源项目 |
| 国家电投 | | 拓展升级“售电+综合供能+需求响应+绿电绿证交易+能源管理”的综合服务，打造含分布式光伏、用户侧储能、绿证交易、需求响应、运检服务的多能综合服务 | 湖北武汉经济开发区综合智慧零碳电厂项目 |
| 中国三峡集团 | | 聚焦零碳校园、零碳机关、零碳工厂等场景，依托合同能源管理模式，结合分布式光伏、储能等设施建设，通过技术改造提升能源利用率、实现节能降碳 | 天津南开大学八里台校区学生宿舍热水供应建设运营项目<br>湖北武汉光谷线网中心能源站项目 |
| 中广核 | | 以综合能源数据中心为依托，布局区域供能、产业园区、电站服务、学校、电子工业等终端用户侧业务，初步建立综合智慧能源标准化业务体系 | 内蒙古阿尔山零碳小镇项目 |
| 广东能源 | | 开展以售电为载体的光伏、储能、综合节能等综合能源业务，布局园区综合能源业务 | 广东团泊洼华为智慧零碳园区综合能源服务项目 |
| 京能集团 | | 建设区域能源站、分布式光伏、新型储能、充电桩，帮助园区企业开展多能源协调消费和综合管理 | 北京同仁堂大兴基地综合能源服务项目 |
| 华润电力 | | 聚焦工业、园区、公共建筑、交通等场景，开展分布式供电、电储能、充电桩、节能降碳服务、能效管理等业务，全年新开工 33 项综合能源服务工程 | 广东凤岗万家配送中心综合能源项目 |

# 第五节　氢　电　协　同

2023 年，氢能产业顶层设计、技术攻关、模式创新、示范应用协同推进，促进氢能与电力融合应用的政策机制逐步完善，带动氢电协同发展场景多元化。可再生能源制氢发展规模稳步扩大，一批可再生能源制氢试点示范类项目持续推进，燃气轮机掺氢发电依托典型项目开展有益实践，燃料电池发电及热电联供示范取得有效进展。能源电力企业因地制宜发展氢电耦合利用、服务新能源消纳新模式，为提升氢电协同技术经济性奠定了良好基础。

## 一、总体情况

**国家促进氢电协同发展的政策环境逐步完善。**国家标准委、国家发展改革委、国家能源局等六部门联合印发《氢能产业标准体系建设指南（2023 版）》（国标委联〔2023〕34 号），推动构建氢能制备、储输、加注、应用全产业链标准体系，涉及氢电协同领域的标准框架包括氢燃气轮机、氢储能系统、燃料电池及发电系统等。国家发展改革委等十部门印发《绿色低碳先进技术示范工程实施方案》（发改环资〔2023〕1093 号），提出探索开展低成本（离网、可中断负荷）可再生能源制氢示范、先进安全低成本氢储存、氢燃料电池研发制造与规模化示范应用、纯氢及掺氢燃气轮机研发制造与示范应用、氢电耦合等示范应用。

**多地加强氢电协同发展政策引导。**河北、吉林等省份推动可再生能源制氢项目建设管理机制革新，支持在非化工园区建设可再生能源制氢和制氢加氢一体化项目。内蒙古、青海等省区完善绿电制氢项目新能源发电容量配置、氢储能容量视同配储等支持政策。新疆克拉玛依、河南濮阳等地市对可再生能源制氢及配套应用实施补贴奖励。

**氢能生产规模稳步增长，电解水制氢产量远低于其他制氢方式。**据国家能源局《中国氢能发展报告（2023）》显示，2023 年全国氢能产能超 4900 万吨/年，同比增长约 2.3%；产量超 3500 万吨，同比增长约 2.3%。从制氢结构看，利用煤炭、天然气等化石燃料制氢产量占比超过四分之三，电解水制氢产量占比不足 1%。2023 年产氢量结构如图 6 – 8 所示。

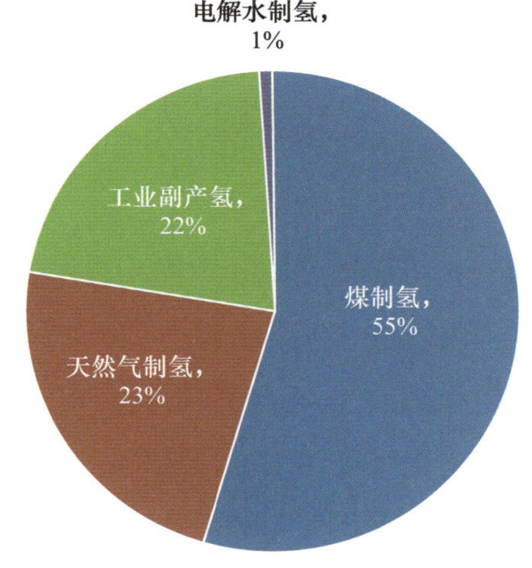


图 6–8　2023 年产氢量结构

数据来源：国家能源局

## 二、典型发展场景情况

### （一）氢能制备

**可再生能源制氢蓬勃发展，电解制氢技术装备向更大容量等级迈进。**据国家能源局《中国氢能发展报告（2023）》显示，2023年全国新增可再生能源制氢产能超2.2万吨/年，截至2023年底，全国累计可再生能源制氢产能超7万吨/年。大容量绿电制氢试点示范逐步铺开，内蒙古、新疆、吉林等省份推进一批风光制氢项目建设，中国华能四川彭州水电解制氢科技创新示范工程、中国石化新疆库车光伏制氢项目等重点工程建成投运；可再生能源制氢融合应用新业态在多地开展实践，吉林大安风光制绿氢合成氨一体化示范项目稳步推进，内蒙古在阿拉善地区部署风光氢治沙制取航空燃料一体化项目。多元电制氢技术路线创新协同推进，碱性电解制氢装备单槽制氢能力由1000标方/小时向3000标方/小时提升；兆瓦级质子交换膜电解水设备下线并得到工程验证；固体氧化物、阴离子交换膜电解槽实现小批量应用。

### （二）氢能利用

**氢燃料电池发电及热电联供取得积极进展。**技术示范方面，科技部“氢进万家”科技示范工程——氢能关键技术集成及示范园在山东建成投运，项目通过“光伏发电—电解制氢—氢热电联供”耦合微网示范，为项目所在园区及周边楼宇供电，每年可置换公用电网供电量约120万千瓦•时。企业实践方面，国家电网宁波氢电耦合直流微网示范工程建成投运，项目配置240千瓦燃料电池，可满足50辆纯电动汽车快速充电需求；南方电网广州供电局研发应用固态储氢技术的氢能应急电源车，车辆搭配额定发电功率200千瓦的燃料电池，可持续供电6小时以上。南方电网广州南沙小虎岛电—氢智慧能源站项目见专栏6–3。

**燃气轮机掺氢发电技术应用稳步推进。**发电企业、电力装备制造企业围绕纯氢、掺氢燃机发电开展有益实践，上海电气大F重型在运燃机掺氢技术完成自主升级及示范验证，掺氢比例达到7%；哈电通用燃气轮机有限公司生产的国产HA级重型燃机下线，机组可按照10%氢气掺混比例与天然气混合燃烧；西门子能源E级燃气轮机在浙江舟山绿色石化基地炼化一体化项目使用天然气与炼油化工合成气掺混而成的混合气作为发电燃料，掺氢比例达到20%。兆瓦级纯氢燃气轮机开展研制及应用验证。

## 专栏 6-4　南方电网广州南沙小虎岛电—氢智慧能源站

该项目位于广东省广州市南沙区，于 2023 年 3 月建成投运。项目采用两套基于稀土系合金的固态储氢装置和 2 套基于钛系合金的固态储氢装置，存储的 90 千克氢气可发电 1200 千瓦•时。智慧能源站采用光伏发电制氢，生产的氢气既可供燃料电池发电，服务电网调峰，解决局域电力系统灵活性资源不足的问题；又可为 35 兆帕氢燃料电池汽车快速加氢，实现多场景应用。智慧能源站通过氢能制取、存储、发电、加氢一体化，实现可再生电力与氢能之间的灵活转换，为促进负荷中心地区高比例新能源供给消纳提供方案参考（见图 6-9）。

图 6-9　南方电网广州南沙小虎岛电—氢智慧能源站

# 第七章

# 电力市场建设

## 第一节　电力市场进展情况

2023 年，我国电力市场建设取得较快发展，市场交易规模进一步扩大，市场主体数量显著增加，市场化程度进一步提高，电力市场已成为配置电力资源的最主要方式，通过各类市场协同配合，有效促进了电力安全保供、资源优化配置和能源清洁低碳转型。

**市场交易规模迅速扩大，市场化程度进一步提高。**《关于进一步深化燃煤发电上网电价市场化改革的通知》（发改价格〔2021〕1439 号）以及《关于组织开展电网企业代理购电工作有关事项的通知》（发改办价格〔2021〕809 号）印发以来，我国发用电计划进一步放开，电力市场交易规模不断扩大。2023 年，全国各电力交易中心累计组织完成市场交易电量[1]56679.4 亿千瓦·时，同比增长 7.9%，占全社会用电量比重为 61.4%，同比提高 0.61 个百分点，占电网企业售电量比重超过 75%。全国跨省跨区市场化交易电量 11589.4 亿千瓦·时，市场在促进电力资源更大范围优化配置的作用不断增强。

**市场主体数量显著增加，市场开放度、活跃度大幅提升。**截至 2023 年底，全国电力市场累计注册经营主体 74.3 万家，同比增长 23.9%。其中，发电企业 3.3 万家，电力用户 70.6 万家，售电公司 4074 家。各类经营主体市场参与度和技术能力不断提升，随着市场建设逐步完善和电力交易员队伍不断壮大，电力市场活跃度进一步提高。

**电力中长期市场常态化运行，稳定市场预期的基础作用有效发挥。**电力中长期交易已在全国范围内常态化运行并持续增长，2023 年全国中长期交易电量占市场交易电量比重在 90% 以上，中长期合同履约率超过 96%，成交价格平稳，充分发挥了电力中长期交易保供稳价的基础作用。中长期市场在省间、省内全覆盖基础上正逐步转入连续运营。省间多通道集中优

[1] 指电力交易中心组织开展的各品类交易电量的总规模，分为省内交易和省间交易，其中省内交易包括省内电力直接交易、发电权交易、抽水蓄能交易和其他交易；省间交易包括省间电力直接交易、省间外送交易（网对网、网对点）、发电权交易和其他交易。以交易的结算口径统计。

化出清交易已转正式运行，跨省跨区交易方式更加灵活。省内中长期市场以年度交易为主、月度交易为辅，月内交易频率逐步提高，部分省份探索开展了 D－3 或 D－2 交易。交易时段划分更加精细，多个省份实现了中长期合同按照 24 时段电力曲线签约，通过分时段的交易机制和价格信号，引导市场主体主动响应系统峰谷变化，提升资源配置效率。

**现货市场建设稳步推进，反映实时电力供需的价格机制基本建立。**2023 年，山西、广东电力现货市场率先转入正式运行，山东、甘肃、蒙西等试点持续开展连续结算试运行。各地区积极探索实践，电力现货市场建设正从试点逐步走向全国。国家电网经营区省间现货市场完成整年连续结算试运行，南方电网区域市场首次实现结算试运行。从各地现货市场运行情况来看，现货市场电力价格信号能够充分反映不同时段和不同地点的电力供需水平，发用两侧主体直接参与现货市场交易，主动响应价格信号，发挥了削峰填谷作用。

**辅助服务市场实现全覆盖，品种和主体进一步丰富。**全国各电网区域已实现辅助服务市场全覆盖，初步建立市场引导的辅助服务资源优化配置机制，形成以调峰、调频、备用等交易品种为核心的区域、省级辅助服务市场体系，实现了市场对资源的优化配置，对保障电力系统安全稳定运行、促进新能源消纳、降低系统调节成本发挥了积极的作用。其中，南方区域、山西等地区已将辅助服务与现货协调设计，促进市场间融合发展；江苏、山西、山东、湖南等省区积极推动独立储能、虚拟电厂等新型主体参与辅助服务市场，在辅助服务市场创新发展方面进行了积极探索。

**新能源参与市场规模快速提升，绿电交易规范有序开展。**为适应新能源大规模发展需要，新能源入市节奏进一步加快。2023 年，全国新能源市场化交易电量达 6845 亿千瓦·时，占全部新能源发电的 47.3%，部分大型发电企业新能源参与市场比例已超过 50%。积极构建绿电、绿证市场体系，完善交易机制，绿电、绿证交易规模不断扩大，截至 2023 年底，全国累计绿电交易电量 954 亿千瓦·时，其中 2023 年绿电交易电量 697 亿千瓦·时。绿证交易启动以来，累计成交量突破 1 亿张。

## 第二节 电力市场交易

### 一、全国情况

2023 年，全国各电力交易中心组织完成市场交易电量[1] 56679.4 亿千瓦·时，同比增长

[1] 指电力交易中心组织开展的各品类交易电量的总规模，分为省内交易和省间交易，其中省内交易包括省内电力直接交易、发电权交易、抽水蓄能交易和其他交易；省间交易包括省间电力直接交易、省间外送交易（网对网、网对点）、发电权交易和其他交易。以交易的结算口径统计。

7.9%，其中，全国电力市场电力直接交易电量[1]合计为 44288.9 亿千瓦·时，同比增长 7%。市场交易电量占全社会用电量比重为 61.4%，同比提高 0.61 个百分点。

全国各电力交易中心组织完成的市场交易电量中，省内市场交易电量合计为 45090.1 亿千瓦·时，同比增长 6.9%，占全国各电力交易中心组织完成市场交易电量的 79.6%。全国各电力交易中心组织的省内市场交易电量构成如图 7–1 所示。

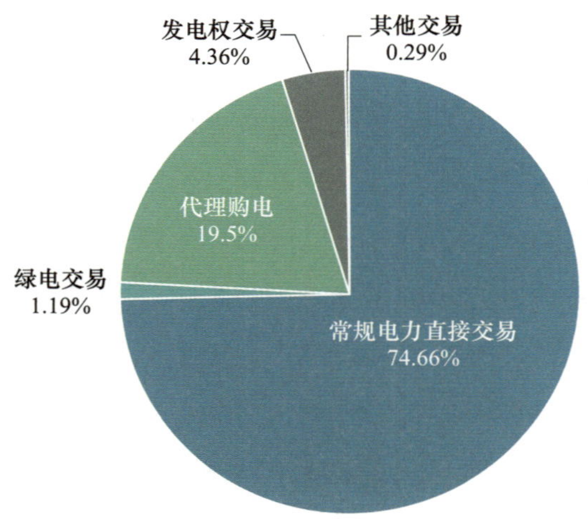


图 7–1 全国各电力交易中心组织的省内市场交易电量构成图

省间市场交易电量（中长期和现货）合计为 11589.4 亿千瓦·时，同比增长 11.8%，占全国各电力交易中心组织完成市场交易电量的 20.4%。全国各电力交易中心组织的省间市场交易电量构成如图 7–2 所示。

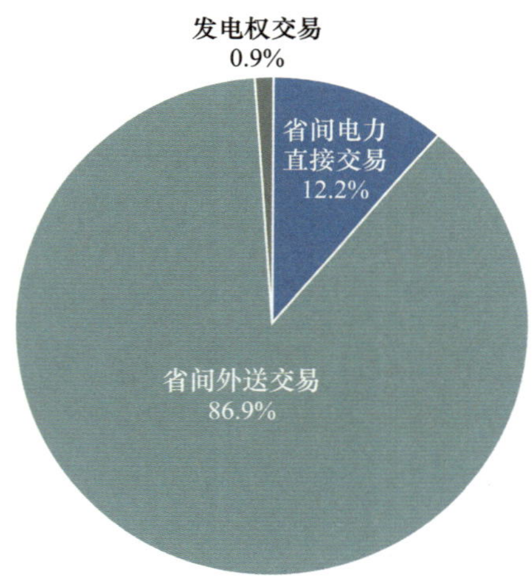


图 7–2 全国各电力交易中心组织的省间市场交易电量构成图

[1] 指符合市场准入条件的电厂和终端购电主体通过自主协商、集中竞价等直接交易形式确定的电量规模，包括省内电力直接交易电量和省间电力直接交易（外受）电量。当前仅包括中长期交易电量，以交易的结算口径统计。

## 二、全国各电力交易中心交易情况

2023 年，全国各电力交易中心组织完成市场交易电量 56679.4 亿千瓦·时，全国三大电网区域市场交易电量构成如图 7－3 所示。

北京、广州两大区域电力交易中心组织完成市场交易电量合计为 11589.4 亿千瓦·时，其中北京电力交易中心组织完成省间交易电量 10880 亿千瓦·时，同比提高 13.2%；广州电力交易中心组织完成省间交易电量 710 亿千瓦·时，同比下降 5.7%。

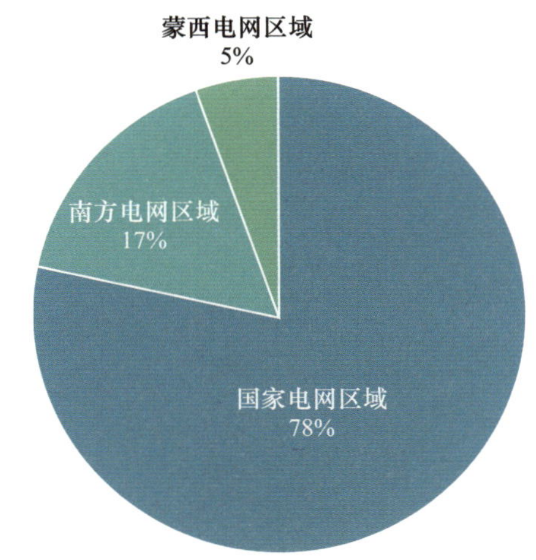


图 7－3　全国三大电网区域市场交易电量构成图

33 个省级电力交易中心组织完成市场交易电量合计为 45090 亿千瓦·时，其中交易规模最大的五个交易中心分别为江苏电力交易中心（4251 亿千瓦·时）、广东电力交易中心（4241 亿千瓦·时）、内蒙古电力交易中心（2928 亿千瓦·时）、浙江电力交易中心（2500 亿千瓦·时）、山东电力交易中心（2285 亿千瓦·时），五个交易中心市场交易电量合计占全部省级电力交易中心市场交易电量的比重为 36%。

2023 年全国各电力交易中心交易情况[1]见表 7－1。

表 7-1　2023 年全国各电力交易中心交易情况　单位：亿千瓦·时

| 地区 | 合计 | 省内中长期交易电量 | | | | | 省间交易电量 | | |
|---|---|---|---|---|---|---|---|---|---|
| | | 电力直接交易 | | | 发电权交易 | 其他交易 | 电力直接交易 | 省间外送交易 | 发电权交易 |
| | | | 绿电交易 | 电网代理购电 | | | | | |
| 合计 | **56679.4** | **42995.3** | **537.7** | **8794.7** | **1964.2** | **130.5** | **1293.6** | **10159.7** | **136.1** |
| 国家电网区域 | **44433.6** | **32483.4** | **454.5** | **6575.3** | **1066.8** | **4.0** | **1293.6** | **9449.8** | **136.1** |
| 北京交易中心 | 10879.5 | 0.0 | 0.0 | 0.0 | 0.0 | 0.0 | 1293.6 | 9449.8 | 136.1 |
| 首都交易中心 | 0.0 | 0.0 | 0.0 | 0.0 | 0.0 | 0.0 | | | |
| 天津交易中心 | 224.9 | 217.1 | 4.0 | 88.9 | 7.9 | 0.0 | | | |
| 河北交易中心 | 1118.6 | 1095.9 | 1.1 | 189.2 | 18.7 | 4.0 | | | |
| 冀北交易中心 | 574.1 | 574.1 | 177.2 | 119.6 | 0.0 | 0.0 | | | |
| 山西交易中心 | 1946.4 | 1824.7 | 1.1 | 354.9 | 121.7 | 0.0 | | | |

[1] 南网区域统计数据不含跨省西电东送协议交易电量；现货市场试运行期间，中长期金融合约（差价合约）仍纳入中长期直接交易统计；本表统计数据以交易中心结算口径为准。

续表

| 地区 | 合计 | 省内中长期交易电量 | | | | | 省间交易电量 | | |
|---|---|---|---|---|---|---|---|---|---|
| | | 电力直接交易 | | | 发电权交易 | 其他交易 | 电力直接交易 | 省间外送交易 | 发电权交易 |
| | | | 绿电交易 | 电网代理购电 | | | | | |
| 山东交易中心 | 2287.6 | 2287.6 | 15.1 | 807.9 | 0.0 | 0.0 | | | |
| 上海交易中心 | 532.8 | 532.8 | 0.0 | 320.3 | 0.0 | 0.0 | | | |
| 江苏交易中心 | 4250.9 | 4163.7 | 38.0 | 34.6 | 87.2 | 0.0 | | | |
| 浙江交易中心 | 2499.6 | 2499.6 | 55.7 | 940.5 | 0.0 | 0.0 | | | |
| 安徽交易中心 | 1933.8 | 1893.5 | 31.4 | 423.0 | 40.3 | 0.0 | | | |
| 福建交易中心 | 2142.5 | 2019.3 | 7.2 | 692.1 | 123.2 | 0.0 | | | |
| 湖北交易中心 | 1198.3 | 1161.2 | 1.5 | 225.9 | 37.0 | 0.0 | | | |
| 湖南交易中心 | 938.1 | 924.0 | 9.2 | 149.2 | 14.1 | 0.0 | | | |
| 河南交易中心 | 2057.6 | 2036.3 | 1.2 | 312.3 | 21.4 | 0.0 | | | |
| 江西交易中心 | 1166.7 | 1166.7 | 19.6 | 408.3 | 0.0 | 0.0 | | | |
| 四川交易中心 | 1995.3 | 1893.6 | 0.0 | 0.0 | 101.7 | 0.0 | | | |
| 重庆交易中心 | 587.4 | 587.4 | 0.0 | 316.7 | 0.0 | 0.0 | | | |
| 辽宁交易中心 | 1213.1 | 1087.4 | 40.7 | 21.9 | 125.7 | 0.0 | | | |
| 吉林交易中心 | 456.4 | 448.9 | 4.9 | 131.1 | 7.5 | 0.0 | | | |
| 黑龙江交易中心 | 588.3 | 560.0 | 1.1 | 228.5 | 28.3 | 0.0 | | | |
| 蒙东交易中心 | 278.8 | 264.3 | 1.2 | 34.3 | 14.5 | 0.0 | | | |
| 陕西交易中心 | 1394.2 | 1346.5 | 18.5 | 358.0 | 47.8 | 0.0 | | | |
| 甘肃交易中心 | 1077.7 | 972.9 | 4.3 | 114.2 | 104.9 | 0.0 | | | |
| 青海交易中心 | 734.4 | 702.7 | 12.6 | 22.7 | 31.7 | 0.0 | | | |
| 宁夏交易中心 | 926.8 | 900.9 | 5.1 | 64.5 | 25.9 | 0.0 | | | |
| 新疆交易中心 | 1423.5 | 1316.2 | 3.7 | 216.8 | 107.3 | 0.0 | | | |
| 西藏交易中心 | 6.1 | 6.1 | 0.0 | 0.0 | 0.0 | 0.0 | | | |
| **南方电网区域** | **9317.7** | **8149.7** | **83.2** | **1936.1** | **331.6** | **126.5** | **0.0** | **709.9** | **0.0** |
| 广州交易中心 | 709.9 | 0.0 | 0.0 | 0.0 | 0.0 | 0.0 | 0.0 | 709.9 | 0.0 |
| 广东交易中心 | 4241.3 | 4132.9 | 39.7 | 1264.7 | 84.5 | 23.9 | | | |
| 广西交易中心 | 1366.1 | 1203.4 | 35.5 | 286.3 | 118.1 | 44.6 | | | |
| 贵州交易中心 | 888.7 | 857.8 | 7.9 | 241.5 | 31.0 | 0.0 | | | |
| 昆明交易中心 | 1898.5 | 1748.2 | 0.1 | 22.6 | 92.3 | 58.0 | | | |
| 海南交易中心 | 213.2 | 207.5 | 0.0 | 121.0 | 5.7 | 0.0 | | | |
| **蒙西电网区域** | **2928.1** | **2362.2** | **0.0** | **283.3** | **565.9** | **0.0** | | | |
| 内蒙古交易中心 | 2928.1 | 2362.2 | 0.0 | 283.3 | 565.9 | 0.0 | | | |

## 三、全国电力市场电力直接交易情况

2023 年，全国电力市场电力直接交易（仅中长期）电量合计为 42995.3 亿千瓦 • 时。随着用电计划的进一步放开，全国三个区域电力直接交易电量占该区域全社会用电量的比重均超过了 50%。2023 年六大区域电网电力直接交易情况如图 7–4 所示。

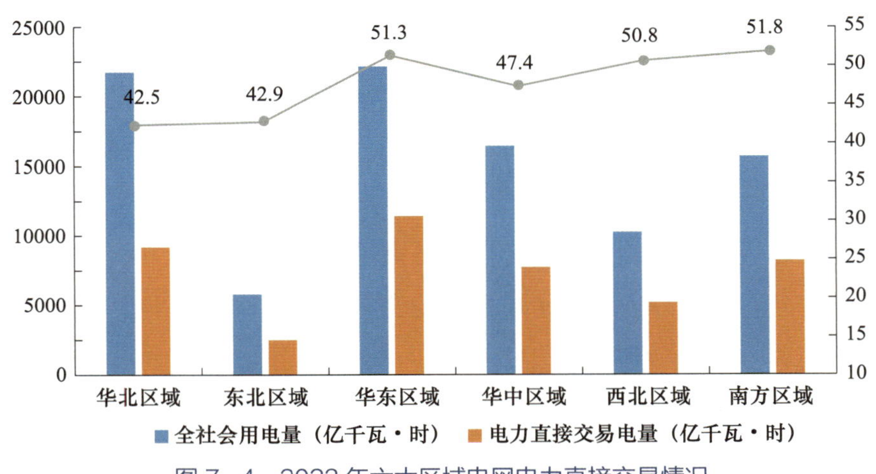


图 7–4　2023 年六大区域电网电力直接交易情况

电力直接交易电量规模超过 4000 亿千瓦 • 时的省区分别是江苏（4228.8 亿千瓦 • 时）和广东（4132.9 亿千瓦 • 时）。2023 部分省份电力直接交易情况如图 7–5 所示。

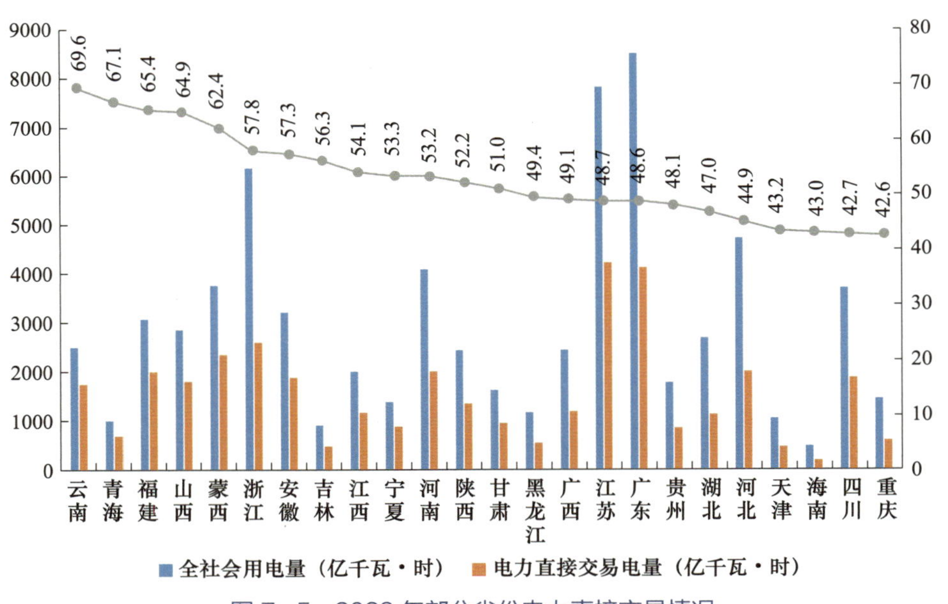


图 7–5　2023 年部分省份电力直接交易情况

# 第三节 电 价

## 一、上网电价

### （一）煤电基准价

2023 年，燃煤发电基准价继续沿用 2019 年出台的“基准价＋上下浮动”的市场化机制，各省燃煤发电基准价水平并未调整。在《关于进一步深化燃煤发电上网电价市场化改革的通知》（发改价格〔2021〕1439 号）的指导下，煤电机组基本都参与了电力市场，通过市场交易形成价格，2023 年全国燃煤发电机组市场平均交易价格 0.4496 元/（千瓦・时），同比 2022 年基本持平。2023 年各省份燃煤发电基准价见表 7－2。

表 7－2 各省燃煤发电基准价

| 地区 | 省市 | 基准电价［元/（千瓦・时）］ |
|---|---|---|
| 华北地区 | 北京 | 0.3598 |
| | 天津 | 0.3655 |
| | 冀北 | 0.3720 |
| | 冀南 | 0.3644 |
| | 山西 | 0.332 |
| | 蒙西 | 0.2829 |
| | 山东 | 0.3949 |
| 东北地区 | 吉林 | 0.3731 |
| | 辽宁 | 0.3749 |
| | 黑龙江 | 0.3740 |
| | 蒙东 | 0.3035 |
| 华东地区 | 上海 | 0.4155 |
| | 江苏 | 0.3910 |

续表

| 地区 | 省市 | 基准电价［元/（千瓦·时）］ |
|---|---|---|
| 华东地区 | 浙江 | 0.4153 |
| | 安徽 | 0.3844 |
| | 福建 | 0.3932 |
| 华中地区 | 江西 | 0.4143 |
| | 河南 | 0.3779 |
| | 湖北 | 0.4161 |
| | 湖南 | 0.4500 |
| | 重庆 | 0.3964 |
| | 四川 | 0.4012 |
| 西北地区 | 陕西 | 0.3545 |
| | 甘肃 | 0.3078 |
| | 青海 | 0.3247 |
| | 宁夏 | 0.2595 |
| | 新疆 | 0.2500 |
| 南方地区 | 广东 | 0.4530 |
| | 广西 | 0.4207 |
| | 贵州 | 0.3515 |
| | 云南 | 0.3358 |
| | 海南 | 0.4298 |

注　数据来源为国家发展改革委。

## （二）新能源电价

2023 年，新能源电站继续执行《关于 2021 年新能源上网电价政策有关事项的通知》（发改价格〔2021〕833 号）的相关要求，即自 2021 年起，对新备案集中式光伏电站、工商业分布式光伏项目和新核准陆上风电项目，中央财政不再补贴，实行平价上网。2021 年新建项目上网电价，按当地燃煤发电基准价执行；新建项目可自愿通过参与市场化交易形成上网电价，以更好体现光伏发电、风电的绿色电力价值。

1. 陆上风电指导价

2015—2020 年并网的陆上风电指导价见表 7－3。

表 7-3　　2015—2020 年并网的陆上风电指导价　　单位：元/（千瓦·时）（含税）

| 资源区 | 陆上风电指导价 | | | | | 各资源区所包括的地区 |
|---|---|---|---|---|---|---|
| | 2015 年 | 2016 年 | 2018 年 | 2019 年 | 2020 年 | |
| Ⅰ类资源区 | 0.49 | 0.47 | 0.4 | 0.34 | 0.29 | 内蒙古自治区除赤峰市、通辽市、兴安盟、呼伦贝尔市以外其他地区；新疆维吾尔自治区乌鲁木齐市、伊犁哈萨克族自治州、克拉玛依市、石河子市 |
| Ⅱ类资源区 | 0.52 | 0.5 | 0.45 | 0.39 | 0.34 | 河北省张家口市、承德市；内蒙古自治区赤峰市、通辽市、兴安盟、呼伦贝尔市；甘肃省嘉峪关市、酒泉市；云南省 |
| Ⅲ类资源区 | 0.56 | 0.54 | 0.49 | 0.43 | 0.38 | 吉林省白城市、松原市；黑龙江省鸡西市、双鸭山市、七台河市、绥化市、伊春市，大兴安岭地区；甘肃省除嘉峪关市、酒泉市以外其他地区；新疆维吾尔自治区除乌鲁木齐市、伊犁哈萨克族自治州、克拉玛依市、石河子市以外其他地区；宁夏回族自治区 |
| Ⅳ类资源区 | 0.61 | 0.6 | 0.57 | 0.52 | 0.47 | 除Ⅰ、Ⅱ、Ⅲ类资源区以外的其他地区 |

注　数据来源为国家发展改革委。

2. 光伏电站指导价

2017—2020 年并网的光伏电站指导价见表 7-4。

表 7-4　　2017—2020 年并网的光伏电站指导价　　单位：元/（千瓦·时）（含税）

| 资源区 | 2017 年 | 2018 年 | | 2019 年 | | 2020 年 | | 各资源区所包括的地区 |
|---|---|---|---|---|---|---|---|---|
| | | 集中式光伏电站 | 村级光伏扶贫电站 | 集中式光伏电站 | 村级光伏扶贫电站 | 集中式光伏电站 | 村级光伏扶贫电站 | |
| Ⅰ类资源区 | 0.65 | 0.50 | 0.65 | 0.40 | 0.65 | 0.35 | 0.65 | 宁夏，青海海西，甘肃嘉峪关、武威、张掖、酒泉、敦煌、金昌，新疆哈密、塔城、阿勒泰、克拉玛依，内蒙古除赤峰、通辽、兴安盟、呼伦贝尔以外地区 |
| Ⅱ类资源区 | 0.75 | 0.60 | 0.75 | 0.45 | 0.75 | 0.4 | 0.75 | 北京，天津，黑龙江，吉林，辽宁，四川，云南，内蒙古赤峰、通辽、兴安盟、呼伦贝尔，河北承德、张家口、唐山、秦皇岛，山西大同、朔州、忻州、阳泉，陕西榆林、延安，青海、甘肃、新疆除Ⅰ类外其他地区 |
| Ⅲ类资源区 | 0.85 | 0.70 | 0.85 | 0.55 | 0.85 | 0.49 | 0.85 | 除Ⅰ、Ⅱ类资源区以外的其他地区 |

注　数据来源为国家发展改革委。

## 二、输配电价

1. 省级电网输配电价

2023 年 5 月，国家发展改革委印发了《关于第三监管周期省级电网输配电价及有关事项的通知》（发改价格〔2023〕526 号），2023—2025 年省级电网输配电价表见附录 4。

2. 区域电网输电价格

2023 年 5 月，国家发展改革委印发了《关于第三监管周期区域电网输电价格及有关事项的通知》（发改价格〔2023〕532 号），2023—2025 年区域电网输电价格见表 7－5。

表 7–5　　2023—2025 年区域电网输电价格表　　单位：元/（千瓦·时）

| 区域 | 电量电价 | 容量电价 | |
|---|---|---|---|
| | | 单位 | 水平 |
| 华北地区 | 0.0082 | 北京 | 0.0190 |
| | | 天津 | 0.0137 |
| | | 冀北 | 0.0058 |
| | | 河北 | 0.0060 |
| | | 山西 | 0.0026 |
| | | 山东 | 0.0036 |
| 华东地区 | 0.0075 | 上海 | 0.0063 |
| | | 江苏 | 0.0036 |
| | | 浙江 | 0.0038 |
| | | 安徽 | 0.0052 |
| | | 福建 | 0.0024 |
| 华中地区 | 0.0222 | 湖北 | 0.0032 |
| | | 湖南 | 0.0030 |
| | | 河南 | 0.0023 |
| | | 江西 | 0.0029 |
| | | 四川 | 0.0020 |
| | | 重庆 | 0.0049 |
| 东北地区 | 0.0163 | 辽宁 | 0.0041 |
| | | 吉林 | 0.0043 |
| | | 黑龙江 | 0.0039 |
| | | 蒙东 | 0.0040 |
| 西北地区 | 0.0142 | 陕西 | 0.0014 |
| | | 甘肃 | 0.0027 |
| | | 青海 | 0.0014 |
| | | 宁夏 | 0.0019 |
| | | 新疆 | 0.0009 |

注　表中电价含增值税，电量电价不含线损。

3. 跨省跨区专项工程输电价格

跨省跨区专项工程输电价格继续执行国家发展改革委 2019 年 5 月印发的《国家发展改革委关于降低一般工商业电价的通知》（发改价格〔2019〕842 号）、2022 年 4 月印发的《关于核定宁绍、酒湖、锡泰特高压直流工程输电价格的通知》（发改价格〔2022〕558 号）、2022 年 11 月印发的《关于核定雁淮、扎青特高压直流工程输电价格的通知》（发改价格〔2022〕1777 号）相关规定，跨省跨区专项工程输电价格见表 7－6。

表 7－6　跨省跨区专项工程输电价格

| 序号 | 跨省跨区专项工程 | 输电价格（含税）[分/（千瓦·时）] | 线损率（%） |
|---|---|---|---|
| 1 | 龙政线 | 6.75 | 7.50 |
| 2 | 葛南线 | 5.58 | 7.50 |
| 3 | 林枫直流 | 4.39 | 7.50 |
| 4 | 宜华线 | 6.85 | 7.50 |
| 5 | 江城直流 | 3.85 | 7.65 |
| 6 | 三峡送华中 | 4.51 | 0.70 |
| 7 | 阳城送出 | 2.07 | 3.00 |
| 8 | 锦界送出 | 1.81 | 2.50 |
| 9 | 府谷送出 | 1.45 | 2.50 |
| 10 | 中俄直流 | 3.71 | 1.30 |
| 11 | 呼辽直流 | 4.20 | 4.12 |
| 12 | 青藏直流 | 6.00 | 13.70 |
| 13 | 锦苏直流 | 5.11 | 7.00 |
| 14 | 向上工程 | 5.71 | 7.00 |
| 15 | 宾金工程 | 4.54 | 6.50 |
| 16 | 灵宝直流 | 4.03 | 1.00 |
| 17 | 德宝直流 | 3.36 | 3.00 |
| 18 | 高岭直流 | 2.35 | 1.70 |
| 19 | 辛洹线 | 每千瓦每年 40 元 | |
| 20 | 晋东南—南阳—荆门工程 | 2.51 | 1.50 |
| 21 | 哈郑工程 | 6.13 | 7.20 |
| 22 | 宁东工程 | 5.08 | 7.00 |
| 23 | 宁绍直流 | 4.88 | 4.26 |
| 24 | 酒湖直流 | 6.37 | 4.14 |
| 25 | 锡泰直流 | 4.83 | 3.32 |
| 26 | 溪广线 | 4.95 | 6.50 |

续表

| 序号 | 跨省跨区专项工程 | | 输电价格（含税）[分/（千瓦·时）] | 线损率（%） |
|---|---|---|---|---|
| 27 | 雁怀直流 | | 3.59 | 2.77 |
| 28 | 扎青直流 | | 4.12 | 2.69 |
| 29 | 南方电网西电东送工程 | 云南送广东 | 7.55 | 6.57 |
| | | 贵州送广东 | 7.55 | 7.05 |
| | | 云南送广西 | 5.38 | 2.98 |
| | | 贵州送广西 | 5.38 | 3.47 |
| | | 天生桥送广东 | 5.95 | 5.63 |
| | | 天生桥送广西 | 3.78 | 2.00 |

## 第四节　电力信用体系建设

### 一、行业信用体系建设

2023 年，电力行业以加强涉电力领域信用评价和失信治理工作体系为主线，以完善标准制度、优化工作流程为基础，创新开展“信用电力指数”监测排名研究，积极探索开拓电力征信服务电力行业的领域和内容，通过夯实基础、创建机制、构建平台、强化抓手、深化应用，扎实推进信用理念、信用制度、信用手段与电力行业各领域、各环节深度融合，“信用电力”品牌影响力不断提升，行业信用建设工作再上新台阶。

#### （一）组织管理体系

2023 年，《中电联电力行业信用体系建设工作规则》印发，明确了电力行业信用体系建设组织职责，规范了工作流程。截至 2023 年底，电力行业在国内设置了 36 家评价咨询中心，覆盖 28 个省级行政区。通过集团公司、评价咨询中心的协同推进，进一步完善了电力行业信用体系建设的协同工作机制。

#### （二）信用标准建设

2023 年完成了《涉电力领域市场主体失信行为认定规范》（T/CEC 846—2023）《涉电力领域市场主体重点关注名单管理规范》（T/CEC 847—2023）《涉电力领域失信主体信用修复管理规范》（T/CEC 848—2023）《电力征信用电数据隐私计算应用技术规范》

（T/CEC 849—2023）4 项标准的编制及报批工作，形成了电力行业失信治理工作流程的标准化。

## （三）信用电力指数研究及监测排名

2023 年持续推进以集团公司为测评主体的信用电力指数研究及监测排名工作，实现了对全国 657 家涉电力集团公司和其所属的二、三级共 68000 余家企业的信用实时监测、动态评价和指数排名，较上年扩大一倍，进一步推动了企业信用建设指标横向对比，提升了信用管理能力。监测企业类型包括发电、电网、电力施工、电力设计、电力行业供应商、综合能源服务、售电、电力用户等。

## （四）行业信用评价

2023 年，中电联共发布 4 批 591 家信用企业评价结果，较 2022 年同比增长 6.29%，涵盖发、输、供、配、用电以及售电公司等新兴市场主体，405 家企业获得了电力行业 AAA 信用等级，占比 68.53%。2023 年中电联理事长、副理事长单位所属企业参评情况如图 7–6 所示，2023 年参评涉电力领域市场主体分类情况如图 7–7 所示，2023 年企业信用评价结果级别分布如图 7–8 所示。

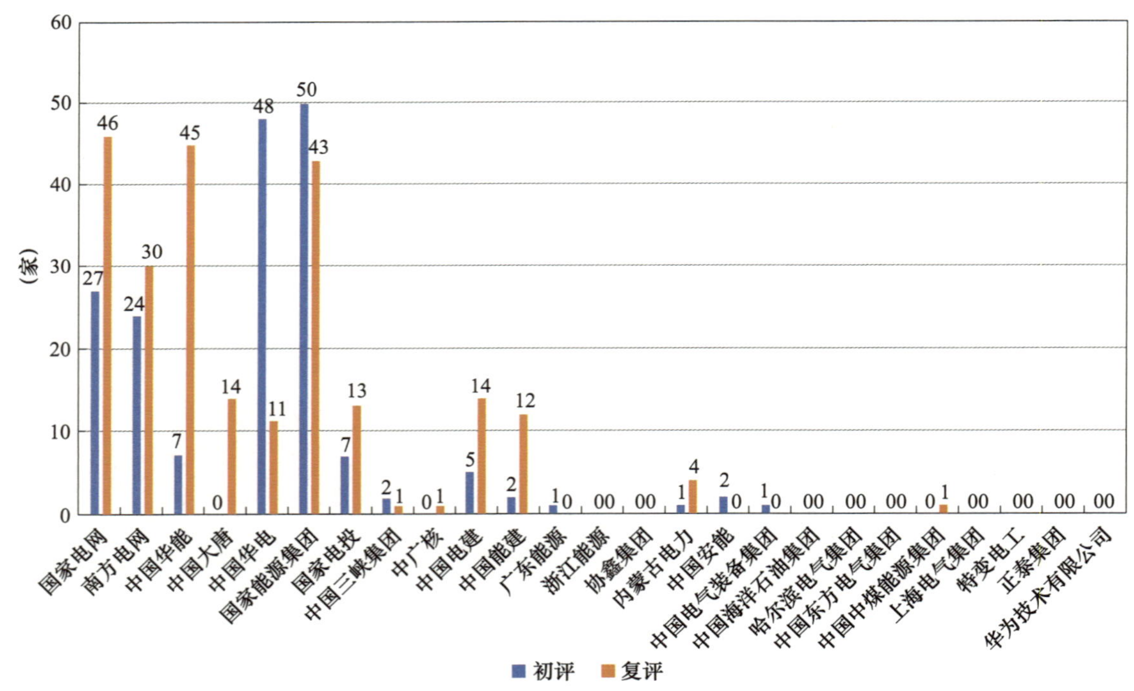


图 7–6　2023 年中电联理事长、副理事长单位所属企业参评情况

注：中国海油、哈电集团、东方电气集团、中国中煤、上海电气、特变电工、正泰集团、华为等 8 家集团 2023 年加入中电联成为副理事长单位。

## 二、企业信用体系建设

2023 年，电力集团公司积极贯彻国家与行业信用体系建设部署，将信用工作融入企业经营发展、制度文化建设等方方面面，通过构建全面的信用管理体系，主动践行社会责任，弘扬诚信企业文化，推进信用建设结果应用，彰显了电力企业的担当与使命。

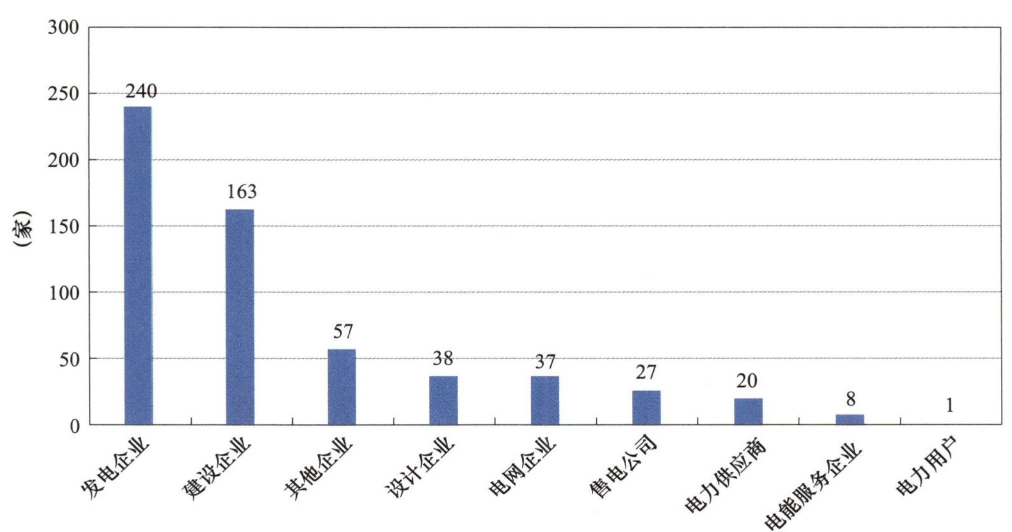


图 7–7　2023 年参评涉电力领域市场主体分类情况

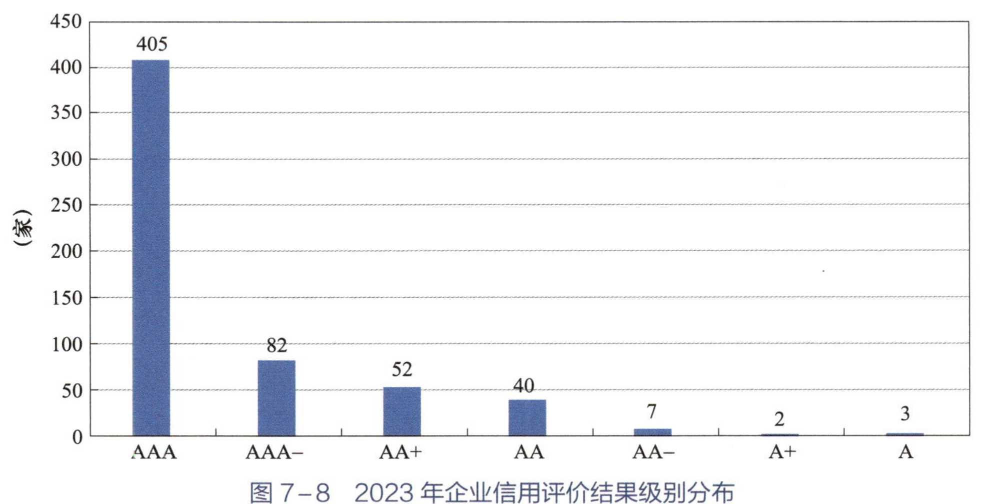


图 7–8　2023 年企业信用评价结果级别分布

### 专栏 7–1　各大电力企业信用体系建设工作

**国家电网**

健全信用工作管理机制。落实国家法律法规和相关文件要求，发布《公司信用工作管理办法》修订版，发布《公司信用行为清单（2023 年版）》。依据国家相关政策要求及行业规范性文件，对公司各专业领域在经济和社会活动中的信用行为进行了明确，共分为三个部分，包含 170 项行为事项，为规范公司信用合规管理提供了文件依据。

提升信用风险防范能力。强化公司诚实守信能力，延伸信用管理链条，开展公司系统调研，分析诚实守信“A 级纳税人”获评情况，研究提出鼓励公司系统单位申报“A 级纳税人”举措和要求，年内公司系统获评“A 级纳税人”企业同比增加 72 家。公司系统信用状况保持良好，对比 2022 年，“严重失信事件”“经营异常”保持零新增。

开展信用综合评价。依托“信用国网”数字生态系统，依据《公司信用综合评价标准》，组织开展公司系统在线信用综合评价，推动实施信用差异化、精准化管理。依据评价结果，开展公司系统内部企业信用画像，提示信用风险漏洞。

参与行业信用体系建设情况。积极参与国家能源局、中电联组织的各项信用工作。一是参与国家能源局信用综合评价标准制定工作，配合开展工作调研。二是公司 3 家企业成为获得 2023 年电力行业信用体系建设示范企业称号，发挥行业信用工作典型引领作用。三是参与中电联信用标准化评审工作。

**南方电网**

深度参与信用建设。应用公共信用综合评价等结果，重点关注所属企业信用动态，防范信用风险。配合有关部门及行业协会组织开展“诚信兴商宣传月”等信用活动，参与编制年度发展报告、报送涉电力领域失信行为信息、开展失信约束和信用修复等信用治理工作。所属广东电网公司、广西电网公司及 10 家三级单位获评 AAA 级信用企业，广东电网公司、广西电网公司、深圳供电局 3 家单位成为信用建设示范企业。

坚持依法合规经营。梳理法律法规及监管文件 1095 份、规章制度 254 份，验证近三年监督发现问题 10768 个。落实中央企业加强合规管理要求，制订重点领域合规清单，出台电费回收、反垄断、数据交易、电力交易、电网建设项目等合规指引，覆盖管制业务、新兴业务、国际业务、产业金融和共享服务等多方面。

重点强化诚信管理。以严格的采购管理促进供应商依法合规经营销售。修编供应商管理办法及失信行为扣分管理细则，健全完善供应商诚信管理体系。应用供应商绩效评价，融合资质能力评价、履约评价、运行评价、诚信等维度，实施差异化管控策略。开展供应商现场核查，对招标采购代理服务、招标采购项目实施等重点业务开展专项监督，对问题较多、风险较大的开展专项督查。

**中国华能**

加强信用管理组织体系建设进一步加强。搭建集团总部、区域公司、基层企业三层信用工作组织机构，基本形成三级管理体系，各信用主体均成立了信用工作领导小组，由企业主要负责人或负责信用工作的分管领导担任组长，由市场营销部牵头，安全生产、科技环保、财务预算、人力资源、法律事务、燃料采购、物资采购等职能部门共同参与。

参与电力行业信用体系建设工作。2023年，重庆公司、南京金陵电厂、黑龙江大庆热电、新能源蒙西公司4家单位成为信用示范企业。通过此项活动挖掘出企业信用建设典型经验，发挥典范引领的示范作用，进一步推动公司信用体系建设工作高质量发展。

信用指标体系建设。制订了《中国华能集团有限公司发电企业信用管理指标体系》，明确了一、二级指标；制订《合规管理体系建设规划方案》《合规管理体系建设实施方案》，编制《合规管理手册》《合规管理办法》，初步完成合规风险库编制工作。

**中国大唐**

强化合作方与电力用户信用管理。实施信用信息归集共享，利用14万条交易合同主体信用记录，实施黑名单、白名单、灰名单、红名单分类管理，动态调整信用风险。强化商业伙伴的信用资质审查、合规尽职调查及履约跟踪，特别关注大额付款业务前的印章真实性复查。对电力用户建立负面清单，限制严重失信单位参与业务，修订管理办法以明确各方资质审核责任，并集成燃料管理业务至统一平台，强化监控与通报。推动售电公司提供履约保证，遵守市场交易规则，按时结算电费，提升透明度，承担社会责任，取得行业高信用评级。

维护商标字号信誉。持续开展假冒国企和不规范使用“大唐”字号排查，2022年4月以来，已排查发现并处置10余条假冒国企线索、两条恶意注册商标线索、仿冒中国大唐及低碳业务有关网站、App线索，及时指导有关企业向公安、市场监管、国资管理等部门报告，依法规范处置。对参、控股企业法律合规风险进行专项排查，涉及117家参股公司、180家控股公司、48家涉及股权转让的公司、10个转让项目，严防相关公司打着“大唐”旗号，通过骗补、骗资金、骗客户等非法获利，损害中国大唐信用和声誉。

构建合规信用风险防控体系。全面梳理各类业务风险，特别是煤炭贸易、资金管理等领域，采取措施闭环管理遗留问题。集中排查治理关键业务领域风险，编制合规手册，梳理合规义务，督促整改信用问题。从高层领导开始，推动全员签署合规承诺，积极参与行业内外信用建设活动，培训合规官，营造诚信文化氛围。

**中国华电**

着力完善信用制度。充实完善信用内容，构建“三横三纵”现代企业制度体系，充分发挥制度委员会平台作用，建立“繁简分流”制度审核机制和及时修改机制，定期组织开展制度清理优化，推动制度体系与企业高质量发展相适应。今年以来，共组织召开制度委员会会议33次，审核制度254件，制度体系更加成熟完善。集团公司制度管理入选国资委管理提升标杆项目。

依法开展失信惩戒。通过物资采购、合同管理等平台，建立履约相对方大数据库，积极应用国家有关部门和相关协会发布的信用信息，用实践检验相对方信用履约情况，对信用较差的相对方限制其参与相关业务。

积极参与信用活动。组织系统各单位积极参加信用管理会议、竞赛、培训、行业信用评价、信用体系标准编制等工作，树立了良好的信用形象。截至目前，取得中电联信用评级 AA 级及以上且在有效期内的企业共 61 家。

**国家能源集团**

塑造社会责任与品牌形象。集团在实践中积极履行社会责任，精细化管理提升 ESG（环境、社会、治理）表现，荣获多项社会责任奖项，所属企业广泛发布可持续发展报告，显著提升品牌影响力和诚信形象。

深入行业信用建设。深入参与行业信用体系建设，利用行业报告和信用信息平台排查信用状况，参与信用标准制定，分享信用建设经验，推出行业领先的采购与交易规范标准，展现央企的责任与智慧。

积极培育诚信文化。持续更新企业文化与诚信合规手册，设定详细行为准则，通过全员签署合规承诺书及多渠道宣传，构建全面的诚信文化氛围，提升全员诚信意识。2023 年集团公司所属中国神华、国电电力等数家企业在资本市场和银行间市场长期保持 AAA 主体信用等级，20 多家所属企业获 A 级信用纳税人，112 家涉电企业获中国电力企业联合会 AAA 级评价，3 家公司入选中电联 2023 年度信用示范企业。

**国家电投**

信用工作机制优化与协同。法律商务部作为信用工作核心管理部门，紧密跟进国家信用体系建设政策，强化与中电联沟通协作，引领集团信用管理工作。各职能部门基于“业务与信用并重”原则，增强协作，形成跨部门横向协同、纵向联动的信用管理机制，确保责任到岗、任务到人，促进信用管理工作的全局化、系统化推进。

信用制度与标准体系健全。不断完善规章制度，建立全面的企业诚信标准与合规要求，对高风险领域实施重点监控。强化供应商信用监管，利用电子平台实现信息高效交互与共享，参与并主导多项电力行业信用标准制定，已有多项标准正式发布。

信用信息化管理升级。利用现代信息技术整合信用数据资源，通过主数据管理、法律事务、采购、ERP 等多个系统集成，借助数据仓库技术集中处理分散信用信息。开发多样化信用管理工具，如物资报表、供应商评价报告，实现对集团内外相关方信用信息的统一归集与精细化管理，提升信用管理效率与决策支持能力。

**哈电集团**

强化信用与履约能力。将满足客户需求作为承诺兑现的关键，通过建立健全履约践诺机制，保障市场拓展与企业转型的稳固基础。预估未来产能需求，优化生产安排，确保合同承诺得以严格履行，特别是在关键材料供应与高端制造产能上的平衡，保障重点项目按时完成，支持国家电力安全稳定供应。

完善质量控制创新机制。通过党建引领，强化各级党组织在质量工作中的作用，提升人员管理与质量突破能力，实施严格的质量管理标准，促进能力与效益双提升。

推进市场开发风险管控。发布专项指导意见，规范投标流程，增强市场开发初期的风险识别与评估，多部门协作评估客户与项目风险，避免高风险项目，对潜在合作伙伴进行全面资信审查，实行差异化合作策略。

升级供应商管理体系。实施供应商动态管理体系，细化供应商准入、管理和退出标准，强化评价体系的应用与调整，通过会议、培训等手段提升供应商管理能力，加大对黑名单供应商的监管与通报，维护供应链健康。

## 三、失信惩戒与信用修复

### （一）失信惩戒

2023 年，中电联面向全行业开展失信行为信息征集工作，重点梳理了假冒电力行业国企信息，全年征集失信信息 1350 条，511 家失信主体被列入电力行业“重点关注名单”，其中包括 280 家“假冒企业”。失信类别包括提供虚假材料、围标串标、拖欠电费等。2023 年各类失信行为占比情况如图 7–9 所示。

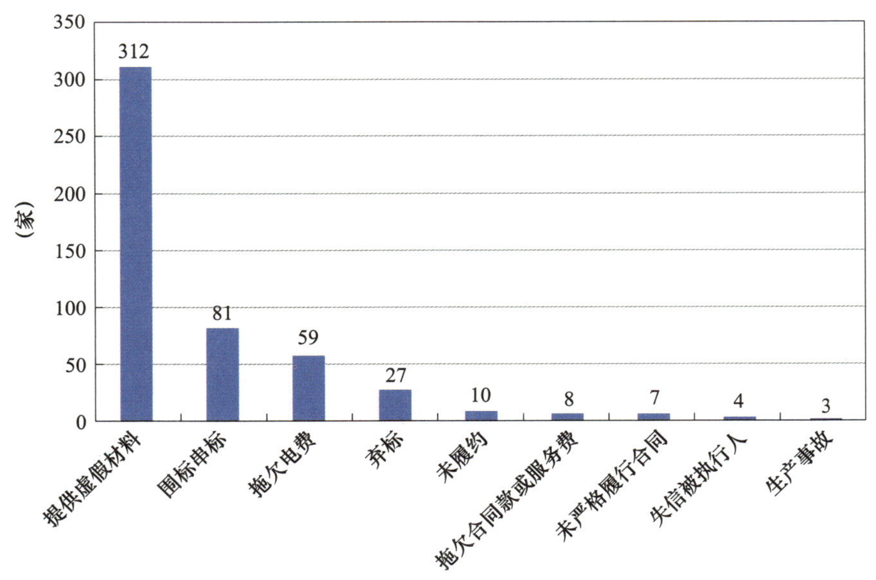


图 7–9　2023 年各类失信行为占比情况

从主要失信类别来看，截至 2023 年底，共有 456 家企业因提供虚假材料被列入“重点关注名单”，相关失信行为主要为在工商注册提供虚假材料，注册为国有企业，在涉电力领域投标过程中，提供虚假材料，伪造相关业绩、资质；共有 416 家企业因围标串标被列入“重点关注名单”；共有 264 家企业因拖欠电费被列入“重点关注名单”，涉及电费超 38 亿元。相关名单在中电联会员单位范围内实施信用风险预警。

### （二）信用修复

2020—2023 年中电联先后发布十五批涉电力领域重点关注对象信用修复结果，累计 185 家失信市场主体按照《修复办法》有关规定完成信用修复与信用重建，退出“重点关注名单”，退出名单占比为 11.25%。其中，修复企业的失信类别主要为围标串标（92 家）、产品质量问题（33 家）、提供虚假材料（27 家），均为与招投标相关的失信类别，电力行业失信治理在招投标领域内的应用进一步加深。

## 四、电力征信应用

2023 年，中电联深化开展“电力征信”服务，通过大数据技术与征信服务相结合，汇集涉电力领域市场主体信用信息、电力行业数据、企业授权采集的用电和涉税等数据，深入发掘电力大数据价值，针对不同应用场景，创新性开展企业信用风险监测预警、信用数据服务及电力征信查询等，研发了“信电查”“信电贷”“商务信用评价”等产品，填补了征信领域在电力行业应用的空白。通过实施多途径、多维度、适用性强的电力征信增值应用服务，着力打造“电力征信”品牌，赋能企业高质量发展。

### 专栏 7－2　各大电力企业电力征信案例

**案例一：企业信用风险监测预警**

2023 年，为进一步提升某电网公司信用体系建设能力，加强信用数据服务力度，强化守信激励、失信惩戒，促进电力行业信用水平提升，借助中电联大数据开发的经验与技术力量，开展“电力征信”数据增值服务。通过便捷的电力行业信用电力指数监测平台，为该电网公司相关部门、单位提供信用数据服务，包括严重失信事件、经营异常、行政处罚等数据信息的监测与预警服务，实现公司内外部相关单位的信用信息共享，健全贯穿事前事中事后的全过程信用工作体系，利用“电力征信”大数据创新企业服务和监管举措，助力营商环境优化。

**案例二：信用数据服务**

2023 年，某电力企业依托“电力征信”平台系统，基于企业征信业务备案资质以及与权威、公共数据源对接，实现企业征信数据统一接入，形成从生产运行数据到业务管理数据的资源整合，提高企业内部数据到外部支撑数据的全数据接入水平，丰富企业数据资产的管理范围，满足日益增长的数据共享及应用需求，促进企业构建完整的数据体系，有力支撑数据应用建设和企业决策。在提高采购质量的同时，将信用信息监测、信用评价结果等与企业管理相融合，切实提高企业管理水平。

# 第八章

# 电力安全与可靠性

## 第一节　电　力　安　全

依据《生产安全事故报告和调查处理条例》（国务院令第 493 号）和《电力安全事故应急处置和调查处理条例》（国务院令第 599 号）统计标准，2023 年，全国没有发生重大以上电力人身伤亡事故，没有发生电力安全事故、水电站大坝漫坝、垮坝事故以及对社会有较大影响的电力安全事件。

### 一、总体情况

2023 年，全国发生电力人身伤亡事故 41 起、死亡 51 人，事故数量同比增加 16 起，增幅 45.71%；死亡人数增加 15 人，增幅 41.67%。其中，电力生产人身伤亡事故 25 起、死亡 28 人，事故数量同比增加 8 起、增幅 47.06%，死亡人数同比增加两人、增幅 7.69%；电力建设人身伤亡事故 16 起、死亡 23 人，事故数量同比增加 8 起、增幅 100.00%，死亡人数同比增加 13 人、增幅 130.00%。

2023 年，全国没有发生电力安全事故，同比持平。发生电力设备事故 4 起，事故数量同比增加 3 起。发生电力安全事件 0 起，同比减少 4 起。

### 二、事故统计分析

#### （一）按事故业主单位统计

2023 年，全国电力安委会企业成员单位发生电力人身伤亡事故 27 起，占全国电力人身伤亡事故起数的 65.85%。其中，未发生电力人身伤亡事故的单位有南方电网、内蒙古电力、浙能集团、中国电建、中核集团、中国能建、中国三峡集团、国投电力、中国安能、中广核、京能集团共 11 家单位；发生 3 起以上电力人身伤亡事故的单位有中国华能、国家电网、国家电投、国家能源集团 4 家单位；死亡人数 3 人以上的单位有中国华能、国家电网、国家电投、国家能源集团 4 家单位。其他单位发生电力人身伤亡事故 14 起，死亡 16 人。业主单位事故

统计情况如图 8-1 所示。

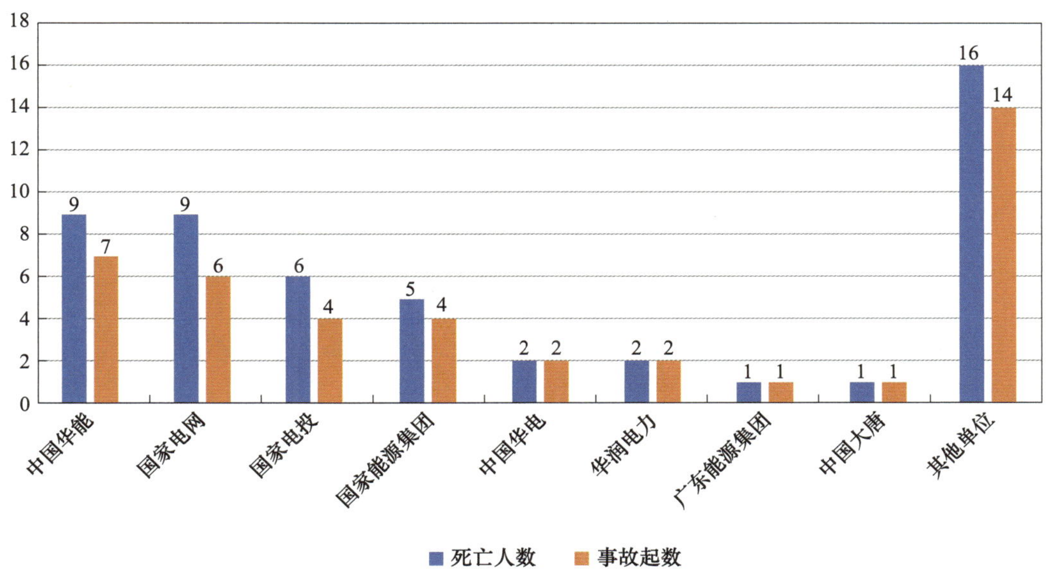


图 8-1 业主单位事故统计情况图

## （二）按省级行政区域统计

2023 年，31 个省（自治区、直辖市）境内，12 个省境内未发生电力人身伤亡事故，其中，发生 3 起以上电力人身伤亡事故的地区有内蒙古自治区、新疆维吾尔自治区、上海市、云南省；死亡人数 3 人以上的地区有内蒙古自治区、山东省、新疆维吾尔自治区、上海市、湖南省、云南省。省级行政区域事故统计情况如图 8-2 所示。

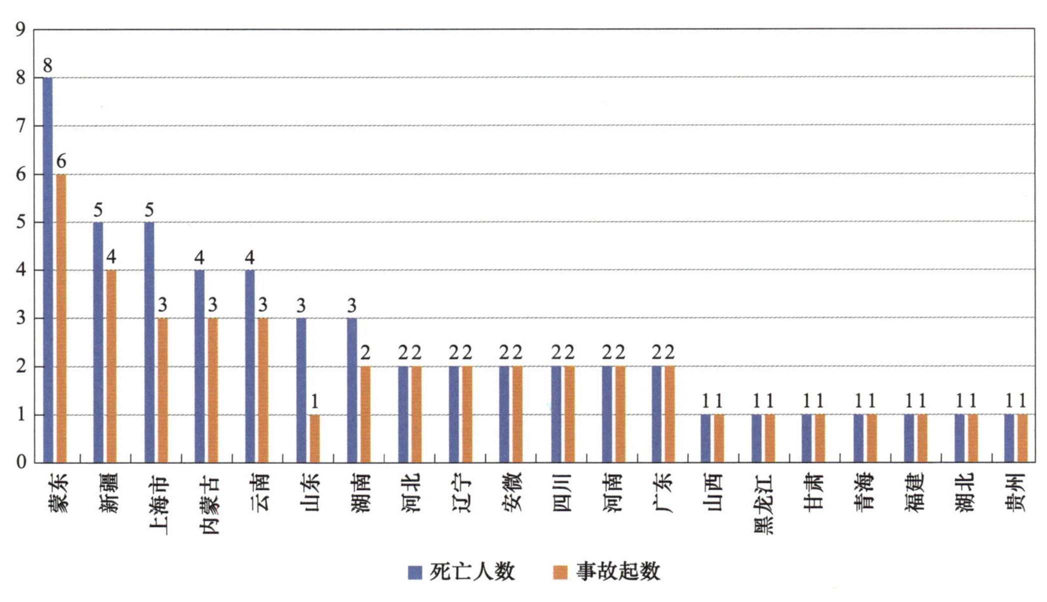


图 8-2 省级行政区域事故统计情况图

# 第二节　电 力 可 靠 性

## 一、总体工作情况

2023 年，为深入贯彻落实《电力可靠性管理办法（暂行）》（国家发展和改革委员会令第 50 号）[以下简称《办法（暂行）》]，国家能源局先后印发了《关于加强电力可靠性管理工作的意见》（国能发安全规〔2023〕17 号）、《关于加强电力可靠性数据治理　深化可靠性数据应用发展的通知（国能发安全〔2023〕58 号）》，进一步强调《办法（暂行）》电力可靠性管理纲领性制度地位，要求落实《办法（暂行）》各项要求，实现全方位突破传统电力可靠性管理理念，革命性重塑电力可靠性管理内容，系统性完善电力可靠性管理体系等。

2023 年，为贯彻落实《办法（暂行）》及配套文件要求，国家能源局印发《关于开展电力可靠性管理工作改革专项课题的通知》，明确做好电力系统可靠性管理体系建设、建设基于实时数据的可靠性管理体系、全面深化电力可靠性数据应用等相关工作，同步组织开展以可靠性为中心的电力设备检修策略研究第二批试点项目。电力行业为适应能源电力转型发展的新形势和新型电力系统的新特点，响应电力可靠性管理改革要求，不断拓展可靠性管理领域，推动电力系统可靠性、新能源发电设备、RCM 检修导则、实时数据管理等方面可靠性研究工作。积极发挥行业平台作用，连续三年开展发电机组可靠性对标工作，成功举办第三届电力可靠性高质量发展论坛，完成《煤电机组灵活性调节运行对系统可靠性影响》重大调研课题，编制完成《中国电力可靠性年度行业发展报告（2023）》及相关专业可靠性分析报告共 6 本，上线发电可靠性系统光伏发电模块并试点开展统计工作，持续推动电力可靠性高质量发展。

2023 年，电力企业认真践行“人民电业为人民”宗旨，全面履行企业主体责任，担当作为，高质量完成电力保供各项工作任务。圆满完成大运会、亚运会、第三届“一带一路”国际合作高峰论坛等重大保供电活动。积极应对华北地区连续强降雨、东北地区暴雨洪涝灾害、甘肃积石山地震灾害、南方极端暴雨灾害等极端天气，有力保障了能源电力安全可靠供应。深入推进电力可靠性先进技术应用，推进电力可靠性管理数字化转型，在城中村和农村配网改造提质、新型电力系统可靠运行等领域打造了一批成效显著的示范区域。

## 二、发电设备

2023 年，纳入电力可靠性统计的 5 万千瓦及以上水电、10 万千瓦及以上火电和核电机组共计 3312 台，总容量 129908.55 万千瓦。纳入电力可靠性统计的风电机组共计 63473 台，总容量 12092.55 万千瓦。

## （一）水电机组

**水电机组可靠性水平总体维持平稳。**2023 年，纳入电力可靠性统计的水电机组 1061 台，总容量 27409.49 万千瓦。主要运行可靠性指标中，运行系数为 50.85%，同比下降 4.08 个百分点；等效可用系数为 93.38%，同比上升 0.43 个百分点；等效强迫停运率为 0.03%，同比下降 0.01 个百分点；非计划停运次数为 0.15 次/（台•年），同比上升 0.02 次/（台•年）。2022、2023 年水电分类机组主要运行可靠性指标如图 8－3 所示。

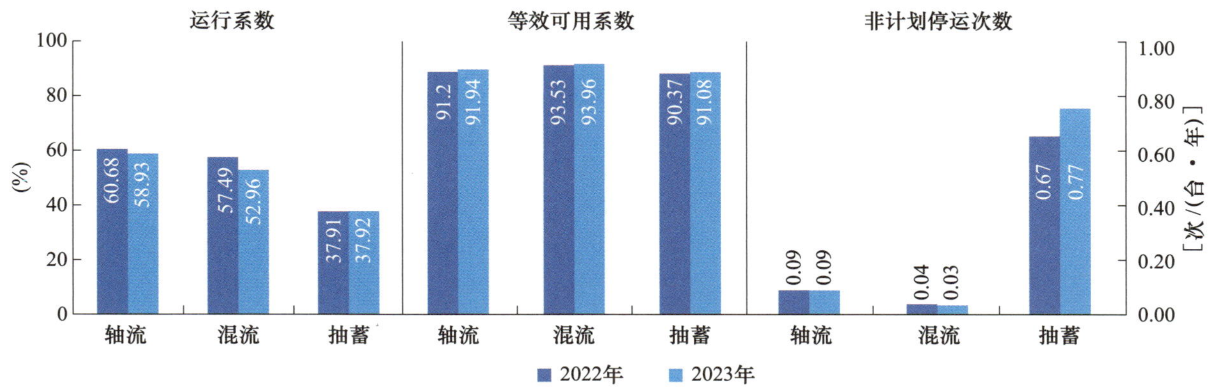


图 8－3　2022、2023 年水电分类机组主要运行可靠性指标

## （二）燃煤机组

**燃煤机组可靠性总体水平同比稳中有降。**2023 年，纳入电力可靠性统计的燃煤机组 1935 台，总容量 89514.7 万千瓦。燃煤机组主要可靠性指标总体水平维持在较高水平。2023 年，燃煤机组整体负荷水平略有上升，运行系数 80.68%，同比上升 1.84 个百分点；等效可用系数为 91.73%，同比上升 0.22 个百分点；等效强迫停运率为 0.62%，同比上升 0.04 个百分点；非计划停运次数 0.45 次/（台•年），同比减少 0.07 次/（台•年）。2022、2023 年燃煤机组主要运行可靠性指标如图 8－4 所示。

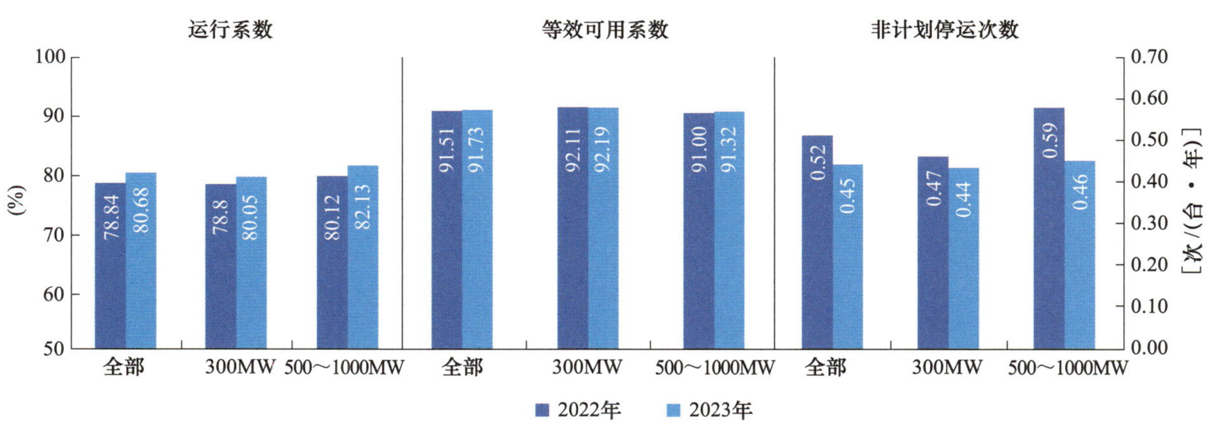


图 8－4　2022、2023 年燃煤机组主要运行可靠性指标

### （三）燃气轮机组

**燃气轮机组运行可靠性水平总体同比稳中有升。**2023 年，纳入电力可靠性统计的燃气轮机组 265 台，总容量 7689.59 万千瓦。燃气轮机组主要可靠性指标较上年略有提升，其中，等效可用系数为 92.90%，同比上升 0.28 个百分点；运行系数为 44.57%，同比上升 1.09 个百分点；非计划停运次数 0.19 次/（台・年），同比上升 0.04 次/（台・年）。2022、2023 年燃气机组主要运行可靠性指标如图 8－5 所示。

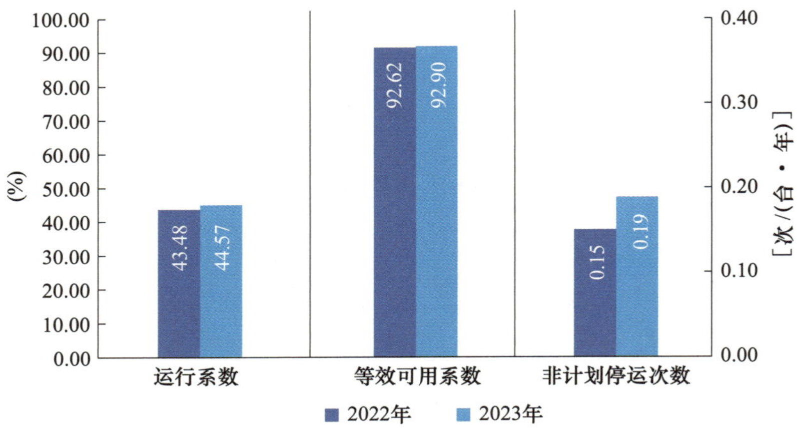

图 8－5　2022、2023 年燃气轮机组主要可靠性指标

### （四）核电机组

**核电机组运行可靠性水平总体同比略有下降。**2023 年，纳入电力可靠性统计的核电机组 51 台，总容量 5294.77 万千瓦。机组运行系数为 89.58%，同比上升 0.14 个百分点；等效可用系数为 89.35%，同比下降 0.33 个百分点；非计划停运次数 0.27 次/（台・年），同比增加 0.13 次/（台・年）。2022、2023 年核电机组运行主要可靠性指标如图 8－6 所示。

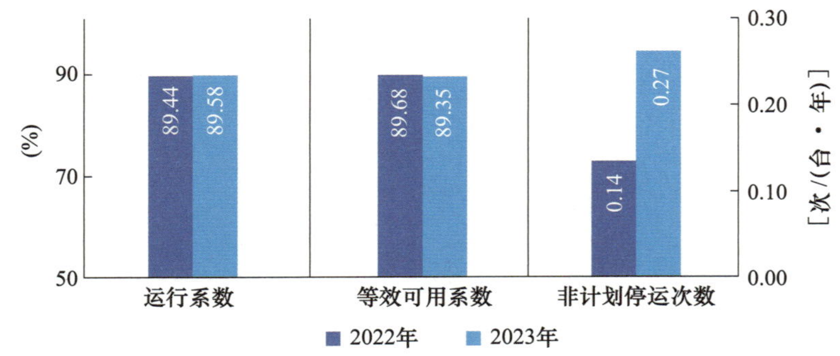

图 8－6　2022、2023 年核电机组运行主要可靠性指标

### （五）风电机组

**风电机组运行可靠性水平总体平稳。**2023 年，纳入电力可靠性统计的风电机组 63473

台，总容量 12092.55 万千瓦。运行系数为 99.02%，同比上升 0.45 个百分点；等效可用系数为 98.76%，同比上升 1.19 个百分点；非计划停运次数 1.47 次/（台·年），同比上升 0.02 次/（台·年）。2022、2023 年风电机组运行主要可靠性指标如图 8－7 所示。

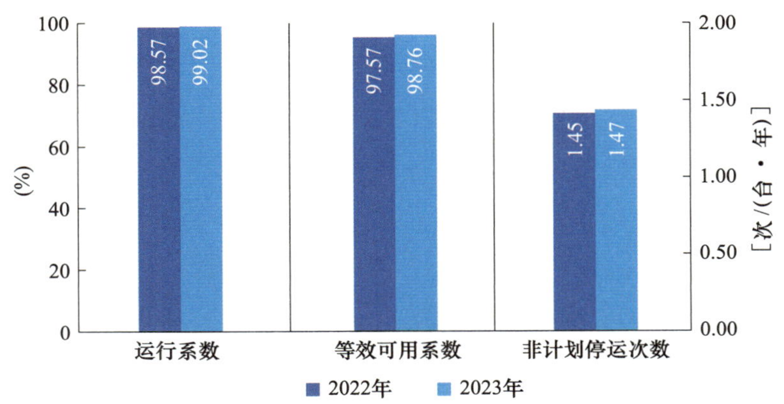


图 8－7 2022、2023 年风电机组运行主要可靠性指标

## （六）燃煤机组主要辅助设备

**燃煤机组主要辅助设备可靠性水平总体稳中有升。**2023 年，纳入电力可靠性统计的 20 万千瓦及以上容量燃煤机组主要辅助设备磨煤机、给水泵组、送风机、引风机、高压加热器的台数分别为 7540、3699、2861、2951 台和 4520 台。五种辅助设备可用系数分别同比上升 0.57、0.63、0.63、0.53 个和 0.44 个百分点；五种辅助设备运行分别同比上升 1.98、2.34、1.77、1.79 个和 1.90 个百分点；非计划停运小时磨煤机、送风机、引风机、高压加热器同比减少，给水泵组同比增加。2022、2023 年燃煤机组五种辅助设备主要可靠性指标对比如图 8－8 所示。

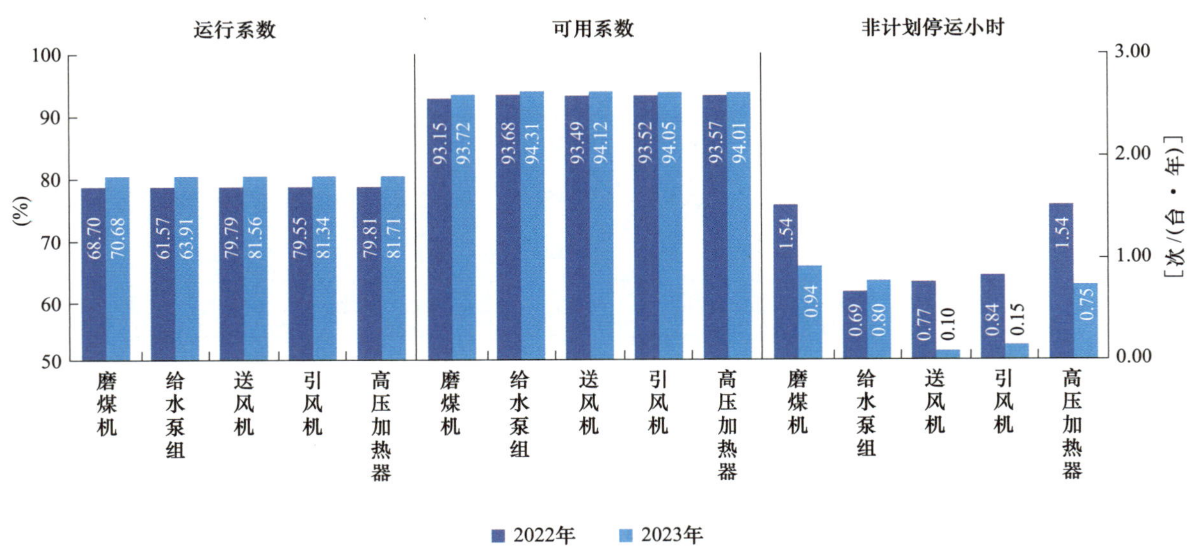


图 8－8 2022、2023 年燃煤机组五种辅助设备主要可靠性指标对比

## 三、输变电设施

### （一）总体情况

**输变电设施运行可靠性指标总体维持在较高水平，十一类输变电设施的可用系数保持在 99.44%以上，强迫停运率维持在 0.15 次/百千米（台、套、段）年以下。**2023 年，除变压器、电抗器、避雷器外，其他设施计划停运时间均高于 2022 年，其中架空线路、母线、电缆线路的计划停运时间升幅较大，分别同比上升 7.396 小时/（百千米•年）、1.202 小时/（段•年）和 1.136 小时/（千米•年）。受计划停运时间升高影响，架空线路、电流互感器、电压互感器、组合电器、电缆线路、母线，可用系数均低于 2022 年，其中架空线路、电缆线路降幅较大，分别同比下降 0.083、0.033 个百分点。架空线路、断路器、电流互感器、电压互感器、电缆线路和组合电器的强迫停运率高于 2022 年，分别同比增加 0.019 次/（百千米•年）、0.049 次/（百台•年）、0.001 次/（百台•年）、0.011 次/（百台•年）、0.059 次/（千米•年）、0.023 次/（百台•年）。2022、2023 年 220 千伏及以上电压等级十一类输变电设施主要可靠性指标见表 8－1。

表 8－1　　2022、2023 年 220 千伏及以上电压等级十一类输变电设施主要可靠性指标

| 类别 | 可用系数（%） | | 强迫停运率（%） | | 非计划停运时间（小时） | | 计划停运时间（小时） | |
|---|---|---|---|---|---|---|---|---|
| | 2022 年 | 2023 年 | 2022 年 | 2023 年 | 2022 年 | 2023 年 | 2022 年 | 2023 年 |
| 架空线路 | 99.522 | 99.440 | 0.035 | 0.054 | 2.332 | 0.658 | 38.323 | 45.719 |
| 变压器 | 99.468 | 99.563 | 0.210 | 0.144 | 0.319 | 0.153 | 45.735 | 37.911 |
| 电抗器 | 99.806 | 99.818 | 0.110 | 0.000 | 0.130 | 0.040 | 16.740 | 15.852 |
| 断路器 | 99.817 | 99.821 | 0.086 | 0.135 | 0.053 | 0.021 | 15.536 | 15.594 |
| 电流互感器 | 99.950 | 99.949 | 0.015 | 0.016 | 0.022 | 0.006 | 4.239 | 4.430 |
| 电压互感器 | 99.949 | 99.947 | 0.004 | 0.015 | 0.012 | 0.045 | 4.399 | 4.543 |
| 隔离开关 | 99.963 | 99.963 | 0.013 | 0.013 | 0.025 | 0.003 | 3.194 | 3.236 |
| 避雷器 | 99.955 | 99.955 | 0.007 | 0.007 | 0.005 | 0.042 | 3.922 | 3.901 |
| 电缆线路 | 99.964 | 99.931 | 0.014 | 0.073 | 0.001 | 1.786 | 3.165 | 4.301 |
| 组合电器 | 99.970 | 99.962 | 0.015 | 0.038 | 0.018 | 0.008 | 2.608 | 3.300 |
| 母线 | 99.955 | 99.943 | 0.282 | 0.096 | 0.160 | 0.010 | 3.733 | 4.935 |

注　强迫停运率单位：电缆线路单位为次/（千米•年），其他设备单位为次/［百千米（台、套、段）•年］；非停、计停时间单位：架空线路单位为小时/（百千米•年），其他设备单位为小时/［千米（台、套、段）•年］。

## （二）三类主要输变电设施

**架空线路、变压器、断路器可靠性指标整体平稳，变压器可用系数降幅较大。**2023 年，纳入可靠性统计的 220 千伏及以上电压等级架空线路总里程 883763 千米，变压器、断路器总数量分别为 23424 台和 54274 台。

2023 年，架空线路可用系数为 99.440%，同比下降 0.082 个百分点。强迫停运率 0.054 次/（百千米·年），同比上升 0.019 次/（百千米·年）。导线、绝缘子、金具是引起非计划停运次数较多的前三位部件因素，分别引起非计划停运 436、42 次和 17 次。自然灾害、气候因素、外力损坏是引起非计划停运次数较多的前三位责任原因，分别引起非计划停运 238、127 次和 104 次。

2023 年，变压器可用系数为 99.563%，同比上升 0.095 个百分点。强迫停运率为 0.144 次/（百台·年），同比下降 0.066 次/（百台·年）。其他部件设备、套管和线圈是引起非计划停运次数较多的前三位部件因素，分别引起非计划停运 17、8 次和 8 次。产品质量不良、设备老化和气候因素是引起非计划停运次数较多的前三位责任原因，分别引起非计划停运 17、7 次和 6 次。

2023 年，断路器可用系数为 99.821%，同比上升 0.004 个百分点。强迫停运率 0.135 次/（百台·年），同比上升 0.049 次/（百台·年）。本体其他部件、操作机构、一次系统是引起断路器非计划停运次数较多的前三位部件因素，分别引起非计划停运 25、18 次和 16 次。产品质量不良、气候因素、自然灾害影响是引起断路器非计划停运次数较多的前三位责任原因，分别引起非计划停运 25、24 次和 12 次。2022、2023 年三类主要输变电设施不同电压等级可用系数、强迫停运率对比见表 8-2。

表 8-2　2022 年、2023 年三类主要输变电设施不同电压等级可用系数、强迫停运率对比

| 指标 | 设施 | 年份 | 220 千伏 | 330 千伏 | 500 千伏 | 750 千伏 | 1000 千伏 | 综合 |
|---|---|---|---|---|---|---|---|---|
| 可用系数（%） | 架空线路 | 2022 | 99.809 | 99.805 | 99.239 | 99.658 | 99.154 | 99.522 |
| | | 2023 | 99.692 | 99.708 | 99.244 | 99.330 | 98.306 | 99.440 |
| | 变压器 | 2022 | 99.563 | 99.271 | 99.302 | 99.18 | 99.395 | 99.468 |
| | | 2023 | 99.628 | 99.347 | 99.464 | 99.404 | 99.294 | 99.563 |
| | 断路器 | 2022 | 99.863 | 99.877 | 99.602 | 99.503 | 99.949 | 99.817 |
| | | 2023 | 99.864 | 99.773 | 99.663 | 99.446 | 98.258 | 99.821 |
| 强迫停运率［次/百千米（百台）·年］ | 架空线路 | 2022 | 0.039 | 0.003 | 0.042 | 0 | 0.013 | 0.035 |
| | | 2023 | 0.053 | 0.011 | 0.073 | 0.014 | 0.032 | 0.054 |
| | 变压器 | 2022 | 0.15 | 0.162 | 0.229 | 1.942 | 0 | 0.210 |
| | | 2023 | 0.151 | 0.152 | 0.115 | 0.206 | 0.454 | 0.144 |
| | 断路器 | 2022 | 0.059 | 0.045 | 0.139 | 1.139 | 1.754 | 0.086 |
| | | 2023 | 0.095 | 0.043 | 0.215 | 2.08 | 0 | 0.135 |

## 四、直流输电系统

**直流输电系统运行可靠性总体良好，能量利用率同比小幅下降，强迫停运次数略有上升。**2023 年，全国纳入可靠性管理的直流输电系统 50 个，包括 17 个点对点超高压直流输电系统、19 个点对点特高压直流输电系统、9 个背靠背直流输电系统、5 个多端直流输电系统。额定输送容量总计 232374 兆瓦，线路总长度达到 52838 千米。

2023 年，47 个[1]直流输电系统合计能量可用率[2]为 96.814%，同比提升 0.013 个百分点；能量利用率为 42.07%，同比下降 1.98 个百分点；总计强迫停运 32 次，同比上升 7 次。

2023 年，葛南、天广、龙政、江城、德宝、牛从乙、金中、永富、如东、复奉、锦苏、天中、宾金、祁韶、锡泰、新东、昭沂、吉泉、陕武、灵宝、高岭、施州、粤中、南粤、舟山 25 个系统未发生强迫停运。纳入电力可靠性统计的直流输电系统共发生强迫停运 32 次，其中，双极强迫停运事件 1 次，同比持平；单极强迫停运事件 21 次，同比增加 10 次；阀组强迫停运事件 7 次，同比增减少 1 次；单元强迫停运事件 3 次，同比减少 2 次。2023 年直流输电系统主要可靠性指标情况见表 8－3。

表 8－3　　2023 年直流输电系统主要可靠性指标

| 直流输电系统 | 能量可用率（%） | 能量利用率（%） | 强迫能量不可用率（%） | 强迫停运（次） |
|---|---|---|---|---|
| 点对点超高压直流输电系统 | | | | |
| 葛南 | 100 | 25.70 | 0 | 0 |
| 天广 | 99.012 | 22.46 | 0 | 0 |
| 龙政 | 97.528 | 41.05 | 0 | 0 |
| 江城 | 99.432 | 57.13 | 0 | 0 |
| 宜华 | 97.942 | 26.90 | 0.176 | 1 |
| 兴安 | 98.735 | 66.66 | 0.054 | 1 |
| 德宝 | 97.796 | 62.56 | 0 | 0 |
| 伊穆 | 97.419 | 49.44 | 0.041 | 2 |
| 银东 | 96.248 | 49.53 | 0.111 | 2 |
| 林枫 | 97.868 | 45.27 | 0.140 | 2 |
| 柴拉 | 95.720 | 55.42 | 0.167 | 2 |

[1] 2023 年长期在技术改造的厦门柔性直流输电系统、云霄背靠背换流站和投运不足一年的金塘直流输电系统未参与本报告中可靠性指标的计算和分析，不计入运行数据统计。

[2] 多端柔性直流系统不计入能量可用率计算统计。

续表

| 直流输电系统 | 能量可用率（%） | 能量利用率（%） | 强迫能量不可用率（%） | 强迫停运（次） |
| --- | --- | --- | --- | --- |
| 牛从甲 | 95.127 | 49.86 | 0.020 | 1 |
| 牛从乙 | 97.046 | 49.38 | 0 | 0 |
| 金中 | 97.612 | 41.90 | 0 | 0 |
| 永富 | 96.712 | 32.90 | 0 | 0 |
| 如东 | 97.260 | 31.02 | 0 | 0 |
| 点对点特高压直流输电系统 | | | | |
| 楚穗 | 92.033 | 38.27 | 0.219 | 3 |
| 复奉 | 97.670 | 46.87 | 0 | 0 |
| 锦苏 | 94.761 | 48.23 | 0 | 0 |
| 天中 | 98.905 | 67.45 | 0 | 0 |
| 宾金 | 93.513 | 33.99 | 0 | 0 |
| 普侨 | 95.904 | 27.03 | 0.067 | 1 |
| 灵绍 | 97.091 | 69.45 | 0.755 | 2 |
| 祁韶 | 93.270 | 47.98 | 0 | 0 |
| 雁淮 | 97.713 | 66.71 | 0.060 | 1 |
| 鲁固 | 97.678 | 50.06 | 0.307 | 2 |
| 锡泰 | 97.271 | 41.66 | 0 | 0 |
| 新东 | 100 | 47.38 | 0 | 0 |
| 昭沂 | 99.475 | 39.56 | 0 | 0 |
| 吉泉 | 97.304 | 58.99 | 0 | 0 |
| 青豫 | 96.365 | 26.86 | 0.382 | 1 |
| 雅湖 | 98.060 | 26.14 | 0.049 | 1 |
| 陕武 | 97.710 | 34.54 | 0 | 0 |
| 建苏 | 99.425 | 33.40 | 0.072 | 1 |
| 背靠背直流输电系统 | | | | |
| 灵宝 | 97.880 | 65.97 | 0 | 0 |
| 高岭 | 97.615 | 72.72 | 0 | 0 |
| 黑河 | 98.356 | 27.72 | 0.057 | 1 |
| 鲁西 | 96.563 | 25.72 | 0.009 | 1 |

续表

| 直流输电系统 | 能量可用率（%） | 能量利用率（%） | 强迫能量不可用率（%） | 强迫停运（次） |
|---|---|---|---|---|
| 宜昌 | 98.571 | 34.44 | 0.174 | 1 |
| 施州 | 97.869 | 34.07 | 0 | 0 |
| 粤中 | 90.063 | 43.37 | 0 | 0 |
| 南粤 | 76.607 | 28.09 | 0 | 0 |
| 多端直流输电系统 | | | | |
| 禄高肇 | 98.452 | 58.63 | 0.002 | 1 |
| 昆柳龙 | 98.460 | 31.67 | 0.035 | 2 |
| 张北 | — | 32.16 | — | 2 |
| 舟山 | — | 18.59 | — | 0 |
| 南澳 | — | 14.18 | — | 1 |
| **合计** | **96.814** | **42.07** | **0.079** | **32** |

## 五、供电系统

2023 年，纳入电力行业可靠性统计的全国 10（6、20）千伏供电系统用户 1289.04 万户，其中城网地区用户 178.17 万户，占比 13.82%；农网地区用户 1110.88 万户，占比 86.18%。

**2023 年，城网、农网地区供电可靠性进一步缩小。**2023 年，全国供电系统用户平均供电可靠率 99.911%，同比上升 0.015 个百分点；用户平均停电时间 7.83 小时/户，同比减少 1.27 小时/户；用户平均停电频率 2.30 次/户，同比减少 0.31 次/户，其中城网地区用户平均停电时间 2.14 小时/户，同比减少 0.09 小时/户，农网地区用户平均停电时间 8.74 小时/户，同比减少了 1.48 小时/户，城网、农网地区用户平均停电时间相差 6.60 小时/户，同比缩小 1.39 小时/户。2022、2023 年用户平均停电时间、平均停电频率同比变化如图 8－9 所示。

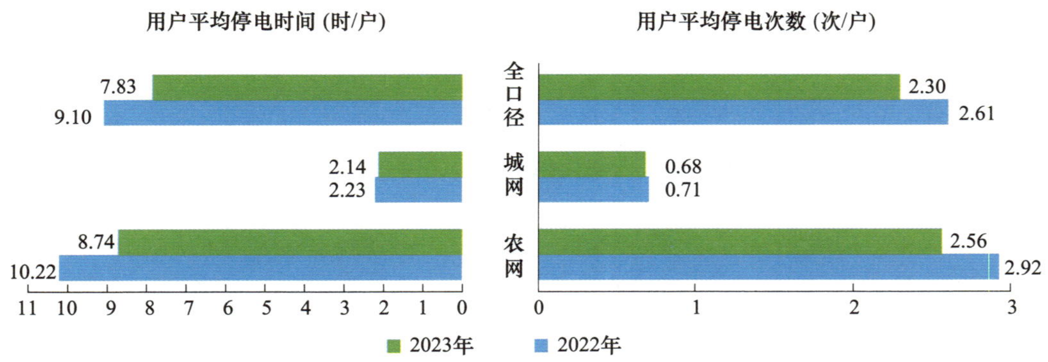


图 8－9　2022、2023 年用户平均停电时间、平均停电频率同比变化

**用户平均供电可靠率东西部差异明显，华东区域供电系统用户平均供电可靠率水平领先其他区域，其用户平均停电时间明显低于其他区域。**华东区域的用户平均停电时间为1.66小时/户，华北区域的用户平均停电时间为7.42小时/户，南方区域的用户平均停电时间7.73小时/户，其他区域的用户平均停电时间均大于9小时/户，其中东北区域和华东区域的用户平均停电时间相差12.99小时/户；华东区域的用户平均停电频率为1.05次/户，南方区域的用户平均停电频率为1.80次/户，华北区域的用户平均停电频率为2.01次/户，其他区域的用户平均停电频率均大于2次/户。2023年各区域电网用户供电可靠性指标见表8-4。

表8-4 2023年各区域电网用户供电可靠性指标

| 区域 | 平均供电可靠率 ASAI-1（%） | | | 平均停电时间 SAIDI-1（小时/户） | | | 平均停电频率 SAIFI-1（次/户） | | |
|---|---|---|---|---|---|---|---|---|---|
| | 全口径 | 城网 | 农网 | 全口径 | 城网 | 农网 | 全口径 | 城网 | 农网 |
| **全国** | **99.911** | **99.976** | **99.900** | **7.83** | **2.14** | **8.74** | **2.30** | **0.68** | **2.56** |
| 华北区域 | 99.915 | 99.985 | 99.906 | 7.42 | 1.32 | 8.28 | 2.01 | 0.45 | 2.22 |
| 东北区域 | 99.833 | 99.948 | 99.811 | 14.65 | 4.51 | 16.59 | 4.95 | 1.29 | 5.65 |
| 华东区域 | 99.981 | 99.993 | 99.979 | 1.66 | 0.64 | 1.84 | 1.05 | 0.38 | 1.18 |
| 华中区域 | 99.896 | 99.967 | 99.885 | 9.09 | 2.87 | 10.05 | 2.67 | 0.84 | 2.95 |
| 西北区域 | 99.836 | 99.950 | 99.825 | 14.32 | 4.35 | 15.35 | 3.44 | 1.54 | 3.63 |
| 南方区域 | 99.912 | 99.976 | 99.900 | 7.73 | 2.09 | 8.80 | 1.80 | 0.53 | 2.04 |

注 华北区域包括蒙东公司，华北、华中、南方区域包括地方电力公司。

**多数省级行政区[1]的供电可靠性指标大幅度提升。**北京市、天津市、山西省、辽宁省、上海市、江苏省、浙江省、安徽省、福建省、江西省、山东省、河南省、湖北省、湖南省、广东省、海南省、宁夏回族自治区的用户平均停电时间少于10小时/户，吉林省、黑龙江省、西藏自治区、甘肃省、青海省的用户平均停电时间超过15小时/户；各省级行政区中最优和最差的用户平均停电时间相差38.23小时/户。31个省级行政区中，24个的用户平均停电时间同比减少，减少幅度超过20%的有12个。2023年各省级行政区的用户平均停电时间如图8-10所示。

[1] 本报告未含香港特别行政区、澳门特别行政区和台湾地区数据。

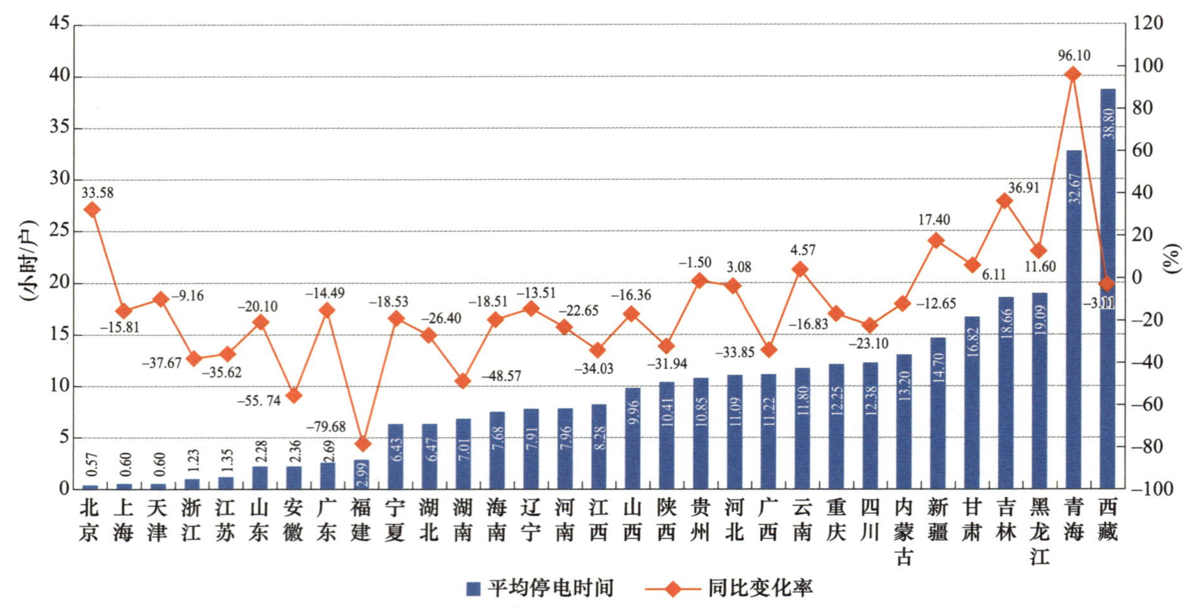

图 8-10　2023 年各省级行政区的用户平均停电时间

**2023 年，全国 50 个主要城市（即 4 个直辖市、27 个省会城市、5 个计划单列市及其他 14 个 GDP 排名靠前的城市）供电可靠性水平明显优于全国平均水平。**2023 年，50 个主要城市用户数占全国总用户数的 30.83%，用户总容量占全国用户总容量的 43.84%。50 个主要城市用户平均停电时间 3.91 小时，比全国平均值少 3.92 小时。北京、上海、广州、深圳、天津、南京、苏州、杭州、宁波、绍兴、厦门、济南、青岛、佛山、东莞的用户平均停电时间少于 1 小时/户，长春、哈尔滨、重庆、拉萨、兰州、西宁的用户平均停电时间超过 10 小时/户。2023 年主要城市的用户平均停电时间情况见表 8-5。

表 8-5　　2023 年主要城市的用户平均停电时间情况

| 全口径用户平均停电时间 | 城市 |
|---|---|
| 小于 1 小时 | 北京、上海、广州、深圳、天津、南京、苏州、杭州、宁波、绍兴、厦门、济南、青岛、佛山、东莞 |
| 1～2 小时 | 无锡、徐州、常州、南通、潍坊、扬州、合肥、福州、烟台、武汉 |
| 2～5 小时 | 大连、温州、泉州、郑州、长沙、南宁、海口、昆明、银川 |
| 5～10 小时 | 石家庄、唐山、太原、呼和浩特、沈阳、南昌、成都、贵阳、西安、乌鲁木齐 |
| 大于 10 小时 | 长春、哈尔滨、重庆、拉萨、兰州、西宁 |

注　1. 表中所有指标范围向下包含。
2. 表中城市排名不分先后。

# 第三节　电　能　质　量

## 一、总体情况

电能质量关系到国民经济的总体效益，也是电力可持续发展的必要条件。我国新型电力系统建设加速推进，在保障电力安全供应、促进能源低碳转型、优化营商环境、助力乡村振兴等方面对电能质量提出了更多、更高的要求。2023 年，围绕我国能源电力工作总体部署，国家能源局组织中国电力企业联合会及主要电力企业开展《电能质量管理办法（暂行）》（以下简称“《办法》”）编制工作，《办法》于 2023 年 12 月 27 日由国家发展改革委以委第 8 号令正式颁布，2024 年 4 月 1 日起正式实施。《办法》从理论体系、组织体系和监管体系等方面实现了全方位突破和提升，拓展了电能质量管理的外延、丰富了其内涵，开创了我国电能质量管理的新格局。

2023 年，全国主要电网企业强化供电电压与电能质量监测和治理工作，持续提升供电质量。2023 年共设置供电电压监测点 33.97 万个，同比增加 4.00%，进一步加强了各等级电网的电压监测能力。全国 35 个省级区域中，电压合格率指标总体维持在较高水平，有 15 个省级区域的城市综合电压合格率达到四个九以上，约 18%的省级区域城市综合电压合格率同比提升；有 4 个省级区域的农村综合电压合格率达到四个九以上，约 53%的省级区域农村综合电压合格率同比提升。全国主要电网企业继续推进电能质量监测管理，共设置电能质量监测点 2.01 万个，同比增长 16.18%。各电网企业加大电能质量干扰源监测力度，加强与用户沟通协调，共同推动电能质量问题治理，根据电能质量监测（普测）指标情况，主要干扰源用户造成的电能质量问题总体未产生较大影响。

## 二、监测系统建设

### （一）电压监测系统建设情况

国内主要电网企业持续推进电压监测能力建设，进一步扩大监测点的覆盖面共设置供电电压监测点 33.97 万个，同比增加 4.00%。其中，A 类电压监测点 8.55 万个，同比增加 3.79%；B 类电压监测点 2.52 万个，同比增加 10.06%；C 类电压监测点 6.64 万个，同比增加 5.15%；D 类电压监测点 16.26 万个，同比增加 2.76%。各类电网电压监测点数量均平稳增长，进一步加强了各等级电网的电压监测能力。各单位基于全网供电电压监测系统开展监测点数据自动采集，统计并定期发布供电电压相关指标数据。各电网企业电压监测点设置点数见表 8–6。

表 8–6　各电网企业电压监测点设置点数　单位：个

| 2023 年 | A 类 | | B 类 | | C 类 | | D 类 | | 合计 | |
|---|---|---|---|---|---|---|---|---|---|---|
| | 点数 | 同比 | 点数 | 同比 | 点数 | 同比 | 点数 | 同比 | 点数 | 同比 |
| 国家电网 | 69422 | 3.91% | 22960 | 11.14% | 59173 | 5.60% | 138666 | 3.11% | 290221 | 4.40% |
| 南方电网 | 14298 | 3.11% | 1799 | 0.50% | 6727 | 1.14% | 21281 | 0.33% | 44105 | 1.35% |
| 内蒙古电力 | 1764 | 4.94% | 415 | –2.35% | 540 | 8.22% | 2652 | 4.91% | 5371 | 4.64% |
| 合计 | 85484 | 3.79% | 25174 | 10.06% | 66440 | 5.15% | 162599 | 2.76% | 339697 | 4.00% |

注　2023 年电压监测点数数据中，国家电网点数含原陕西地电点数，南方电网点数含广西水利水电点数。

### （二）电能质量监测系统建设

各主要电网企业为全面掌握电网电能质量水平，明确干扰源用户对电网电能质量造成的影响，加强电能质量监测系统建设，在所属的变电站为干扰源供电的母线和出线上，设置了电能质量监测点，及时排查发现电能质量问题。截至 2023 年底，共设置电能质量监测点 2.01 万个，进一步扩大监测点的覆盖面。其中，电网变电站监测点 12056 个，电气化铁路监测点 2098 个、风电场监测点 739 个、光伏电站监测点 1116 个、冶炼负荷监测点 1284 个，其他类别监测点 2821 个。目前，电能质量监测点相对较少，监测数据采集难度大，各电网公司根据实际工作情况主要利用监测信息支撑科研数据分析。各电网企业电能质量监测点设置数量见表 8–7。

表 8–7　各电网企业电能质量监测点设置数量　单位：个

| 电网企业 | 电网变电站 | 电气化铁路 | 风电场 | 光伏电站 | 冶炼负荷 | 其他 | 合计 |
|---|---|---|---|---|---|---|---|
| 国家电网 | 5033 | 1704 | 530 | 826 | 1076 | 2412 | 11581 |
| 南方电网 | 6838 | 307 | 150 | 215 | 169 | 406 | 8085 |
| 内蒙古电力 | 185 | 87 | 59 | 75 | 39 | 3 | 448 |
| 合计 | 12056 | 2098 | 739 | 1116 | 1284 | 2821 | 20114 |

## 三、电能质量指标

### （一）供电电压指标

电压合格率是衡量供电质量的重要指标，主要电网企业高度重视电压质量管理，以保障电压质量为目标，持续加强电压监测及运行维护，加强问题治理，不断提升电压质量水平。国家电网针对高电缆化率台区容性无功过剩影响供电电压的问题，根据变电站负荷特性，采用“一站一案”差异化方法优化无功补偿配置策略，加强无功精细化管理，确保母线电压运行质量，全面保障用户电压水平。南方电网通过健全完善电压质量监测体系和管理工作机制，加大低电压问题监控力度，加强电压监测数据分析应用，强化电压监测技术管理培训，提升电压问题分析治理能力。内蒙古电力公司深化电压合格率指标分析，建立电压合格率指标季度分析制度，加强中压母线“逆调压”管理，持续开展低电压专项治理，全年共完成 232 项低电压问题治理工作。2023 年全国省级区域及部分主要城市综合电压合格率见表 8－8。

表 8－8　　2023 年全国省级区域及部分主要城市综合电压合格率表

| 省级区域/城市 | 综合电压合格率（%） | | | 省级区域/城市 | 综合电压合格率（%） | | |
|---|---|---|---|---|---|---|---|
| | 城市 | 农村 | 城乡 | | 城市 | 农村 | 城乡 |
| 一、省级区域 | | | | | | | |
| 北京 | 99.994 | 99.950 | 99.978 | 吉林 | 99.931 | 99.633 | 99.790 |
| 天津 | 99.994 | 99.993 | 99.993 | 黑龙江 | 99.951 | 99.602 | 99.828 |
| 河北 | 99.986 | 99.842 | 99.892 | 蒙东 | 99.991 | 99.790 | 99.834 |
| 冀北 | 99.987 | 99.864 | 99.896 | 陕西（不含陕西南区） | 99.955 | 99.802 | 99.899 |
| 山西 | 99.991 | 99.859 | 99.899 | 陕西南区 | 99.221 | 98.559 | 98.691 |
| 山东 | 99.983 | 99.875 | 99.921 | 甘肃 | 99.991 | 99.786 | 99.854 |
| 上海 | 99.998 | 99.997 | 99.998 | 青海 | 99.992 | 99.799 | 99.850 |
| 江苏 | 99.996 | 99.993 | 99.995 | 宁夏 | 99.994 | 99.792 | 99.898 |
| 浙江 | 99.988 | 99.890 | 99.928 | 新疆 | 99.814 | 99.68 | 99.726 |
| 安徽 | 99.975 | 99.844 | 99.904 | 西藏 | 98.501 | 98.818 | 98.562 |
| 福建 | 99.995 | 99.886 | 99.933 | 广东（不含深圳） | 99.998 | 99.998 | 99.998 |
| 湖北 | 99.994 | 99.858 | 99.902 | 广西（含新电力） | 99.808 | 99.727 | 99.750 |
| 湖南 | 99.994 | 99.856 | 99.892 | 云南 | 99.863 | 99.734 | 99.772 |
| 河南 | 99.994 | 99.844 | 99.886 | 贵州 | 99.785 | 99.574 | 99.740 |
| 江西 | 99.974 | 99.869 | 99.885 | 海南 | 99.928 | 99.941 | 99.938 |
| 四川 | 99.941 | 99.849 | 99.888 | 深圳 | 99.999 | — | 99.999 |
| 重庆 | 99.977 | 99.822 | 99.899 | 蒙西地区 | 99.900 | 99.730 | 99.810 |
| 辽宁 | 99.994 | 99.855 | 99.902 | | | | |

续表

| 省级区域/城市 | 综合电压合格率（%） | | | 省级区域/城市 | 综合电压合格率（%） | | |
|---|---|---|---|---|---|---|---|
| | 城市 | 农村 | 城乡 | | 城市 | 农村 | 城乡 |
| 二、部分主要城市 | | | | | | | |
| 北京 | 99.994 | 99.95 | 99.978 | 厦门 | 99.999 | 99.992 | 99.999 |
| 天津 | 99.994 | 99.993 | 99.993 | 长沙 | 99.997 | 99.842 | 99.914 |
| 上海 | 99.99 | 99.991 | 99.991 | 郑州 | 99.997 | 99.922 | 99.960 |
| 重庆 | 99.977 | 99.822 | 99.899 | 青岛 | 99.990 | 99.991 | 99.991 |
| 南京 | 99.998 | 99.998 | 99.998 | 无锡 | 99.998 | 99.996 | 99.997 |
| 杭州 | 99.998 | 99.998 | 99.998 | 广州 | 100.000 | 99.999 | 100.000 |
| 苏州 | 99.999 | 99.997 | 99.998 | 深圳 | 99.999 | / | 99.999 |
| 武汉 | 99.995 | 99.825 | 99.932 | 东莞 | 99.999 | 99.999 | 99.999 |
| 成都 | 99.954 | 99.885 | 99.921 | 佛山 | 99.999 | 99.999 | 99.999 |

## （二）电能质量监测（普测）指标

各主要电网企业持续开展电能质量指标监测（普测）工作，利用监测（普测）电能质量指标的海量数据，实施网内数据共享和超标现象分析，指导开展电网电能质量评估、分析、治理等工作。国家电网积极联络电铁、地铁等轨道交通用户，通过会谈协商、技术服务等方式，探索轨道交通电能质量问题的“破冰”管理新模式，并对机车频谱可信度低影响评估准确性的问题，通过跨省实现机车运行实测频谱数据共享，为评估计算分析及治理容量配置提供依据，得到了用户的认可。南方电网通过开展谐波源用户测试评估，推动实施定制化治理方案设计，在设备安装与运维时提供科学、及时、有效的人员培训、检验检测、安装改造、日常运维代管等服务，加强用户侧并网点电能质量监测，定期开展谐波专项测试等方式加强电能质量管理，保障电网电能质量水平。内蒙古电力公司通过“技术监督和监测管理”双重手段不断加强新能源用户电能质量控制管理，在新能源用户入网前开展电能质量评估工作把控其电能质量问题；在入网后开展电能质量现场测试、动态无功调节设备的性能测试等试验，并配套电能质量监测设备，加强电能质量问题的管控。

根据各主要电网企业电能质量监测（普测）指标统计数据，电气化铁路、风电场、光伏电站、冶炼负荷等干扰源存在不同程度电能质量指标超标情况，但总体未产生较大影响。主要干扰源电能质量指标超标情况见表 8–9。

表 8-9　　　　　　　　主要干扰源电能质量指标超标情况

| 企业经营区 | 指标 | 干扰源监测点数（个）\超标占比（%） | | | | | | | | | | | |
|---|---|---|---|---|---|---|---|---|---|---|---|---|---|
| | | 电气化铁路 | | | 风电场 | | | 光伏电站 | | | 冶炼负荷 | | |
| | | 监测点数 | 超标点数 | 超标占比 | 监测点数 | 超标点数 | 超标占比 | 监测点数 | 超标点数 | 超标占比 | 监测点数 | 超标点数 | 超标占比 |
| 国家电网有限公司经营区 | 谐波电压 | 1704 | 330 | 19.37 | 530 | 108 | 20.38 | 826 | 141 | 17.07 | 1076 | 188 | 17.47 |
| | 谐波电流 | | 552 | 32.39 | | 139 | 26.22 | | 152 | 18.40 | | 267 | 24.81 |
| | 电压不平衡度 | | 361 | 21.19 | | 90 | 16.98 | | 216 | 26.15 | | 228 | 21.19 |
| | 电压闪变 | | 577 | 33.86 | | 156 | 29.43 | | 336 | 40.68 | | 456 | 42.37 |
| 中国南方电网有限责任公司经营区 | 谐波电压 | 269 | 44 | 16.36% | 124 | 6 | 4.84% | 91 | 23 | 25.27% | 161 | 12 | 7.45% |
| | 谐波电流 | | 29 | 10.78% | | 11 | 8.87% | | 19 | 20.88% | | 21 | 13.04% |
| | 电压不平衡度 | | 3 | 1.12% | | 4 | 3.23% | | 4 | 4.40% | | 1 | 0.62% |
| | 电压闪变 | | 12 | 4.46% | | 3 | 2.42% | | 16 | 17.58% | | 7 | 4.35% |
| 内蒙古电力（集团）有限责任公司经营区 | 谐波电压 | 8 | 0 | 0% | 25 | 3 | 12% | 10 | 2 | 20% | 36 | 3 | 8.3% |
| | 谐波电流 | | 1 | 12.5% | | 2 | 8% | | 2 | 20% | | 5 | 13.8% |
| | 电压不平衡度 | | 1 | 12.5% | | 0 | 0% | | 0 | 0% | | 2 | 5.5% |
| | 电压闪变 | | 1 | 12.5% | | 0 | 0% | | 1 | 10% | | 2 | 5.5% |

**注**　超标占比是指某类型干扰源监测或普测超标个数与监测或普测的该类型干扰源总数之比。

# 第九章

# 电力标准化

## 第一节　电力标准组织机构建设

**电力标准化组织机构不断完善。**2023 年，成立能源行业电力市场标准化技术委员会，筹建能源行业氢电耦合标准化技术委员会（见表 9–1），先后完成电力行业供用电标准化技术委员会、能源行业风电标准化技术委员会风电电器设备分技术委员会、能源行业电网设备智能巡检标准化技术委员会、全国电力需求侧管理标准化技术委员会、全国电力系统管理及其信息交换标准化技术委员会、电力行业火电建设标准化技术委员会、电力行业信息标准化技术委员会、能源行业电动汽车充电设施标准化技术委员会、中电联配电网规划设计标准化技术委员会的换届或委员调整。为规范专业标准化技术委员会（以下简称标委会）运行及管理，召开 2023 年电力专业标委会考核评估专家评审会，对 11 个中电联标委会进行考核评估，其中电力行业变压器标委会等 4 个标委会获评一级，电力行业高压开关设备及直流电源标委会等 3 个标委会获评二级，中电联电力系统用电力电子器件标委会等 4 个标委会获评三级。

表 9–1　　2023 年批复筹建/批复的国家、行业、中电联标准化技术委员会

| 编号 | 标委会名称 | 工作范围 | 秘书处挂靠单位 |
|---|---|---|---|
| NEA/TC43 | 能源行业电力市场标准化技术委员会 | 电力市场标准体系研究，电力市场基础与通用、电力市场建设、电力市场运营、电力市场监测与风险防范、电力市场技术支持系统、其他等方面的标准化工作 | 中国电力企业联合会、南瑞集团有限公司、南方电网科学研究院有限责任公司 |
| 筹建中 | 能源行业氢电耦合标准化技术委员会 | 制氢系统接入电网互动、燃料电池发电入网等氢电耦合场景下的基础与通用、电力氢安全、电力制氢、电力储氢、氢能发电、氢能并网与运行、氢电耦合相关评价与检测等方面的标准制修订 | — |

截至 2023 年底，中电联负责管理 22 个全国标委会、55 个行业标委会和 43 个中电联标委会，以及 21 个专业的国际电工技术委员会的中国业务，专家人数达 3500 多人（见图 9–1）。

中电联本部承担能源行业电动汽车充电设施标委会、电力行业节能标委会、电力行业可靠性管理标委会秘书处工作和能源行业风电标委会秘书处支撑单位工作，继续承担能源行业风电标委会风电场运行维护及并网管理两个分技术委员会工作。

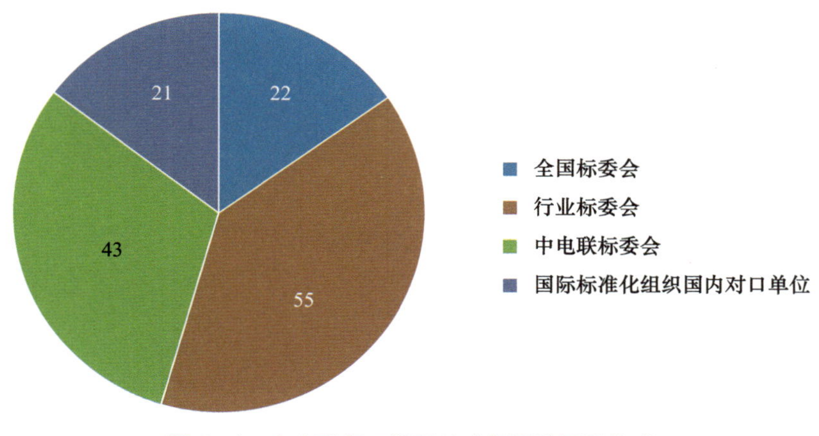


图 9-1　中电联归口管理技术组织数量及构成

## 第二节　电力标准颁布情况

2023 年，全年经有关政府部门和中电联下达标准计划 703 项，其中，国家标准计划 43 项、行业标准计划 363 项、中电联标准计划 297 项。全年经有关政府部门和中电联发布标准 575 项，其中，国家标准 61 项、行业标准 362 项、中电联标准 152 项。

### 一、发电

在发电领域，紧随国家能源结构调整的步伐，充分发挥专业特色，服务于推动经济社会绿色化、低碳化发展的大局，重点围绕新设备、新系统和新业态中的问题开展研究，不断研发和应用新的技术，一批重大技术装备实现突破，智能化、数字化管理水平不断提高。在火电建设、汽机、锅炉等传统领域制修订《火力发电建设工程机组调试技术规范》《燃煤发电机组供热改造技术条件》《燃煤启动锅炉运行与维护导则》等重要标准，不断适应电力生产新需求；重视节能环保，发布《燃气发电机组节能管理技术导则》《火力发电厂节能诊断试验导则》《火电厂环境保护监督管理指标》等标准，从管理、技术、结构节能三方面多措并举，规范燃煤电厂环保设施节能运行，显著提高环境管理水平；加快推进水电站自动化、水轮发电机及电气设备、大坝安全监测、抽水蓄能等领域的标准化工作，发布《水轮发电机组状态在线监测系统技术条件》等标准，为水电的发展提供有力的支撑；在光伏开发形式、光伏部件、投资建设、运维管理、测试评估、分布式（含户用）等方面发布了多项重要标准，以满足光伏产业持续快速发展对标准的需求；在风电领域发布了《风能发电系统　通用电气仿真模型》《海上风电场检修规程》等重要标准，保障了我国风电产业的高质量发展；电力储能领域发布了基础通用、设备及试验、并网及检测等方面技术标准，对于保障储能系统的安全可靠以及稳定运行具有重要意义；面向新型电力系统建设目标，发布了微电网技术要求、独立型微电网调试与验收规范等技术标准，进一步完善了微电网和分布式电源并网标准体系。

发电领域颁布的部分重要标准详见表 9–2。

表 9–2　　发电领域颁布的部分重要标准

| 专业领域 | 标准名称 | 作用效果 |
| --- | --- | --- |
| 火电建设 | DL/T 5710—2023《电力建设土建工程施工技术检验检测规范》 | 火电建设速度整体减缓，但在电网中的支撑作用近期还占主要地位，为了配合新能源的发展，火电运行的灵活性、经济性和安全性显得尤为重要，对工程建设质量和运维提出更高要求，火电建设领域的发展催生了很多新技术、新工艺、新材料、新设备、新产品，在电力建设施工和安全生产标准化等领域发布一系列重要标准，指动火电建设高质量、高水平安全稳定发展 |
| | DL/T 1269—2023《火力发电建设工程机组蒸汽吹管导则》 | |
| | DL/T 1270—2023《火力发电建设工程机组甩负荷试验导则》 | |
| | DL/T 5294—2023《火力发电建设工程机组调试技术规范》 | |
| | DL/T 2679—2023《电力建设工程安全生产标准化实施规范》 | |
| 电站锅炉 | DL/T 1127—2023《等离子体点火系统设计与运行导则》 | 新型电力体制下火电设备及技术的更新换代，结合电站锅炉的技术特点，对点火系统设计、锅炉运行维护等标准开展制修订，为促进煤电机组缺陷或隐患的排查和治理，提高装备安全性，制定了电站锅炉燃烧系统静态检查、电站锅炉渣井等标准，不断改善和提升设备可靠性 |
| | DL/T 2600—2023《燃煤启动锅炉运行与维护导则》 | |
| | DL/T 2660—2023《煤粉锅炉燃烧调整试验技术导则》 | |
| | DL/T 2661—2023《循环流化床锅炉煤泥添加系统技术规范》 | |
| | T/CEC 780—2023《电站锅炉渣井》 | |
| 环境保护 | DL/T 296—2023《火电厂烟气脱硝技术导则》 | 我国火电机组已全面实现超低排放，我国煤炭利用正逐步向清洁化、大型化、规模化、集约化发展，推动煤炭由单一燃料属性向燃料、原料方向转变，推进分级分质利用，从而实现高碳能源低碳化利用。清洁燃煤技术，如超临界（USC）和超超临界（USC）技术的发展，对标准化工作提出了新的需求，在烟气脱硝、保护监督管理、废水排放系统和全生命周期管理等方面发布了重要标准 |
| | DL/T 2644—2023《火电厂环境保护监督管理指标》 | |
| | DL/T 2643—2023《火电厂末端废水零排放系统性能试验导则》 | |
| | DL/T 2642—2023《燃煤电厂袋式除尘器滤袋全寿命周期管理技术导则》 | |
| 光伏发电 | GB/T 43056—2023《沙漠光伏电站技术要求》 | 2023 年在光伏开发形式、光伏部件、投资建设、运维管理、测试评估、分布式（含户用）等方面发布了多项重要标准，涵盖水面光伏电站施工及运行维护要求，沙漠光伏电 |
| | NB/T 11352—2023《漂浮式光伏发电站运行维护规程》 | |

续表

| 专业领域 | 标准名称 | 作用效果 |
| --- | --- | --- |
| 光伏发电 | NB/T 11392—2023《光伏逆变器高加速寿命试验技术规范》 | 站整体技术要求，光伏组件、跟踪系统、光伏逆变器寿命加速等检测要求，光伏发电站维护、安全可视化、衰减治理、数据接入、资源利用率评估、工程质量管理等光伏发电站投资建设及运维管理要求，分布式光伏系统工程、户用并网箱、户用光伏直流并网、发电量评估、户用逆变器、户用系统安全等分布式及户用光伏技术要求。这些标准进一步完善了光伏发电标准体系 |
| | NB/T 11354—2023《光伏发电工程项目质量管理规程》 | |
| | T/CEC 737—2023《户用光伏发电系统安全规范》 | |
| 风电 | GB/T 20320—2023《风能发电系统风力发电机组电气特性测量和评估方法》 | 伴随着风电产业的逐年增长，持续优化调整能源结构，大力提升风电运行的安全可靠，将助力于新能源产业发展，完成“双碳”目标任务。2023 年在风电场运行维护和风电场并网管理领域发布多项技术标准，进一步补充完善风电标准体系，保障了我国风电产业的高质量发展 |
| | NB/T 11365—2023《海上风电场运行风险管理规程》 | |
| | NB/T 11298—2023《风电机组优化效果评估方法》 | |
| | NB/T 11369—2023《海上风电场应急预案编制导则》 | |

## 二、电网

在电网领域，适应电力系统“双高双峰”以及可再生能源发电大规模接入的运行态势，制订发布《电力系统调峰能力评价技术规范》《电力系统惯量支撑和一次调频能力技术要求》《电力系统电压支撑强度计算规范》《电力系统仿真用电源聚合等值和建模导则》《柔性直流电网安全稳定分析导则》等标准，保障大电网安全稳定运行，促进新能源高效消纳；积极应对大量分布式可再生能源、分布式储能、电动汽车充电负荷等在配电网的快速发展，修订发布《配电网规划设计技术导则》，为新型配电网高质量发展提供重要指引和基础；针对电力生产运行面临的安全风险和挑战，制（修）订发布《电力安全工作规程　发电厂和变电站电气部分》《电力安全工作规程　电力线路部分》《电力安全工器具预防性试验规程》等标准，着力加强电力运维、设计、施工、管理、检测与试验等环节中安全技术标准保障；充分依托特高压、柔性直流输电研究成果和工程建设，制（修）订发布《高压柔性直流设备交接试验》《1000kV 交流架空输电线路金具技术规范》《变电站金具技术规范》《静止同步串联补偿器》等标准，推动特高压交直流以及柔性输电技术和设备制造水平的不断提高与工程标准化进步；积极应用先进成熟的设备检测和监测技术，制（修）订发布《架空输电线路巡检系统》《电力电缆线路巡检系统》《电网设备缺陷智能识别技术导则》等标准，推进输变电设备的状态检修工作全面开展，提高电力设备状态检修管理水平；推进传统电力生产与信息物理系统不断融合，加强能源电力生产、存储、传输、消费等环节的顺畅贯通，注重信息采集、传输、处理、应用、安全等能力提升，制订发布《能源互联网规划技术导则》《能源互联网系统主动配电网的互联》《能源互联网交易平台技术要求》《区域能源互联网综合评价导则》《工业园区能源互联网协同运行技术导则》《电力系统管理及其信息交换数据和通信安全第 6 部分：IEC 61850 的安全》《电力行业网络安全等级保护基本要求》《电力行业网络安全等级保护测评指南》《电力云基础设施安全技术要求》《电力用安全芯片技术规范第 1 部分：术语》电力用安全芯片技术规范第 2 部分：物理特性及通信协议》《电力用安全芯片技术规范第 3 部分：安全级数据存储》《电力用安全芯片技术规范第 4 部分：可靠性测试》《电力用安全芯片技术规范第 5 部分：功能测试》《电力时频同步网 GNSS 共视授时技术规范》《电力北斗卫星定位车载终端》等标准，促进“源—网—荷—储”多元互动、能源综合高效利用和多元主体灵活便捷接入，支撑能源电力清洁低碳转型。电网领域颁布的部分重要标准详见表 9–3。

表 9–3　电网领域颁布的部分重要标准

| 专业领域 | 标准名称 | 作用效果 |
| --- | --- | --- |
| 电网运行与控制 | DL/T 2668—2023《电力系统调峰能力评价技术规范》 | 适应电力系统“双高双峰”以及可再生能源发电大规模接入的运行态势，制订发布电力系统调峰能力评价、惯量支撑和一次调频能力技术要求、柔性直流电网安全稳定分析等标准，保障大电网安全稳定运行，促进新能源高效消纳 |
| | DL/T 2669—2023《电力系统惯量支撑和一次调频能力技术要求》 | |
| | DL/T 2670—2023《电力系统电压支撑强度计算规范》 | |
| | DL/T 2671—2023《电力系统仿真用电源聚合等值和建模导则》 | |
| | DL/T 2653—2023《柔性直流电网安全稳定分析导则》 | |
| 配电网 | DL/T 5729—2023 《配电网规划设计技术导则》 | 积极应对大量分布式可再生能源、分布式储能、电动汽车充电负荷等在配电网的快速发展，制（修）订配电网规划设计、配电网运营评价相关标准，为新型配电网高质量发展提供重要指引和基础 |
| | GB/T 43451—2023 《配电网运营评价导则》 | |
| 电网安全 | DL/T 408—2023 《电力安全工作规程　发电厂和变电站电气部分》 | 针对电力生产运行面临的安全风险和挑战，制（修）订发布电力安全工作规程的发电厂、变电站电气部分和电力线路部分等标准，加强了电力运维、设计、施工、管理、检测与试验等环节中安全技术标准保障 |
| | DL/T 409—2023 《电力安全工作规程　电力线路部分》 | |
| | DL/T 1476—2023 《电力安全工器具预防性试验规程》 | |
| 特高压交直流与柔性输电 | DL/T 2587—2023《高压柔性直流设备交接试验》 | 充分依托特高压、柔性直流输电研究成果和工程建设，制（修）订发布高压柔性直流设备交接试验、静止同步串联补偿器等标准，推动特高压交直流以及柔性输电技术和设备制造水平的不断提高与工程标准化进步 |
| | GB/T 24834—2023《1000kV 交流架空输电线路金具技术规范》 | |
| | GB/T 31239—2023《1000kV 变电站金具技术规范》 | |

续表

| 专业领域 | 标准名称 | 作用效果 |
| --- | --- | --- |
| 特高压交直流与柔性输电 | DL/T 2438.2—2023《静止同步串联补偿器第 2 部分：系统设计导则》 | |
| | DL/T 2438.4—2023《静止同步串联补偿器第 4 部分：控制保护系统技术规范》 | |
| 智能巡检 | DL/T 1006—2023《架空输电线路巡检系统》 | 积极应用先进成熟的设备检测和监测技术，制（修）订发布架空输电线路、电力电缆线路巡检系统以及电网设备缺陷智能识别等标准，推进输变电设备的状态检修工作全面开展，提高电力设备状态检修管理水平 |
| | DL/T 1148—2023《电力电缆线路巡检系统》 | |
| | DL/T 2691—2023《电网设备缺陷智能识别技术导则》 | |
| | NB/T 11369—2023《海上风电场应急预案编制导则》 | |
| 能源互联网、电力行业网络信息安全 | GB/T 42320—2023《能源互联网规划技术导则》 | 加强能源电力生产、存储、传输、消费等环节的顺畅贯通，注重信息采集、传输、处理、应用、安全等能力提升，制订发布能源互联网、电力行业网络和信息安全、电力用安全芯片等相关标准，促进“源—网—荷—储”多元互动、能源综合高效利用和多元主体灵活便捷接入，推进传统电力生产与信息物理系统安全融合 |
| | GB/T 42322—2023《能源互联网系统主动配电网的互联》 | |
| | GB/T 43509—2023《能源互联网交易平台技术要求》 | |
| | DL/T 2614—2023《电力行业网络安全等级保护基本要求》 | |
| | DL/T 2613—2023《电力行业网络安全等级保护测评指南》 | |
| | DL/T 2612—2023《电力云基础设施安全技术要求》 | |
| | T/CEC 801.1—2023《电力用安全芯片技术规范第 1 部分：术语》 | |
| | T/CEC 801.2—2023《电力用安全芯片技术规范第 2 部分：物理特性及通信协议》 | |
| | T/CEC 804—2023《电力北斗卫星定位车载终端》 | |

## 三、电动汽车充电设施

**在深化充电设施领域，**随着 5G 移动互联网、电力物联网、区块链技术的进步，大功率充电技术、无线充电技术、充放电双向互动技术、小功率直流充电技术日趋成熟，结合清洁能源发电技术和储能技术，电动汽车、智能交通与智慧能源的联系将越来越紧密，更加智能、便捷、开放、共享的充电基础设施网络将在新能源汽车产业创新发展中发挥出更重要的作用。

GB/T 18487.1—2023《电动汽车传导充电系统　第 1 部分：通用要求》、GB/T 27930—2023

《非车载传导式充电机与电动汽车之间的数字通信协议》、GB/T 20234.4—2023《电动汽车传导充电用连接装置第 4 部分：大功率直流充电接口》3 项国家标准，标志着超级充电技术路线获得国家批准，也标志着经过近 8 年的实践，超级充电技术从构想完成试验验证，从工程试点完成标准制定，为 ChaoJi 充电技术的产业化奠定了基础。GB/T 42711—2023《立体停车库无线供电系统技术要求及测试规范》、GB/T 38775.8—2023《电动汽车无线充电系统第 8 部分：商用车应用特殊要求》两项国家标准，完善了电动汽车无线充电标准体系，分别对立体停车库无线供电系统的总则、技术要求、试验准备、试验方法及检验规则以及电动汽车无线充电系统商用车应用特殊要求进行规定了，丰富了我国电动汽车充电技术体系和应用场景，真正发挥标准的技术引领作用。

围绕电动汽车充电接口电路模拟器、充电设施信息安全、顶部接触式充电设备、电动汽车充放电双向互动等关键技术领域，制（修）订发布能源行业标准 8 项。NB/T 11300—2023《交流充电接口电路模拟器技术条件》、NB/T 11301—2023《直流充电接口电路模拟器技术条件》两项标准对电动汽车充电设施检测设备——交、直流充电接口电路模拟器进行了统一规范及要求，促进该类产品安全、高效、可靠地应用在充电桩检测中，引导电动汽车充电设施检测技术发展，为电动汽车互联互通测试提供有力保障。NB/T 11302—2023《电动汽车充电设施及运营平台信息安全技术规范》细化了电动汽车充电设施及运营平台信息安全防护目标及架构，在安全分区、网络专用、横向隔离、纵向认证、运营平台、充电设施等方面提出具体技术建议，确定电动汽车充电设施及运营平台的网络信息安全防护要求。为电动汽车充电设施及运营平台、充电设备、移动智能终端充电软件的信息安全防护设计、信息安全评估提供了可行的方案，推动相关产业的技术创新和产业升级。NB/T 11303—2023《电动汽车顶部接触式充电设备技术规范》、NB/T 11304—2023《电动汽车顶部接触式充电站设计规范》提出了电动汽车顶部接触式充电设备及充电站的设计要求与参考标准，保障电动汽车顶部接触式充电设备及充电站设计中的安全性，为电动汽车顶部接触式技术的市场化推广应用奠定了基础。NB/T 11305.1—2023《电动汽车充放电双向互动　第 1 部分：总则》、NB/T 11305.2—2023《电动汽车充放电双向互动　第 2 部分：有序充电》两项标准分别从体系架构、有序充电方面共同构成了科学合理、可持续完善的车网互动技术方案，推动电动汽车、充换电及电网等各相关领域的技术创新和产业升级，对实现电网和新能源汽车产业的协调有序和高质量可持续发展具有重要意义。NB/T 33017—2023《电动汽车智能充换电运营服务系统技术规范》规范了电动汽车智能充换电运营服务系统的总体框架以及功能要求，并根据实际情况分为基本功能和扩展功能，规范相关系统的建设，规范了为用户充电服务应该提供的服务内容，有利于提升充换电运营服务的体验和质量，促进行业的健康发展。2023 年制定和修订发布电动汽车充电设备领域能源行业标准见表 9-4。

表 9-4　　2023 年制（修）订发布电动汽车充电设备领域能源行业标准

| 标准编号 | 中文名称 | 主要技术内容 |
| --- | --- | --- |
| NB/T 11300—2023 | 交流充电接口电路模拟器技术条件 | 规定了交流充电接口电路模拟器（以下简称模拟器）的基本构成、结构及外观、功能及性能要求、安全要求、标志及包装等技术要求，适用于交流充电接口电路模拟器的设计、生产 |
| NB/T 11301—2023 | 直流充电接口电路模拟器技术条件 | 规定了直流充电接口电路模拟器（以下简称模拟器）的基本构成、结构及外观、功能及性能要求、安全要求、标志及包装等技术要求，适用于直流充电接口电路模拟器的设计、生产 |
| NB/T 11302—2023 | 电动汽车充电设施及运营平台信息安全技术规范 | 规定了电动汽车充电设施及运营平台的网络信息安全防护要求，适用于与电动汽车充电设施及运营平台、充电设备、移动智能终端充电软件的信息安全防护设计、信息安全评估等 |
| NB/T 11303—2023 | 电动汽车顶部接触式充电设备技术规范 | 规定了电动汽车顶部接触式充电设备的设备基本参数、基本构成、技术参数、接口要求、功能要求、技术要求、安全要求、标志、包装、运输及储存等，适用于 GB/T 40425.1 中连接方式 D 的电动汽车顶部接触式充电设备，其供电电源额定电压最大值 AC 1000V 或 DC 1250V，额定输出电压最大值 DC 1250V |
| NB/T 11304—2023 | 电动汽车顶部接触式充电站设计规范 | 规定了电动汽车顶部接触式充电站的规模与选址、总平面布置、充电系统、供配电系统、电能质量、计量、监控及通信系统、土建、消防、节能与环保等，适用于采用顶部接触式充电模式的电动汽车充电站，站内顶部接触式充电设备采用《电动客车顶部接触式充电系统　第 1 部分：通用要求》GB/T 40425.1—2021 中的连接方式 D |
| NB/T 11305.1—2023 | 电动汽车充放电双向互动　第 1 部分：总则 | 规定了电动汽车通过充放电设备与电网或负荷构成充放电双向互动系统时的体系架构、参与方、互动功能、运行方式和应用场景，适用于电动汽车通过充放电设备/有序充电设备与电网互动的系统设计、建设及运行 |
| NB/T 11305.2—2023 | 电动汽车充放电双向互动　第 2 部分：有序充电 | 规定了电动汽车有序充电系统的体系架构、功能要求、技术要求和信息安全防护要求，适用于电动汽车有序充电系统的设计、建设、运行和维护等 |
| NB/T 33017—2023 | 电动汽车智能充换电运营服务系统技术规范 | 规定了电动汽车智能充换电运营服务系统的构成、功能、编码规范、接口要求、信息安全防护及系统运行指标，适用于电动汽车智能充换电运营服务系统的设计、建设和运维 |

T/CEC 767—2023《电动汽车集成式非车载充电机技术条件》，规定了电动汽车集成式非车载充电机（以下简称充电机）的术语和定义、基本构成、分类、功能要求、技术要求，标志、包装、运输及储存、检验规范、运维。规范电动汽车集成式非车载充电机的设计生产，提高充电机的安全性、可靠性和兼容性，促进电动汽车行业的健康发展。T/CEC 768—2023《电动汽车充电站设施与服务分级评价规范》规定了电动汽车充电站设施与服务的评价维度与评价方式，包括充电站设施、运维、支付与客服、绿色节能的评价。从服务能力、充电规模、充电功率等硬件条件等方面对充电站提出了等级划分的硬性条件，同时又针对充电站站内设施以及充电设施的运营维护管理提出了细化要求和不同等级对应的具体要求，逐项要求尽量做到量化、清晰、分级分层明确。对促进国内充电设施往高质量、高星级方向发展具有重要

的指导作用和推动作用，也是促进国内充电网络向领先世界的高水平充电网络建设的重要指导意见。

2023 年国家能源局下达了《电动汽车充电检测用程控电阻负载》《电动汽车非车载直流充放电装置测试要求》《电动汽车负荷聚合系统技术规范》《电动汽车负荷聚合系统资源接入通信要求》标准制定计划，旨在促进电动汽车充电检测用程控电阻负载、非车载直流充放电装置的设计生产、检测工作标准化和规范化；规范负荷聚合系统、聚合平台与负荷运营平台通信协议，为电动汽车参与高弹性电网实时互动，实现充电桩（群）的负荷聚合、功率调节及参与电网的辅助服务提供技术支撑，促进车网互动技术的发展。

## 第三节　国　际　标　准　化

### 一、IEC ISO 2023 年国际标准发布情况

2023 年，除标准勘误表（Corrigendum）、解释文件（Interpretation Sheet）和修订文件（AMD）外，IEC 共计发布新出版物 639 项，包括国际标准（IS）417 项，技术规范（TS）61 项，技术报告（TR）30 项，公开技术文件（PAS）5 项，市场参考文件（SRD）5 项，指南（GUIDE）4 项，白皮书 1 项，及趋势报告 1 项。另有 115 项外部出版物，包括 IEC 技术委员会配合制定、由 ISO 主管的 ISO/IEC JTC 1 下设分技术委员会制定，以及在其他国际标准化组织中发布的出版物。ISO 2023 年共计发布了 1465 项国际标准，其中能源领域 59 项，占全部新发布标准的 4%，另有 95 项新增工作项目，占年度新增工作项目的 5.1%。

### 二、电力国际标准化发展

区域合作方面，中电联作为 2022—2023 年度亚太电协技术委员会副主席单位，2023 年 6、9 月菲律宾举办的第三次、第四次大会，组织动员中国代表全面参与了智能电网资产管理、可持续发电、电动汽车和标准化四个工作组的分组会议，在 10 月 20 日厦门亚太电协大会上完成了中电联发起成立的标准化工作组工作报告，顺利接任 2024—2025 届亚太电协技术委员会主席单位，未来将作为主席单位，全方位组织动员东亚及西太平洋地区电力企业开展交流合作，增强亚太电协的影响力，扩大会员单位参与面；指导推动成立澜湄区域电力技术标准促进会，参加澜湄区域电力技术标准交流会，不断增强澜湄区域技术交流的深度和维度。

国际交流方面，受国家标准化委员会委托，中电联担任中德电动汽车标准化工作组中方秘书处工作，结合电动汽车大功率充电示范项目建设、无线充电互操作测试活动，迄今已组

织十次中德电动汽车超大功率充电（MCS）专家组技术研讨会。与日本汽车研究所和CHAdeMO协会合作，组织开展中日电动汽车无线充电领域标准化合作和技术交流会，在世界电动车大会暨展览会（EVS36）上展示下一代直流充电技术（ChaoJi）标准。

国际标准组织申报方面，推动成立IEC Syc SET可持续电气化交通系统委员会将秘书处设在中国，并由电力行业承担。国际标准制定方面，中国电力企业牵头发布了IEC TS 62786－1《分布式能源与电网互联—第1部分：通则》、IEC TS 62786－3《分布式能源与电网互联—第3部分：固定式电池储能系统的附加要求》、IEC TS 63222－2《电能质量管理—第2部分：电能质量监测系统》、IEC TR 63222－100《电能质量管理—第100部分：电能质量问题对电气设备和电力系统的影响》等多项IEC国际标准；在电动汽车充换电领域交直流充电、电池更换、充电漫游等方面的国际标准化工作也取得了新的进展：IEC 61851－1－1的发布标志着中国交流充电系统正式成为国际方案，兆瓦级超大电流充电接口方案被IEC 63379采纳，IEC 62196－7、ahG17等ChaoJi充电技术相关标准也顺利进入下一阶段，助力中国创新走向世界。

## 第四节　企业标准化

2023年各集团公司积极贯彻习近平总书记关于标准化工作重要论述和党中央、国务院决策部署，充分发挥自身优势，紧紧围绕《2023年全国标准化工作要点》，牢牢把握高质量发展主题，围绕主责主业，加大标准化创新发展推进力度，通过科研标准互动发展模式，研究机构及产业链上下游企业协作方式，强化新兴领域标准制定，围绕安全、高效、绿色、低碳、智能等重点方向，持续深入的开展企业标准化建设工作。更多的集团公司结合自身实际，制定和发布标准化发展纲要、标准化专项行动计划，搭建促进企业发展、驱动创新的企业标准化管理平台，标准化基础更加牢固，标准水平大幅提升，有效推动了企业创新和高质量发展。

国家电网有限公司着力落实《公司技术标准发展纲要》部署的28项重点任务。原国家技术标准创新基地（智能电网）更名为国家技术标准创新基地（新型电力系统）获国家标准化委员会审核批准，与智能制造基础、中国光谷、青岛创新基地联合制订战略合作计划并有效实施。高质量完成第二批科研与技术标准互动发展试点，以重大创新示范工程、重要创新平台建设等为牵引，紧抓科研布局、成果转化、试验验证等重点环节，研究构建应用性技术、综合型科技工程全场景科研标准互动体系，织密“项目、标准、成果、人才、资源、机制”要素聚合体，探索形成具有国网特色的科研标准互动发展模式，为公司后续科技创新制度体系优化完善提供了重要参考。

中国南方电网有限责任公司为深入贯彻落实党中央、国务院关于碳达峰碳中和的重大决策部署，深入贯彻国家标准化委员会、国家能源局关于双碳和标准化工作的最新政策文件要求，紧扣公司创建世界一流企业战略目标，落实《南方电网公司碳达峰行动方案》相关要求，中国南方电网有限责任公司编制印发《南方电网公司碳达峰碳中和技术标准化提升行动计划》，加快构建推动能源碳达峰碳中和的技术标准体系，重点布局新型储能、电碳耦合、能源产业链碳减排等领域技术标准，助力高技术创新、促进高水平开放、引领高质量发展，以技术标准化工作有力支撑和保障能源领域碳达峰碳中和工作开展。

中国大唐集团有限公司 2023 年进一步深入贯彻落实《国家标准化发展纲要》和《2023 年全国标准化工作要点》，以深入学习贯彻习近平总书记“2·26”重要批示为统领，牢牢把握高质量发展主题，围绕主责主业，作为创新图强再出发的关键之年，在国家标准化委员会、中电联标准化中心的指导下，加大了标准化创新发展推进力度，积极参与国家标准、行业标准和团体标准制修订及“标准化良好行为企业”建设等工作，促进科技创新成果向技术标准转化；积极参与国际标准化活动，加强与研究机构及产业链上下游企业协作，共同制定国际标准，持续优化标准化管理机制，着力提升标准质量效益。

国家能源投资集团有限责任公司坚持紧扣行业发展中的重大问题、紧跟集团公司重大项目、紧接国家级研发平台，聚焦煤火风光水、化油气氢核等能源谱系大力开展科技创新，围绕安全、高效、绿色、低碳、智能等重点方向，推进核心技术专利化、专利技术标准化、标准技术产业化，持续深入的开展企业标准化建设工作。2023 年度，国家能源投资集团有限责任公司聚焦行业急需领域、新兴领域，结合重大科研项目、重大工程建设和重大技改项目，组织研究、制订技术路线和企业技术标准；围绕智能化、废水零排放、燃气蒸汽联合循环机组发布了 18 项企业技术标准，围绕双碳、火电灵活性和电力安全生产审查通过了 30 项企业标准。“十四五”期间，集团公司将紧密围绕“煤电一体化”产业特色，依托自身技术优势，动态完善各板块、各领域的技术标准体系架构，推进技术标准与科技创新融合发展，不断完善传统产业技术标准制定，加快新兴领域技术标准研究制订，更大范围、更高水平承担国际、国家、行业、团体标准制定工作。

国家电力投资集团有限公司制定了《国家电力投资集团技术标准体系规划纲要（2022－2025）》，明确了 2022—2025 年集团技术标准工作的指导思想和主要发展目标，聚焦 15 个产业领域，规划了重点任务，明确了组织机构、实施路径和保障措施，全面指导国家电力投资集团有限公司技术标准化工作。

中国核工业集团有限公司坚持以标准助力创新发展、协调发展、绿色发展、开放发展、共享发展，立足集团“三位一体”战略布局，持续加强标准化工作，制订了标准化中长期发展规划，明确集团标准化工作指导思想和发展原则，提出建立以需求为导向、应用为目标，有效支撑集团公司高质量发展的先进标准体系，发挥标准化在支撑科技创新、协同治理等方面的重要作用，不断优化标准化工作机制，推动国际标准化工作、夯实标准化发展基础。规划提出到 2035 年，标准化工作取得 30 项标志性成果，全面建成自主、完整、先进、协调的集团公司先进标准体系，标准化工作实现数字化、网络化、智能化全面转型，高效、务实、协调、创新的集团公司标准化工作格局全面形成。

广东省能源集团有限公司以标准化引领高质量发展为思路，编制了《广东能源集团高质量发展标准化行动规划》，明确“到 2027 年，集团高质量发展标准体系基本建成，标准体系的系统性、协调性、开放性和实用性显著增强，标准化发展基础更加牢固，标准研究和产出能力明显提升，标准制度执行力更强，标准化质量效益不断显现”的总体目标，以推动高质量发展为主题，以实施标准化战略为手段，通过对各业务板块提出具体的标准化建设重点任务，努力提升集团整体标准化水平，促进集团标准体系更趋完善，标准化基础更加牢固，标准水平大幅提升，以标准支撑集团各项业务高质量发展，提升各项管理的精细化、精益化水平，不断增强集团核心竞争力，奋力开创集团高质量发展新局面。

浙江省能源集团有限公司贯彻落实浙江省委、省政府关于数字化改革以及数字经济高质量发展的决策部署，编制了集团数字化改革总体方案和数字经济高质量发展行动方案，着力数字化改革“132”工程建设，加快推进数字技术与能源产业的深度融合，全面提升管理信息化、产业数字化和数字产业化水平，努力实现“数字浙能”向“智慧浙能”转变；同时，修订了集团网络安全管理办法、网络安全应急预案，发布了应用系统开发管理办法、网络安全技术要求、网络安全配置基线等标准制度，对集团网络安全和信息化管理水平提出了统一管理要求。以安全生产标准化建设为抓手，持续开展安全生产标准化工作，进一步夯实集团公司安全生产基础。在 2011—2013 年完成以火电为主的电力企业安全生产标准化达标创建工作后，2013 年又陆续对非电行业的安全生产标准化达标创建工作进行了部署，2014 年下半年全面启动集团总部安全生产标准化创建工作评级工作。2023 年，浙江省能源集团有限公司发布《安全生产标准化建设定级实施办法》，对集团系统安全生产标准化自评、评审、公示、公告、颁发证书、复评等工作进行了统一规定，全面提高系统内安全生产标准化水平。

# 第十章 电力低碳环保

## 第一节 应对气候变化

我国生态文明建设已进入以降碳为重点战略方向的关键时期，积极稳妥推进碳达峰碳中和是美丽中国建设的一项重点任务。电力行业认真落实碳达峰碳中和工作部署，加快构建新型电力系统，有效推动能耗双控逐步转向碳排放双控，更高水平、更高质量地做好应对气候变化工作。

### 一、碳排放强度

**电力行业碳排放强度持续下降。**据中电联统计分析，2023 年，全国单位火电发电量二氧化碳排放约 821 克/（千瓦·时），同比降低 0.36%，比 2005 年降低 21.7%；单位发电量二氧化碳排放约 540 克/（千瓦·时），同比降低 0.18%，比 2005 年降低 37%。

2005—2023 年电力二氧化碳排放强度如图 10－1 所示。

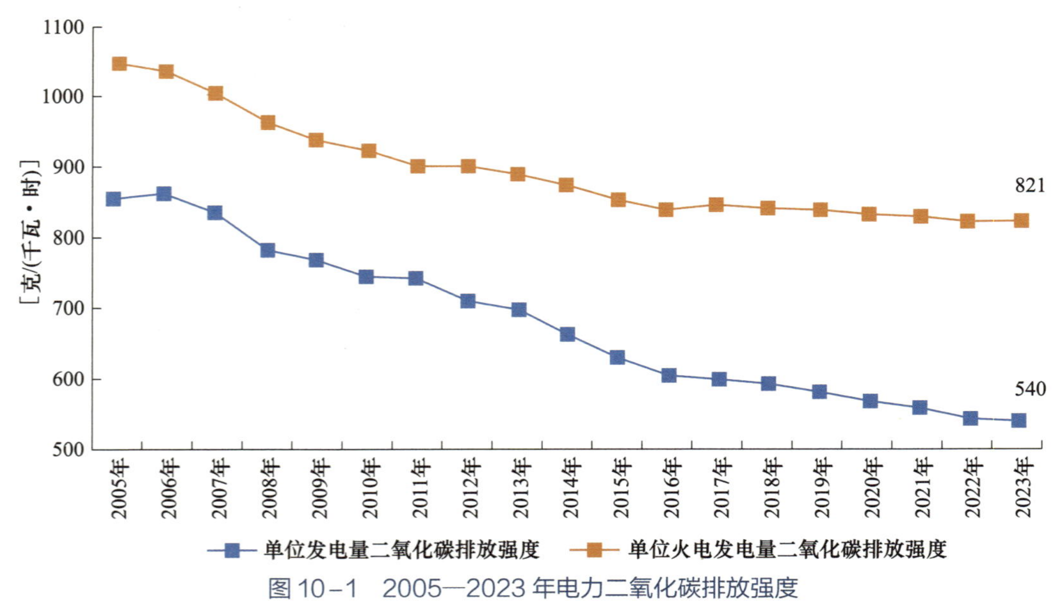


图 10－1 2005—2023 年电力二氧化碳排放强度

## 二、二氧化碳减排量

**电力行业碳排放量增长有效减缓。**以 2005 年为基准年，2006—2023 年，通过发展非化石能源、降低供电煤耗和线损率等措施，电力行业累计减少二氧化碳排放约 282.2 亿吨。其中，非化石能源发展贡献率为 57.9%，降低供电煤耗对电力行业二氧化碳减排贡献率为 39.7%，降低线损率的二氧化碳减排贡献率为 2.4%。

2006—2023 年各种措施减少二氧化碳排放情况（以 2005 年为基准年）如图 10－2 所示。

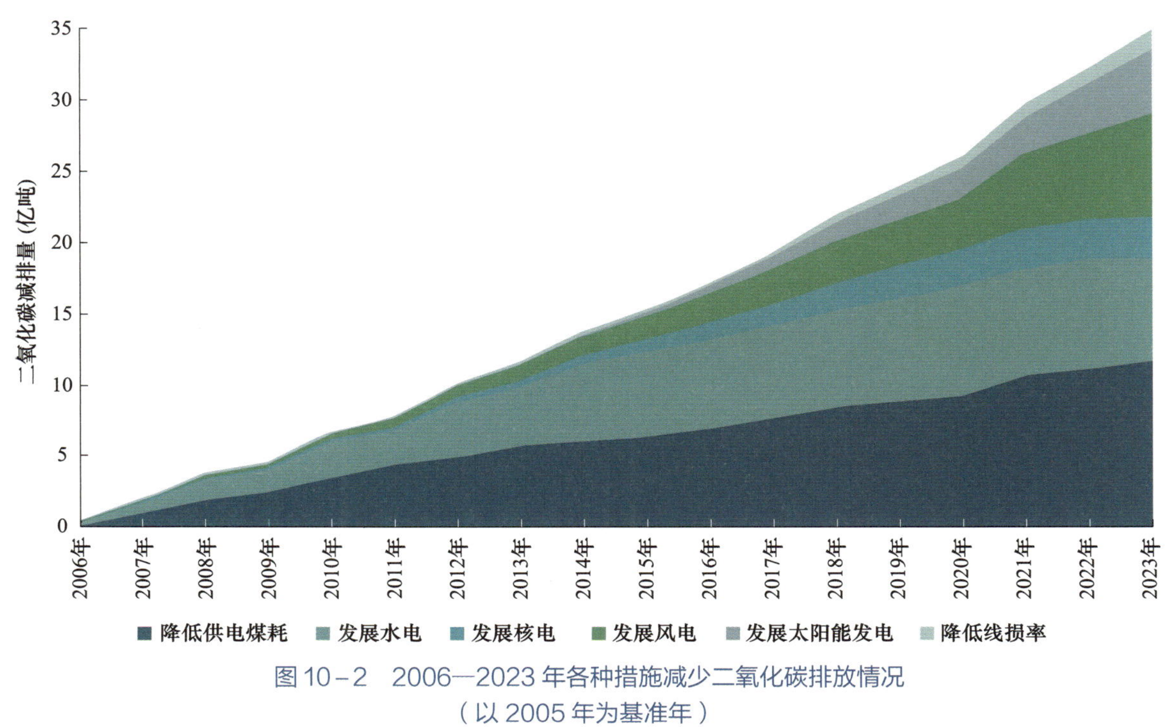


图 10－2　2006—2023 年各种措施减少二氧化碳排放情况（以 2005 年为基准年）

## 三、全国碳排放权交易市场运行

**全国碳排放权交易市场第二个履约周期（2021、2022 年度）顺利收官。**截至 2023 年底，全国碳排放权交易市场（发电行业）共纳入发电行业重点排放单位 2257 家，年覆盖二氧化碳排放量超过 50 亿吨，履约完成率超过 99%。建成全国碳市场管理平台并上线运行，月度信息化存证按期提交率连续 8 个月保持 100%；开展碳排放报告数据质量专项监督帮扶，碳数据质量得到有效管控。

2023 年，全国碳排放权交易市场（发电行业）共交易 242 个工作日，碳排放配额（CEA）合计成交量达到 2.12 亿吨，其中，挂牌协议成交量为 0.35 亿吨，占成交总量的 16.5%；大宗协议成交量为 1.77 亿吨，占成交总量的 83.5%。累计成交额超过 144 亿元，其中挂牌交易成交额 25.69 亿元，占总成交额的 17.8%，大宗协议成交额 118.74 亿元，占总成交额的 82.2%。2023 年碳配额挂牌协议成交均价 73.42 元/吨，大宗协议成交均价 67.11 元/吨，综合成交均价为 68.15 元/吨。全国碳市场自开市以来，截至 2023 年底，累计成交量 4.42 亿吨，成交额 249.19 亿元。

全国碳市场（发电行业）2023 年交易情况如图 10－3 所示。

**发布首部应对气候变化领域专项法规。** 2024 年 1 月 5 日，《碳排放权交易管理暂行条例》（中华人民共和国国务院令第 775 号）经国务院第 23 次常务会议通过，于 2024 年 5 月 1 日起施行。该条例是我国应对气候变化领域的第一部专门的法规，首次以行政法规的形式明确了碳排放权市场交易制度，具有里程碑意义。条例重点就明确体制机制、规范交易活动、保障数据质量、惩处违法行为等诸多方面作出了明确规定，为我国碳市场健康发展提供了强大的法律保障，开启了我国碳市场的法治新局面。

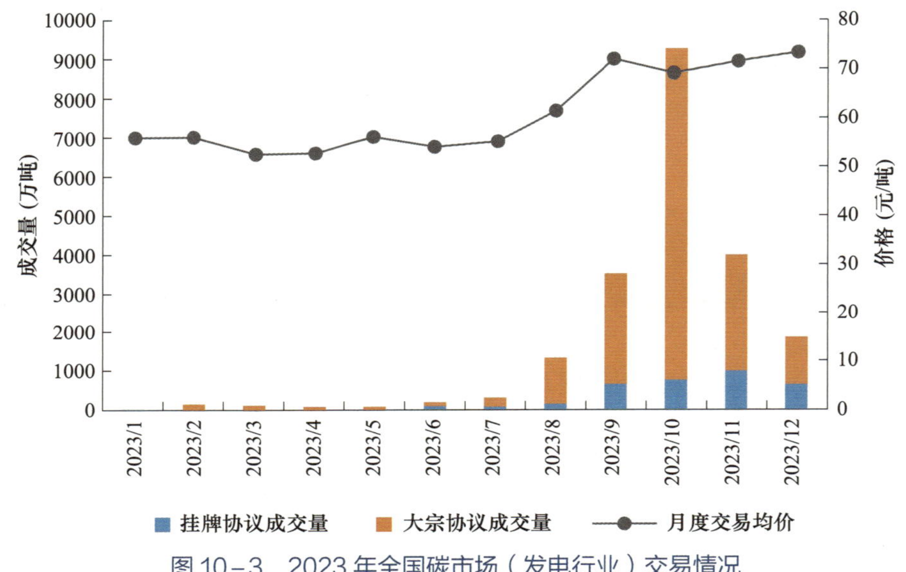


图 10－3　2023 年全国碳市场（发电行业）交易情况

数据来源：上海能源交易所公布交易数据分析

**温室气体自愿减排交易市场启动。** 全国温室气体自愿减排交易市场（CCER）启动仪式于 2023 年 1 月 22 日在北京举行。中共中央政治局常委、国务院副总理丁薛祥出席活动，宣布全国温室气体自愿减排交易市场启动。建设全国温室气体自愿减排交易市场，是调动全社会力量共同参与温室气体减排行动的一项制度创新，有利于推动形成强制碳市场和自愿碳市场互补衔接、互联互通的全国碳市场体系，助力实现碳达峰碳中和目标。

2023 年 9 月 15 日，《温室气体自愿减排交易管理办法（试行）》由生态环境部 2023 年第三次部务会议审议通过，并经国家市场监督管理总局同意，2023 年 10 月 19 日正式公布实施。2023 年 10 月 24 日，生态环境部发布《关于全国温室气体自愿减排交易市场有关工作事项安排的通告》，明确全国温室气体自愿减排注册登记机构成立前，由国家应对气候变化战略研究和国际合作中心承担温室气体自愿减排项目和减排量的登记、注销等工作，负责全国温室气体自愿减排注册登记系统的运行和管理。全国温室气体自愿减排交易机构成立前，由北京绿色交易所有限公司提供核证自愿减排量的集中统一交易与结算服务，负责全国温室气体自愿减排交易系统的运行和管理。2017 年 3 月 14 日前已获得国家应对气候变化主管部门备案的核证自愿减排量，可于 2024 年 12 月 31 日前用于全国碳排放权交易市场抵销碳排放配额清缴，2025 年 1 月 1 日起不再用于全国碳排放权交易市场抵销碳排放配额清缴。2023 年 10 月 24 日，为规范全国温室气体自愿减排项目设计、实施、审定和减排量核算、核查工作，生态环境部根据《温室气体自愿减排交易管理办法（试行）》制定了《温室气体自愿减排项目方法学造林碳汇（CCER－14－001－V01）》《温室气体自愿减排项目方法学并网光热发电（CCER－01－001－V01）》《温室气体自愿减排项目方法学并网海上风力发电（CCER－01－002－V01）》《温室气体自愿减排项目方法学红树林营造（CCER－14－002－V01）》等四项方法学，并正式印发施行。

## 第二节　环　境　保　护

2023 年是生态环境领域具有重要里程碑意义的一年，党中央时隔五年再次召开全国生态环境保护大会，指明了未来五年中国生态文明建设方向。电力行业有效落实国家生态环保政策制度，严格执行排污许可证相关规定和生态保护红线制度及环保要求，坚持生态环保风险排查与整改工作常态化，污染治理设施运行稳定，电力污染防治水平进一步提升。

### 一、烟尘

2023 年，全国火电烟尘排放总量约为 8.5 万吨，同比下降约为 14.1%；单位火电发电量烟尘排放量约 14 毫克/（千瓦·时），同比下降约为 3 毫克/（千瓦·时）。

2000—2023 年火电烟尘排放情况如图 10－4 所示。

### 二、二氧化硫

2023 年，全国火电二氧化硫排放量约为 48.4 万吨，同比上升约 1.7%；单位火电发电量二氧化硫排放量约为 77 毫克/（千瓦·时），同比下降约为 6 毫克/（千瓦·时）。

2000—2023 年火电二氧化硫排放情况如图 10－5 所示。

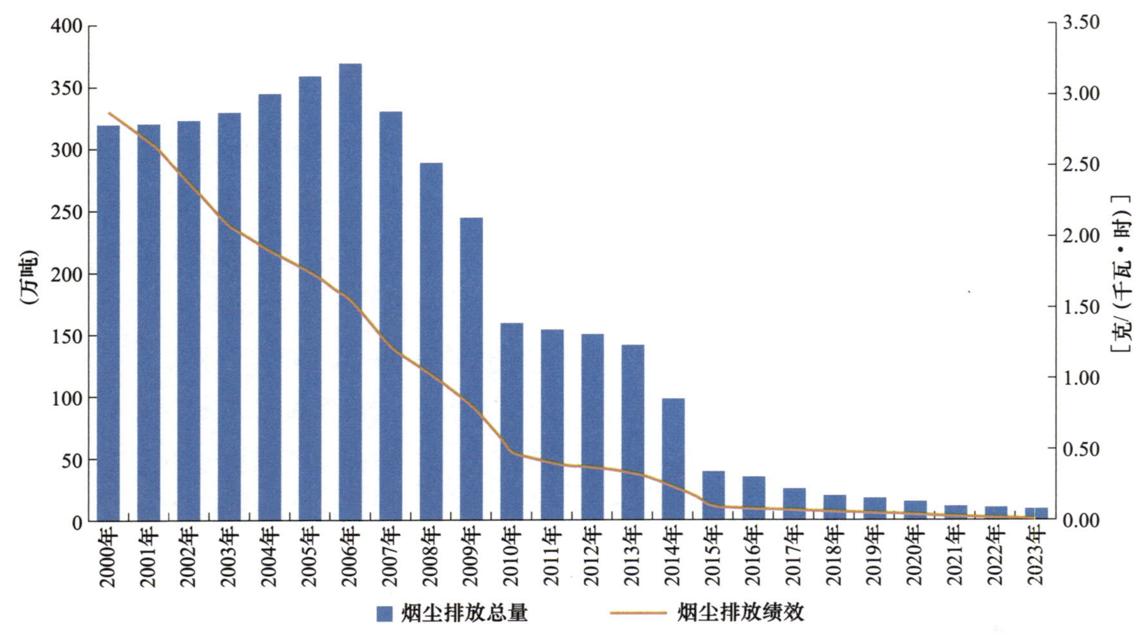


图 10－4 2000—2023 年全国火电烟尘排放情况

注：火电烟尘排放量统计范围为全国装机容量 6000 千瓦及以上火电厂。

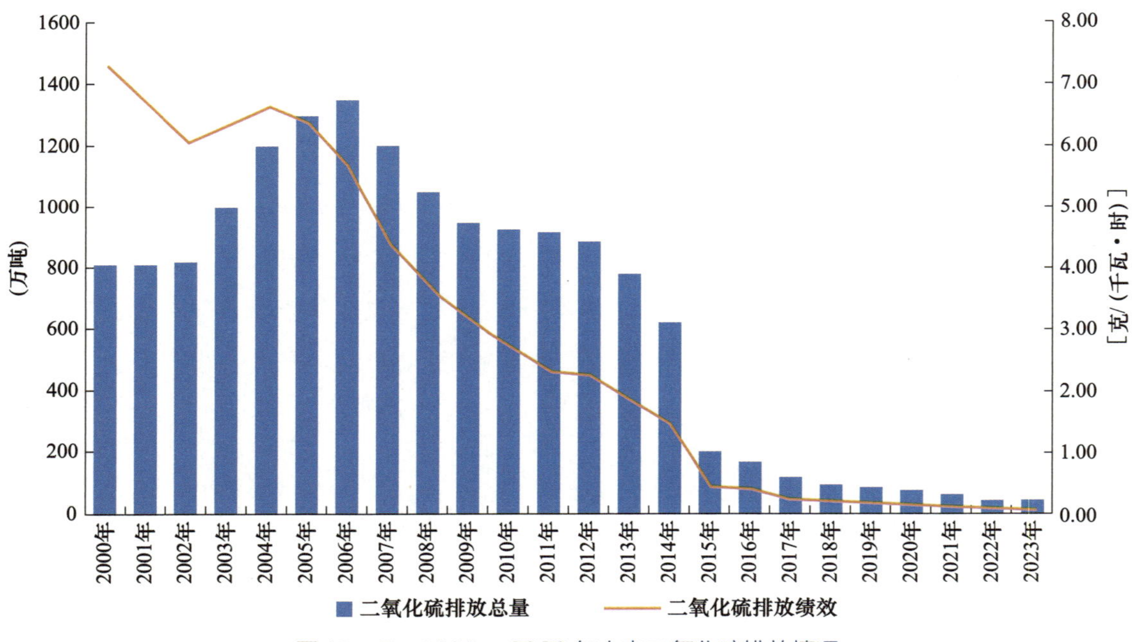


图 10－5 2000—2023 年火电二氧化硫排放情况

注：火电二氧化硫排放量统计范围为全国装机容量 6000 千瓦及以上火电厂。

## 三、氮氧化物

2023 年，全国火电氮氧化物排放量约为 78.5 万吨，同比上升约为 3.0%；单位火电发电量氮氧化物排放量约为 125 毫克/（千瓦·时），同比下降约为 8 毫克/（千瓦·时）。

2005—2023 年火电氮氧化物排放情况如图 10－6 所示。

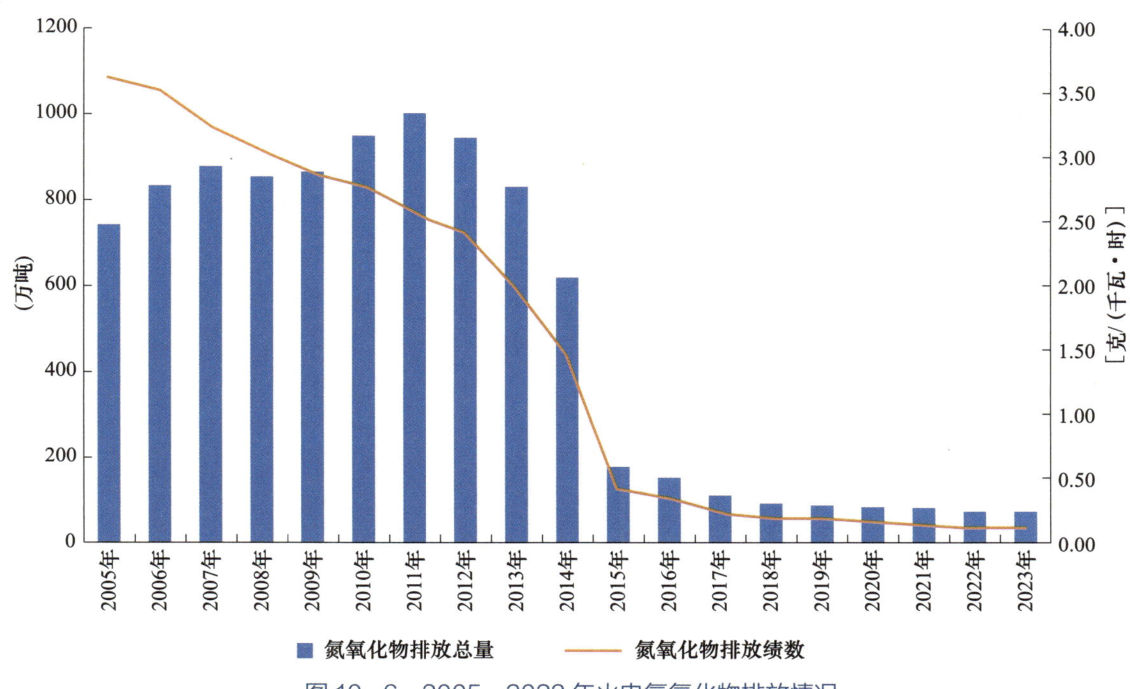


图 10－6　2005—2023 年火电氮氧化物排放情况

注：火电氮氧化物排放量统计范围为全国装机容量 6000 千瓦及以上火电厂。

## 四、废水

火电厂单位发电量废水排放量同比持平。2023 年，全国火电厂单位发电量废水排放量为 50 克/（千瓦·时），与上年持平。

2006—2023 年全国火电厂单位发电量废水排放量如图 10－7 所示。

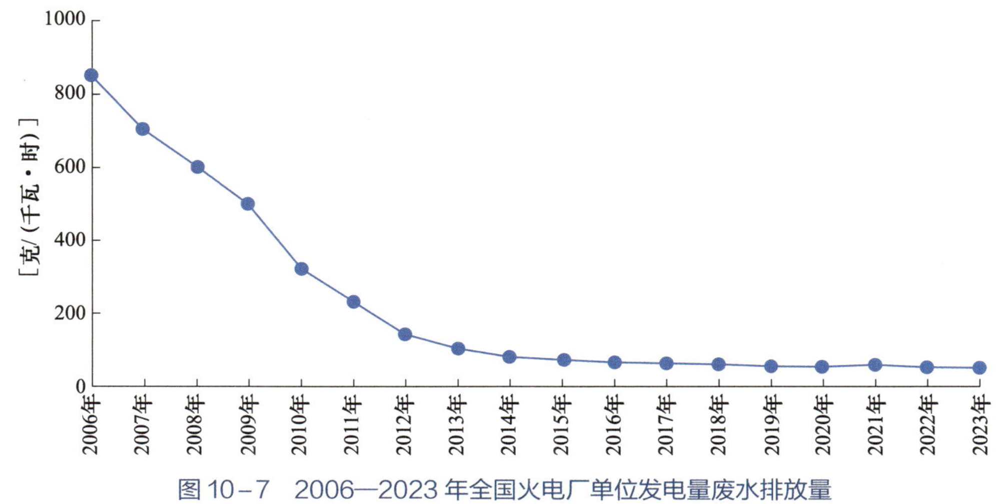


图 10－7　2006—2023 年全国火电厂单位发电量废水排放量

注：单位发电量废水排放量数据统计范围为全国装机容量 6000 千瓦及以上火电厂。

# 第三节　资　源　节　约

## 一、供电煤耗

### （一）全国情况

**全国平均供电煤耗略有增加。**2023 年，全国 6000 千瓦及以上火电厂供电标准煤耗 301.6 克/（千瓦・时），比上年增加 0.9 克/（千瓦・时）。

2006—2023 年全国 6000 千瓦及以上火电厂供电标准煤耗如图 10－8 所示。

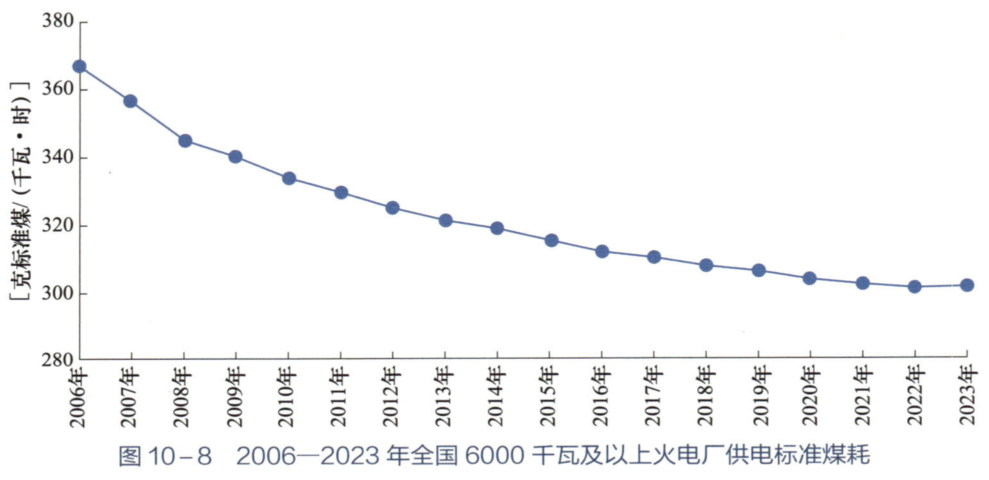


图 10－8　2006—2023 年全国 6000 千瓦及以上火电厂供电标准煤耗

### （二）分省（区、市）情况

**全国各省平均供电煤耗有增有降。**2023 年，青海、海南、河南、重庆等部分省（区、市）火电供电煤耗同比呈现不同程度下降，河北、四川、陕西、湖北等部分省（区、市）供电煤耗有所增加。

2023 年全国各省份 6000 千瓦及以上火电厂供电标准煤耗及变化幅度如图 10－9 所示。

## 二、线损率

### （一）全国情况

**全国线损率连续下降。**2023 年，全国线损率为 4.54%，比上年下降 0.30 个百分点。2006—2023 年全国线损率如图 10－10 所示。

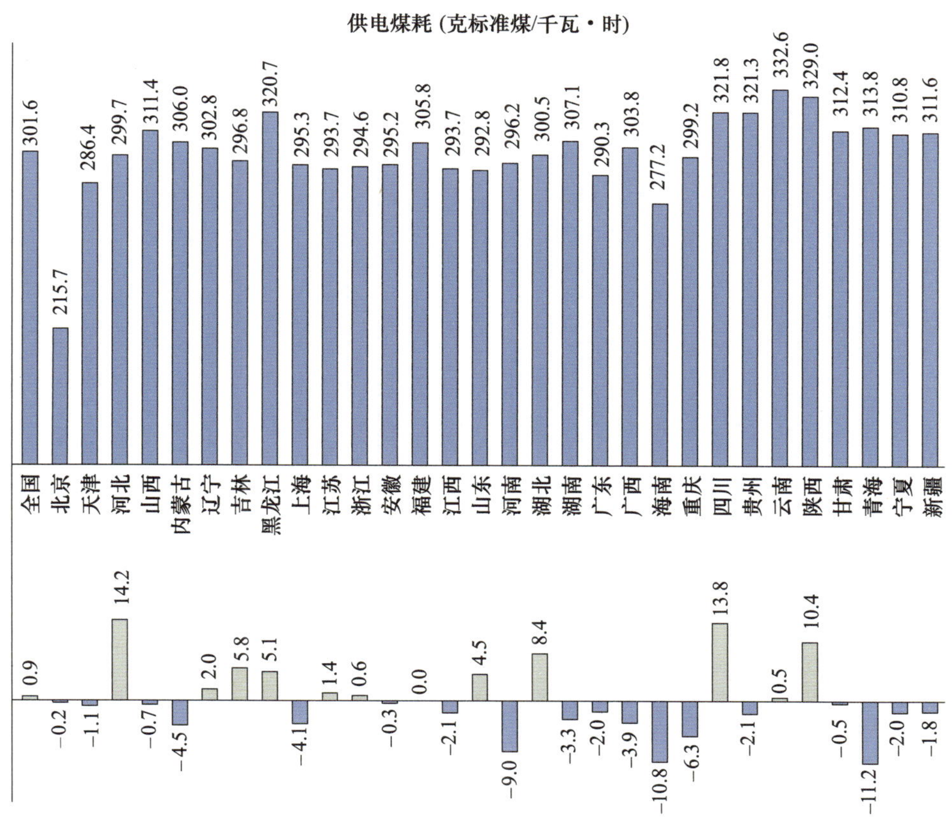


图 10-9　2023 年全国各省份 6000 千瓦及以上火电厂供电标准煤耗及变化幅度

图 10-10　2006—2023 年全国线损率

## （二）分省（区、市）情况

**绝大部分省份线损率下降。**2023 年，多数省（区、市）线损率持续下降，吉林、辽宁、广西等个别省（区、市）有所增加。2023 年全国各省份线损率及变化幅度如图 10－11 所示。

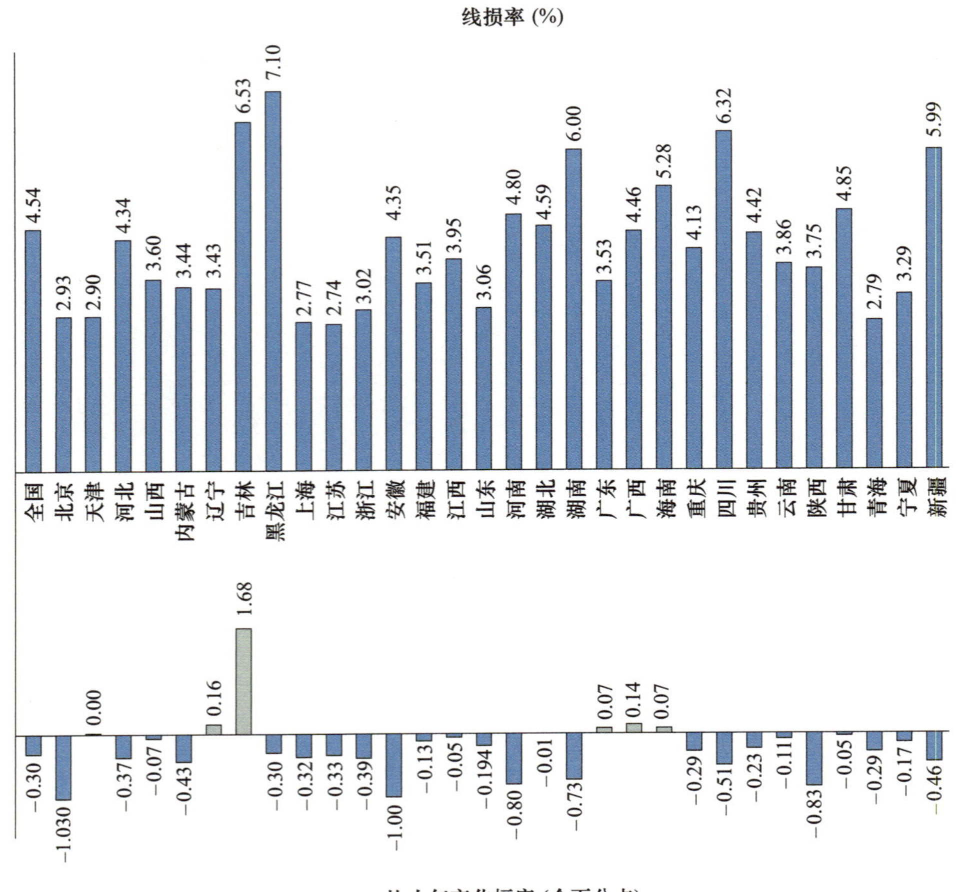

图 10－11　2023 年全国各省份线损率及变化幅度

## 三、厂用电率

### （一）全国情况

**全国平均厂用电率继续增加。**2023 年，全国 6000 千瓦及以上电厂厂用电率 4.65%，比上年增加 0.15 个百分点。其中，水电 0.55%，比上年增加 0.30 个百分点；火电 5.80%，比上年增加 0.02 个百分点。2006—2023 年全国 6000 千瓦及以上电厂厂用电率如图 10－12 所示。

### （二）分省（区、市）情况

**各省（区、市）厂用电率有增有减。**2023 年，四川、安徽、福建、甘肃、山东等部分省份火电厂用电率有所增加；黑龙江、山西、陕西、新疆、西藏等少数省份水电厂用电率得到降低。

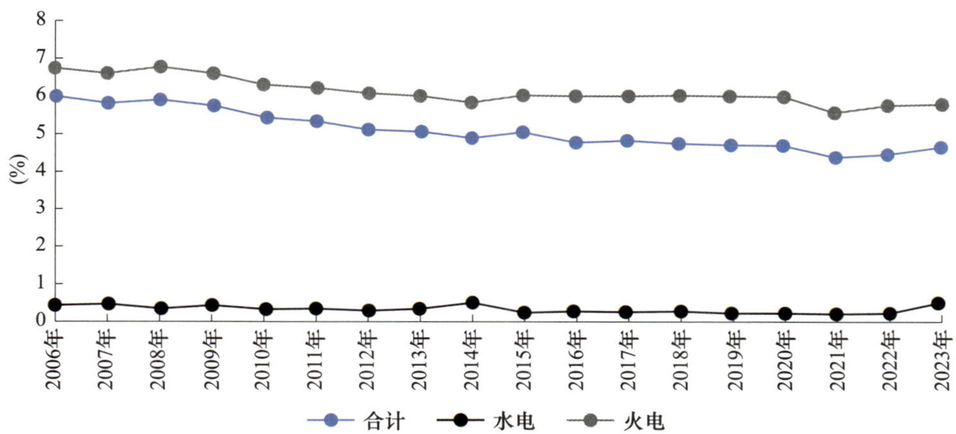

图 10－12　2006—2023 年全国 6000 千瓦及以上电厂厂用电率

2023 年全国各省份 6000 千瓦及以上电厂厂用电率及变化幅度、分发电类型厂用电率分别如图 10－13 所示、见表 10－1。

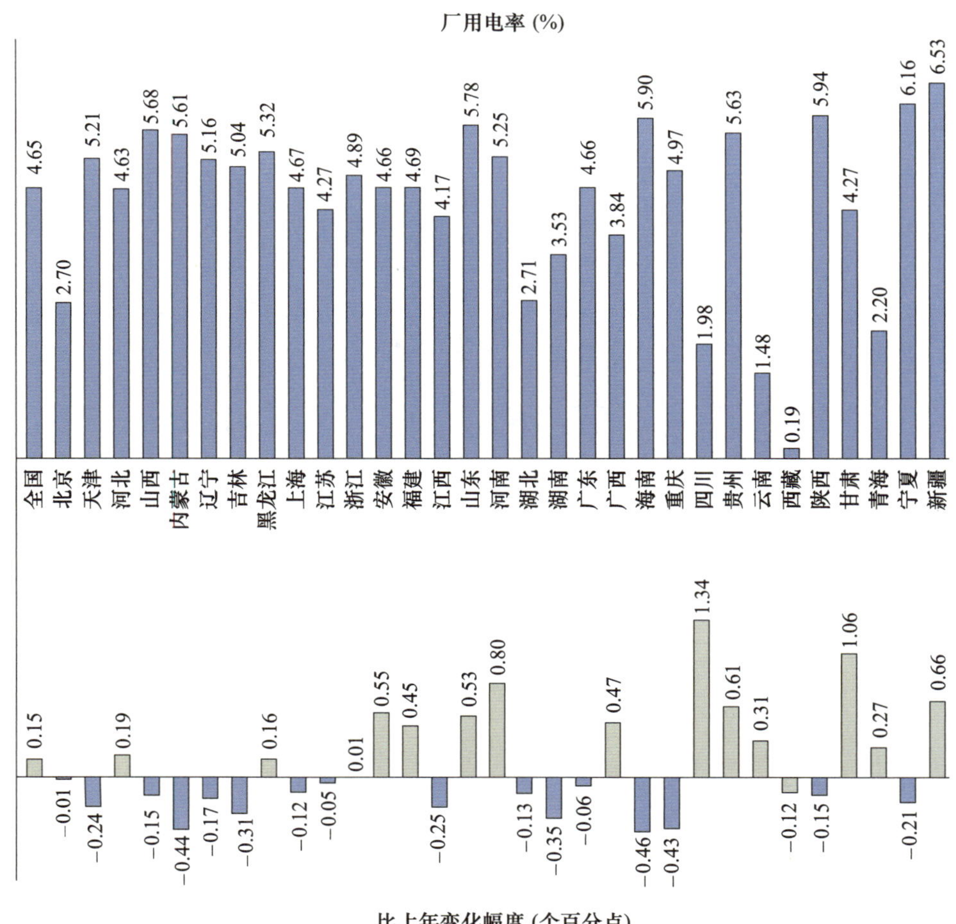

图 10－13　2023 年全国各省（区、市）6000 千瓦及以上电厂厂用电率

表10-1　2023年全国各省（区、市）6000千瓦及以上电厂分发电类型厂用电率及变化幅度

| 地　区 | 2022年（%） | | 比上年变化幅度（个百分点） | |
| --- | --- | --- | --- | --- |
| | 水电 | 火电 | 水电 | 火电 |
| 全　国 | 0.55 | 5.80 | 0.30 | 0.02 |
| 北　京 | 1.01 | 2.76 | 0.13 | -0.01 |
| 天　津 | | 5.50 | | 0.00 |
| 河　北 | 1.40 | 6.08 | 0.33 | 0.27 |
| 山　西 | 0.48 | 6.64 | -0.25 | -0.09 |
| 内蒙古 | 1.53 | 6.23 | 0.35 | -0.53 |
| 辽　宁 | 1.73 | 6.08 | 0.55 | 0.07 |
| 吉　林 | 0.91 | 6.48 | 0.14 | -0.71 |
| 黑龙江 | 0.62 | 7.01 | -0.28 | 0.28 |
| 上　海 | — | 4.73 | — | -0.12 |
| 江　苏 | 0.06 | 4.55 | -0.01 | -0.01 |
| 浙　江 | 0.64 | 5.01 | 0.13 | -0.01 |
| 安　徽 | 0.41 | 4.79 | 0.24 | 0.59 |
| 福　建 | 1.26 | 5.11 | 0.90 | 0.51 |
| 江　西 | 0.73 | 4.81 | 0.01 | -0.28 |
| 山　东 | 1.11 | 6.04 | 0.21 | 0.36 |
| 河　南 | 0.52 | 5.46 | 0.24 | 0.19 |
| 湖　北 | 0.15 | 5.30 | 0.00 | 0.16 |
| 湖　南 | 0.84 | 4.86 | 0.05 | -0.65 |
| 广　东 | 0.58 | 4.86 | -0.06 | -0.10 |
| 广　西 | 0.48 | 5.68 | 0.10 | -0.29 |
| 海　南 | 0.31 | 6.80 | 0.01 | -0.34 |
| 重　庆 | 0.47 | 6.16 | -0.02 | -0.54 |
| 四　川 | 0.79 | 7.23 | 0.77 | 3.37 |
| 贵　州 | 0.30 | 7.50 | 0.08 | -0.12 |
| 云　南 | 0.16 | 7.58 | 0.02 | -0.22 |
| 西　藏 | 0.24 | — | -0.11 | — |
| 陕　西 | 0.70 | 6.75 | -0.21 | -0.09 |
| 甘　肃 | 1.09 | 6.01 | 0.58 | 0.45 |
| 青　海 | 0.68 | 5.69 | 0.21 | -0.05 |
| 宁　夏 | 1.56 | 7.71 | -0.03 | -0.12 |
| 新　疆 | 1.55 | 6.93 | -0.16 | -0.03 |

## 四、发电水耗

**火电厂单位发电量耗水量同比持平。** 2023 年，全国火电厂单位发电量耗水量 1.17 千克/（千瓦·时），与上年持平。2006—2023 年全国火电厂单位发电量耗水量如图 10－14 所示。

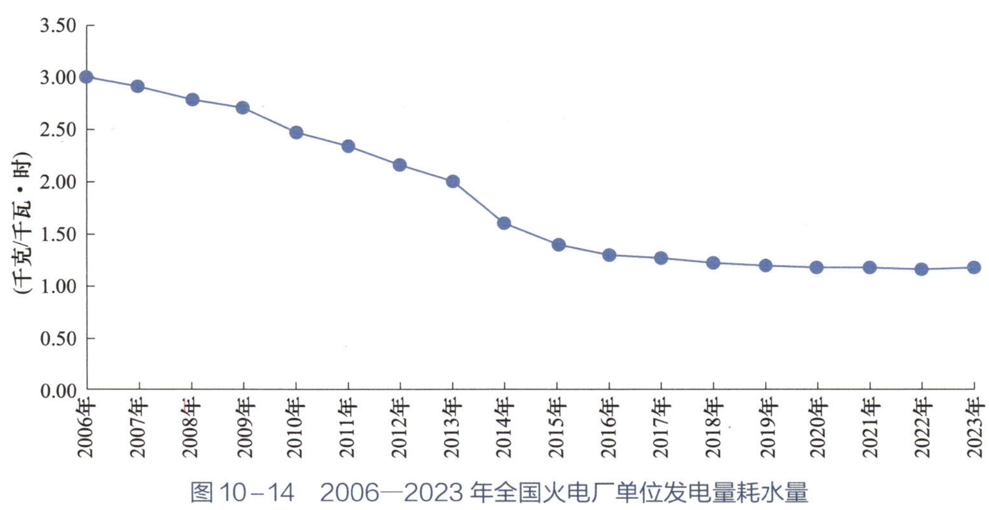


图 10－14　2006—2023 年全国火电厂单位发电量耗水量

## 五、固体废物综合利用

### （一）粉煤灰

**粉煤灰产量持续增长。** 受燃煤量持续增加等因素影响，2023 年，全国火电厂粉煤灰产生量 6.73 亿吨，比上年增加 0.3 亿吨；综合利用量 4.31 亿吨，综合利用率 64.0%。2006—2023 年全国火电厂粉煤灰产生与利用情况如图 10－15 所示。

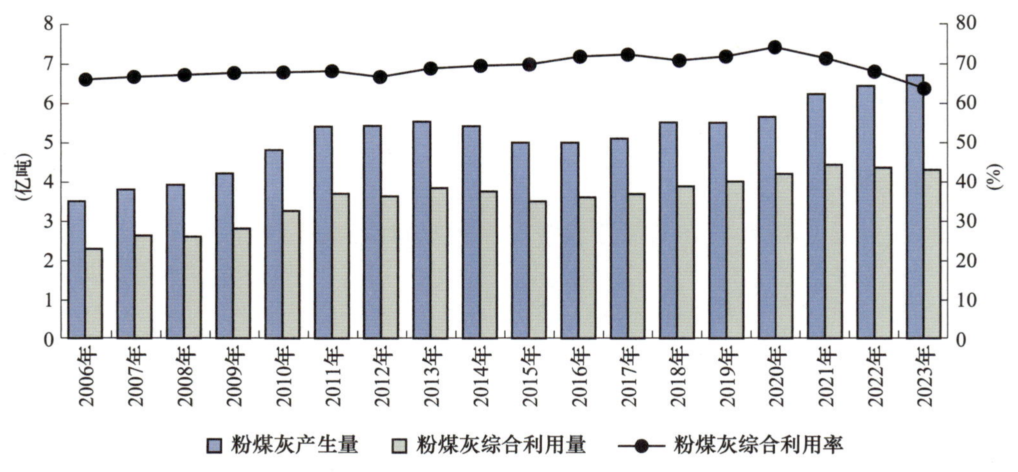


图 10－15　2006—2023 年全国火电厂粉煤灰产生与利用情况

### （二）脱硫石膏

**脱硫石膏产量持续增长。**受燃煤量持续增加等因素影响，2023 年，全国火电厂脱硫石膏产生量约 1.0 亿吨，比上年增加 560 万吨；综合利用量约 6550 万吨，综合利用率 65.2%。2006—2023 年全国火电厂脱硫石膏产生与利用情况如图 10－16 所示。

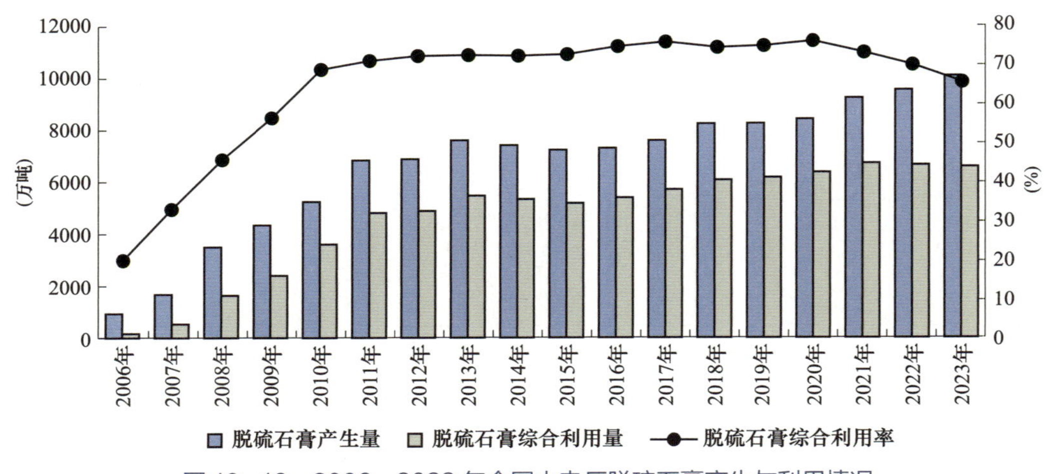


图 10－16　2006—2023 年全国火电厂脱硫石膏产生与利用情况

## 第四节　电　气　化

### 一、总体情况

**电气化发展总体稳中有进。**2022 年，全国电能占终端能源消费比重 27.3%，较上年提高 0.3 个百分点，终端用能电气化水平进一步提升。全国发电能源占一次能源消费比重 46.5%，与上年持平，电力绿色低碳转型步伐加快，发电用能结构持续优化，带动全国非化石能源消费比重提高到 17.5%。

2018—2022 年全国电能占终端能源消费比重及发电能源占一次能源消费比重如图 10－17 所示。

### 二、重点领域情况

**工业、交通电气化水平稳步提升，建筑、农业农村电气化进程快速推进。**2021 年，工业电能占终端能源消费比重 27.6%，较上年提高 1.4 个百分点，工业燃煤锅炉、窑炉电气化改造

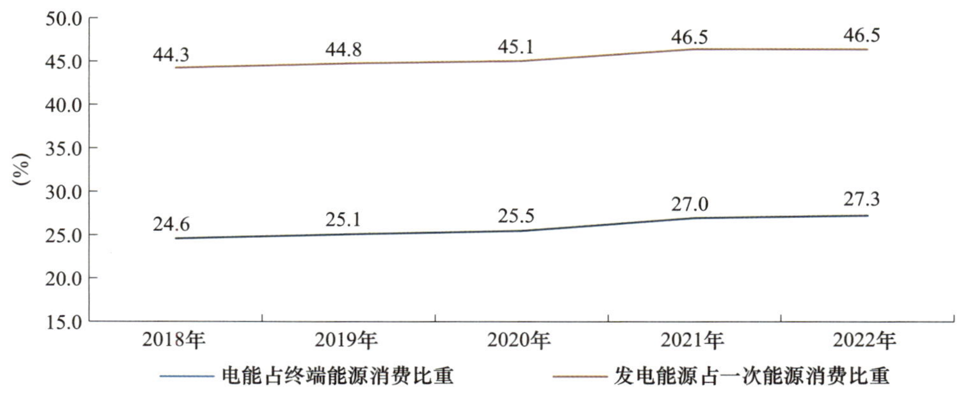


图 10－17　2018—2022 年全国电能占终端能源消费比重及发电能源占一次能源消费比重

深入实施。交通电能占终端能源消费比重 4.3%，较上年提高 0.4 个百分点，新能源汽车普及与充电基础设施建设同步推进，电气化铁路用电需求持续增长，内河港口岸电覆盖面扩大。建筑电能占终端能源消费比重 48.1%，较上年提高 3.3 个百分点，热泵、电蓄冷、电储热等高效电气化技术装备在大型公共建筑逐步推广，光伏建筑一体化蓬勃发展。农业农村电能占终端能源消费比重 37.2%，较上年提高 2.0 个百分点，农业生产、产品加工应用电气化设备力度加大。2021 年重点领域电能占终端能源消费比重如图 10－18 所示。

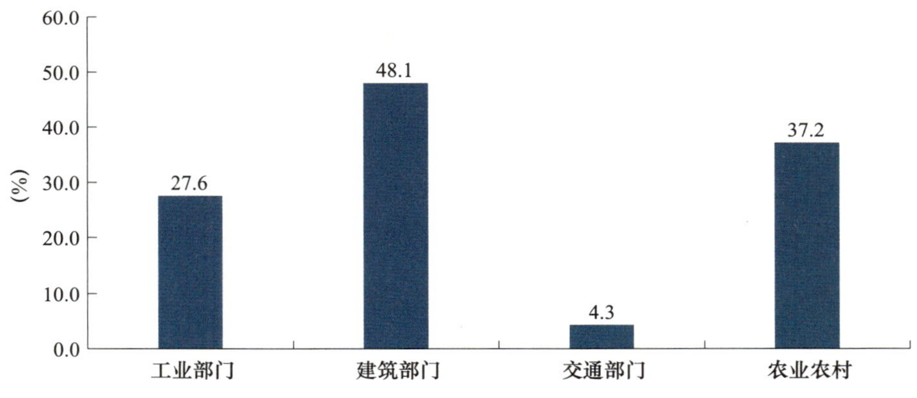


图 10－18　2021 年重点领域电能占终端能源消费比重

## 三、典型行业情况

**批发和零售业及住宿和餐饮业电能占终端能源消费比重增幅明显。**2021 年，批发和零售业及住宿和餐饮业电能占终端能源消费比重 57.8%，较上年提高 6.7 个百分点。计算机/通信和其他电子设备制造业电能占终端能源消费比重 83.6%，较上年提高 2.0 个百分点，延续高位抬升趋势。四大高载能行业电能占终端能源消费比重 18.7%，较上年提高 0.6 个百分点。其中，化工行业电能占终端能源消费比重 15.8%，与上年水平持平；建材行业、黑色金属行业电能占终端能源消费比重分别达到 17.0%、12.1%，较上年分别提高 0.7、0.8 个百分点；有色金属行业电能占终端能源消费比重 67.8%，较上年下降 0.2 个百分点。汽车制造业电能占终端能源消费比重 72.3%，较上年下降 0.4 个百分点。2021 年典型行业电能占终端能源消费比重如图 10－19 所示。

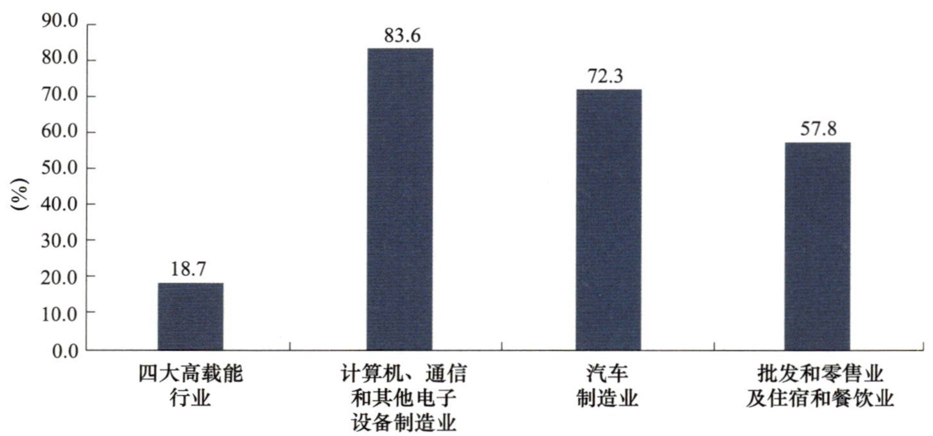


图 10－19　2021 年典型行业电能占终端能源消费比重

## 四、分地区、重点区域、省（区、市）情况

### （一）四大地区电气化

**东部地区电气化发展势头强劲。**2021 年，东部、中部、西部、东北地区电能占终端能源消费比重分别达到 29.2%、23.9%、26.7%、15.1%，较上年分别提高 2.2、1.7、1.7、0.7 个百分点。东部、中部、西部、东北地区发电能源占一次能源消费比重分别达 41.9%、48.8%、72.2%、34.7%，东部、中部、西部地区分别较上年提高 3.5、2.1、2.3 个百分点，东北地区与上年持平。

2021 年四大地区电能占终端能源消费比重及发电能源占一次能源消费比重如图 10－20 所示。

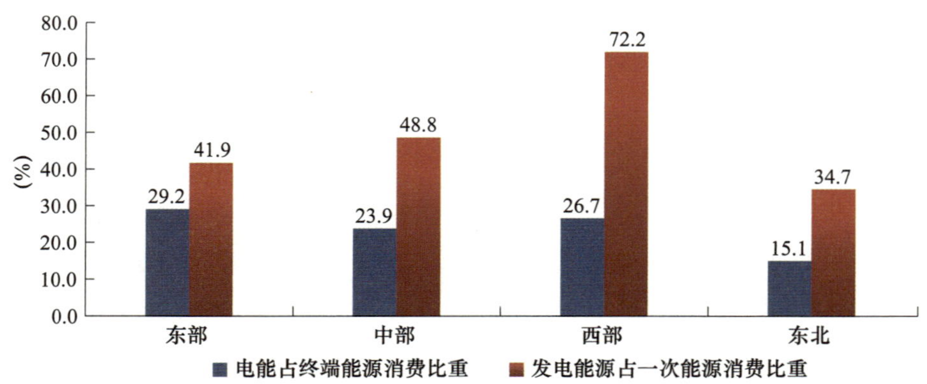


图 10－20　2021 年四大地区电能占终端能源消费比重及发电能源占一次能源消费比重

## （二）重点区域电气化

**粤港澳大湾区电气化水平位居国际前列。**2021 年，京津冀区域、长三角区域、粤港澳大湾区、成渝经济圈电能占终端能源消费比重分别达到 20.2%、31.4%、39.3%、24.6%，较上年分别提高 2.4、2.4、4.0、2.2 个百分点。京津冀区域、长三角区域、粤港澳大湾区、成渝经济圈发电能源占一次能源消费比重分别达到 27.1%、47.2%、53.3%、54.6%，较上年分别提高 1.7、4.3、7.9、1.4 个百分点。

2021 年重点区域电能占终端能源消费比重及发电能源占一次能源消费比重如图 10–21 所示。

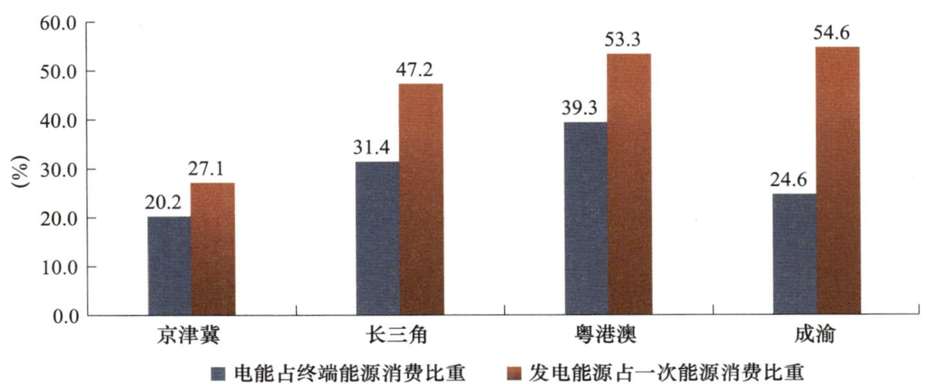


图 10–21　2021 年重点区域电能占终端能源消费比重及发电能源占一次能源消费比重

## （三）分省（区、市）电气化

**广东、浙江、青海、江苏、福建、甘肃电能占终端能源消费比重超过 30%。**2021 年，广东、浙江、青海、江苏、福建、甘肃、新疆、广西、江西、北京、河南、安徽 12 个省（区、市）电能占终端能源消费比重超过全国平均水平，湖南、天津、河北、吉林、辽宁、黑龙江电能占终端能源消费比重低于 20%。2021 年分省（区、市）电能占终端能源消费比重如图 10–22 所示。

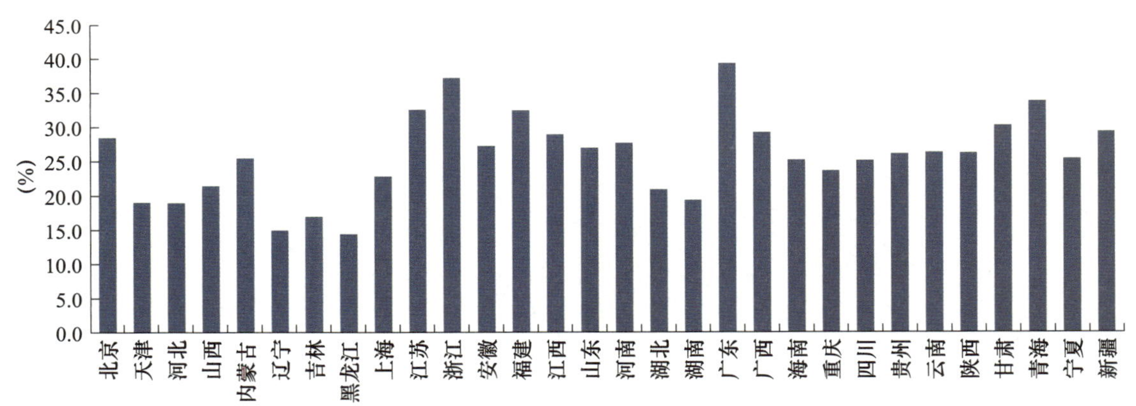


图 10–22　2021 年分省（区、市）电能占终端能源消费比重

**云南、内蒙古、宁夏、新疆、青海、甘肃、贵州发电能源占一次能源消费比重超过 70%。** 2021 年，云南、内蒙古、宁夏、新疆、青海、甘肃、贵州、四川、山西、安徽、福建、陕西、广东、吉林、湖北、海南、江苏、广西 18 个省（区、市）发电能源占一次能源消费比重超过全国平均水平，河北、辽宁、天津、上海、北京发电能源占一次能源消费比重低于 30%。2021 年分省（区、市）发电能源占一次能源消费比重如图 10－23 所示。

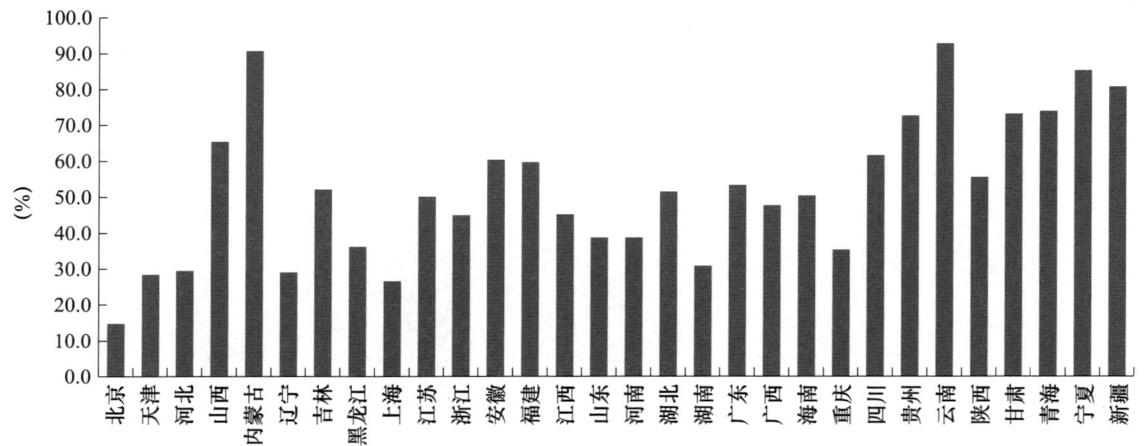


图 10－23　2021 年分省（区、市）发电能源占一次能源消费比重

# 第十一章 电力科技与数字化

## 第一节 电力科技发展

### 一、电力科技现状

2023年，电力行业坚持“科技是第一生产力、人才是第一资源、创新是第一动力”，全力保障研发投入，坚定不移提升自主创新能力，加快紧迫性、基础性、前沿性、颠覆性技术攻关，围绕加快发展新质生产力，研制出一批科技创新成果。

各大电力央企围绕打造现代产业链链长和原创技术策源地两个方向发力，覆盖新型电力系统、新能源、核电、新型储能、氢能等多个领域，陆续启动“共链行动”，取得积极的阶段性进展。

#### （一）发电技术

发电领域在高效灵活燃煤发电、智能燃煤发电、碳捕集与利用技术、重型燃机发电技术、大坝智能建设、抽水蓄能技术、第四代核电技术、小型堆技术、核燃料循环技术、钙钛矿太阳能电池技术、大型风机技术等方面取得突破性进展。

**专栏11－1 火力发电领域**

开发了适用于多元固废的燃煤电站协同处置技术及装备，创立固废耦合全流程系统，建立了长期稳定的多元固废协同处置机制，开辟了火电产业转型发展新方向、新路径；在超临界二氧化碳循环发电系统构建、高效灵活运行控制策略和新型换热器、锅炉、透平和压缩机等核心设备设计制造关键技术方面取得了从0到1的重大突破，建成了国际首座5兆瓦超临界二氧化碳循环发电机组；首次在国际上实现两相碳捕集技术在12万吨/年工业装置上的验证，达到国际领先水平；首台完全自主知识产权G50重型燃气轮机进行验证运行，顺利完成首次应用迭代，填补了我国自主燃气轮机应用领域空白。

## 专栏 11－2 水力发电领域

提出了巨型水电工程建设质量、成本、进度、安全、环境（“五控+”）全面管控的数字化适应性管控模型与综合控制方法，突破水电工程建设管控的数字化关键技术和平台建设难题；2023 年 7 月 1 日，全国首个流域级大坝智能在线监控平台建成投运，标志着我国流域梯级大坝安全智能在线监控关键技术取得重大突破；2023 年 9 月 27 日，自主研制的 500 兆瓦冲击式水轮发电机组成套结构的转轮锻件完工下线，标志着世界单机容量最大的冲击式水电机组转轮轮毂锻件和水斗锻件全序制造取得重大突破；抽水蓄能技术在坝工、库盆防渗、高水头压力管道、复杂地下洞室群等方面达到世界先进水平。

## 专栏 11－3 核电领域

“华龙一号”稳步推进型谱化、系列化发展，一体化闭式循环钠冷快堆核能系统工程化设计扎实推进，铅（铋）基堆研发技术能力不断提升，钍基熔盐实验堆获得国家运行许可；小型堆方面，“玲龙一号”首堆工程稳步推进，NHR200－Ⅱ低温供热堆、国和系列一体化供热堆设计持续优化；聚变技术方面，东方超环、中国环流三号不断取得新进展；核燃料循环技术创新方面，铀矿勘查采冶技术取得新进展，复杂地区与深部层位铀资源高效、经济、智能化开采能力大幅提升；国产先进燃料组件 CF4、SAF－14、STEP－12C 等研发持续推进，ATF 燃料组件完成首堆循环考验。

全球首座第四代核电站——华能石岛湾高温气冷堆核电站商业示范工程完成 168 小时连续运行考验，于 2023 年 12 月 6 日正式投入商业运行，这是我国具有完全自主知识产权的国家重大科技专项标志性成果，标志着我国在第四代核电技术领域达到世界领先水平。

## 专栏 11－4 新能源发电领域

大面积钙钛矿—晶硅叠层组件效率、异质结组件效率进一步提升，掌握了钙钛矿太阳能电池从实验室到大组件的全流程技术路径，标志着我国钙钛矿太阳能电池技术达到国际一流水平；雅砻江两河口水电站水光互补一期项目——柯拉光伏电站并网发电，标志着全球最大、海拔最高的水光互补电站正式投产；全球单机功率和风轮直径最大的直驱海上风电机组——18 兆瓦直驱海上风电机组顺利下线；2023 年 7 月 19 日，拥有完全自主知识产权的全球首台 16 兆瓦超大容量海上风电机组顺利投产（见图 11－1），12 月 21 日，日发电量达 38.72 万千瓦·时，刷新世界纪录。

图 11－1　16 兆瓦海上风电机组

## （二）电网技术

电网领域全力推进新型电力系统科技攻关，不断攻克关键核心技术，实现高端电力装备国产化，推动成套设备及工程应用，在电力装备与电力工程建设、大电网安全、新型储能、新型电力系统建设等领域取得了科技成果重大突破，有力支撑新型电力系统建设。

**一是高端输变电工程技术领域。**2023 年 6 月 14 日，自主研发的首台兆瓦级漂浮式波浪能发电装置“南鲲”号，在广东珠海投入试运行，标志着中国兆瓦级波浪能发电技术正式进入工程应用阶段（见图 11－2）；2023 年 6 月 30 日，我国首个 220 千伏柔性低频输电工程在杭州投运（见图 11－3）；2023 年 8 月 18 日，世界首条 35 千伏公里级超导输电示范工程完成满负荷试验（见图 11－4）；世界首套±1100 千伏自主可控特高压直流控制保护设备完成挂网试运行；结合葛南直流改造工程建设，推动全球首创并具备完全自主知识产权的可控换相换流阀（CLCC）技术、具有完全自主知识产权的直流控制保护系统批量化应用。

图 11－2　漂浮式波浪能发电装置——“南鲲”号

图 11－3　杭州 220 千伏柔性低频输电工程

图 11－4　满负荷运行下的超导输电工程 35 千伏终端

**二是在关键装备研发方面。**研制国产化 4500 伏压接型 IGBT 器件、4 款基于国产芯片的网络安全隔离装置；成功研制具有完全自主知识产权的特高压换流变压器用真空机械式有载分接开关工程样机，2023 年 4 月正式投入使用。至此，我国特高压直流工程换流变压器从整机到组部件实现全部国产化，突破了特高压设备全面自主可控的“最后一公里”。

**三是大电网安全稳定运行方面。**国家电网有限公司建立了大型电力系统基础仿真理论，实现了大电网电磁暂态从毫秒级到微秒级的突破，解决了电力系统高度电力电子化“仿不了”、复杂控制保护设备“仿不准”、海量运行工况“仿不快”的世界级科学难题；创建了 10 万节点级大型电力系统微秒级电磁暂态仿真、大型交直流电网高精度数模混合仿真、适用强不确定性和海量工况的高效精准仿真三大关键技术体系，全面提升了对复杂电力系统的认知和调控能力；中国南方电网有限责任公司完成自主化电力系统计算分析数据管理系统部署上线，并在 DSP 软件中实现自动化计算，全力支撑年方式、三年方式、迎峰度夏工作，大幅提升系统计算分析效率和规范化水平；攻克了大电网离线电磁暂态仿真技术，研发了自主化电磁暂态仿真软件 ESP 并在藏东南直流工程实际应用。

**四是在新型储能技术方面。** 2023 年 3 月 6 日，全球首个浸没式液冷储能电站——南网梅州宝湖储能电站正式投运，标志着浸没式液冷这一前沿技术在新型储能工程领域的成功应用。2023 年 4 月 4 日，国内首个飞轮＋锂电池储能复合调频项目——中国华电朔州热电复合调频项目正式投运，填补了国内飞轮与电化学复合储能领域空白。2023 年 4 月 30 日，具有完全自主知识产权的国际首套 300 兆瓦先进压缩空气储能电站首次并网发电，突破了 300 兆瓦先进压缩空气储能系统压缩机、膨胀机全套关键核心技术，研制出 300 兆瓦级“轴流＋离心”压缩机、300 兆瓦级大流量多级宽负荷膨胀机，成果应用于湖北应城和山东肥城压缩空气储能电站项目，推动我国先进压缩空气储能技术迈上新的台阶。

## 二、电力科技获奖成果

2023 年度电力行业获得中国专利奖金奖 3 项（见表 11－1），电力创新奖（技术类）162 项［其中，创新大奖 5 项（见表 11－2）、一等奖 47 项、二等奖 110 项］；电力科学技术奖 124 项［其中，一等奖 17 项（见表 11－3）、二等奖 36 项］。2017—2023 年度电力行业项目获奖情况如图 11－5 所示。

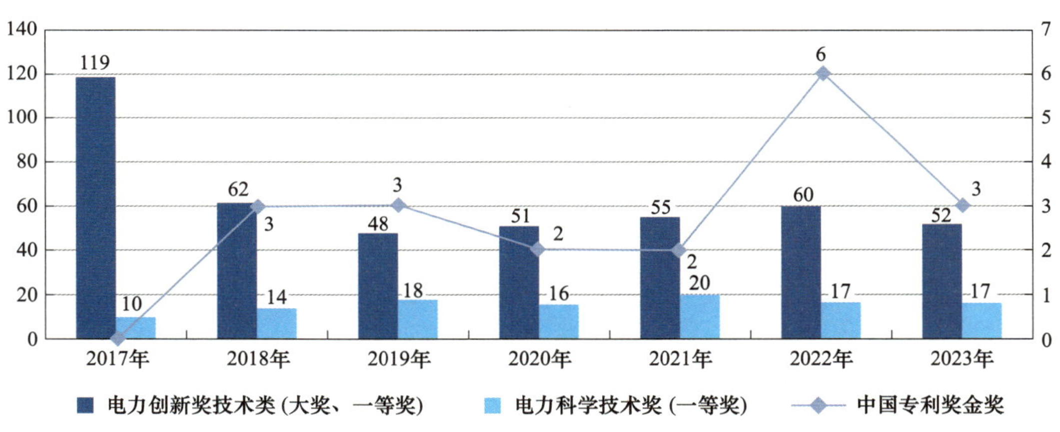


图 11－5　2017—2023 年电力行业项目获奖情况

表 11－1　电力行业获第二十三届中国专利金奖项目名单

| 序号 | 项目名称 |
| --- | --- |
| 1 | 变频装置及其功率扩展方法 |
| 2 | 一种多级分流再生的二氧化碳捕集系统与工艺 |
| 3 | 一种堆芯三维功率分布的在线测量方法 |

表 11-2 电力行业获 2023 年度电力创新奖大奖（技术类）项目名单

| 序号 | 项目名称 |
|---|---|
| 1 | 白鹤滩百万千瓦水轮发电机组关键技术与应用 |
| 2 | 直流高电压国家计量标准装置和现场校验系统关键技术及工程应用 |
| 3 | 基于盐穴储气的非补燃压缩空气储能系统关键技术及示范应用 |
| 4 | 高耐候高可靠光纤电流互感器关键技术及应用 |
| 5 | 支撑海量分布式资源的配电网能量管理与集群控制系统、装备及应用 |

表 11-3 电力行业获 2023 年度电力科学技术奖一等奖项目名单

| 序号 | 项目名称 |
|---|---|
| 1 | 混合直流输电系统 |
| 2 | 多能流综合能量管理关键技术与系统 |
| 3 | 全氟异丁腈环保绝缘气体自主化开发与设备研制关键技术及示范应用 |
| 4 | 千万级居民用户电力邀约响应与安全保供关键技术、装备及应用 |
| 5 | 电力系统未知威胁感知与协同防御技术、核心装备及应用 |
| 6 | 巨型混流式机组安装关键技术及应用 |
| 7 | 千万千瓦级负荷资源精准辨识与柔性调控关键技术及应用 |
| 8 | 大功率磁悬浮飞轮储能及火储联合调频关键技术、装备与工程应用 |
| 9 | 宽频大量程高压磁电传感基础理论、关键技术及应用 |
| 10 | 配用电物联网双模通信芯片设计、装置研制及规模应用 |
| 11 | 特大型弹性城市电网应对极端灾害的关键技术研究与示范应用 |
| 12 | 复杂配电网同步相量测量与运行控制关键技术、装置研制及应用 |
| 13 | 非隔离型光储变流器关键技术及其规模化应用 |
| 14 | 超临界二氧化碳循环发电关键技术及国际首座 5MW 机组示范应用 |
| 15 | 新型高端锅炉绿色设计与制造关键技术及应用 |
| 16 | 发电领域网络安全平台（靶场）研发及应用 |
| 17 | 基于人工智能的输电线路大规模立体巡检关键技术及应用 |

## 三、主要电力企业科技统计

国家电网有限公司等 22 家主要电力企业[1]的科研机构及其人力资源、新签科技项目、科技投入资金、知识产权统计结果如下：

[1] 22 家大型电力企业为：国家电网有限公司、中国南方电网有限责任公司、中国华能集团有限公司、中国大唐集团有限公司、中国华电集团有限公司、国家能源集团、国家电投、中国三峡集团、中核集团、中广核、中国电建、中国能建、广东能源、浙省集团、国投电力、内蒙古电力集团、华润电力、京能集团、新力能源、皖能股份、河北建投、深圳能源。

### （一）科技工作人员

2023 年 22 家主要电力企业共有各级科研机构 888 个，从事科研工作人员 211903 人。2023 年主要电力企业科技工作人员职称、学历、工作性质分类如图 11－6 所示。

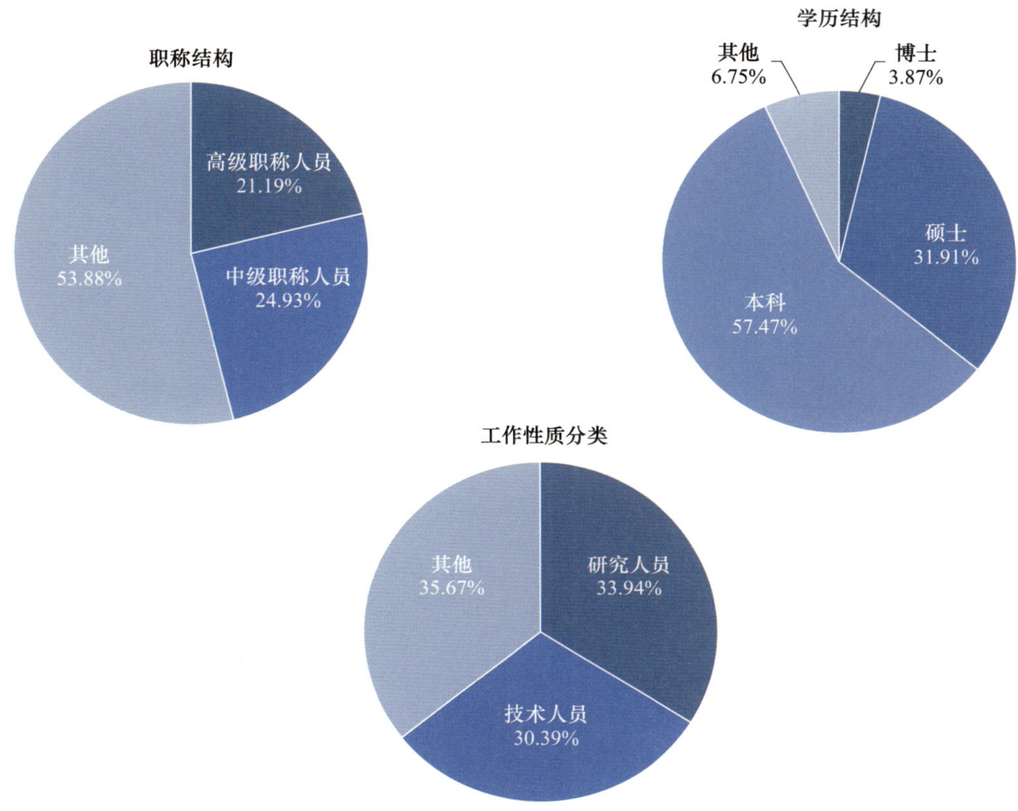


图 11－6　2023 年主要电力企业科技活动人员职称、学历、工作分类

### （二）新签科技项目情况

2023 年主要电力企业新签科技项目 10568 项，其中横向项目[1]5792 项，纵向项目[2]4776 项。纵向项目中，国家及地方政府项目 477 项，集团公司项目 4299 项。2023 年主要电力企业新签科技项目如图 11－7 所示。

### （三）科技投入资金

2023 年主要电力企业科技投入资金 1816.8 亿元，其中，电网企业科技投入资金 545.6 亿

---

❶ 横向项目指企事业单位、兄弟单位委托的各类科技开发、科技服务、科学研究等方面的项目，以及政府部门非常规申报渠道下达的项目。

❷ 纵向项目指上级科技主管部门或机构批准立项的各类计划（规划）、基金项目。

元，发电企业科技投入资金 861.7 亿元，电建企业科技投入资金 409.5 亿元。

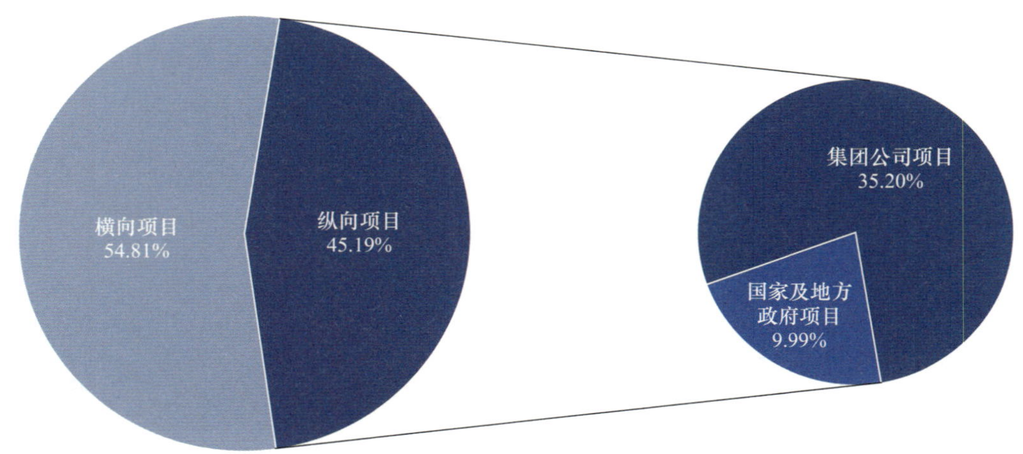


图 11－7　2023 年主要电力企业新签科技项目

2023 年主要电力企业日常性支出和资产性支出金额统计如图 11－8 所示，2017 年以来主要电力企业科技投入金额统计如图 11－9 所示。

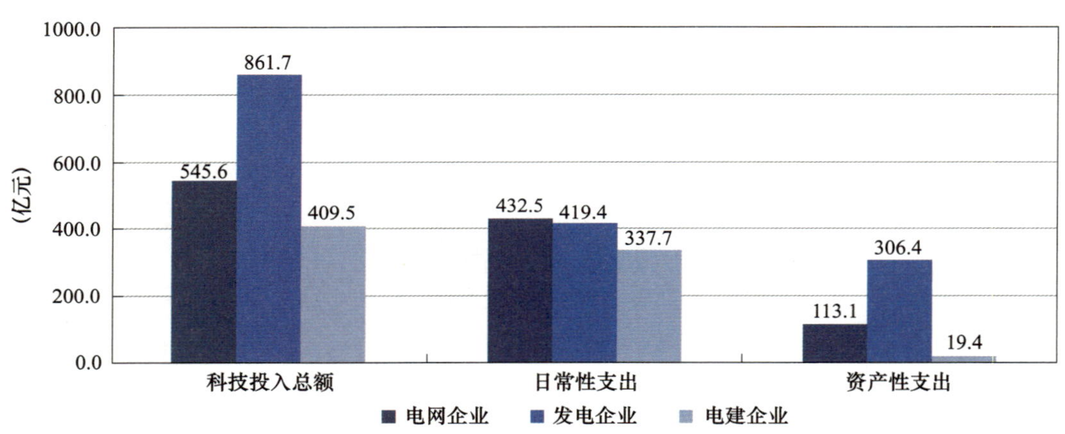


图 11－8　2023 年主要电力企业科技投入总额、日常性支出和资产性支出金额统计

图 11－9　2017 年以来主要电力企业科技投入金额统计

## （四）知识产权

2023 年主要电力企业国内专利的申请量为 95942 项，授权量为 60212 项，累计有效量为 332653 项；涉外专利的申请量为 2808 项，授权量为 1163 项，累计有效量为 2642 项。

2023 年主要电力企业国内专利申请授权情况如图 11－10 所示，2017 年以来主要电力企业专利申请量、授权量如图 11－11 所示。

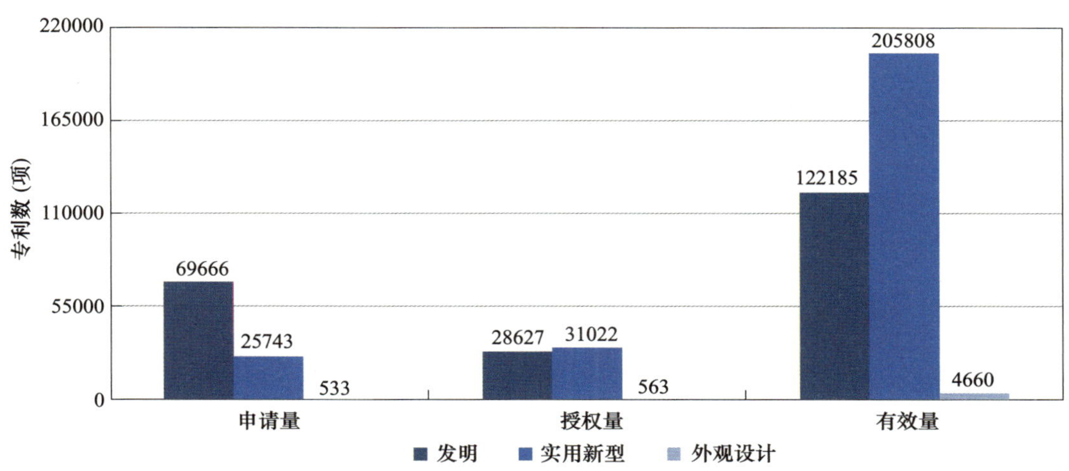


图 11－10　2023 年度主要电力企业国内专利申请授权情况

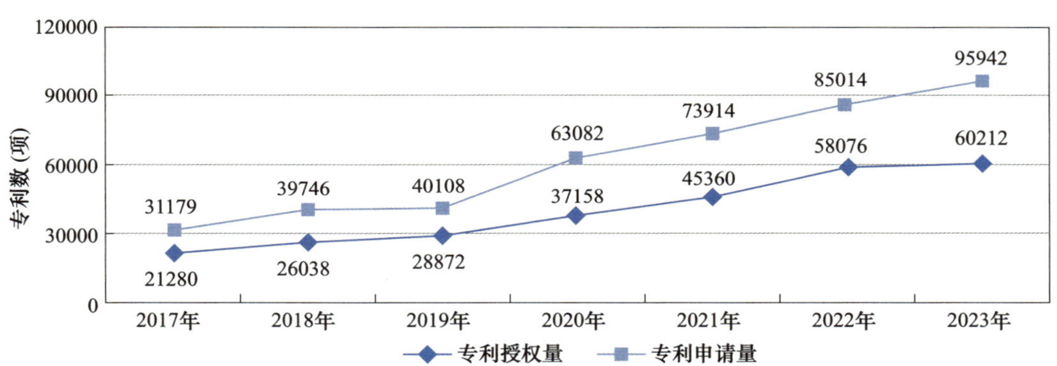


图 11－11　2017 年以来主要电力企业专利的申请量和授权量统计

主要电力企业专利授权量为 61375 项（含涉外专利），其中专利转让及许可专利为 2381 项，约占 3.9%，这些专利转让与许可收益仅 12.9 亿元，占全年科技投入的 0.7%。

2023 年主要电力企业公开累计发表论文 38509 篇，其中 SCI 和 EI 收录论文分别为 3777 篇和 10338 篇；起草技术标准合计 2941 项，其中国际标准 56 项，国家标准 270 项。

2023 年主要电力企业公开累计发表论文和起草技术标准情况如图 11－12 所示。

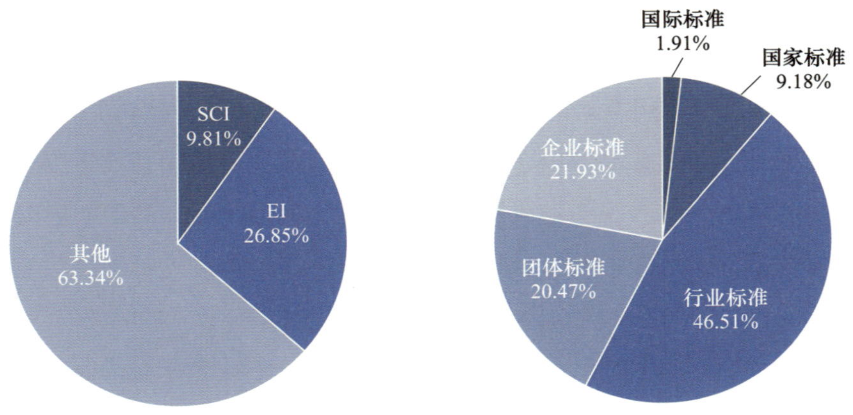


图 11-12　2023 年主要电力企业公开累计发表论文和起草技术标准情况

# 第二节　电力数字化

## 一、电力数字化建设现状

2023 年，电力行业全面贯彻落实中共中央、国务院《数字中国建设整体布局规划》和国家能源局《关于加快推进能源数字化智能化发展的若干意见》要求，夯实数字基础设施和数据资源体系“两大基础”，推动数字技术和实体经济的深度融合，电力企业进一步深入实施国有企业数字化转型行动计划，完善体制机制、推进试点示范、探索对标评估、加强合作发展，全面提升数字化智能化发展水平。

### （一）电源领域

电源领域依托数字新技术推动火电、水电、核电、新能源的智能化、智慧化、绿色化和自主可控，特别在新能源发电领域，通过应用物联网、大数据和人工智能等技术，提升生产运营的数字化水平，实现对发电设施的远程监控和智能化管理，显著提升发电效率和经济效益。发电企业数字化成果见专栏 11－5～专栏 11－7。

#### 专栏 11－5　新能源发电领域数字化成果

基于泛在物联方式建立海上风电气象预报、运维策略、安全预警模型，实现海上风电场状态全面感知、突发事件快速报警、应急事件高效协同和作业计划智能安排等，提升海上风电"安全应急"和"智慧运维"管理水平。中广核海上风电智慧系统在海上风电场的落地应用，完成出海人员和船只的监控，持续提供海洋气象预测服务，抓住出海窗口期，提升出海安全性，全年制订1230次出海计划，完成1950项检修任务。

### 专栏 11－6 水电领域数字化成果

中国三峡集团围绕大水电业务，针对流域巨型电站百万千瓦机组运维、水机电一体化、跨区跨网、全局协同等世界级难题，使用新一代数字技术，首创"枢纽型、平台型、开放型"自主可控水电工业大脑，实现"全息状态感知、全态预警诊断、全域业务贯通、全局协同优化"。"面向新一代水电行业集成创新的工业大脑解决方案"以总分第一的成绩荣获中国工业互联网大赛领军组一等奖。

### 专栏 11－7 核电领域数字化成果

中国核电围绕先进在线监测（AOM）、设备可靠性管理系统（ERMs）研发核电厂二回路数字孪生模型、电功率损失事件识别算法、机组热力性能监测算法与模型、动态阈值监测模型及模型开发工具、基于FMEA的泵类设备智能监测与诊断技术、转动设备剩余可运行时间预测模型、基于二叉树故障诊断算法的发电机监测与诊断技术、核电机组运行瞬态自识别算法在内的十余项先进技术，全面提升关键重要设备的状态监测、故障诊断和故障预警能力，有效提升核电的科学技术水平，促进了相关行业的产学研用一体化发展。

## （二）电网领域

2023年，电网领域充分挖掘电力数据价值，以"电力+算力"带动电力产业能级跃升，通过数字化转型促进数字技术渗透至电力"发—输—变—配—用—调"各环节，基于源网荷储协同发展，逐步构成"大电网+主动配电网+微电网"的电网形态。电网领域数字化成果见专栏11－8。

### 专栏 11－8 电网领域数字化成果

**源网荷储协同**互动是新型电力系统的基本形态特征，旨在全面提升新型电力系统全环节可观、可测、可调、可控水平，提高电网资源配置能力、清洁能源消纳能力、多元负荷承载能力。2023年重点聚焦虚拟电厂资源调控、低压分布式光伏调控、空调负荷调控、车网互动、微电网互动管理等典型场景，评出首批23个"百佳"示范重点培育项目，取得良好示范效应。

**配网透明化建设**，按照“省—市—区县—班所”四级管辖范围，实现“10kV 主干线—分支线—配电变压器—低压出线—表箱—用户”六级停电分析，实时感知、精准定位停电范围，依托电网一张图和工单驱动应用，自动推送抢修工单，实现先于用户报修开展主动抢修。山东全省故障报修工单同比降低 17.7%，工单平均处理时长由 67 分钟减少至 38 分钟。

**数字运营管控平台**“云景”是集成“云大物移智”等多种数字技术，发挥数据生产要素的价值承载平台。“云景”通过“一屏总览”，直观呈现电网的主责主业，通过数据与地图联动，网省地县所层层下钻，实时触达一线作业现场；汇聚管理规范全量指标体系，以“1 个入口、3 个视角、5 个层级、7 个维度”支撑指标体系统一规范、在线管理；支持用户按需构建数据模型，以“数据＋工具”赋能基层，打造“全员参与”数字化运营生态。

**全国碳排放监测分析服务平台**高质量通过国家发展改革委验收，研究构建的“电—碳计算模型”获评“国际首创”，总体技术水平获评“国际领先”，解决碳排放相关数据“看不到、摸不着、测不准”问题，实现全球碳排放概览，全国及 31 个省（市）、7 大行业能源消费及碳排放监测，碳排放与能源结构关系等分析应用，为国家研判趋势、制定政策、推动工作提供数据支撑。国网浙江省电力公司开展碳效码、碳普惠等碳中和服务支撑，接入规上企业数据 4.9 万余家，发放绿色金融贷款超 650 亿元。

### （三）电建与电气装备领域

2023 年，电建与电气装备领域形成贯通“规划—设计—建造—运营”的投建营“数字建造”体系，数字化技术广泛应用于项目规划、设计、施工和运维等各个环节，全面提升工程质量和效率。电建与电气装备领域数字化成果见专栏 11－9。

### 专栏 11－9　电建与电气装备领域数字化成果

**规划设计数字化技术能力有新提升。**以根本解决“卡脖子”问题为研究目标，探索图形平台底层技术，打造国产化建模工具以及工程专业设计软件，建立从下到上自主可控、贯穿多领域业务的产业生态链体系。通过 BIM 技术、数字化管理平台等，实现对工程项目全生命周期的数字化管理，提高项目建设的效率和质量。

**生产制造数字化成效明显。**东方电气建成国内领先的汽轮机叶片“黑灯产线”，设备利用率能够达到 90%，能源利用率提升 47%。建成行业首套容器全自动数字射线检测系统，检测效率能够达到 80%。采用智能激光焊方式代替传统手工焊接方式，堆芯围筒激光智能焊接工作站实现生产线智能化，提高生产效率 50%以上。建成定子冲片“绿色无人车间”，挥发性有机物排放能够降低 70%以上。

## 二、电力数字化获奖成果

### （一）数字化转型贯标试点成果

2023 年，工业和信息化部组织全国数字化转型贯标试点工作，共有 21 个省（市）、5 个计划单列市和 10 个行业参加，参与企业全国共计 1000 余家。首批完成数字化转型贯标评估试点企业共 122 家，其中电力企业 10 家，占比 8.2%。目前数字化转型贯标开放最高星级为 3 星，10 家电力企业全部获得最高级 3 星，远高于全国 3 星比例 41%，如图 11－13 所示。

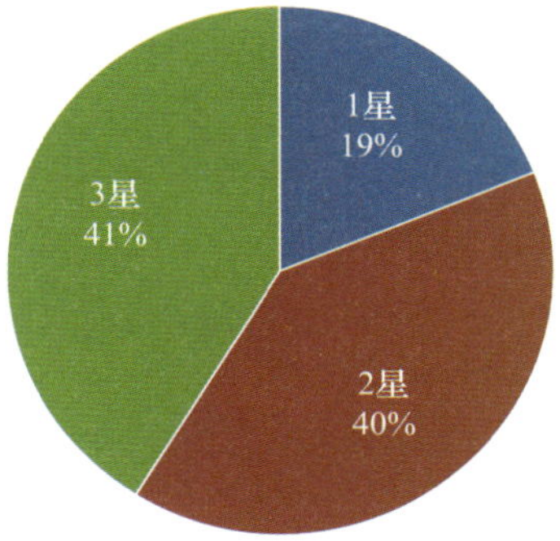

图 11－13　全国首批数字化转型贯标评估星级占比

### （二）中电联电力科技创新奖

2023 年，18 项电力数字化成果获得中电联电力科技创新大奖和一等奖，其中，《特大型电力工程企业集团 HSE 智慧管理体系与平台研发应用》《数智供电所全要素数据融合和跨业务协同管控关键技术与应用》两项获创新大奖，《电网企业全员本质安全能力提升“数智”赋能关键技术研究与应用》《AIdustry 工业互联网平台试验测试项目》等 16 项获一等奖。2023 年电力数字化领域成果获奖名单见表 11－4。

表 11－4　2023 年电力数字化领域成果获奖名单

| 序号 | 获奖等级 | 成果名称 |
| --- | --- | --- |
| 1 | 创新大奖 | 特大型电力工程企业集团 HSE 智慧管理体系与平台研发应用 |
| 2 | 创新大奖 | 数智供电所全要素数据融合和跨业务协同管控关键技术与应用 |
| 3 | 一等奖 | 电网企业全员本质安全能力提升“数智”赋能关键技术研究与应用 |
| 4 | 一等奖 | AIdustry 工业互联网平台试验测试项目 |
| 5 | 一等奖 | 电力工控系统威胁感知与风险防控关键技术及应用 |
| 6 | 一等奖 | 电能质量实时监测与智能分析技术及应用 |
| 7 | 一等奖 | 融合人工智能的电网调度数据在线检测与辨识关键技术及应用 |
| 8 | 一等奖 | 面向能源互联网的数据资产管理与运营关键技术 |
| 9 | 一等奖 | 电力线路影像智能巡检关键技术研究与应用 |
| 10 | 一等奖 | 配电二次智能化管控平台及终端装置关键技术研究与实践 |
| 11 | 一等奖 | 能源互联网与工业互联网融合平台，数据服务技术及应用 |
| 12 | 一等奖 | 电力物资供应链全链融合与协同管控关键技术及应用 |
| 13 | 一等奖 | 适应电力现货市场的新能源场站运行优化关键技术研究及应用 |

续表

| 序号 | 获奖等级 | 成果名称 |
|---|---|---|
| 14 | 一等奖 | 基于人工智能的河湖水环境安全风险防控平台 |
| 15 | 一等奖 | 基于联邦学习的分布式协同工控系统态势感知技术研究与应用 |
| 16 | 一等奖 | 海量数据实时采集，可靠存储与高性能计算关键技术及应用 |
| 17 | 一等奖 | 适应新型电力系统的火电能耗诊断系统关键技术平台研发及应用 |
| 18 | 一等奖 | 发电行业网络安全技术创新和服务支撑平台研发及应用 |

### （三）第六届数字中国建设峰会奖项

由国家互联网信息办公室、国家发展和改革委员会、科学技术部、工业和信息化部、国务院国有资产监督管理委员会、福建省人民政府共同主办的第六届数字中国建设峰会于 2023 年 4 月 27～28 日在福州召开，组委会从 166 家单位选送的 549 项成果中，最终严格遴选产生“十大硬核科技”“十佳解决方案”“十佳数字普惠案例”三大奖项，其中电力企业荣获了两项“十大硬核科技”和两项“十佳解决方案”见表 11－5。

表 11－5　第六届数字中国建设峰会发布成果奖项（电力企业）

| 十大硬核科技 | |
|---|---|
| 企业名称 | 成果名称 |
| 中国南方电网有限责任公司 | “极目”系列智能传感器 |
| 国家电网有限公司 | 猎鹰人工智能视觉一体化芯片 |
| 十佳解决方案 | |
| 企业名称 | 成果名称 |
| 国家能源投资集团有限责任公司 | 生产运营协同调度指挥系统 |
| 中国电力建设集团有限公司 | 2022 年面向绿色低碳清洁能源发展的水电工程数字孪生解决方案 |

## 三、主要电力企业数字化统计

2023 年电力数字化统计从企业数字化基本建设情况、企业数字化投入产出情况、企业数字化应用及信息安全和企业数字化培训及数字化人才表四个方面收集信息，统计指标 49 项，共收集到主要电力集团 18 家[1]。

[1] 主要电力企业包括主要电网企业、发电企业、电建企业、电力装备企业，包括国家电网、南方电网、内蒙古电力集团、中国华能、中国大唐、中国华电、国家能源集团、国家电投、中国三峡集团、中核集团、中广核、广东能源、浙能集团、京能集团、中国电建、中国能建、中国电气装备、东方电气集团。

## （一）数字化基本情况统计

**数字化制度建设方面，**15 家主要电力集团进行了数字化规划滚动修编，占比 83.33%；14 家开展了“电力数字化和工业化融合管理体系贯标”，占比 77.78%，累计发布数字化标准 3280 项、管理制度规范 11210 项。

**数字化组织设置方面，**17 家设置分管数字化工作的专职领导，占比 94.44%且均是企业领导班子成员；11 家主要电力集团设置首席网络安全官，占比 61.11%，其中 9 家首席安全官是企业领导班子成员，如图 11－14 所示。

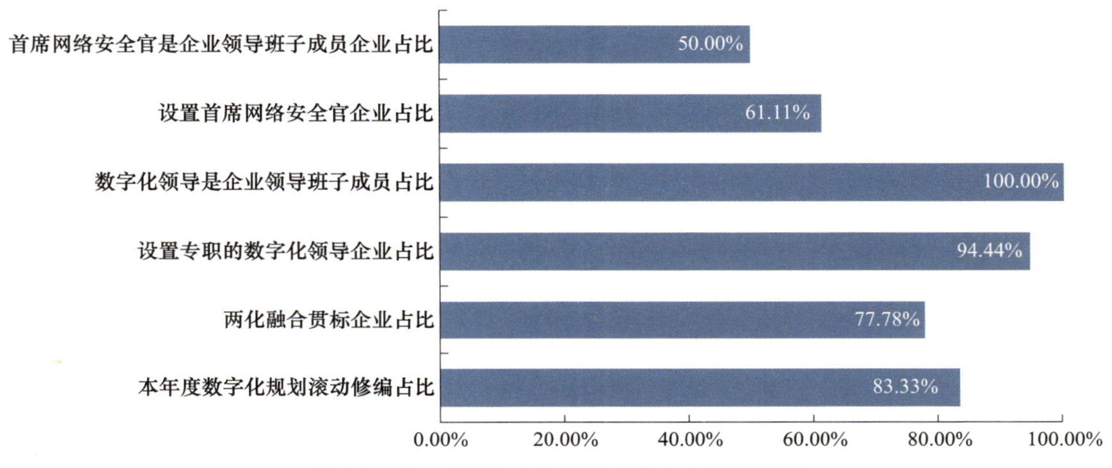


图 11－14 主要电力集团企业数字化基本情况

**人才培训方面，**主要电力集团从事数字化工作 71203 人，专职人员获得数字化专业认证 18261 人，数字化工作高级职称 10541 人，年累计组织应用系统培训达 90499 人次，信息安全培训 214995 人次。

数字化建设运行方面，主要电力企业在用应用系统 12046 项，等保三级系统 2434 项，系统注册用户总数 700 余万人，系统日登录总数 100 余万人次，受网络攻击次数 41.5 亿余次，网络安全事件 900 余次。

## （二）数字化投入资金

2023 年，电力行业主要电力企业数字化投入为 396.46 亿元，其中主要电网企业投入 191.67 亿元，约占 48.35%；主要电源企业投入 174.36 亿元，约占 43.98%；主要电建企业投入 17.85 亿元，占比约 4.50%；主要电气装备企业投入 12.58 亿元，占比约 3.17%，如图 11－15 所示。电力企业持续加强数字化方面投入，加快推进企业数字化转型，电力行业积极推进新型电力系统和新型能源体系构建，贯彻落实国家数字中国战略部署。

### （三）数字化成果分类情况

2023 年主要电力集团数字化方面的专利数量、软件著作数量、获奖数分别为 5149、39614、1450 项。如图 11－16 所示，专利方面，电源、电网、电建、电气装备领域分别占比 22.96%、72.23%、4.43%、0.39%；软件著作方面，电源、电网、电建、电气装备领域分别占比 4.73%、90.87%、3.71%、0.69%；获奖方面，电源、电网、电建、电气装备领域分别占 47.03%、20.97%、29.10%、2.90%。

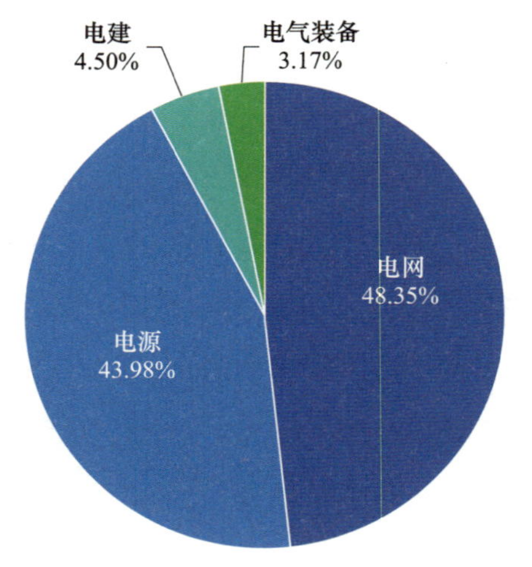


图 11－15　2023 年电力行业数字化投入情况

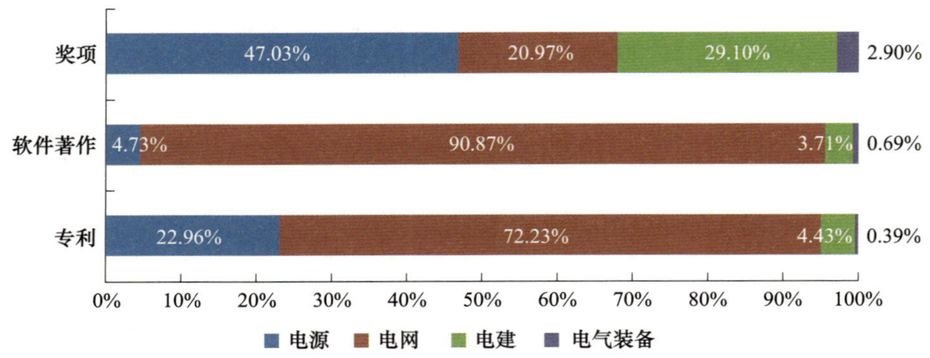


图 11－16　2023 年电力行业数字化成果分布情况

# 第十二章

# 电力企业发展与经营

## 第一节　大型电力企业人力资源

### 一、职工结构情况

根据中电联对国家电网有限公司等 17 家[1]大型电力企业人力资源情况统计[2]，截至 2023 年底，同口径统计范围内电力企业职工总数 209.12 万人，同比下降 0.15%[3]。统计范围内各电力企业人力资源总量变化增减不一。其中，京能集团、广东能源、内蒙古电力、中国广核、国家能源集团、浙江能源、中国能建、中国华电、中国安能集团、国家电投等人员数量较上年度有所增加，增幅最大的是京能集团、广东能源、内蒙古电力，分别是 8.55%、7.91%、6.54%。中国大唐、南方电网、中国华能、中国电建、中国三峡集团、国家电网等较上年度有所减少，减幅最大的为中国大唐、南方电网，减幅分别是 5.67%和 2.95%。

电力企业人力资源结构呈如下特点：

**管理人员与技术人员比重上升，技能人员与其他人员比重下降。**管理人员与专业技术人员占职工总数比重分别为 23.24%、21.59%，占比较上年分别上升 0.56%、0.89%。技能人员与其他人员占比分别为 49.10%、6.07%，占比较上年分别下降 0.84%、0.60%。

2022—2023 年统计范围内电力企业职工结构情况如图 12－1 所示。

**45 岁以下人员比重持续增加。**按职工年龄结构来看，35 岁以下人员人数占比 31.98%，占比较上年上升 0.22%；36～45 岁人员人数占比 25.56%，占比较上年上升 0.39%；46～55 岁人员人数占比 32.40%，占比较上年下降 0.56%；56 岁及以上人员人数占比 10.06%，占比

[1] 纳入中电联人力资源直报统计口径的 17 家大型电力企业是：国家电网、南方电网、内蒙古电力集团、中国华能、中国大唐、中国华电、国家能源集团、国家电投、中国三峡集团、中广核、中国电建、中国能建、中国安能集团、广东能源、浙能集团、京能集团、中核集团。

[2] 各电力企业煤炭、金融类职工不在统计范围内。

[3] 《中国电力行业人才年度发展报告 2023》统计范围内电力企业职工总数为 211.90 万人，扣除非电力版块职工人数后为 209.42 万人。

较上年下降 0.05%。2022—2023 年统计范围内电力企业职工年龄结构如图 12－2 所示。

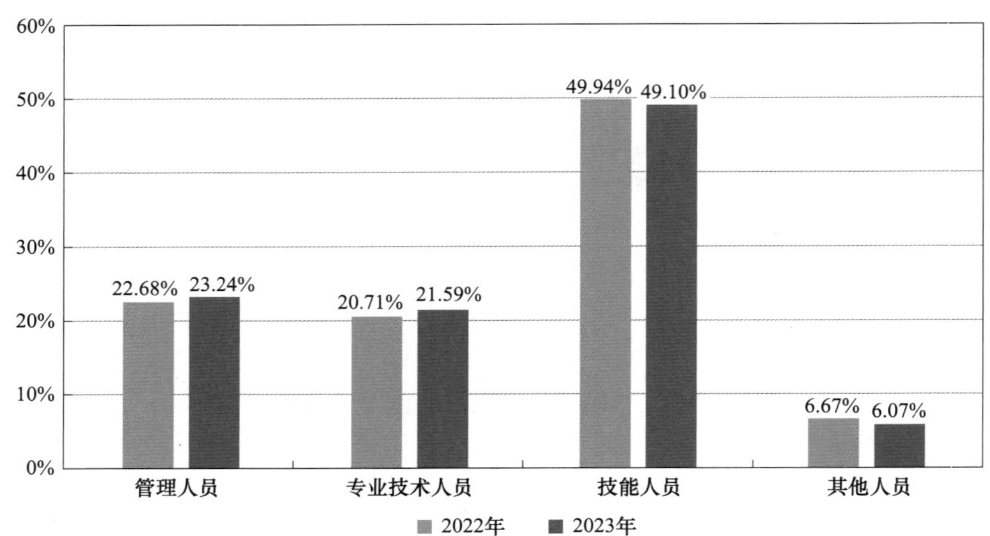


图 12－1　2022—2023 年统计范围内电力企业职工结构情况

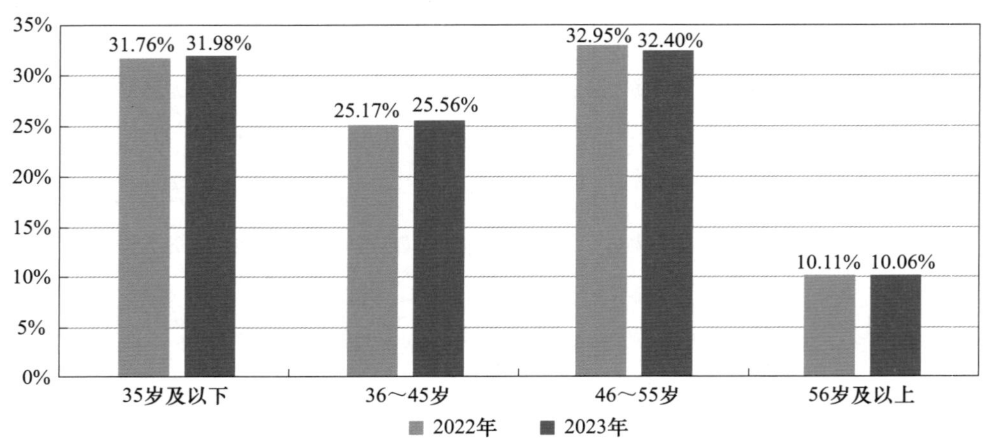


图 12－2　2022—2023 年统计范围内电力企业职工年龄结构

**本科及以上学历比重持续增加，专科及以下学历比重减少。**按职工学历结构来看，博士、硕士人数占比 9.88%，占比较上年上升 0.22%；本科人数占比 52.46%，占比较上年上升 1.72%；专科人数占比 21.45%，占比较上年下降 0.64%；中职及以下学历人数占比 16.21%，占比较上年下降 1.31%。

2022—2023 年统计范围内电力企业职工学历结构如图 12－3 所示。

**专业技术人员中的中级及以上职称占比略有提高，生产技能人员中的高级工占比增加明显。**从专业技术人员职称等级结构看，中级及以上职称专业技术人员数量占比较上年上升 0.04%；从生产技能人员分技术等级来看，各等级人员占比均略有增长，其中高级工、中级工占比较上年分别上升 5.01%、3.10%。

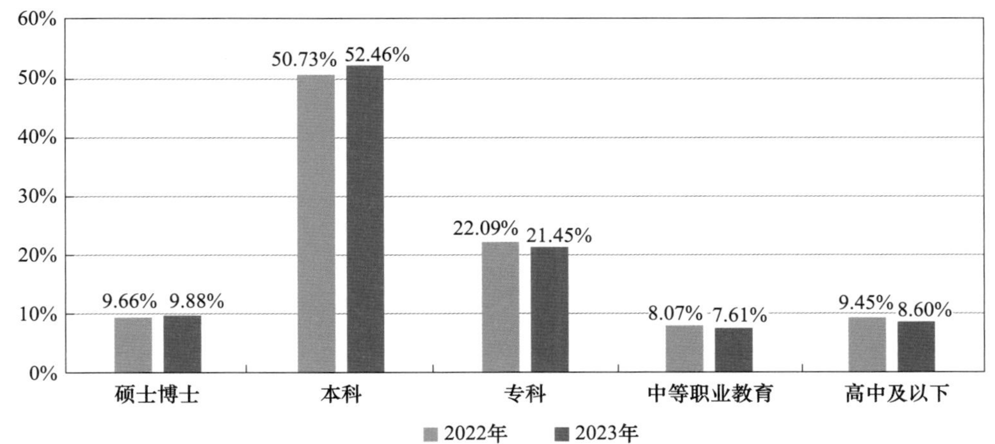


图 12－3　2022—2023 年统计范围内电力企业职工学历结构

2022—2023 年统计范围内电力企业职工技术职称情况如图 12－4 所示。

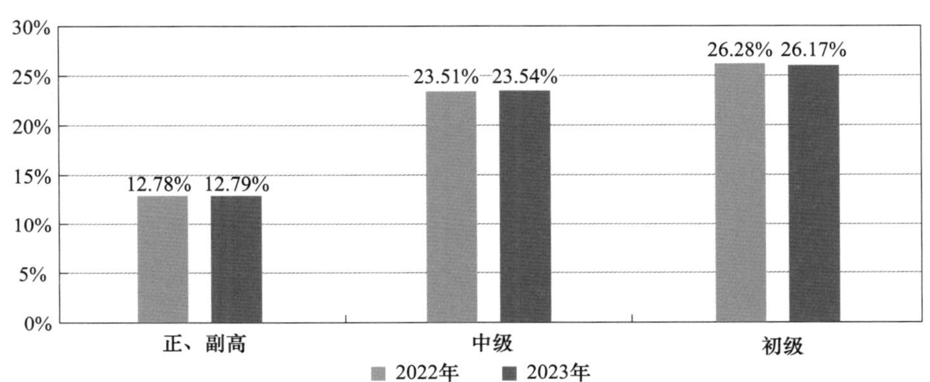


图 12－4　2022—2023 年统计范围内电力企业职工技术职称情况

2022—2023 年统计范围内电力企业职工技能等级情况如图 12－5 所示。

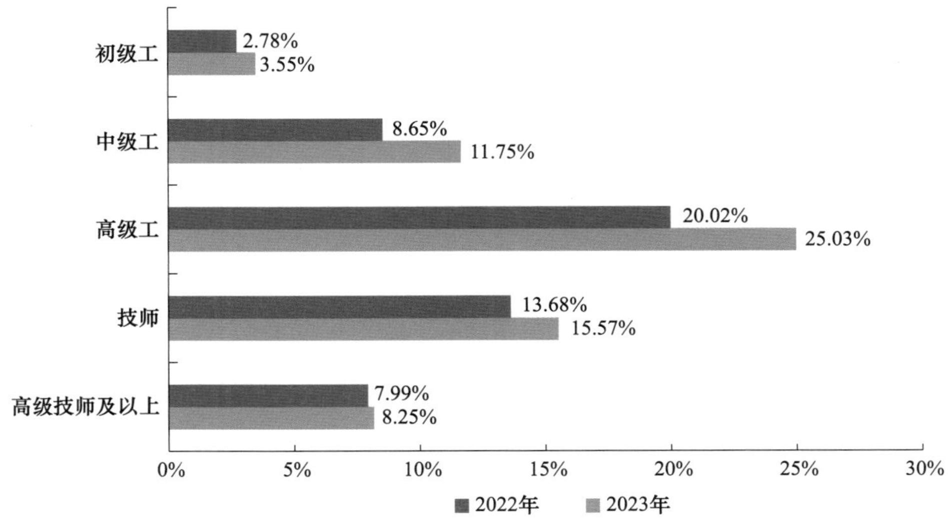


图 12－5　2022—2023 年统计范围内电力企业职工技能等级情况

## 二、职工分类业务板块构成情况

按电网、发电和电力建设三大业务板块划分，近 5 年职工人数及其构成情况比较如下：

### （一）职工总数

近 5 年电网、发电、电建三大板块职工总数总体平稳。近 5 年三大业务板块电力企业职工人数变化如图 12－6 所示。

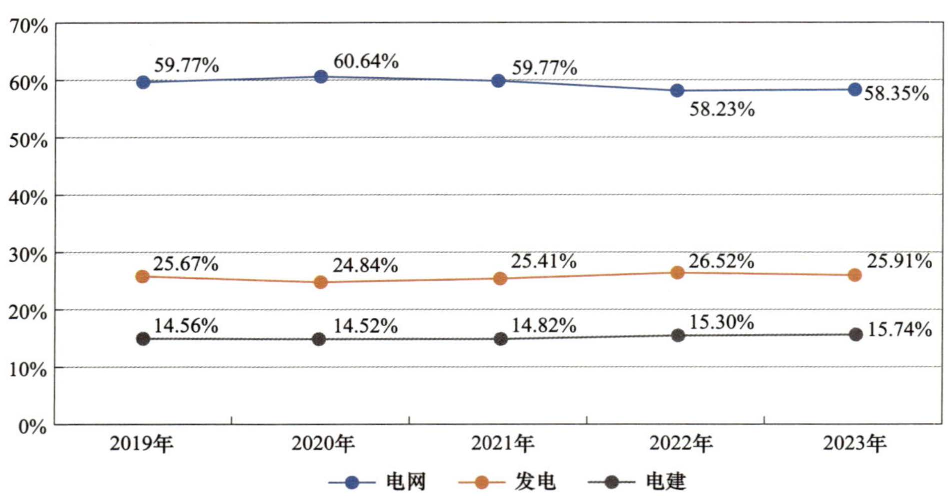


图 12－6　近 5 年三大业务板块电力企业职工人数变化（万人）

### （二）管理人员

近 5 年电网、发电、电建三大板块管理人员呈现小幅增长趋势。近 5 年三大业务板块电力企业管理人员变化如图 12－7 所示。

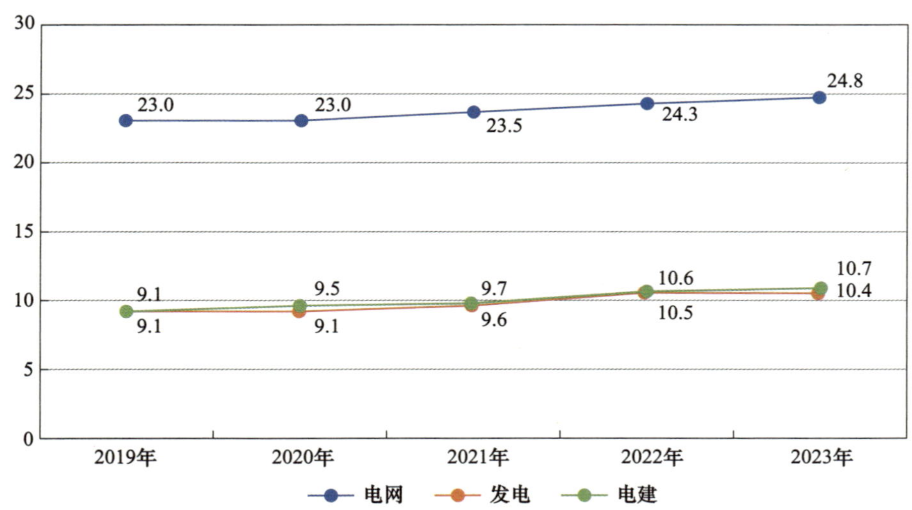


图 12－7　近 5 年三大业务板块电力企业管理人员变化（万人）

### （三）专业技术人员

近 5 年电网、发电、电建三大板块电力企业专业技术人员总体趋于稳定近两年略有起伏。近 5 年三大业务板块电力企业专业技术人员变化如图 12－8 所示。

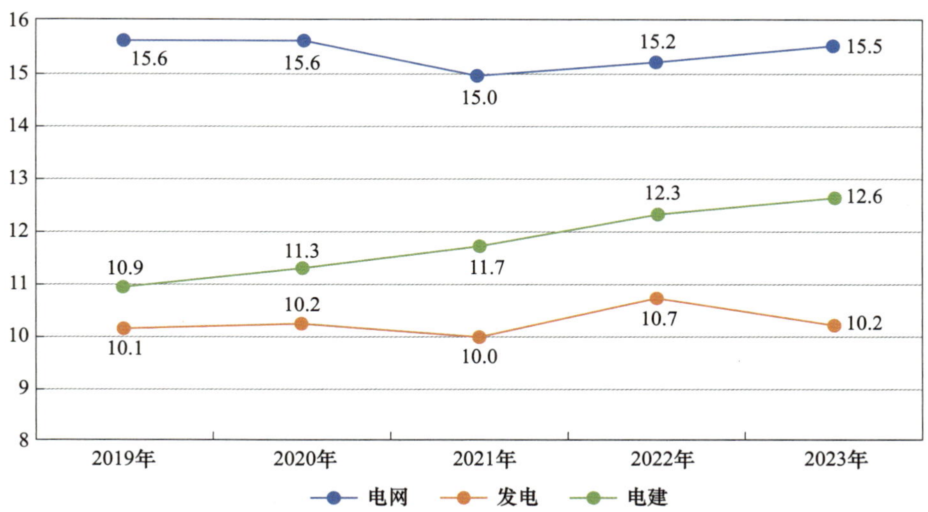


图 12－8　近 5 年三大业务板块电力企业专业技术人员变化（万人）

### （四）生产技能人员

电网企业生产技能人员数量变化趋势略有起伏，发电企业和电力建设企业基本趋于平稳。近 5 年三大业务板块电力企业生产技能人员变化如图 12－9 所示。

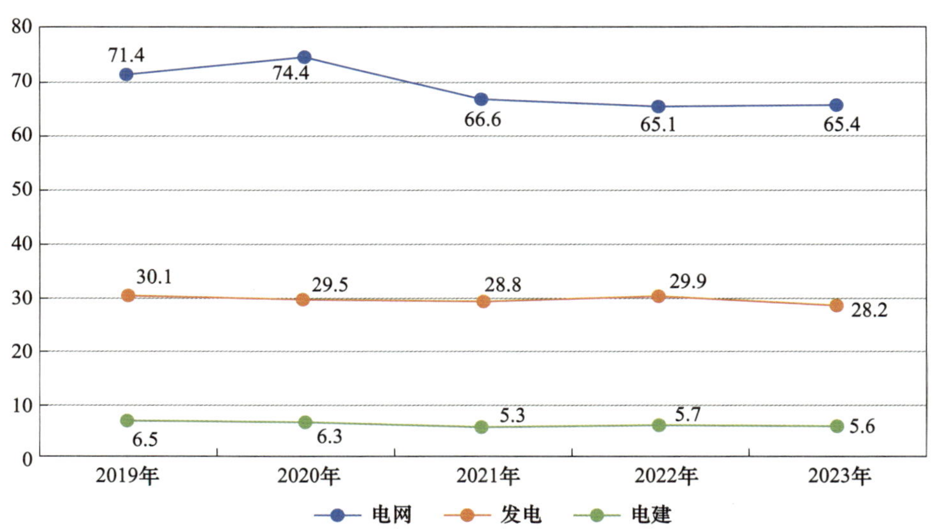


图 12－9　近 5 年三大业务板块电力企业生产技能人员数（万人）

### （五）职工整体结构

一直以来，电网、发电企业生产技能人员占比较大，电力建设企业管理人员及专业技术人员比例相对较高。2023 年三大业务板块电力企业职工结构情况如图 12－10 所示。

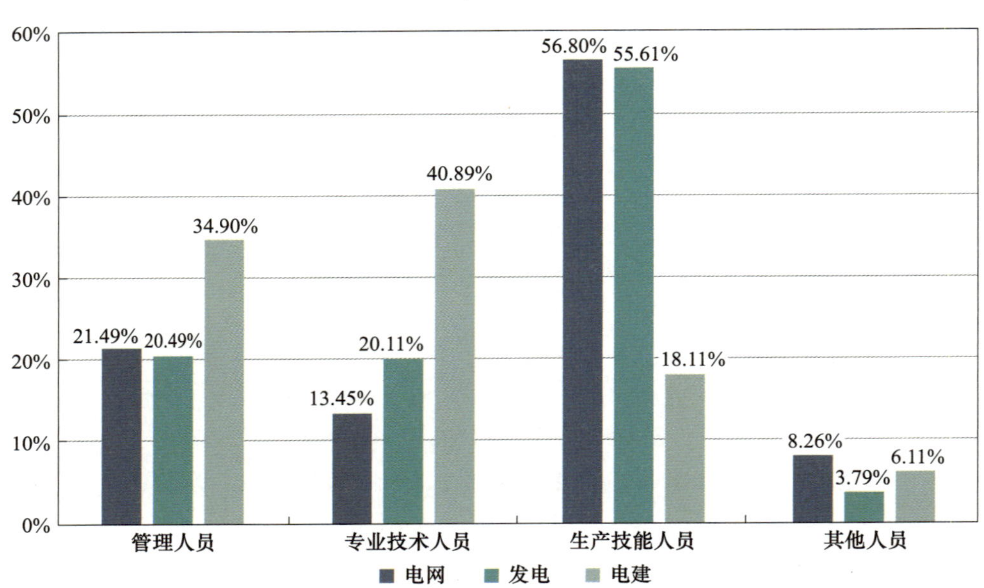


图 12－10　2023 年三大业务板块电力企业职工结构情况

## 第二节　电力企业经营

### 一、电网企业

截至 2023 年年底，国家电网、南方电网、内蒙古电力公司三家电网公司资产总额合计 6.56 万亿元，同比增长 6.5%；负债总额 3.69 万亿元，同比增长 6.1%；平均资产负债率为 56.3%，同比底降低 0.2 个百分点。

2023 年，三家电网公司主营业务收入合计 4.51 万亿元，同比增长 2.6%；电网建设完成投资合计 6609 亿元，同比增长 7.4%；利润总额合计 1143 亿元，同比增长 17.3%；上缴税金合计 1627 亿元。2023 年三家电网公司部分经营数据如图 12－11 所示。

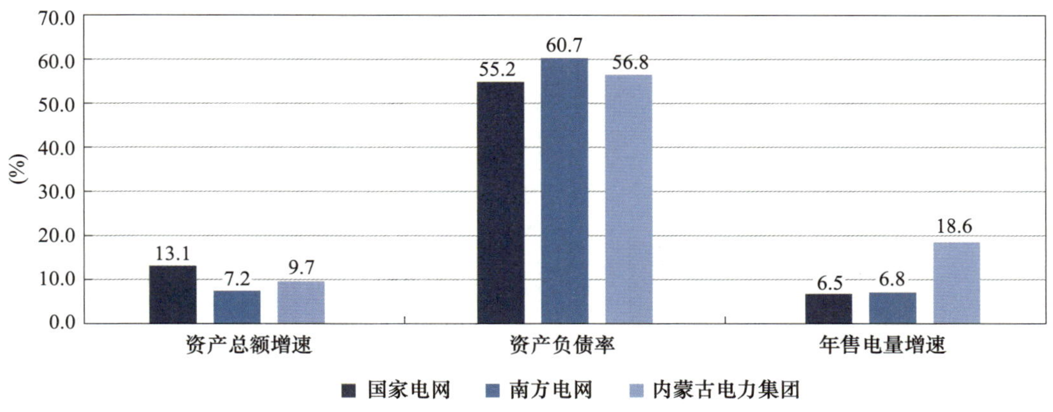


图 12-11 2023 年三家电网公司部分主要经营数据

## 二、发电企业

### （一）五大发电集团

2023 年底，五大发电集团可控发电装机规模为 12.0 亿千瓦，同比增长 10.9%。五大发电集团可控发电装机的发电量为 4.0 万亿千瓦・时，同比增长 4.7%。五大发电集团资产总额合计 7.38 万亿元，同比增长 8.3%。2022、2023 年底五大发电集团资产总额如图 12-12 所示。

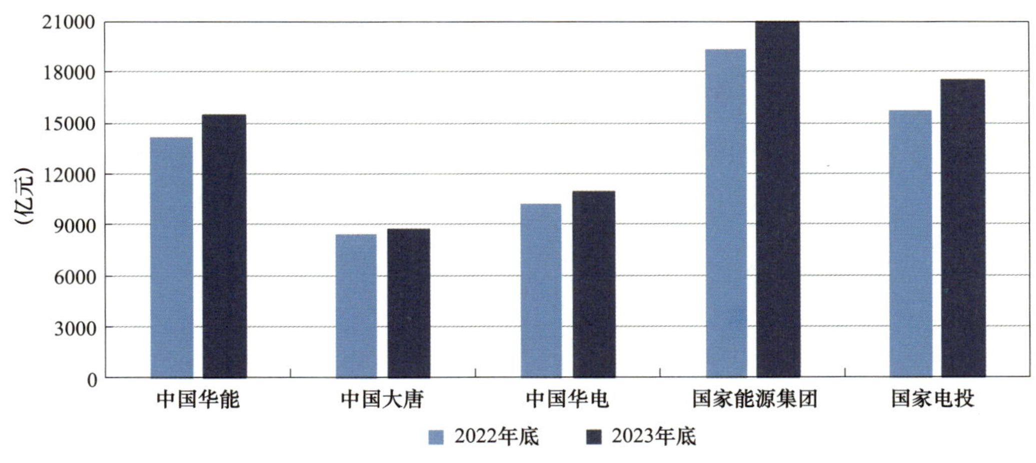


图 12-12 2022、2023 年底五大发电集团资产总额

2023 年，五大发电集团电力业务收入 1.58 万亿元，同比增长 3.4%。2022、2023 年五大发电集团电力业务收入如图 12-13 所示。

2023 年，五大发电集团电力业务利润总额为 1081 亿元，同比增加 906 亿元。五大发电集团火电业务利润总额为 196 亿元，部分发电集团火电业务仍处于亏损状态，其中，煤电业务利润总额为 202 亿元。2022、2023 年五大发电集团火电业务利润如图 12-14 所示。

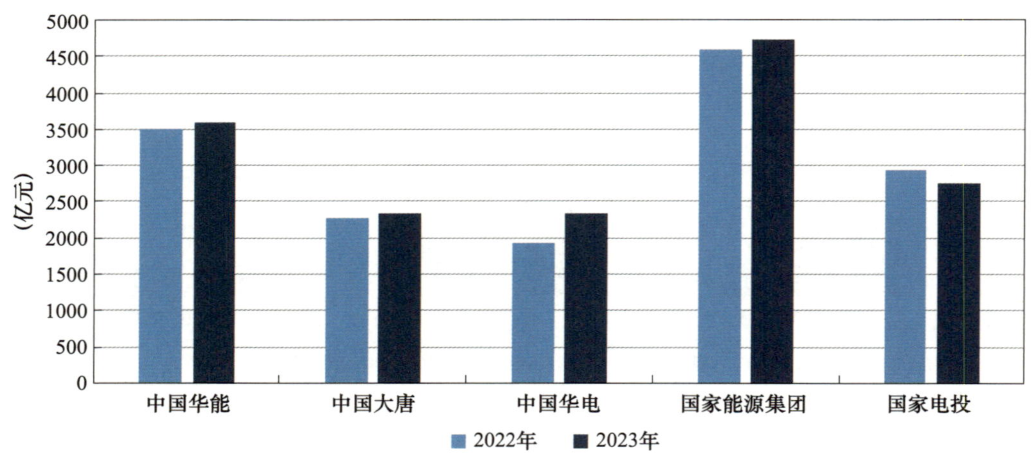


图 12-13　2022、2023 年五大发电集团电力业务收入

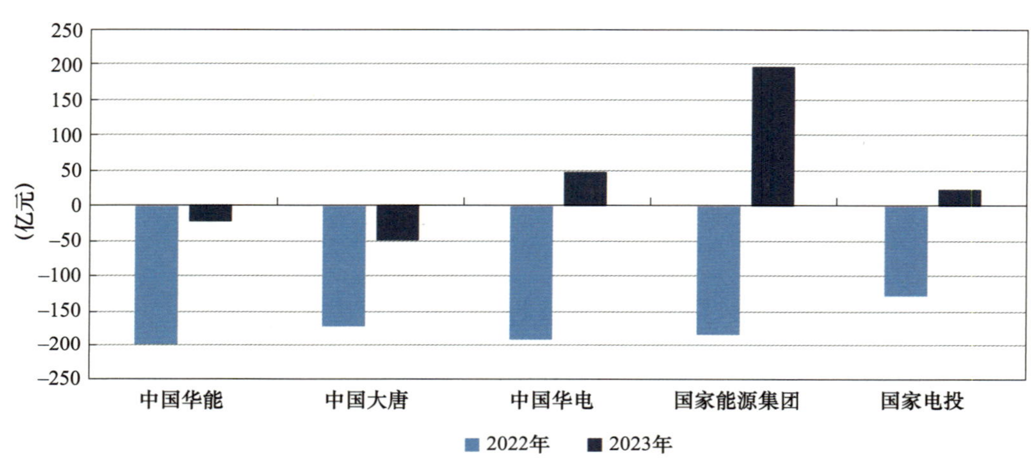


图 12-14　2022、2023 年五大发电集团火电业务利润

## （二）其他大型发电企业

根据对 19 家[1]其他大型发电企业（以下简称“19 家电企”）的调查数据分析，截至 2023 年底，19 家电企中不含中广核、申能股份的 17 家电企资产总额合计 5.68 万亿元，同比增长 10.6%，比同期五大发电集团增速高 2.3 个百分点。

截至 2023 年底，19 家电企的可控发电装机容量为 6.78 亿千瓦，同比增长 15.8%，比同期五大发电集团增速高 5.0 个百分点。2022、2023 年底 19 家电企可控发电装机容量及增速如图 12-15 所示。

[1] 本节中 19 家电企指中国三峡集团、中核集团、中广核、广东能源、浙能集团、京能集团、申能股份、河北建投、华润电力、国投电力、新力能源、甘肃电投、皖能股份、江苏国信、广州发展、深圳能源、晋控电力、中国海油、中国中煤。

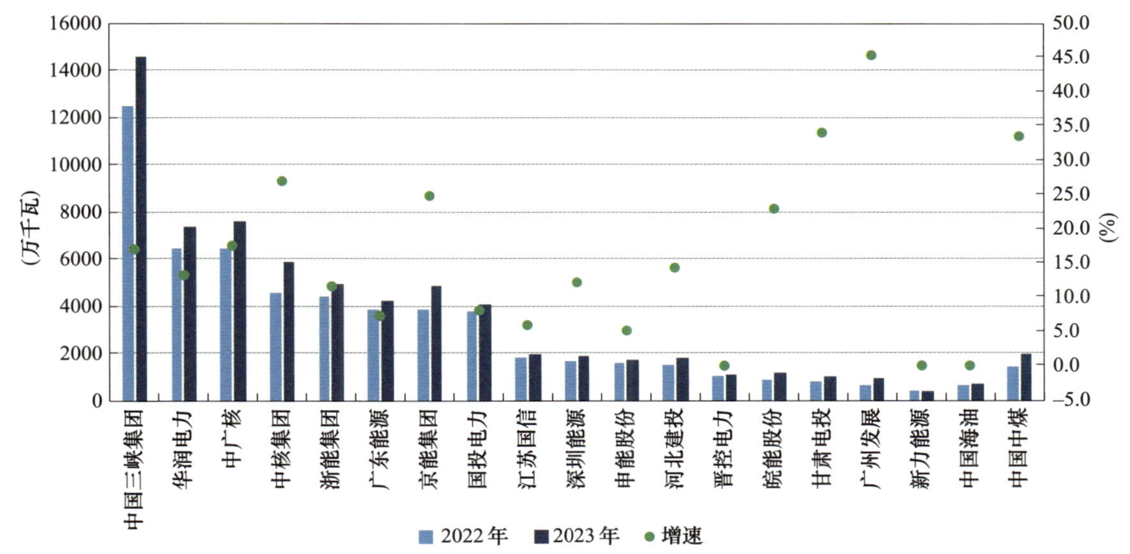

图 12-15 2022、2023 年底 19 家电企可控发电装机容量及增速

截至 2023 年底，19 家电企可控发电装机的发电量合计 2.39 万亿千瓦·时，同比增长 8.8%，比同期五大发电集团增速高 4.1 个百分点。2022、2023 年 19 家电企可控发电装机的发电量及增速如图 12-16 所示。

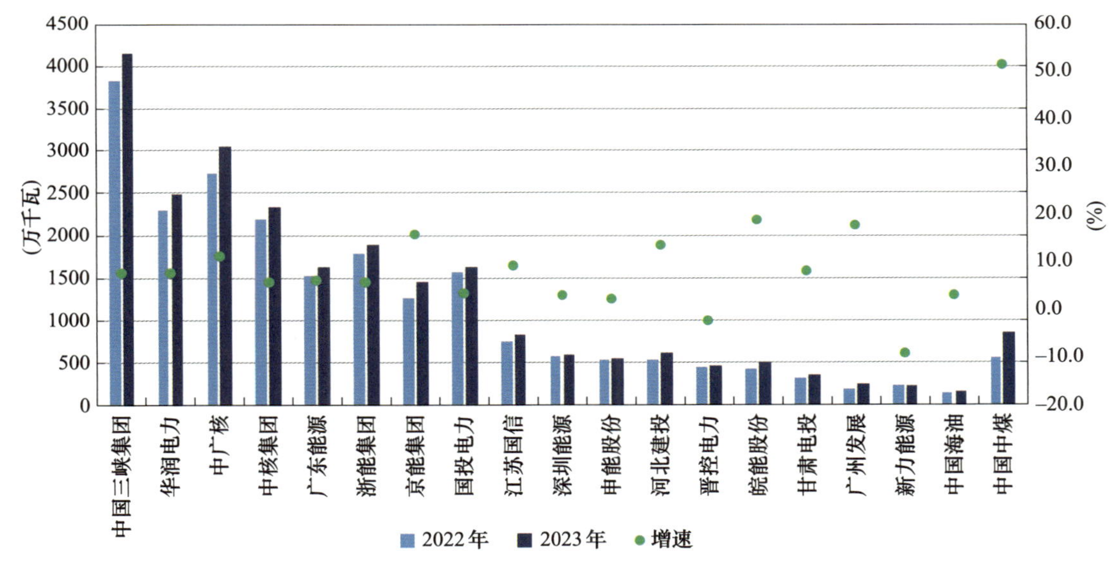

图 12-16 2022、2023 年 19 家电企可控发电装机发电量及增速

2023 年，19 家电企中不含中广核、广东能源、申能股份的 16 家电企电力业务利润总额 1163 亿元，同比增加 382 亿元，电力业务利润主要来自于中国三峡集团、中核集团、华润电力、国投电力等企业的非化石能源发电板块。2023 年，19 家电企中不含中广核、中核集团、广东能源、申能股份、皖能集团的 14 家电企火电业务利润为 229 亿元，其中煤电业务利润为 131 亿元。2023 年 16 家电企的电力业务及其火电业务利润如图 12-17 所示。

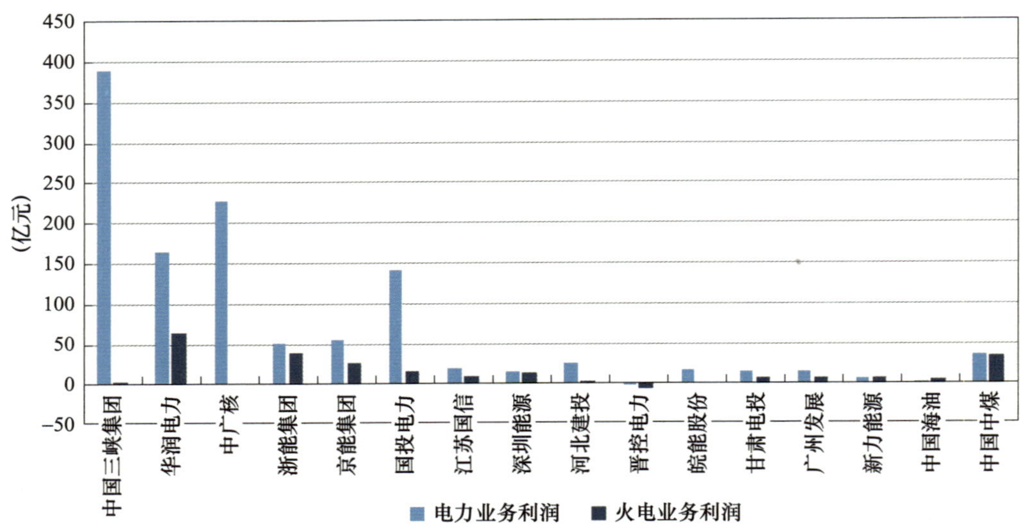


图 12−17　2023 年 16 家电企的电力业务及其火电业务利润

## 三、电力建设企业

2023 年，电力建设行业大力推动行业健康、持续发展，加大技术研究和应用方面投入，推动技术创新为电力行业提供更加高效、安全、可靠的解决方案；加快电力建设数智化转型，提升电力设备的智能化水平和运行稳定性；深入推进能源革命，加快构建清洁低碳安全高效的新型能源体系，积极发展清洁能源；推进新型电力系统建设，加强能源产供储销体系建设，确保能源安全。

截至 2023 年底，纳入中国电力建设企业协会统计口径内的全国主要电力建设施工企业 107 家（其中，火电施工企业 43 家、水电施工企业 30 家、送变电施工企业 34 家）、电力监理企业 115 家、调试企业 82 家，共计 304 家。2023 年 1～12 月份，全国火电、水电和送变电施工企业营业收入合计 6858 亿元，新签合同额合计 23938.5 亿元。电力监理企业营业收入 206 亿元，新签合同额 190 亿元。电力调试企业营业收入 209 亿元，新签合同额 141 亿元。电力建设企业坚持持续推进数字化、智能化、绿色化发展，电力建设企业整体质量、结构、生态进一步改善，多数企业发展趋势向好，企业运营能力不断增强，企业内力不断积蓄。

### （一）施工企业

1. 营业收入

2023 年，电力建设施工企业总营业收入 6858 亿元，同比增加 16.4%。其中，火电企业 2473 亿元，同比增加 12.5%；水电企业 3644 亿元，增加 16.9%、送变电企业 741 亿元，增加 28.9%，如图 12−18 所示。

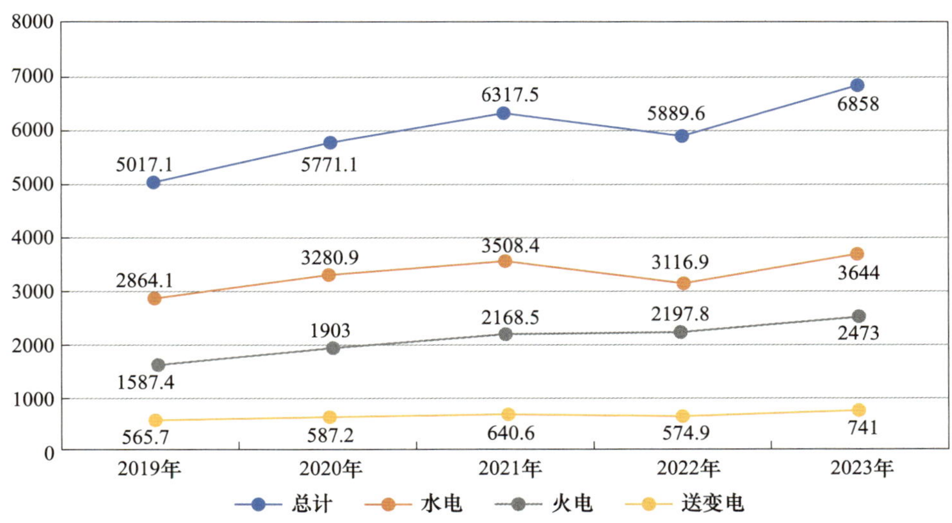


图 12-18　电力建设施工企业年度营业收入情况

2. 利润总额

2023 年，电力建设施工企业利润总额 122 亿元，同比减少 2.6%。其中，水电企业 91.1 亿元，减少 5.9%；火电企业 11.1 亿元，增加 32.1%；送变电企业 19.8 亿元，减少 1%，如图 12-19 所示。

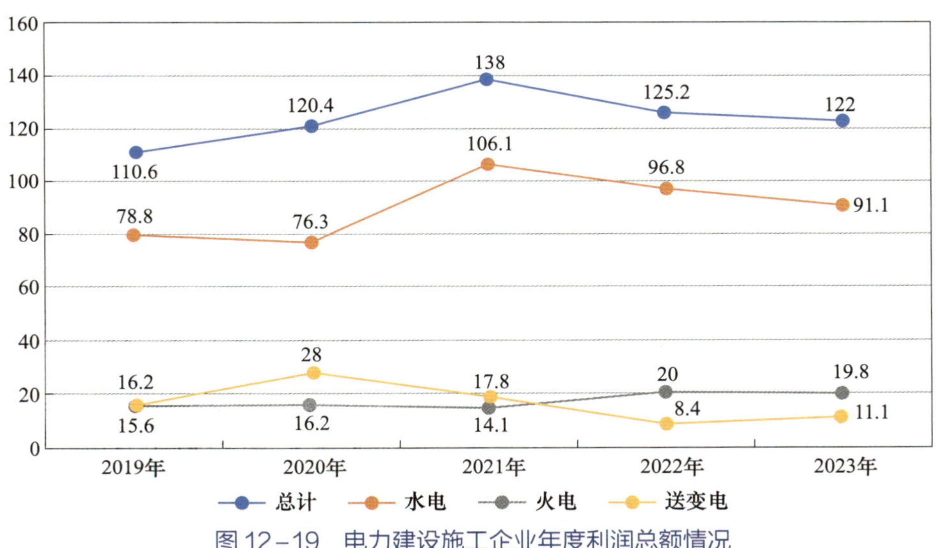


图 12-19　电力建设施工企业年度利润总额情况

3. 负债率

近几年，电力建设施工企业采取积极措施，积极转变经营思路，强化内部管理，加强融资筹划。2023 年，电力建设施工企业总负债率 79.1%，同比增长 0.3 个百分点。其中，水电企业 76.3%，增加 1 个百分点；火电企业 88.1%，减少 0.1 个百分点；送变电企业 58.5%，增加 2.5 个百分点，如图 12-20 所示。

4. 新签合同额

2023 年，电力建设施工企业新签合同额 23938.5 亿元，同比增长 12.5%。水电施工企业

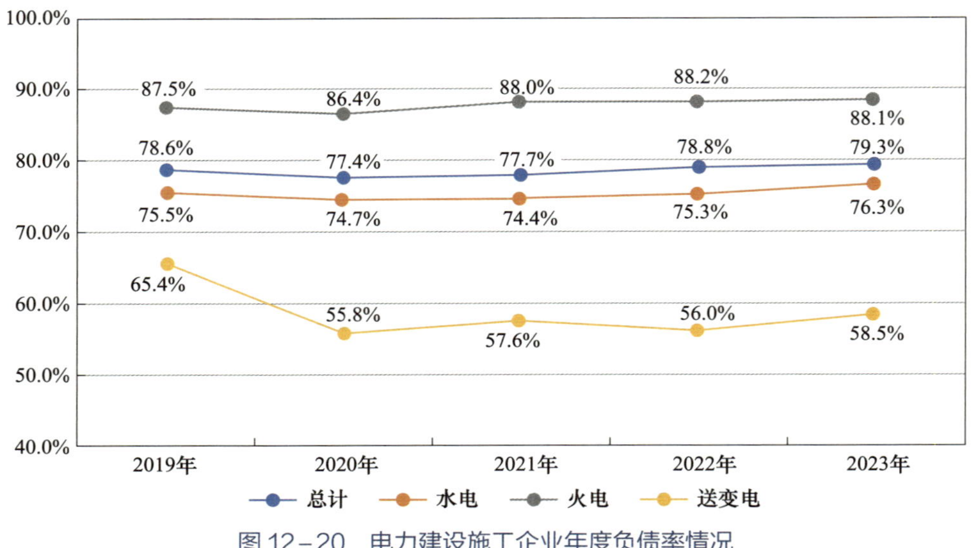


图 12－20　电力建设施工企业年度负债率情况

新签合同额 14642 亿元，同比增长 17.4%；火电施工企业新签合同 7798.5 亿元，同比增长 3.3%；送变电施工企业新签合同额 1498 亿元，同比增长 38.8%，如图 12－21 所示。

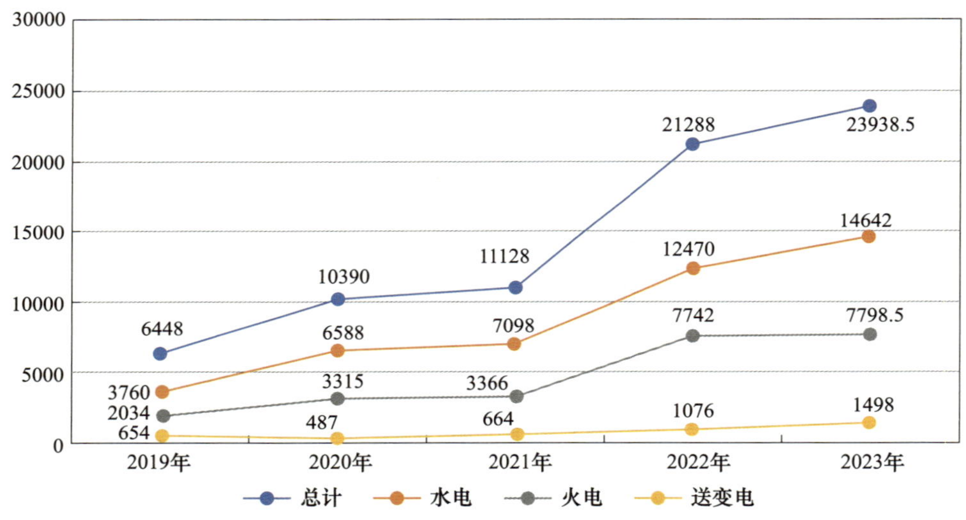


图 12－21　电力建设施工企业年度新签合同额情况（单位：亿元）

## （二）工程监理、调试企业

1. 电力监理企业经营情况

2023 年，电力监理企业总营业收入 206 亿元，同比上升 76.7%；利润总额 13.6 亿元，净利润率为 6.6%，同比下降 1 个百分点；负债率 51.6%，同比增加 16.8 个百分点，如图 12－22 所示。

2. 电力调试企业经营情况

2023 年，电力调试企业（独立法人）总营业收入电力调试企业营业收入为 209 亿元，同

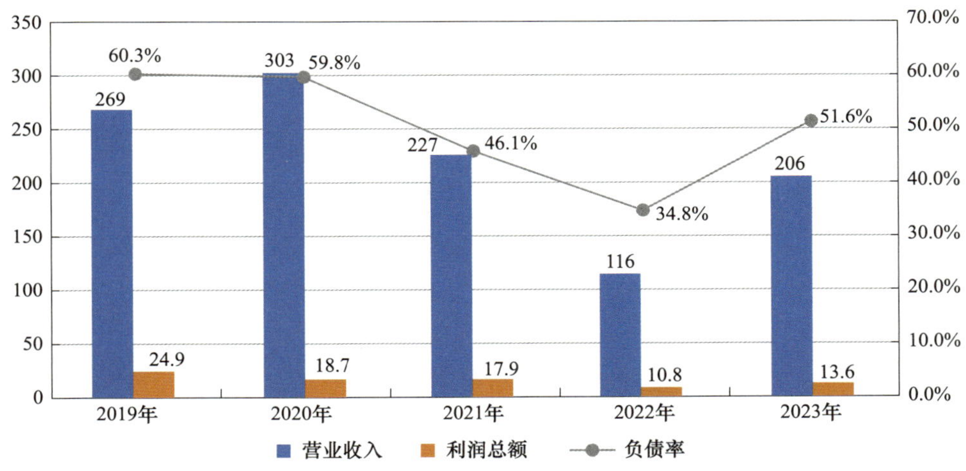


图 12-22　电力建设监理企业年度经营情况

比上升 1.9%。净利润 32.2 亿元，净利润率为 15.4%，同比上升 1.5 个百分点。负债率为 39.7%，同比上升 11.6 个百分点，如图 12-23 所示。

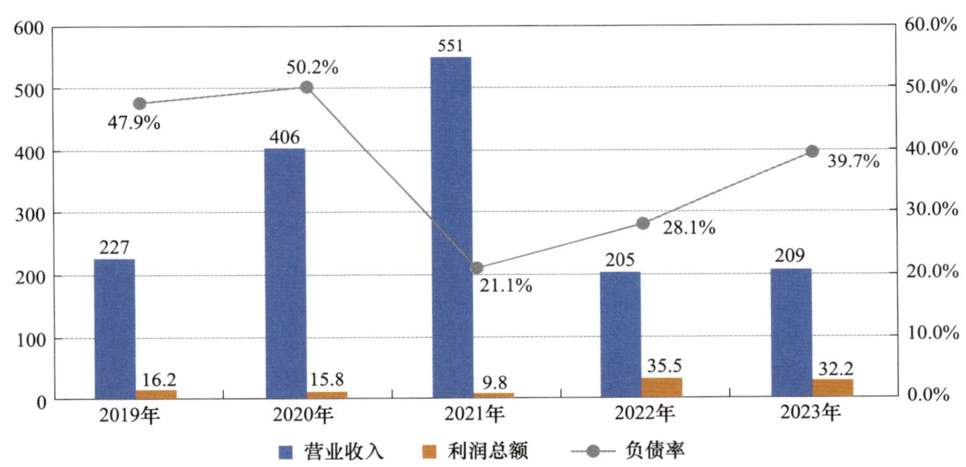


图 12-23　电力建设调试企业年度经营情况

# 第三节　电 力 上 市 公 司[1]

## 一、发电、供电企业

### （一）总体情况

沪、深两市共有 73 家发电、供电企业上市公司。其中火电（含燃机、热电）企业 34 家，

[1] 电力上市公司包含：在沪、深两市上市的传统发电企业、供电企业、在香港与沪、深上市的新能源发电企业；在沪、深两市上市的电力设备与新能源设备企业。

水电企业 9 家，电网企业 9 家，其他发电（含新能源、核电）企业 21 家。以 2023 年 12 月 31 日收盘价计算，电力板块总市值为 26426 亿元，同比增加 17.16%；约占全市场总市值的 3.02%，同比增加 0.44 个百分点；不含限售股的流通 A 股市值为 21655 亿元，同比增加 25.21%；约占不含限售股的流通股市值的 3.21%，同比提升 0.60 个百分点。

截至 2023 年末，不同类型电力上市企业总市值占电力板块总市值的比重如图 12－24 所示。

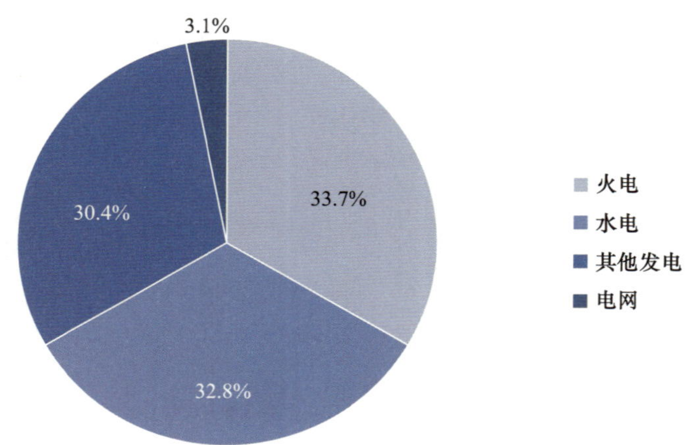


图 12－24　截至 2023 年末不同类型电力上市企业总市值占电力板块总市值的比重

数据来源：Wind 资讯、中信证券

在新能源发电企业方面，市值较大的公司以早年上市的港股为主，但近年来 A 股上市的企业数量及市值规模逐步扩张，截至 2023 年年底有三峡能源、新天绿能、太阳能、节能风电、浙江新能、南网能源等 A 股新能源发电上市公司。以 2023 年 12 月 31 日收盘价计算，新能源发电港股上市公司市值合计为 1184 亿港元，其中，龙源电力、京能清洁能源、大唐新能源市值占比分别为 41.9%、12.0%、11.1%；新能源发电 A 股上市公司市值合计为 5283 亿元，其中龙源电力、三峡能源、新天绿能、太阳能、南网能源、川能动力、节能风电市值占比分别为 31.4%、23.7%、6.4%、4.1%、3.8%、3.7%、3.7%。

以 2023 年 12 月 31 日收盘价计算，港股新能源上市公司市值如图 12－25 所示。

### （二）走势回顾

2023 年股市受地缘冲突、全球大宗商品市场价格等因素冲击，年末上证综指、深证成指及创业板指分别下跌 3.7%、13.5%和 19.4%。电力行业总体业绩受全社会用电需求旺盛、火电燃料成本同比下降、光伏组件价格同比下滑推动装机高增，以及市场风格偏向防御等因素影响，总体业绩改善向好，电力指数全年跌幅为 0.5%，小于全年沪深 300 指数跌幅 11.3 个百分点，如图 12－26 所示。

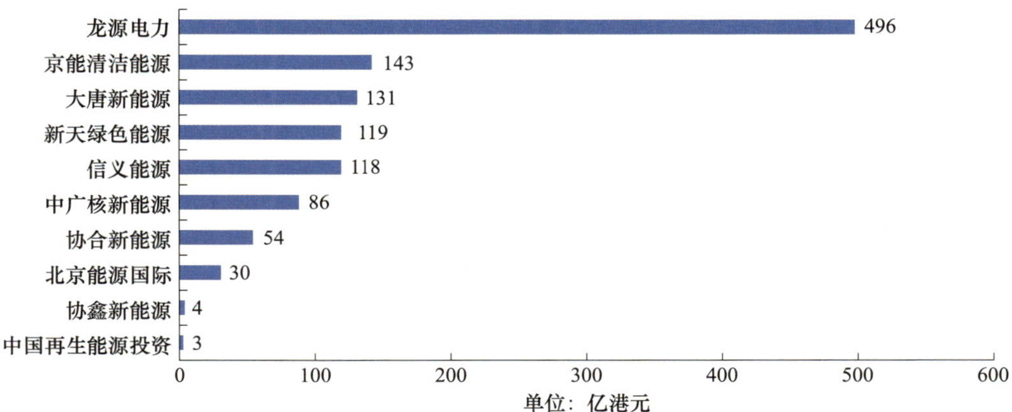


图 12-25　2023 年 12 月 31 日收盘港股新能源上市公司市值

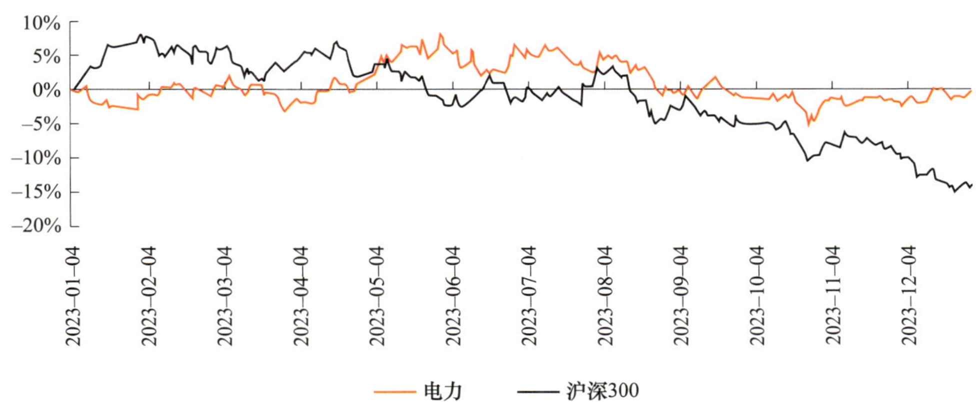


图 12-26　2023 年电力板块及大盘走势比较

在电力板块中，全年火电子板块跌幅为 1.7%，水电子板块涨幅为 15.3%，电网子板块跌幅为 9.3%，新能源发电子板块跌幅为 22.0%。

2023 年电力各子板块走势比较如图 12-27 所示。

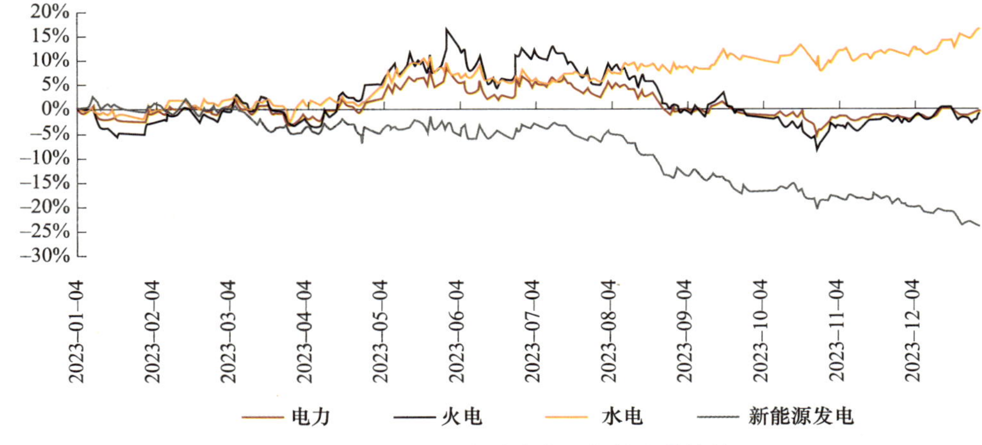


图 12-27　2023 年电力各子板块走势比较

2023 年，港股反映综合走势的恒生指数跌幅为 18.0%，港股市值较大的新能源发电企业龙源电力、信义能源、京能清洁能源全年涨跌幅为 – 43.7%、 – 46.2%和 – 6.0%。2023 年港股新能源发电主要上市公司及大盘走势比较如图 12 – 28 所示。

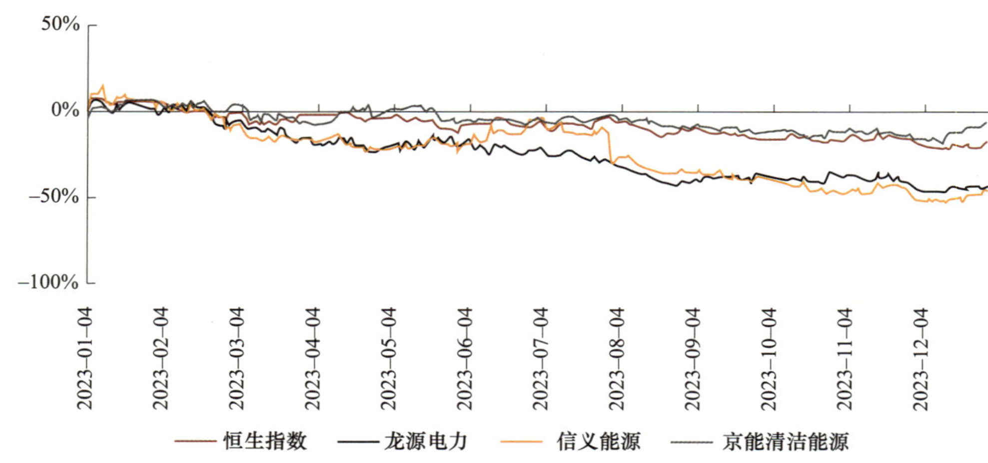

图 12 – 28　2023 年港股新能源发电类主要上市公司及大盘走势比较

## （三）估值情况

2023 年，电力板块的动态市盈率（P/E）从年初的 66.3 倍（同期市场为 16.7 倍）回落至年底的 19.2 倍（同期市场为 16.7 倍）。

2023 年电力板块及大盘动态市盈率（P/E）比较如图 12 – 29 所示。

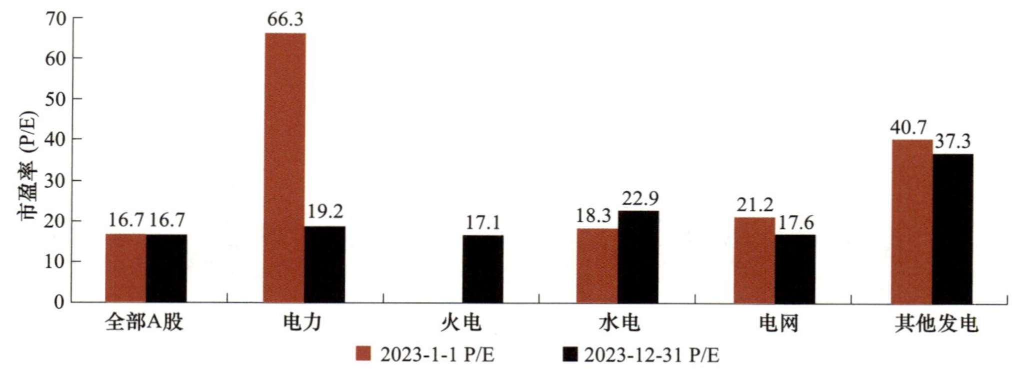

图 12 – 29　2023 年电力板块及大盘动态市盈率（P/E）比较

2023 年，电力板块的市净率（P/B）从年初的 1.78 倍（同期市场为 1.59 倍）降低至年底的 1.69 倍（同期市场为 1.47 倍）。2023 年电力板块及大盘市净率（P/B）比较如图 12 – 30 所示。

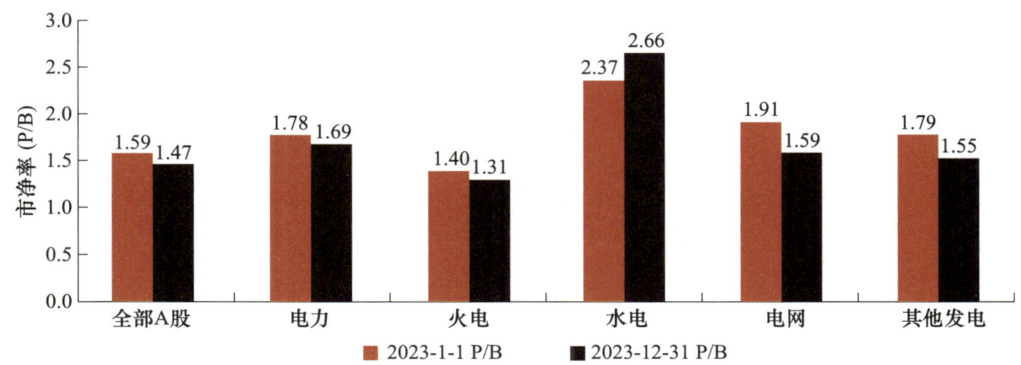

图 12－30　2023 年电力板块及大盘市净率（P/B）比较

新能源发电企业市盈率（P/E）比较如图 12－31 所示，新能源发电企业公司市净率（P/B）比较如图 12－32 所示。

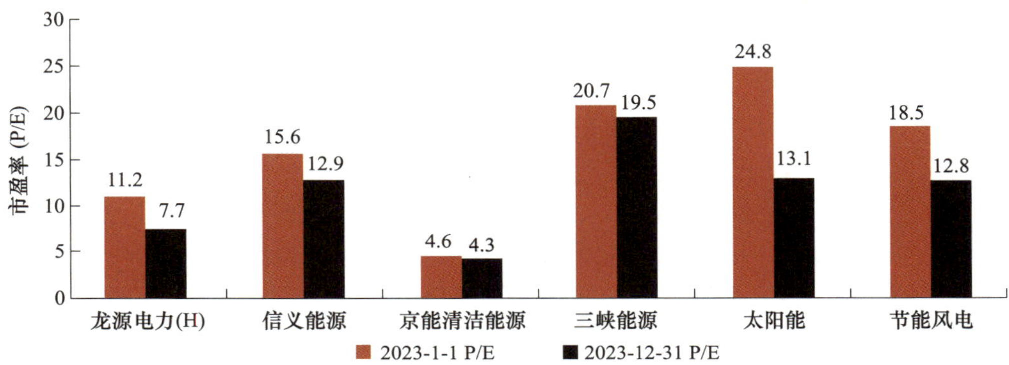

图 12－31　2023 年新能源类上市公司市盈率（P/E）比较

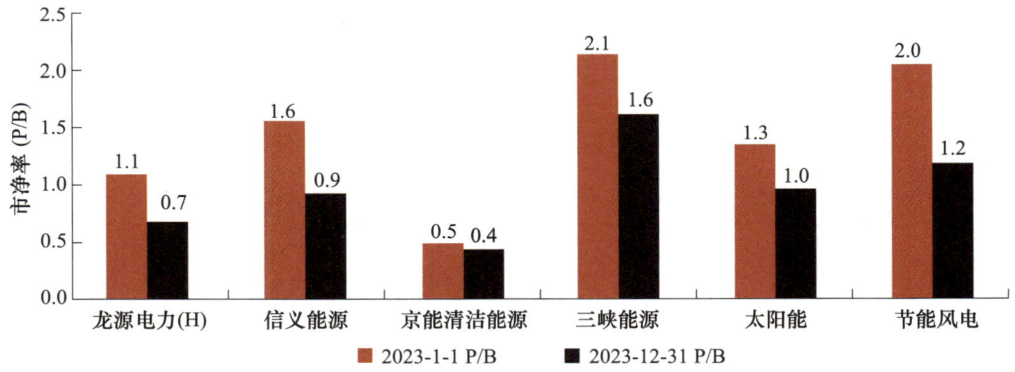

图 12－32　2023 年新能源上市公司市净率（P/B）比较

### （四）业绩情况

2023 年，电力行业上市公司营业收入合计 18343 亿元，同比增长 14.7%；受煤炭价格同比下滑等因素影响，行业总体毛利率为 20.8%，同比提升 6.5 个百分点；电力板块投资收益 485 亿元，同比增长 32.9%，增长主因是各家发电企业的参股火电业绩提升。

2023 年电力板块营业收入、毛利率及投资收益见表 12－1。

表 12－1　　2023 年电力板块营业收入、毛利率及投资收益

| 类别 | | 2023 年营业收入（亿元） | 2022 年营业收入（亿元） | 2023 年营业收入增长率（%） | 2023 年毛利率（%） | 2022 年毛利率（%） | 2023 年投资收益（亿元） | 2022 年投资收益（亿元） | 2023 年投资收益增长率（%） |
|---|---|---|---|---|---|---|---|---|---|
| 电力合计 | | 18343.3 | 15986.4 | 14.7 | 20.8 | 14.3 | 485.2 | 365.0 | 32.9 |
| 其中 | 火电 | 13728.4 | 12748.0 | 7.7 | 14.0 | 8.0 | 321.1 | 231.4 | 38.7 |
| | 水电 | 1216.8 | 954.0 | 27.6 | 53.0 | 53.5 | 101.1 | 91.0 | 11.1 |
| | 电网 | 507.7 | 499.2 | 1.7 | 14.7 | 17.3 | 2.5 | 3.5 | －28.0 |
| | 新能源发电 | 2890.3 | 1785.2 | 61.9 | 40.7 | 38.2 | 60.5 | 39.2 | 54.5 |

2023 年，电力板块销售费用率为 0.22%，同比增加 0.01 个百分点；管理费用率为 2.8%，同比增加 0.3 个百分点；财务费用率为 5.4%，同比降低 0.1 个百分点。

2022、2023 年电力板块三项费用率见表 12－2。

表 12－2　　2022、2023 年电力板块三项费用率

| 类别 | | 销售费用率（%） | | 管理费用率（%） | | 财务费用率（%） | |
|---|---|---|---|---|---|---|---|
| | | 2023 年 | 2022 年 | 2023 年 | 2022 年 | 2023 年 | 2022 年 |
| 电力合计 | | 0.2 | 0.2 | 2.8 | 2.5 | 5.4 | 5.5 |
| 其中 | 火电 | 0.2 | 0.2 | 2.4 | 2.2 | 3.9 | 4.5 |
| | 水电 | 0.3 | 0.3 | 2.5 | 3.1 | 14.3 | 9.8 |
| | 电网 | 1.0 | 1.0 | 4.7 | 4.5 | 3.2 | 3.6 |
| | 新能源发电 | 0.2 | 0.2 | 4.4 | 3.5 | 9.5 | 10.9 |

2023 年电力板块盈利 1976.7 亿元，同比增长 145.6%。其中火电子板块盈利 861.9 亿元，同比增加 1725.0%，煤炭价格同比下滑是推动火电业绩修复主因；水电子板块盈利 431.4 亿元，同比增加 15.0%，体现乌东德、白鹤滩电站并表贡献盈利增量以及西南地区水电市场化电价上涨的积极影响；电网子板块盈利 26.2 亿元，同比下滑 9.8%；其他发电子板块盈利 657.3 亿元，同比增长 85.9%，体现核电与新能源装机规模增长对发电量与业绩现金流的增益。电力板块总体净资产收益率为 8.7%，同比提升 4.0 个百分点；其中火电/水电分别同比提升 7.1/0.4 个百分点，其他发电同比提升 1.0 个百分点。

2022、2023 年电力板块净利润及净资产收益率情况见表 12－3。

表 12-3　　2022、2023 年电力板块净利润及净资产收益率情况

| 类别 | | 2023 年净利润（亿元） | 2022 年净利润（亿元） | 2023 年净利润增长率（%） | 净资产收益率（%） | |
|---|---|---|---|---|---|---|
| | | | | | 2023 年 | 2022 年 |
| 电力合计 | | 1976.7 | 804.8 | 145.6 | 8.7 | 4.7 |
| 其中 | 火电 | 861.9 | 47.2 | 1725.0 | 7.3 | 0.2 |
| | 水电 | 431.4 | 375.0 | 15.0 | 11.5 | 11.1 |
| | 电网 | 26.2 | 29.1 | −9.8 | 4.5 | 5.4 |
| | 新能源发电 | 657.3 | 353.6 | 85.9 | 9.4 | 8.4 |

2023 年，新能源发电类港股上市公司营业收入合计 1181.3 亿元人民币，同比增长 0.2%；总体毛利率 30.8%，同比同比下降 3.0 个百分点。2023 年新能源类港股上市公司营业收入、毛利率及投资收益见表 12-4。

表 12-4　　2023 年新能源发电类港股上市公司主营收入、毛利率及投资收益

| 公司名称 | 2023 年营业收入（亿元） | 2022 年营业收入（亿元） | 2023 年营业收入增长率（%） | 毛利率（%） | | 2023 年投资收益（亿元） | 2022 年投资收益（亿元） | 2023 年投资收益增长率（%） |
|---|---|---|---|---|---|---|---|---|
| | | | | 2023 年 | 2022 年 | | | |
| 龙源电力 | 376.4 | 398.6 | −5.6 | 36.4 | 34.4 | −106.6 | −4.2 | 376.4 |
| 中广核新能源 | 155.3 | 169.2 | −8.2 | 17.5 | 31.3 | −104.9 | −4.4 | 155.3 |
| 信义能源 | 22.8 | 20.7 | 10.3 | 67.9 | 70.6 | N/A | N/A | 22.8 |
| 大唐新能源 | 128.0 | 125.0 | 2.4 | 38.3 | 44.6 | −81.7 | 0.5 | 128.0 |
| 京能清洁能源 | 204.5 | 200.3 | 2.1 | 21.3 | 21.6 | 13.6 | 1.2 | 204.5 |
| 新天绿色能源 | 202.8 | 185.6 | 9.3 | 25.0 | 28.2 | 50.7 | 2.2 | 202.8 |
| 协鑫新能源 | 8.3 | 9.3 | −10.5 | 45.8 | 48.6 | −8.5 | 1.2 | 8.3 |
| 北京能源国际 | 55.7 | 41.2 | 35.3 | 40.5 | 52.2 | 57.9 | 0.2 | 55.7 |
| 协和新能源 | 25.9 | 26.8 | −3.4 | 54.3 | 59.5 | 11.0 | 1.7 | 25.9 |
| 中国再生能源投资 | 1.6 | 1.8 | −6.7 | 28.8 | 32.8 | −12.4 | 0.5 | 1.6 |
| **港股合计** | 1181.3 | 1178.4 | 0.2 | 30.8 | 33.8 | −912.9 | −1.1 | 1181.3 |

2023 年，新能源类港股上市公司其他营业费用合计费用率为 6.0%，同比提升 0.8 个百分点。2022、2023 年主要港股新能源类上市公司费用率见表 12-5。

表12－5　　2022、2023年主要港股新能源类上市公司费用率

| 公司名称 | 其他营业费用合计费用率（%） | |
|---|---|---|
| | 2023年 | 2022年 |
| 龙源电力 | 10.0 | 8.6 |
| 中广核新能源 | 7.4 | 4.8 |
| 信义能源 | 0.0 | 0.0 |
| 大唐新能源 | 2.9 | 2.6 |
| 京能清洁能源 | 5.9 | 5.3 |
| 新天绿色能源 | 0.5 | 0.4 |
| 协鑫新能源 | 18.7 | 41.5 |
| 北京能源国际 | 6.5 | 1.0 |
| 协和新能源 | 0.1 | 0.2 |
| 中国再生能源投资 | 0.0 | 0.0 |
| **港股总计** | 6.0 | 5.2 |

2023年，新能源发电类港股上市公司净利润170.3亿元，同比增长8.7%。2023年主要港股新能源类上市公司净利润及净资产收益率情况见表12－6。

表12－6　　2023年新能源类上市公司净利润及净资产收益率

| 公司名称 | 2023年净利润（亿元） | 2022年净利润（亿元） | 2023年净利润增长率（%） | 净资产收益率（%） | |
|---|---|---|---|---|---|
| | | | | 2023年 | 2022年 |
| 龙源电力 | 63.6 | 51.3 | 23.8 | 9.1 | 7.8 |
| 中广核新能源 | 19.0 | 13.6 | 39.5 | 18.4 | 14.6 |
| 信义能源 | 9.0 | 8.7 | 3.7 | 7.9 | 8.0 |
| 大唐新能源 | 27.5 | 34.9 | －21.0 | 8.8 | 12.1 |
| 京能清洁能源 | 30.6 | 28.5 | 7.4 | 10.3 | 10.4 |
| 新天绿色能源 | 22.1 | 22.9 | －3.8 | 10.4 | 11.4 |
| 协鑫新能源 | －11.7 | －14.9 | －21.9 | －44.3 | －39.4 |
| 北京能源国际 | 0.4 | 2.7 | －84.4 | 0.7 | 4.5 |
| 协和新能源 | 9.6 | 8.7 | 10.5 | 12.0 | 11.4 |
| 中国再生能源投资 | 0.2 | 0.3 | －24.1 | 1.2 | 1.6 |
| **港股合计** | 170.3 | 156.6 | 8.7 | 8.9 | 8.6 |

## 二、电气装备企业

以2023年年报业务占比分类，沪、深两市共有301家电力设备及新能源上市公司。其中电气设备企业合计166家（包括输变电企业73家、配电设备企业21家、电力电子及自动化企业58家、电机企业14家），电源设备企业85家（包括风电设备企业19家、核电设备企业2家、太阳能设备企业38家、储能设备企业11家、综合能源设备企业15家），新能源动力系统企业50家。以2023年12月31日收盘价计算，电力设备及新能源板块总市值为47078亿元，同比减少23.9%，约占全市场总市值的比重为5.4%，同比减少1.7个百分点；电力设备及新能源板块不含限售股的流通A股市值为39162亿元，同比减少21.9%，约占不含限售股的流通A股市值的5.8%，同比减少1.8个百分点。板块细分来看，电气设备企业总市值占比为33.9%，电源设备企业总市值占比为38.0%，新能源动力系统企业总市值占比为28.1%。

2023年不同类型电力设备及新能源上市企业总市值占板块总市值的比重如图12－33所示。

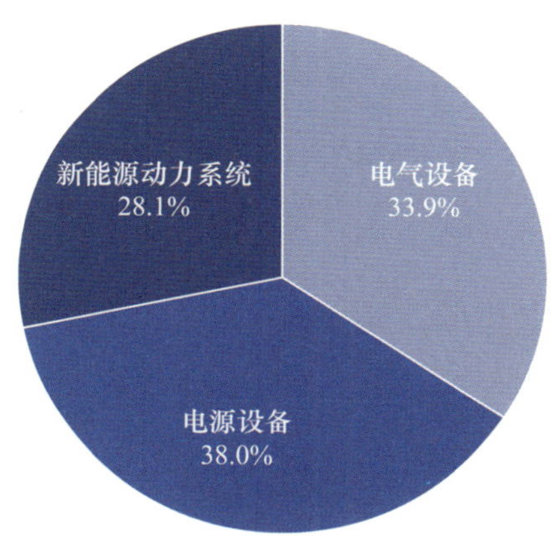


图12－33　2023年不同类型电力设备及新能源上市企业总市值占板块总市值的比重

2023年，电力设备及新能源指数跌幅为25.8%，走势弱于大盘11.7%的跌幅。其中，电气设备板块跌幅为8.5%，电源设备板块跌幅为35.9%，新能源动力系统板块跌幅为27.6%。

2023年电力设备及新能源板块及大盘走势比较如图12－34所示，电力设备及新能源板块各子板块走势比较如图12－35所示，电力设备及新能源上市公司市盈率（P/E）比较如图12－36所示，电力设备及新能源上市公司市净率（P/B）比较如图12－37所示。

2023年，电力设备及新能源行业上市公司营业收入合计31620亿元，同比增长9.2%；行业总体毛利率为19.8%，同比降低0.9个百分点；电力设备及新能源板块投资收益238.6亿元，同比下降17.6%。2023年电力设备板块营业收入、毛利率及投资收益见表12－7。

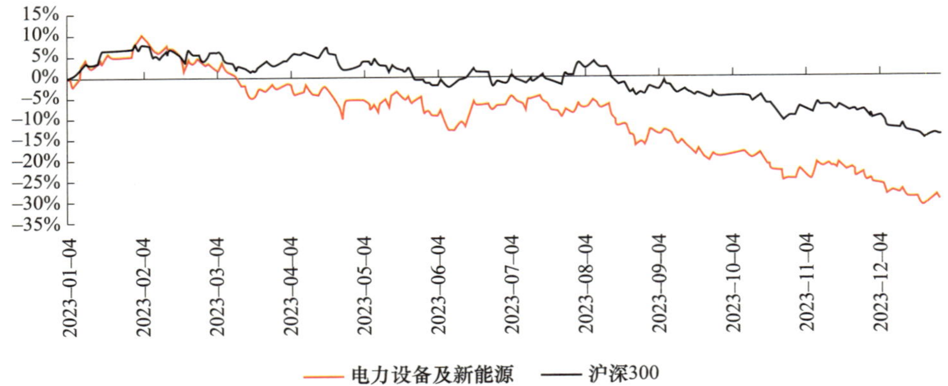


图 12-34　2023 年电力设备及新能源与大盘走势比较

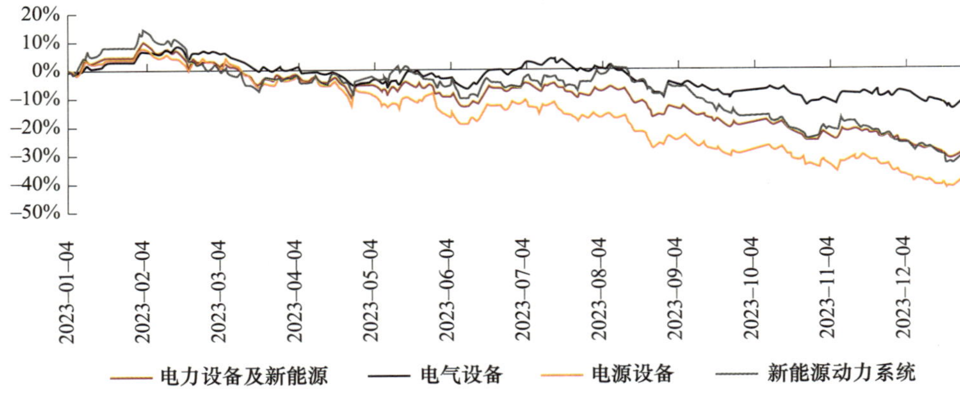


图 12-35　2023 年电力设备及新能源各子板块走势

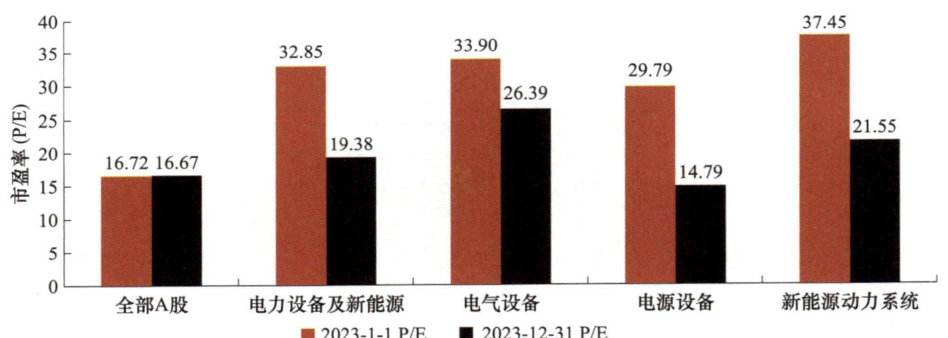


图 12-36　2023 年电力设备及新能源上市公司市盈率（P/E）比较

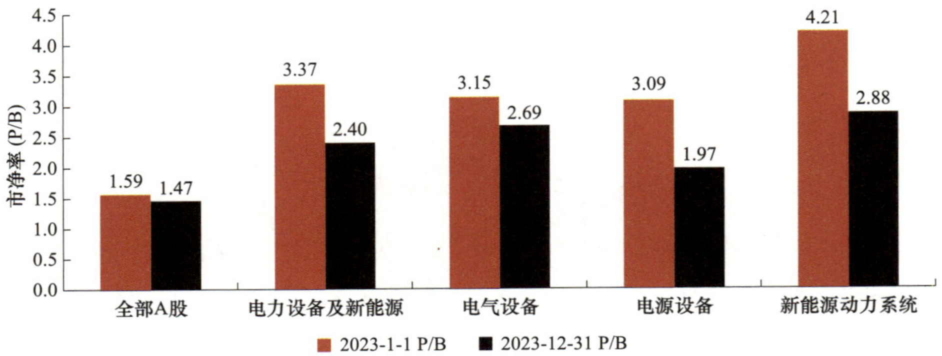


图 12-37　2023 年电力设备及新能源上市公司市净率（P/B）比较

表 12－7　　2023 年电力设备及新能源板块营业收入、毛利率及投资收益

| 类别 | | 2023 年营业收入（亿元） | 2022 年营业收入（亿元） | 毛利率（%） | | 2023 年投资收益（亿元） | 2023 年投资收益增长率（%） |
|---|---|---|---|---|---|---|---|
| | | | | 2023 年 | 2022 年 | | |
| 电力设备及新能源 | | 31619.5 | 9.2 | 19.8 | 20.7 | 238.6 | －17.6 |
| 其口 | 电气设备 | 8358.4 | 10.4 | 21.8 | 22.9 | 46.7 | －23.8 |
| | 电源设备 | 15354.2 | 8.0 | 18.5 | 20.2 | 152.2 | －11.3 |
| | 新能源动力系统 | 7907.0 | 10.3 | 20.0 | 19.4 | 39.7 | －30.0 |

2022、2023 年，电力设备及新能源板块销售费用率为 3.3%，同比提升 0.4 个百分点；管理费用率 3.6%，与上年基本持平；财务费用率为 0.3%，同比降低 0.4 个百分点。

2022、2023 年电力设备及新能源板块三项费用率见表 12－8。

表 12－8　　2022、2023 年电力设备及新能源板块三项费用率

| 类别 | | 销售费用率（%） | | 管理费用率（%） | | 财务费用率（%） | |
|---|---|---|---|---|---|---|---|
| | | 2023 年 | 2022 年 | 2023 年 | 2022 年 | 2023 年 | 2022 年 |
| 电力设备及新能源 | | 3.3 | 2.9 | 3.6 | 3.6 | 0.3 | 0.7 |
| 其中 | 电气设备 | 4.2 | 4.0 | 4.0 | 4.0 | 0.7 | 0.7 |
| | 电源设备 | 2.8 | 2.4 | 3.6 | 3.7 | 0.4 | 1.1 |
| | 新能源动力系统 | 3.4 | 2.6 | 3.1 | 3.0 | －0.3 | 0.0 |

2023 年电力设备及新能源板块盈利 2246.7 亿元，同比下降 9.9%。其中电气设备板块盈利 616.7 亿元，同比下降 5.0%；电源设备板块盈利 1005.0 亿元，同比下降 20.4%；新能源动力系统子板块盈利 625.1 亿元，同比增长 7.3%。总体净资产收益率为 10.8%，同比降低 1.7 个百分点，其中电气设备板块、电源设备板块及新能源动力系统板块净资产收益率分别变化－0.8、－2.5、－1.1 个百分点。

2022、2023 年电力设备及新能源板块净利润及净资产收益率见表 12－9。

表 12－9　　2022、2023 年电力设备及新能源板块净利润及净资产收益率

| 类别 | | 2023 年净利润（亿元） | 2023 年净利润增长率（%） | 净资产收益率（%） | |
|---|---|---|---|---|---|
| | | | | 2023 年 | 2022 年 |
| 电力设备及新能源 | | 2246.7 | －9.9 | 10.8 | 12.5 |
| 其中 | 电气设备 | 616.7 | －5.0 | 9.5 | 10.3 |
| | 电源设备 | 1005.0 | －20.4 | 10.6 | 13.1 |
| | 新能源电力系统 | 625.1 | 7.3 | 13.1 | 14.2 |

## 第四节 电力企业合规经营

2023 年，电力企业以习近平法治思想为指引，立足新发展阶段，贯彻新发展理念，构建新发展格局，从推动转型发展、改革创新的战略高度定位法治、布局法治、践行法治，全面强化法治合规工作领导责任体系、依法治理体系、规章制度体系、合规管理体系、工作组织体系建设。坚持运用法治思维和法治方式深化改革、推动发展，不断提升引领支撑能力；持续巩固规章制度、经济合同、重要决策法律审核制度，确保 100%审核率，全面提升风险管控能力；不断加强涉外法律合规风险防范，健全工作机制，进一步提升涉外保障能力；加大法律纠纷案件处置力度，综合运用诉讼、仲裁、调解等多种手段妥善解决纠纷，有力提升主动维权能力；综合运用区块链、大数据、云计算、人工智能等信息技术，推动法务管理从信息化向数字化升级，创新性提升数字化管理能力。电力企业通过系统性提升法治能力，为企业的合规经营与可持续发展提供了坚实的法治保障。

### 一、公司治理

各电力企业深入推进国企改革深化提升行动，完善中国特色现代企业制度，将新《公司法》体现的现代公司治理精神和党中央、国务院、国资委有关公司治理的政策文件要求在治理制度中固化和融合，在创新公司治理机制同时注重防范公司治理风险。通过明确公司治理环境信息、治理风险评估、治理风险应对以及监督和检查等方式，对公司治理机制运行过程中的风险进行有效管理。高度重视治理合规体系建设，明晰各治理主体的权利、义务和责任，确保治理组织依法运行、合规履职，并将合法合规性审查和重大风险评估作为重大决策事项必经前置程序，防范重大决策风险，保障电力企业持续稳定发展。

各电力企业坚持建立以公司章程为核心的现代企业规章制度体系，围绕公司战略和改革发展方向，结合经营业务实际需求，持续关注国家法律法规、监管政策等外部法治环境，匹配业务发展需要，开展各领域落实国家法律法规情况分析，深入研究制度治理模式、管理规律，有序推进规章制度“立改废”工作，有效提升规章制度文本质量，不断完善制度体系。部分电力企业 2023 年规章制度修订情况详如图 12－38 所示。

各电力企业将抓好“重要规章制度、重要决策、经济合同”三项法律审核作为防范风险的第一道关口常抓不懈，有效落实三项审核 100%管理要求，持续提升法律审核深度和质量，切实做到三项审核 100%全覆盖。部分电力企业 2023 年三项法律审核数量见表 12－10。

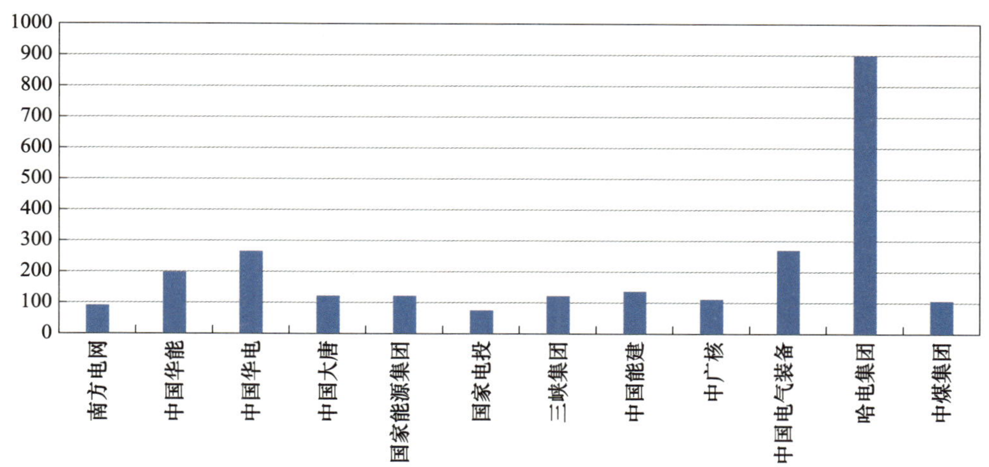


图 12-38　部分电力企业 2023 年规章制度修订情况

表 12-10　部分电力企业 2023 年三项法律审核数量

| 单位名称 | 规章制度（项） | 重要决策（项） | 经济合同（万份） |
|---|---|---|---|
| 南方电网 | 7680 | 2237 | 35.8 |
| 中国华能 | 1662 | 10018 | 7.35 |
| 国家电投 | 172 | 195 | 0.08 |
| 中国三峡集团 | 3600 | 4600 | 2.5 |
| 中广核 | 6474 | 1262 | 5.13 |
| 中国能建 | 4119 | 6787 | 12.93 |
| 广东能源 | 44 | 180 | 0.02 |
| 浙省集团 | 81 | 92 | 0.02 |
| 内蒙古电力集团 | 710 | 2095 | 2.97 |
| 中国电气装备 | 54 | 283 | 0.14 |
| 东方电气集团 | 1276 | 243 | 1.3 |
| 中国安能 | 304 | 18 | 0.8 |

## 二、安全环保

### （一）电力安全方面

电力企业不断强化安全主体责任，建立健全发电、输电、供电等领域安全生产责任制，完善安全生产规章制度、操作规程和安全事故应急救援预案。坚持安全第一、预防为主的方针，组织开展新《安全生产法》主题宣传活动和安全培训，保障电力从业人员安全。加强安全风险管控及监督检查，及时发现违规问题并督促整改，严格开展安全事故调查和责任追究，全面压紧压实安全生产责任，层层传递安全压力，切实拧紧“明责、知责、履责、督责、问责”的责任链条，推动全员主动履责、共保安全。

中国华能秉持“隐患就是事故”“事故可防可控”的理念，认真开展双重预防机制建设与应用。火电产业狠抓设备评级、技术监督、状态检修等工作，设备运行可靠性显著提高；核电产业深入开展以“核安全管理体系”为核心的“百项行动”，核应急能力建设稳步推进，有效确保石岛湾试运及昌江基建安全稳定；水电产业充分发挥大坝安全监察中心作用，开展大坝等重大基础设施安全风险评估试点，动态监管水电大坝风险隐患；煤矿产业重大灾害治理管理体系和技术保障体系不断完善，工程全过程管控持续强化，逐步形成具有华能特色的安全文化。

国网山东省电力公司健全安全生产领域合规管理体系，梳理 356 项国家、省政府、国家电网和国网山东省电力公司现行有效安全法规制度清单，分专业制订 16 个风险管控规范，印发《安全生产包保工作实施细则》，建立领导干部保基层、管理人员保重点项目“一对一”安全包保机制。修订《“两票”执行规范》，明确“两票”执行职责界面，规范数字化“两票”填写使用、一键顺控操作和现场作业流程等执行标准。

华能山东石岛湾核电有限公司将核安全法律法规作为历年普法工作的重点任务，定期组织开展《核安全法》《放射污染防治法》、辐射安全管理法律法规、核安保法律法规、《民用核设施安全监督管理条例》、国家核应急法律法规、《固体废物污染防治法》等专项普法。创新每周一课、核安全大讲堂常态化培训模式，充分利用外出培训、专家解读、核安全文化征稿、知识竞赛、专项行动会等形式丰富核安全法律法规的普法形式，推动核安全法律法规普法全面覆盖，让核安全文化深入人心。每年 4 月组织开展全民国家安全教育日暨安全管理提升知识竞赛活动，创新竞赛载体丰富形式与环节，将“知识竞赛软件、线上互动问答、网络直播、视频 PK 赛”有效融合，以“小切口”展现“大主题”，充分展现了全体员工深厚的核安全文化素养。

### （二）电力环保方面

电力企业深入贯彻落实习近平生态文明思想，严格遵守环境保护相关规定，将绿色发展落实到生产经营全过程、各环节，建立健全电力生产环保制度。在建设工程项目前期，依法开展环境影响评价、水土保持专项评价等工作；在工程施工过程中，履行环境保护设施“三同时”原则，避免对周边环境造成污染；在生产运营过程中，加强对电力主要大气污染物、废水、固废危废排放管控以及放射性废物的治理、储存、运输等，避免对生态环境造成危害。

国网山东滨州供电公司结合生态环境部门应用需求，充分发挥海量电力数据优势，与山东省生态环境部门开展合作，研发“电力+环保”臭氧污染监控分析系统，助力生态环境保护。“电力+环保”臭氧污染监控分析系统将臭氧及其前体物（氮氧化物为主）与企业用电数据进行关联，从地理区域和污染企业两个视角，按照历史分析、实时监控和提前预测等三个维度，构建重点信息整体监控、企业监测、综合分析、线上自定义报告报表等四大核心应用功能模块，实现对企业的生产状态进行实时监控，全面掌握各市县工业用电变化和错峰生产总体执行情况，协助生态环境部门快速定位未执行应急响应标准的重污染企业，推动“电力数据”与“生产行为”精准挂钩，保障“违规生产”与“执法检查”高效互联。

## 三、质量管控

### （一）工程建设方面

电力企业探索构建电力工程项目管理先进模式，通过实行项目法人责任制、资本金制、招投标制、工程监理制和合同管理制等，严格控制工程建设项目质量，落实电力建设施工安全和工程质量常态化巡查检查工作机制，对发现的问题立行立改，健全电力工程设计、施工、验收标准、规范和工程质量管理制度，全面强化电力工程质量、安全、进度全方位管控。

**中国中煤**突出防范工程建设合规风险，规范煤炭、电力板块工程项目管理，编制《煤炭建设工程执行概算管理实施细则》，消除工程决算超概算、超概算后调整和追加概算现象；发布《电力工程项目管理手册》《电力工程项目开工管理导则》等电力工程管理标准 20 余项。开展违法违规获取工程项目专项整治，全面梳理 2020 年 1 月以来各层级企业工程项目情况，对发现的问题督促加强整改。

**国网上海市电力公司**深化工程全过程质量管控，开展创优示范引领。在 2023 年上海浦东洋基（电气）110 千伏输变电工程排管施工项目中，严抓“五关”管控，包括质量管理策划关、质量检测入口关、视频管控过程关、质量验收出口关、达标投产考核关等“五关”；优抓示范引领，不断提升工程建设评价标准体系，在“两标一优”评选工作中首次采用全专业管理评价方式；巧抓手段提升，强化第三方检测和实测实量管理，推广智能滤油监控系统、GIS 安装环境控制系统、电缆接头智能车间等关键技术，全力提升电网建设工程质量。

新力能源将 5 期工程建设项目相关事项提级管理，合规开展采购、资产评估等事项，5 期项目的采购方案皆由集团党委会、办公会审批通过后报至上级公司，在取得上级公司正式批复后再行采购，严格控制风险，保证重大项目合规性。

### （二）产品质量方面

电力工程质量和电力设备质量直接影响电力系统安全稳定运行，关系人民群众生命财产安全和经济社会高质量发展。电力企业对电力系统规划可研、工程设计、工程施工、项目运行等进行全过程技术监督，确保工程质量符合电力系统运行要求，确保电压、频率、电能质量等指标符合相关标准。加强电力装备制造过程管控，严把各环节质量关，确保提供优质的电力装备及相关服务。加强对相关电力产品质量工艺的把关，确保为用户提供符合国家电能质量标准的电力产品。

## 四、市场交易

### （一）电力交易方面

电力企业按照电力体制改革总体方向，积极构建统一开放、竞争有序的电力市场体系。电力交易机构独立规范运行，遵循电力交易规则和市场规则，全面规范电力交易秩序。在制订发用电计划、保障电力供需平衡和电网安全运行等方面，遵守法律法规和监管规定，强化信息公开，确保市场平稳运行。严禁歧视对待售电公司，确保售电公司公平参与市场竞争；严禁对电力用户实施强制交易、滥收费用、搭售商品、附加不合理交易条件等不合规行为。

**宁夏电力交易中心有限公司**强化电力交易领域合规管理，印发《宁夏电力交易中心有限公司合规风险库（第二版）》，修订《电力市场信息披露实施细则（暂行）》《电力市场成员（发电企业）管理操作规范（试行）》等 12 项交易业务管理操作规范，编制《绿色电力交易管理操作规范（试行）》等 2 项业务操作规范，持续提升电力交易合规管理水平。

### （二）招投标管理方面

电力企业秉持公开、公平、公正和诚实信用原则，建立健全招投标管理制度，严格规范招投标管理流程。加强对招投标过程中违规行为的动态监测，杜绝应招未招、未招先建等情况，严禁招投标过程中发生串标、围标、陪标等违规行为。强化供应商信用监管，建立并执行黑名单制度，从严处置失信行为供应商。健全采购质量管控和过程监督，充分发挥集中采购平台优势，持续打造公开透明、竞争有序的管理体系。

南方电网云南电网有限责任公司构建“12411”采购管理合规保障体系，其中，“12411”是指：“1 指引”（招标采购合规指引）、“2 标准”（招标方案法律审查标准和定标会法律审核标准）、“4 全”（集中审核公司全部采购关键要素、方案和文件，全天开通评标基地服务专线，全面参与采购异议投诉、全力服务采购纠纷处理）、“1 问答库”（评标现场咨询“问答库”）、

“1 案例库”（采购典型案例库），提升了采购法律服务标准化、规范化水平，如图 12－39 所示。结合招标定标会、审计巡视等发现问题，编制形成招标采购“两库”，收录典型案例 60 个、典型问题 100 个。

## 五、投资并购

电力企业紧紧围绕公司战略和经营目标，在企业改制、上市、投融资以及其他投资并购活动中，严格履行内部立项程序，做好可行性论证及研究，加强尽职调查、专项审计及资产评估，根据实际情况制订科学投资并购方案，严格执行投资负面清单管理要求，全面履行决策和审批程序，公平合理签订投资协议，预防投资经营过程中的潜在风险，切实保障国有资产的保值增值以及国有产权的正当权益。

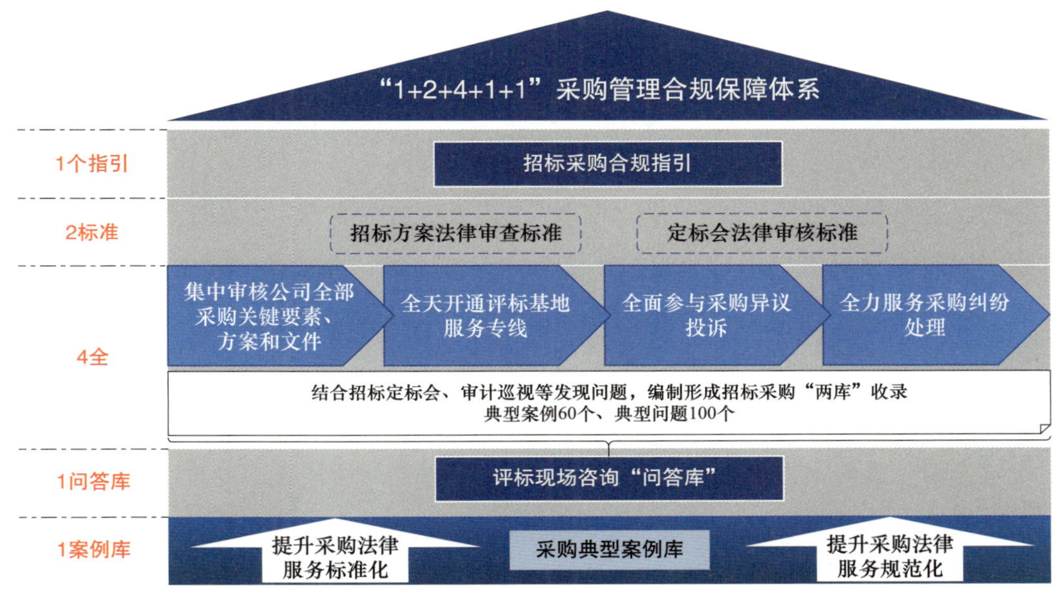


图 12－39　南方电网云南电网有限责任公司“12411”采购管理合规保障体系

**中国华电**做好新能源绿地投资项目的合法合规审核工作，组织制订《风光电项目股权并购工作法律风险防控指引》，从项目立项、投资决策、项目实施、后评估四个阶段，提示涉及的主要内外部合规要求、法律合规风险以及风险防控措施等，保障高质量开展风光电项目股权并购工作。

## 六、财务税收

电力企业根据企业实际情况，制订切实适用的财务管理制度，规范执行财务事项审批和操作流程，对长期资产、流动资产、成本费用、资本金和负债等进行重点管理，完善财务管理的内部控制体系。密切关注税收政策变化，遵守各项税收法律法规，在经济活动中严格依法纳税，依法履行税收代扣代缴义务，按规定进行税收信息披露，并保留真实、完整的符合税务机关要求的涉税资料，确保财务税收合规。

**中电国际新能源海南有限公司**基于环保发电非主营业务收入是否享受税收优惠政策，运用法律手段实施行政复议，积极与税务机关进行沟通，最终获得较大金额的退税，维护了公司合法权益。

## 七、知识产权

电力企业建立健全事前预警、事中监测、事后应对的知识产权保护机制，明确知识产权保护重点领域、职责分工、工作流程、监督考核等内容，构建涵盖知识产权管理、实施、运用、保护的综合、立体、全方位管理体系；制订符合战略、适应市场的知识产权管理策略，全方位提升知识产权管理水平；加强知识产权专项培训，强化权利保护意识，积极营造良好的企业创新文化。

**中国华能**完善专利、商标、商号、商业秘密等保护制度，坚决打击侵权行为，切实维护企业无形资产安全和合法权益。加强商标管理，在完成国内商标布局的基础上，启动商标海外注册工作，目前正在按照“单一国家注册”方式推进有关工作。全力打击假冒华能企业的侵权行为，通过媒体公告、申请登记机关撤销、行政报案、司法诉讼等方式，处置完成 70 家假冒华能的企业。

**中国华电**制订印发《商标管理办法》，加强和规范商标、商号管理。强化品牌管理工作，启动“华电”商标“认驰”工作。印发《关于开展假冒国企定期排查工作的通知》，形成假冒国企定期排查和处置的常态化工作机制，全年排查处置 5 起假冒国企问题。

**中广核**通过发律师函、工商举报等方式促使 9 家违规使用“中广核”字号企业完成更名、两家违规注册“中广核”商标企业被宣告无效，通过发起强制更名及索赔诉讼取得对 6 家企业胜诉判决，切实维护了集团声誉和重大无形资产权益。通过签订《商标许可协议》《字号许可协议》，出台、升版 26 项相关制度程序等方式加强源头控制，实现“使用企业有许可、退出企业有清理”。

**华电电力科学研究院有限公司**建立适应国有企业高质量发展需要的知识产权法律风险防范体系，即构建系统全面的知识产权法律支撑环境、打造知识产权风险防范指引及制度工具、形成“审—管—普”“铁三角”循环提升知识产权法律保护策略，积极贯彻落实循环提升的管理理念，确保这一体系能在实践中发挥实效，获得各级科技奖励 26 项，所有科技产出做到“0 投诉”“0 侵权”“0 纠纷”，为国有企业的健康发展提供有力支撑，如图 12－40 所示。

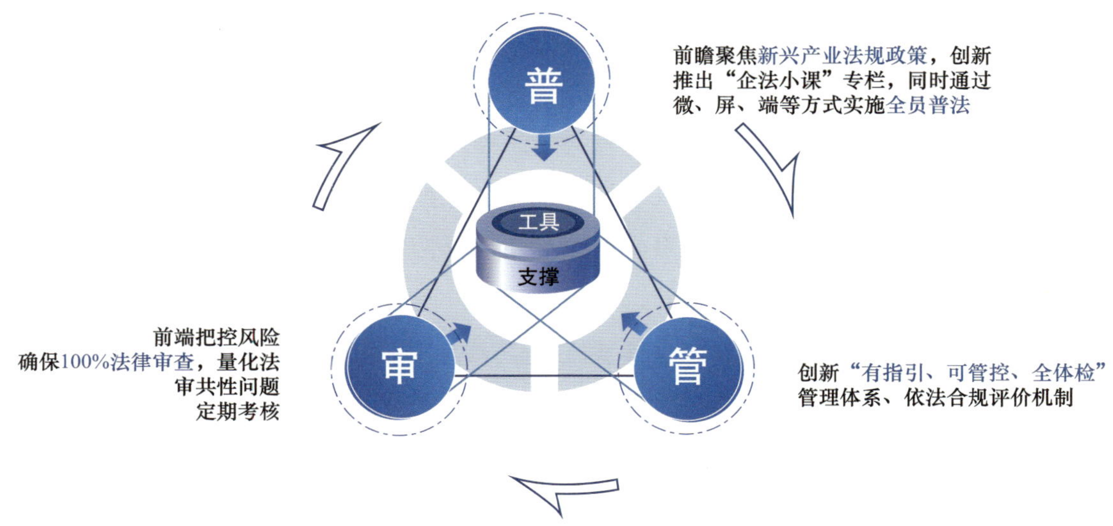


图 12－40　华电电科院知识产权“审—管—普”循环提升引擎

## 八、数据管理

电力企业严格遵守《民法典》《网络安全法》《数据安全法》《个人信息保护法》等法律法规和监管规定，正确处理数据利用与保护的关系，提高数据使用价值。建立健全电力系统网络安全管理制度，完善数据与隐私保护政策，保障企业及用户的数据与隐私安全。服务企业发展战略，聚焦数据全生命周期的合规管理，统筹推进数据合规管理体系建设，强化数据合规风险管控。

**国网福建省电力有限公司**在全面梳理企业数据合规现状及问题的基础上，构建体系化的“DC12346”数据合规管理体系。其中，“DC”为英文 Data Compliance 首字母，代表数据合规；“12346”分别是以数据合规管理体系有效运行为“1 个核心”；以构建数据合规文化体系、数据合规培训教育体系为“2 个保障”；以业务部门有效管理、合规部门严格防控和审计部门精准审计作为数据合规管理的“3 道防线”；以网络安全、数据安全、个人信息保护、商业伙伴的数据管理作为数据合规管理“4 大领域”；以数据采集、数据存储、数据加工使用、数据传输、数据共享、数据销毁等数据从“生”到“死”的全生命周期流程为数据合规管理的“6 个环节”，从而形成“点面结合”“层层防控”的数据合规管理体系。

## 九、国际业务

电力企业坚持以法律风险可控、管控能力可及、经济效益可观的原则开拓海外业务，不断完善境外项目的规划、投资、建设、运营、风险管控等管理机制，建立健全符合国际化经营实际需要的全面覆盖、权责清晰、务实高效的合规管理体系。统筹做好涉外法治人才培养储备工作，保障长期国际化经营在跨越经济周期、政治周期等阶段期间的境外国资保值增值及资产安全，做到拿到项目、更要守住项目、经营好项目，促进国际化业务高质量发展。

**中国大唐**加快建设“四位一体”国际业务大风控体系，优化调整海外业务管理机构，独立设置法务风控部，健全了主要负责人领导牵头、法务管理机构归口、相关部门联动、项目法务人员落实的境外法务合规风控体系，推动海外合规管理上下贯穿、左右联通；推进海投公司首席合规官配备，明确总法律顾问、首席合规官管理职责，海投公司本部及所属五家基层单位配备率 100%；推进海投公司合规管理三道防线建设，健全专兼职合规管理员制度，组织海投公司参与合规管理员专题培训并考试合格上岗，确保全部业务部门及重点岗位人员合法合规履行职责。

**国家能源集团**建立健全覆盖项目遴选、立项、决策、建设、运营、退出六个阶段的“2+2+N”境外投资管控制度体系，强化全过程投资管控和风险防范；深化境外法律合规风险定期排查处置工作，实施清单式管理，挂图督战。深入研究集团境外项目所在国（地区）法律法规及相关国际规则，系统梳理境外法律合规监管要求，制订了《国家能源集团海外反腐败反商业贿赂合规指引》《国家能源集团涉外业务商业伙伴合规指引》，开展《境外业务风控合规管理手册》等与制度配套的管理工具建设，创新编制风险管理指引和中企境外风控合规典型案例，持续做好风险防范应对。

**国家电投**发布境外新能源项目尽职调查指引，进一步完善权责明确、放管结合、规范有序、风控有力的境外资产管控制度标准体系。编制境外投资领域合规风险清单、流程管控和岗位职责清单，作为推动合规管理要求有效落地的重要途径。对境外投资主要业务的全流程进行梳理，识别出 70 项核心的潜在合规风险，确定合规风险对应的具体流程节点，并将合规风险的管理职责和义务分配到具体的岗位上，实现了合规“入岗入流程”。加强重点领域廉洁合规管理，实现境外重点单位“一企一档”，每年定期开展境外法律合规风险问题全面排查。积极推动开展合规管理体系认证工作，所属中电国际获得英国标准协会（BSI）颁发的 GB/T 35770—2022/ISO 37301：2021 合规管理体系认证证书，成为境外投资领域首批、电力行业境外投资首家获得该合规管理体系标准认证的企业。

**中广核**推动马来西亚、纳米比亚等境外公司设置法律专门机构并配备具有属地执业资格的法务人员，在韩国、巴西等重点区域设立总法律顾问。建立重要业务法律顾问全程参与制度，对涉外业务事前、事中、事后提供全过程法律支持，不断提升涉外法律合规风险防范水平。

**东方电气集团**加强出口管制与经济制裁风险防范，制订了《东方电气境外重点领域合规管理指引—出口管制与经济制裁》《东方电气境外重点领域合规管理指引—反腐败合规管理》，在此基础上，聚焦敏感主体防范合规风险，完成涉外管制名单法律合规审查嵌入合同管理系统关键环节，形成《涉外管制名单风险防范工作指引》，实现对涉外合规风险的精准识别、动态管控。

## 十、劳动用工

电力企业严格遵守《劳动法》《劳动合同法》等相关劳动用工法律法规，健全完善劳动合同管理制度，规范招聘录用及劳动合同签订、履行、变更、解除等程序，明确劳动用工类型、薪酬福利、社会保险、劳动安全卫生、培训与服务期、保密与竞业竞争限制等合规要求，创造公平公正的劳动氛围，确保工资待遇、考核、培训、休假等各项劳动保障措施落实到位，积极构建和谐稳定的劳动关系。

**国网山东省电力公司**加强劳动用工领域合规管理，梳理供服公司薪酬福利“十项常见问题”，组织 115 家单位全面开展自查自纠，签订供服公司员工薪酬福利管理承诺书 1646 份。依托全员绩效管理系统，建立员工惩处信息报送机制，全面准确记录员工受惩处情况，如图 12－41 所示。

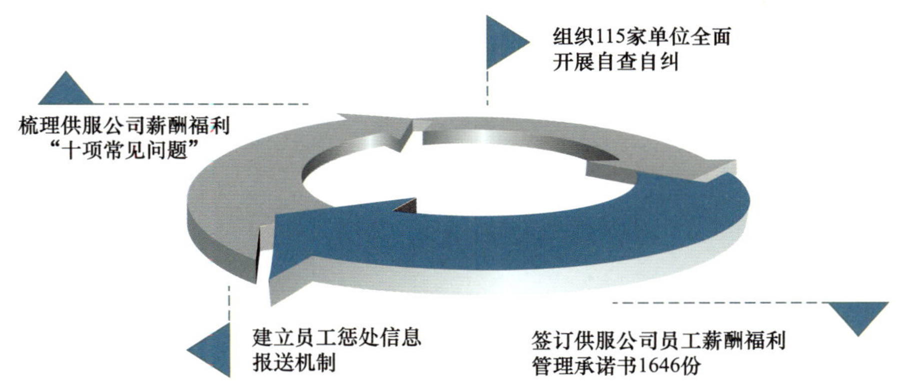


图 12－41　国网山东省电力公司劳动用工领域合规管理建设路径

# 第十三章

# 国际电力发展与合作

## 第一节 全球电力现状

2022年，全球发电装机容量和发电量持续稳定增长。可再生能源在发电装机和发电量中的占比不断增加，成为全球能源结构转型的重要推动力，加速了能源结构的转型。在光伏和风电装机容量增长的驱动下，非水可再生能源发电装机占比也随之进一步扩张，全球电源结构持续向低碳、清洁化方向转型；同时，不同国家和地区的发电量和占比也呈现出较大的差异，反映出各国经济发展水平和能源结构的差异。俄乌冲突开始后的能源价格飙升、物价上涨对全球各地区用电造成了下行压力，尽管危机重重，但2023年全球的用电需求依然展现出了韧性，增速虽有所降低，却依然呈现正增长。

### 一、全球发电装机容量及结构

国际能源署（IEA）统计数据显示，截至2022年年底，全球发电装机容量达到86.4亿千瓦，较上年增长5.0%，增速上升0.2个百分点。其中，中国的发电装机容量继续保持快速增长的态势，从2021年年底的24.0亿千瓦增长到2022年底的26.2亿千瓦，占全球装机容量的30.3%。2012—2022年全球发电装机容量及增速如图13－1所示。

截至2022年年底，全球火电、水电、核电、非水可再生能源的发电装机容量分别为45.4亿、13.9亿、4.2亿千瓦和22.4亿千瓦，分别占全球发电装机总量的52.5%、16.1%、4.8%和25.9%。火电类别中，燃煤、燃气、燃油发电装机容量分别为22.4亿、18.8亿千瓦和4.2亿千瓦，分别占总装机容量的25.9%、21.7%和4.9%；非水可再生能源发电类别中，风电和太阳能光伏发电装机容量分别为9.0亿千瓦和11.5亿千瓦，分别占总装机容量的10.4%和13.2%，均较2021年进一步扩大。2022年全球发电装机结构如图13－2所示。

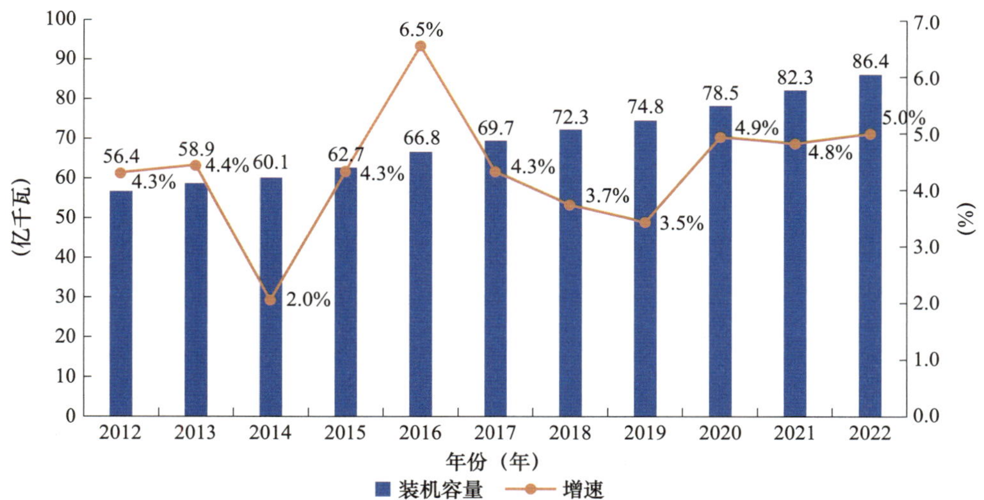


图 13-1　2012—2022 年全球发电装机容量及增速

数据来源：IEA《World Energy Outlook 2023》

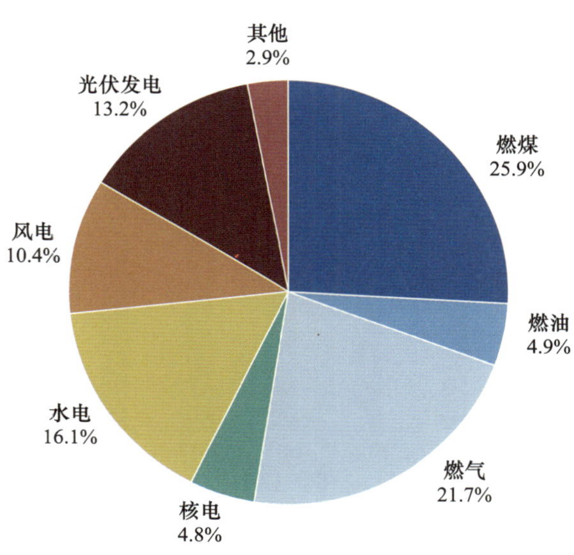


图 13-2　2022 年全球发电装机结构

数据来源：IEA《World Energy Outlook 2023》

从全球发电装机结构的变化情况看，非化石能源替代传统化石能源的进程仍在不断加速，全球发电装机结构进一步向清洁化转型趋势明显。2022 年，传统化石燃料发电装机占比继续萎缩，总体较上年下降 1.9 个百分点。非化石能源发电装机容量比重则持续上升，其中非水可再生能源发电装机容量较上年增长 15.7%，在光伏和风电装机容量增长的驱动下，非水可再生能源发电装机容量占比较上年提高 2.4 个百分点。核电装机容量较上年有所扩大，增至 4.17 亿千瓦，在全球发电装机结构中的占比下降 0.2 个百分点。水电仍是全球最主要的可再生能源，2022 年装机规模虽有所增长，但在总发电装机结构中的比重依旧处于持续下降的状态，2022 年水电装机占比为 16.1%，较上年下降 0.4 个百分点。

发展可再生能源是全球践行应对气候变化自主贡献承诺的主导力量，可再生能源进一步引领全球能源生产消费革命的主流方向，成为全球电力绿色低碳转型的主力支撑。截至 2022 年年底，全球可再生能源发电装机容量（含水电）达到 36.3 亿千瓦，占全球发电装机总量的 42.0%。全球可再生能源发电装机容量近年来保持持续快速增长，近十年来增速一直维持在 7%以上。2022 年可再生能源发电装机增速为 10.2%，较去年略有上升。其中，风电装机容量为 9.0 亿千瓦，同比增长 9.0%，太阳能光伏发电装机容量为 11.5 亿千瓦，增速最快，达到 23.8%，光热发电的装机容量为 694 万千瓦，同比增长 11.4%；生物质发电装机容量为 1.68 亿千瓦，同比增长 5.3%，占比 4.6%；地热发电装机容量为 1504 万千瓦，同比增长 2.3%，占比 0.4%。2012—2022 年全球可再生能源发电装机容量及增速如图 13－3 所示。

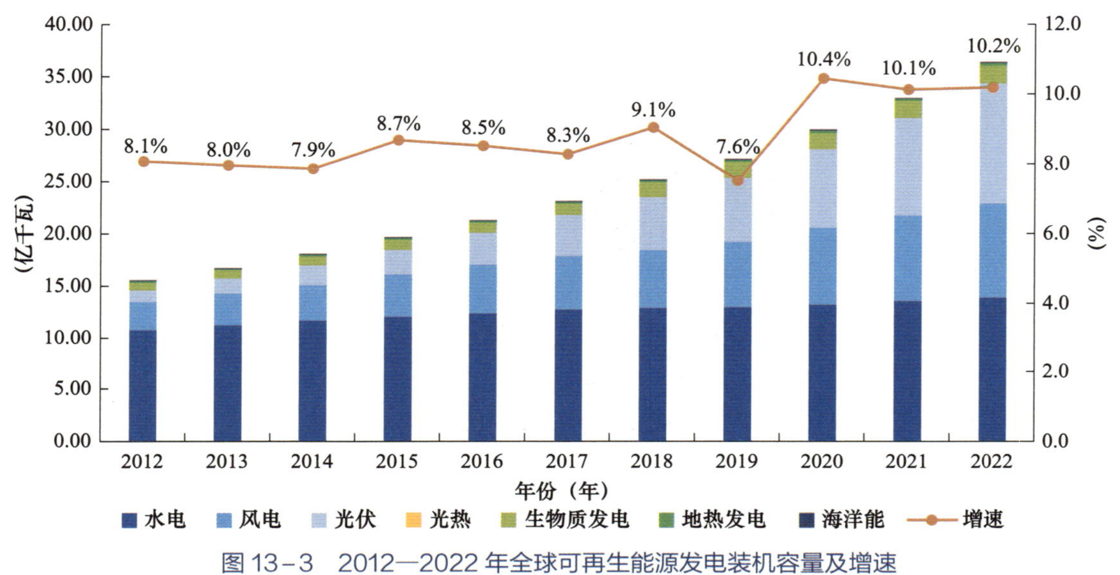


图 13－3　2012—2022 年全球可再生能源发电装机容量及增速

数据来源：IEA《World Energy Outlook 2023》

## 二、发电量

### （一）总体情况

2022 年，随着全球经济的复苏，能源消费也随之呈现增长态势。全球能源生产消费沿着多元化、低碳化、数字化和分散化的方向加速转型。2022 年，全球发电量约为 29.0 万亿千瓦·时，同比增长 2.4%，较上年增速有所放缓，下降 3.7 个百分点。2012—2022 年全球发电量及增速如图 13－4 所示。

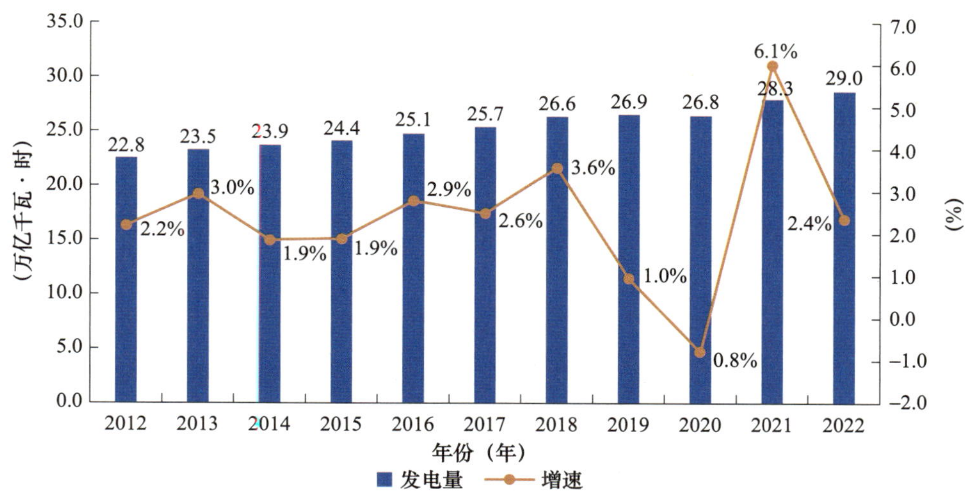


图 13－4　2012—2022 年全球发电量及增速情况

数据来源：IEA《World Energy Outlook 2023》

## （二）发电结构及变化情况

从各类电源的发电情况看，2022 年全球燃煤发电量依然处于首位，达 10.4 万亿千瓦·时，较上年增长 1.8%，增速有所放缓，其在全球发电总量中的比重出现小幅下降，为 35.9%，较上年下降 0.2 个百分点，全球退煤进程依旧处于停滞阶段。燃气发电量为 6.5 万亿千瓦·时，同比下降 0.4%，同时，其在全球发电总量中的比重也有所下滑，下降至 22.4%，较上年下滑 0.6 个百分点。燃油发电量为 0.7 万亿千瓦·时，同比增长 3.7%，其占全球发电总量的 2.4%，与上年持平。核电发电量为 2.7 万亿千瓦·时，同比下降 4.6%，占比 9.2%，较上年下滑 0.7 个百分点。

2022 年，全球可再生能源发电量继续保持平稳较快增长，增速明显提升，份额持续扩大，可再生能源发电量依然对推动全球发电量增长做出突出贡献。2022 年全球可再生能源发电量达到 8.6 万亿千瓦·时，同比增长 8.0%，较上年增长 2.4 个百分点。可再生能源发电量合计占比 29.6%，较上年增加 1.5 个百分点。

在可再生能源发电领域，水电依旧是全球最大的可再生电源，2022 年发电量为 4.4 万亿千瓦·时，其扭转了 2021 年负增长的局面，同比增长 1.8%，占全球发电总量的 15.1%，较上年下滑 0.1 个百分点。风电发电量达 2.1 万亿千瓦·时，同比增长 13.9%，较上年下滑 2.9 个百分点，风力发电量占比继续提升，达到 7.3%，较上年提升 0.7 个百分点。太阳能光伏发电量增速为各类电源中最快，达到 1.3 万亿千瓦·时，同比增长 26.2%，较上年提升 2 个百分点，光伏发电量占比 4.4%，较上年提升 0.8 个百分点，比重继续提高。生物质发电量为 6869.9

亿千瓦·时，同比增长 3.2%；占比 2.4%，较上年提升 0.1 个百分点。地热发电量为 1013.5 亿千瓦·时，同比增长 5.3%，占比 0.3%，与上年持平。光热（CSP）发电量有所提升，同比增长 6.3%至 158.3 亿千瓦·时。海洋能发电量相对较小，仅为 10 亿千瓦·时，同比增长 2.0%。2022 年全球发电量构成情况如图 13－5 所示。

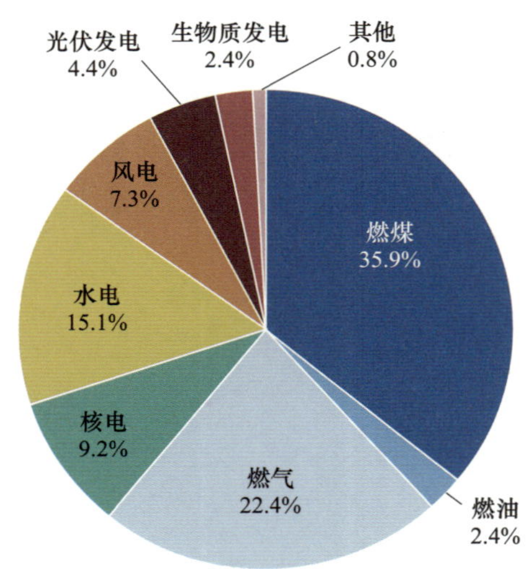


图 13－5　2022 年全球各类电源发电量构成情况

数据来源：IEA《World Energy Outlook 2023》

## 第二节　中外电气化现状

2022 年，全球电气化进程持续推进，中国、美国、英国、法国、德国、日本、巴西 7 个典型国家主要电气化指标总体稳中向好。中国电能占终端能源消费比重和发电能源占一次能源消费比重保持国际前列，人均用电量达到 OECD 国家平均水平的七成左右，非化石能源发电量占比略低于美国且差距进一步缩小，销售电价水平保持平稳，与英国、日本、美国、德国电价震荡波动形成鲜明反差。

### 一、电能占终端能源消费比重

**日本电能占终端能源消费比重超过 30%，中国终端用能电气化水平稳居典型国家前列。** 2022 年，7 个典型国家中电能占终端能源消费比重最高的 3 个国家分别为日本（30.5%）、中国（27.3%）、法国（24.7%），中国电能占终端能源消费比重超出经济合作与发展组织（OECD）国家平均水平（22.9%）4.4 个百分点。与 2021 年相比，日本电能占终端能源消费比重增加 0.5 个百分点，同比增幅位居典型国家之首；中国、英国、美国电能占终端能源消费比重同比增幅均为 0.3 个百分点；法国电能占终端能源消费比重保持稳定；巴西、德国电能占终端能源消费比重同比降幅分别为 0.3、0.1 个百分点[1]。2022 年 7 个典型国家电能占终端能源消费比重如图 13－6 所示。

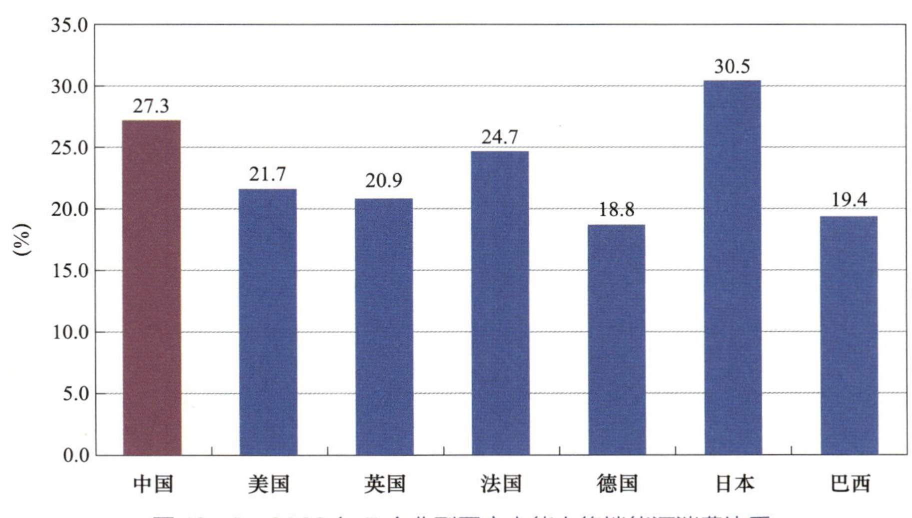


图 13－6 2022 年 7 个典型国家电能占终端能源消费比重

数据来源：典型国家数据根据国际能源署历史数据估算得出，

中国数据根据国家统计局《中国能源统计年鉴 2023》计算得出

## 二、人均用电量

**中国人均用电量与发达国家的差距进一步缩小，欧洲典型国家人均用电水平下降。**典型国家中人均用电量最高的 3 个国家分别为美国（12855 千瓦·时/人）、日本（8033 千瓦·时/人）、法国（6706 千瓦·时/人）；中国人均用电量 6116 千瓦·时/人，约为 OECD 国家平均水平（8638 千瓦·时/人）的七成，与 OECD 国家平均水平的差距较上年缩小 77 千瓦·时/人。与 2021 年相比，德国、法国、英国人均用电量出现不同程度的回落，分别下降 4.7%、4.7%、3.9%；中国、日本、巴西、美国人均用电量实现正增长，同比增速分别为 3.7%、3.3%、2.2%、1.5%。2022 年 7 个典型国家人均用电量如图 13－7 所示。

## 三、发电能源占一次能源消费比重

**法国发电用能保持一次能源消费主体地位，德国发电能源占一次能源消费比重增幅明显。**2022 年，7 个典型国家中发电能源占一次能源消费比重最高的 3 个国家分别为法国（50.0%）、中国（46.5%）、日本（45.9%），中国发电能源占一次能源消费比重超过 OECD 国

[1] 根据国际能源署 2021 年能源统计数据，对除中国外的 6 个典型国家 2020 年电能占终端能源消费比重进行了修正。

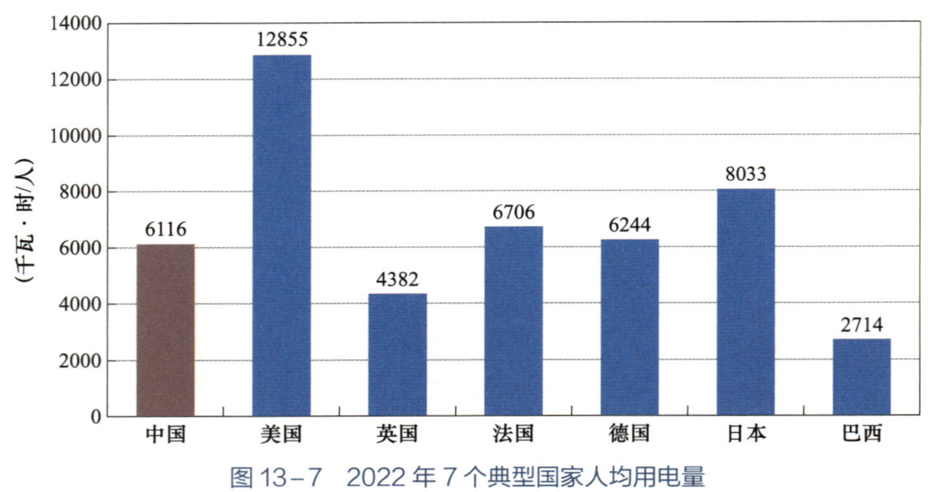


图 13–7　2022 年 7 个典型国家人均用电量

数据来源：典型国家数据根据国际能源署历史数据计算得出，中国数据取自中电联电力行业统计数据

家平均水平（37.4%）约 9.1 个百分点。与 2021 年相比，德国受天然气消费压减影响，发电能源占一次能源消费比重同比增幅达到 0.9 个百分点；中国发电能源占一次能源消费比重保持稳定；英国、巴西、美国、法国、日本发电能源占一次能源消费比重均有不同程度的回落，同比降幅分别为 1.8、1.2、0.9、0.4、0.1 个百分点❶。2022 年 7 个典型国家发电能源占一次能源消费比重如图 13－8 所示。

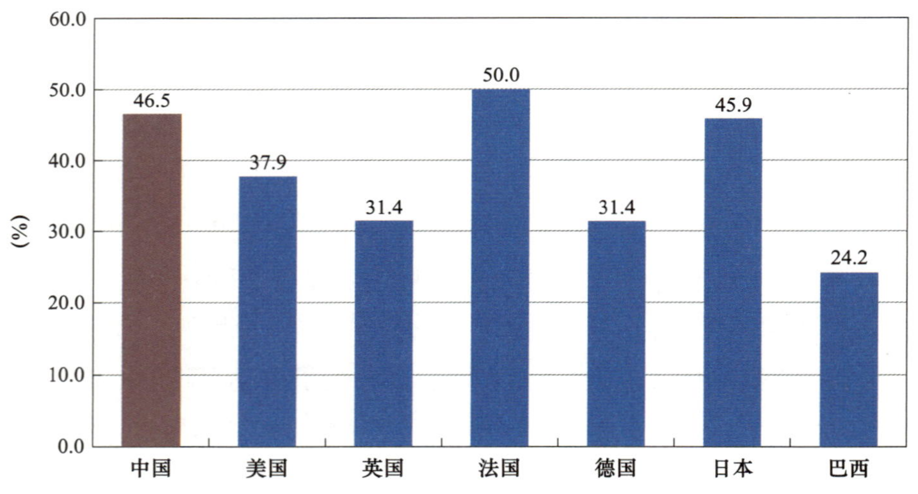


图 13–8　2022 年 7 个典型国家发电能源占一次能源消费比重

数据来源：中国数据根据国家统计局《中国能源统计年鉴 2023》计算得出，
除中国外的 6 个典型国家数据根据国际能源署历史数据估算得出

## 四、非化石能源发电量占比

**法国、巴西非化石能源发电量占比超过 85%，英国、中国、美国非化石能源发电生**

❶ 根据国际能源署 2021 年能源统计数据，对除中国外的 6 个典型国家 2021 年发电能源占一次能源消费比重进行了修正。

**产供应水平稳步提升。**2022 年，7 个典型国家中非化石能源发电量占比最高的 3 个国家分别为法国（91.8%）、巴西（87.7%）、英国（58.1%）；中国非化石能源发电量占比 36.2%，低于 OECD 国家平均水平（50.0%）约 13.8 个百分点，与 OECD 国家平均水平的差距较上年缩小 1.8 个百分点。与 2021 年相比，巴西通过优化水电调度运行、扩大风电和太阳能发电供应规模等多措并举，拉动非化石能源发电量占比大幅增加 10.3 个百分点；英国、中国、美国非化石能源发电量占比稳步提高，同比增幅分别为 2.1、1.7、1.0 个百分点；德国、法国、日本非化石能源发电量占比下降，同比降幅分别为 2.4、0.6、0.3 个百分点。

2022 年 7 个典型国家非化石能源发电量占比如图 13－9 所示。

## 五、销售电价

**美国、中国工业电价均低于 0.1 美元/（千瓦•时），工业用能成本具有比较优势。**2022 年，7 个典型国家中工业电价水平最低的 3 个国家分别为美国［0.085 美元/（千瓦•时）］、中国［0.099 美元/（千瓦•时）］、法国［0.137 美元/（千瓦•时）］，中国工业电价与发达国家相比保持较低水平。与 2021 年相比，全球工业电价水平总体呈现上升态势，部分发达国家涨幅明显，例如英国、日本工业电价分别增长 21.8%、21.1%，增幅位居发达国家前列。

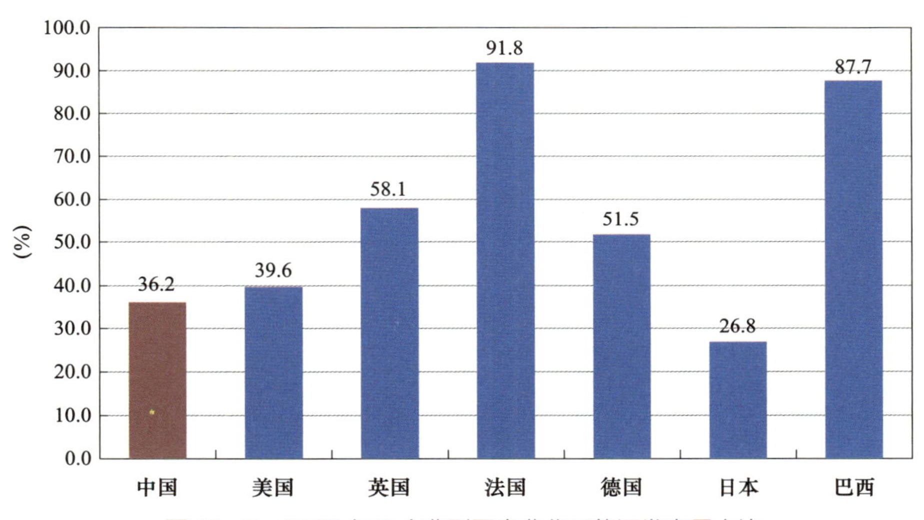


图 13－9　2022 年 7 个典型国家非化石能源发电量占比

数据来源：中国数据取自中电联电力行业统计数据，除中国外的 6 个典型国家数据根据国际能源署历史数据估算得出

**英国居民电价高位抬升，中国居民电价长期以来在全球范围内处于较低水平。**2022 年，7 个典型国家中居民电价最高的国家为英国［0.394 美元/（千瓦•时）］，中国居民电价分别约为英国、德国、日本、法国、美国同期居民电价水平的 20.8%、23.5%、31.2%、37.6%、54.3%。与 2021 年相比，德国、法国居民电价有所下降，同比降幅分别为 8.2%、4.8%；英国、美国、

日本居民电价走高，同比增幅分别为 41.2%、10.2%、9.6%。2022 年 7 个典型国家销售电价如图 13－10 所示。

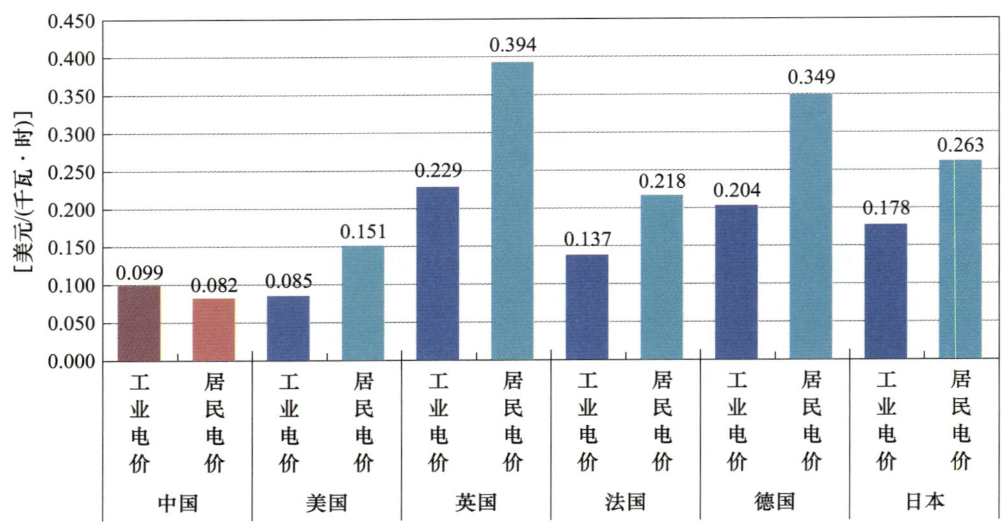


图 13－10 2022 年 7 个典型国家销售电价

数据来源：7 个典型国家销售电价取自国际能源署历史数据

## 第三节 对外投资与工程承包

2023 年，世纪疫情趋于平稳，国际投资合作总体呈复苏态势，中国对外直接投资平稳发展，高质量共建“一带一路”迈出坚实步伐。根据商务部统计，2023 年，中国对外全行业直接投资 10418.5 亿元人民币，较上年增长 5.7%（折合 1478.5 亿美元，增长 0.9%）。其中，我国境内投资者共对全球 155 个国家和地区的 7913 家境外企业进行了非金融类直接投资，累计投资 9169.9 亿元人民币，增长 16.7%（折合 1301.3 亿美元，增长 11.4%）。中国对外承包工程完成营业额 11338.8 亿元人民币，较上年增长 8.8%（以美元计为 1609.1 亿美元，增长 3.8%），新签合同额 18639.2 亿元人民币，增长 9.5%（以美元计为 2645.1 亿美元，增长 4.5%）。

聚焦电力投资和工程承包板块，截至 2023 年年底，中国主要电力企业境外累计实际投资总额为 1104.64 亿美元，对外工程承包合同额累计 4024.26 亿美元，电力装备出口总额累计达 350.49 亿美元，电力技术服务出口累计总额为 122 亿美元。

与 2022 年相比，2023 年中国主要电力企业对外直接投资金额同比增长 30.82%，对外承包工程新签合同额同比下降 19.27%。2017—2023 年中国主要电力企业对外合作总体情况如图 13－11 所示。

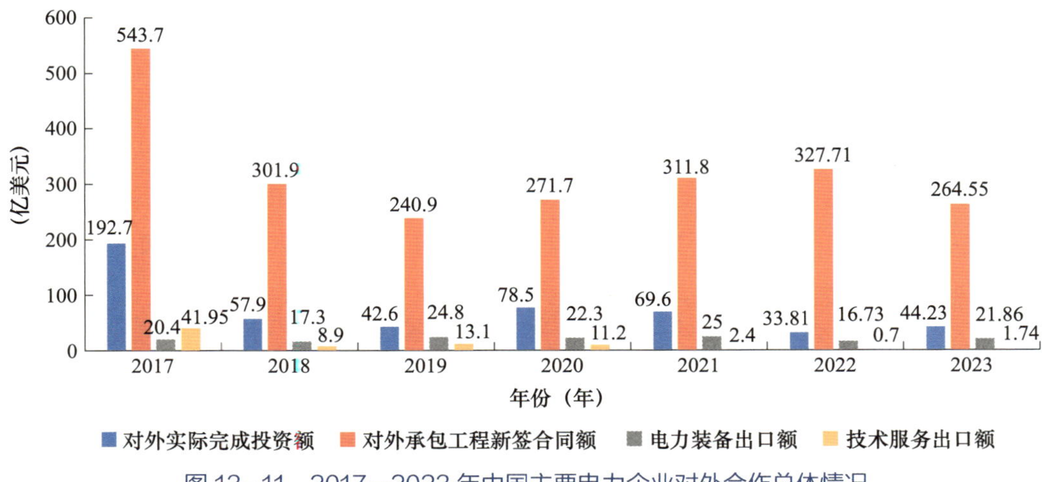


图 13－11　2017—2023 年中国主要电力企业对外合作总体情况

## 一、电力境外投资

### （一）基本情况

2023 年，全球经济复苏态势明显，新冠疫情影响日渐消散，投资环境相较前两年明显改善，但受俄乌冲突、通胀高企、美元加息、大国博弈等因素叠加共振，中国电力行业对外投资合作趋势呈现缓慢增长趋势。

2023 年，中国主要电力企业对外直接投资项目共 34 个，投资总金额 44.23 亿美元，同比增长 30.82%。2023 年中国主要电力企业对外直接投资额超过 1 亿美元的部分项目情况见表 13－1。

表 13－1　　2023 年中国主要电力企业对外直接投资额超过 1 亿美元的项目情况

| 排序（按投资金额由高到低） | 所属集团 | 项目名称 |
|---|---|---|
| 1 | 国家能源集团 | 乌兹别克斯坦卡什卡达里亚洲尼松光伏项目 |
| 2 | 国家能源集团 | 乌兹别克斯坦布哈拉州卡拉乌巴扎尔光伏项目 |
| 3 | 中国三峡集团 | 西班牙 Roadrunner 光伏股权收购项目 |
| 4 | 中国三峡集团 | 墨西哥太阳能源光伏（Kinich）项目 |
| 5 | 中国三峡集团 | 西班牙弗洛雷斯（Flores）陆上风电项目 |
| 6 | 中国三峡集团 | 巴基斯坦卡洛特水电站项目 |
| 7 | 国家能源集团 | 巴基斯坦苏基克纳里水电站项目 |
| 8 | 中国三峡集团 | 埃及约旦（Catalyst）光伏股权收购项目 |

## （二）投资领域

2023 年，中国主要电力企业对外投资主要涉及太阳能发电、水电、风电、输变电、其他投资等领域。从投资金额看，太阳能发电投资金额最高，为 26.5 亿美元，水电 4.9 亿美元，风电 3.66 亿美元，输变电 1.37 亿美元，其他类投资 7.8 亿美元。2023 年中国主要电力企业对外直接投资领域分布情况如图 13－12 所示。

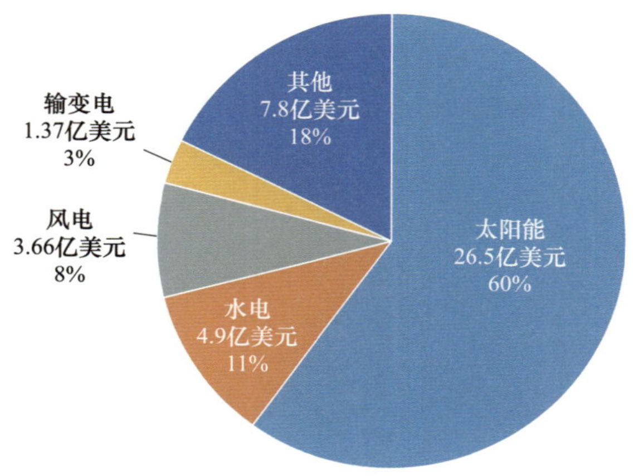


图 13－12　2023 年中国主要电力企业对外直接投资领域分布情况（按项目投资金额）

从项目数量上看，新能源是对外投资项目数量最多的领域，共 21 个项目，约占 61.8%，其中光伏 17 个项目，占总投资项目数量的 50%，风电 4 个项目，占总投资项目数量的 11.8%。2020—2023 年中国主要电力企业对外直接投资领域分布情况如图 13－13 所示。

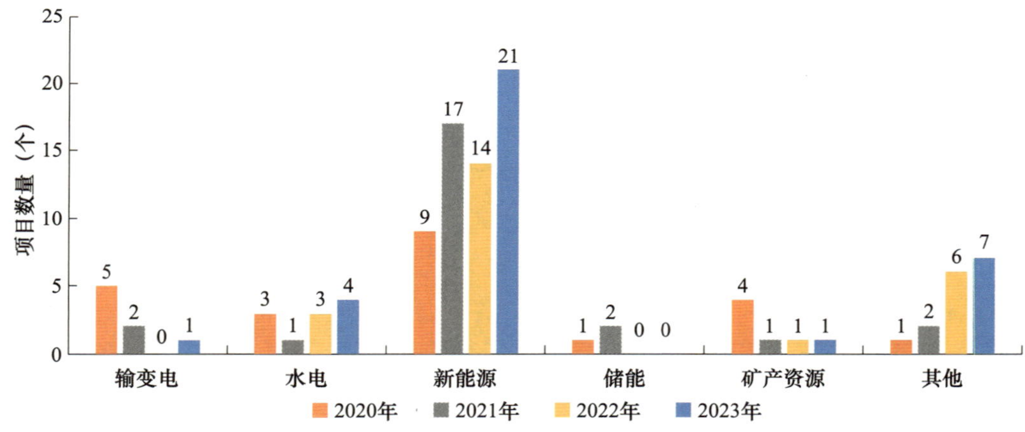


图 13－13　2020—2023 年中国主要电力企业对外直接投资领域分布情况（按项目数量）

## （三）投资地区

中资企业对外投资方式呈现技术化、多元化和跨领域趋势，“一带一路”沿线国家、东亚、东南亚等地区为投资热点。2023 年，中国主要电力企业在亚洲的对外投资金额远超其他地区，为 30.5 亿美元。欧洲其次，为 7.8 亿美元，美洲 5.9 亿美元。2020—2023 年中国主要电力企业对外投资地区分布情况（按项目数量）如图 13－14 所示。

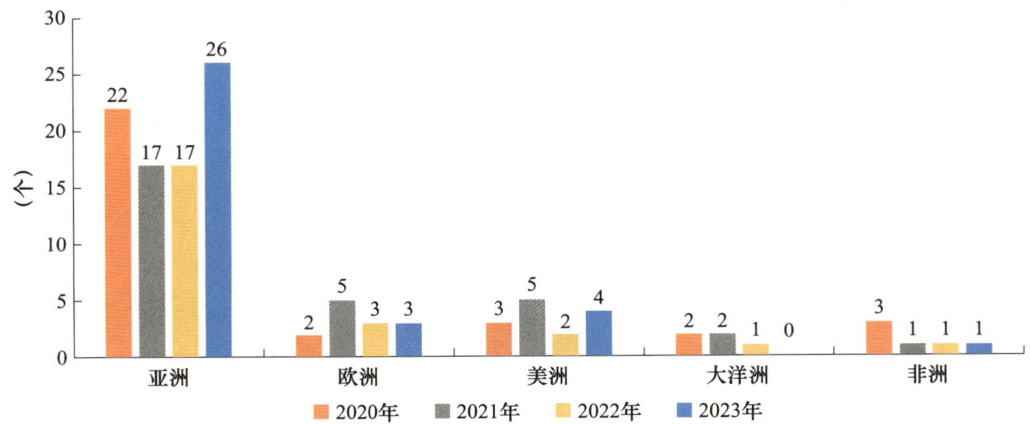


图 13－14　2020—2023 年中国主要电力企业对外直接投资地区分布情况（按项目数量）

## （四）投资方式

投资模式从是否新建的角度分为并购投资和新建投资，从是否控股的角度分为控股和参股，从商业模式的角度分为 BOT 和 BOOT。

从投资金额上看，2023 年中国主要电力企业 BOT 投资模式最多，为 18.23 亿美元，并购投资 14.28 亿美元，新建投资 7.12 亿美元，BOOT 模式 3.9 亿美元，参股投资 0.7 亿美元。

从投资阶段看，新建投资的项目数量多于并购投资项目，分别为 13 个项目和 9 个项目。2020—2023 年中国主要电力企业境外项目数量（按投资阶段）如图 13－15 所示。

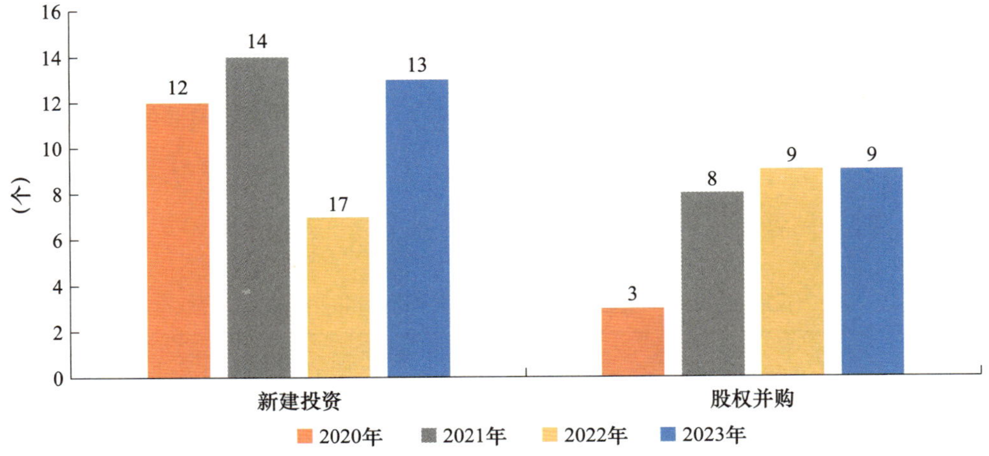


图 13－15　2020—2023 年中国主要电力企业境外项目数量（按投资阶段）

从投资方式看，BOT 的项目为 7 个，BOOT 的项目为 3 个。2020—2023 年中国主要电力企业境外项目数量（按投资方式）如图 13－16 所示。

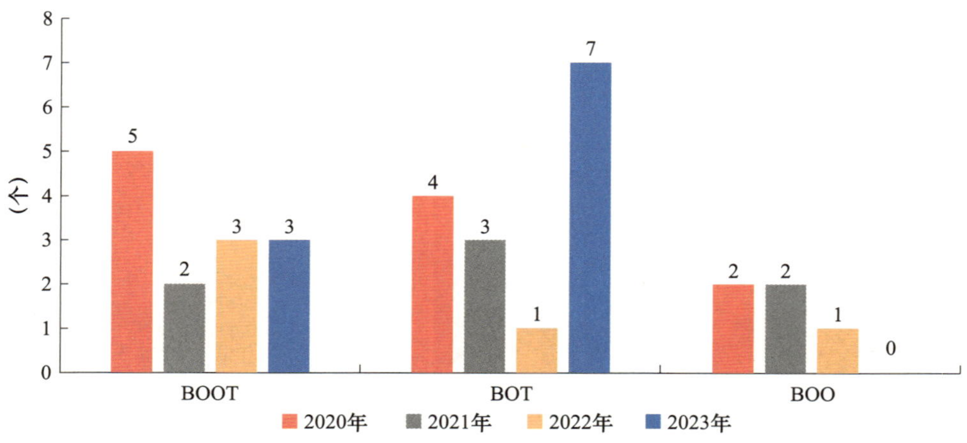


图 13－16　2020—2023 年中国主要电力企业境外项目数量（按投资方式）

## 二、电力境外工程承包

### （一）基本情况

进入 2023 年以来，国际工程市场继续呈现复苏态势，全球经济放缓、地缘政治紧张和供应链不稳定等多重压力，给国际工程市场发展带来新的困难与挑战。面对复杂的国际形势和不断变化的市场需求，中国对外承包工程行业将持续展现出强劲韧性。

2023 年美国《工程新闻记录》“全球最大 250 家国际承包商”榜单中共有 81 家中资企业入围，与 2022 年相比增加两家，继续蝉联各国榜首。从各国上榜企业国际营业总额来看，中国上榜企业 2022 年国际营业额合计 1179.3 亿美元，同比提高 4.4%，占全部上榜企业国际营业总额的 27.5%，较上年下降 0.9 个百分点。上升幅度最大的为中国核工业建设股份有限公司，从未上榜升至第 134 名；中国电建在电力领域连续 9 年蝉联第一；中国东方电气集团和特变电工上升幅度明显，分别位列 74 名和 79 名。入选 2022、2023 年全球最大 250 家国际承包商的中国电力企业排名见表 13－2。

表 13－2　　入选 2022、2023 年全球最大 250 家国际承包商的中国电力企业排名

| 序号 | 单位名称 | 2023 年度排名 | 2022 年度排名 |
|---|---|---|---|
| 1 | 中国电建 | 8 | 6 |
| 2 | 中国能建 | 17 | 17 |
| 3 | 上海电气 | 62 | 40 |

续表

| 序号 | 单位名称 | 2023 年度排名 | 2022 年度排名 |
|---|---|---|---|
| 4 | 东方电气集团 | 74 | 101 |
| 5 | 特变电工股份有限公司 | 79 | 109 |
| 6 | 中国电力技术装备有限公司 | 94 | 74 |
| 7 | 哈尔滨电气国际工程有限责任公司 | 101 | 85 |
| 8 | 中国核工业建设股份有限公司 | 134 | 未上榜 |
| 9 | 江西省水利水电建设有限公司 | 135 | 131 |
| 10 | 中国水利电力对外有限公司 | 156 | 128 |
| 11 | 西安西电国际工程有限责任公司 | 158 | 189 |
| 12 | 山东电力工程咨询院有限公司 | 176 | 164 |

数据来源：美国《工程新闻记录》

截至 2023 年年底，中国主要电力企业对外工程承包合同额累计 4024.26 亿美元。2023 年，中国主要电力企业年度新签工程承包合同项目 205 个，合同金额 264.55 亿美元，同比减少 19.3%。

2023 年，中国主要电力企业新签项目合同额 5000 万美元以上的大型对外承包工程项目共计 102 个，比 2022 年减少 15 个，合同总金额 248.87 亿美元，同比减少 21.3%。

## （二）承包区域与领域

2023 年，中国主要电力企业新签境外工程承包项目涉及 55 个国家和地区，其中亚洲和非洲占比最多，分别为 59%和 23.9%。2023 年中国主要电力企业境外承包工程项目业务布局如图 13－17 所示。

新签工程项目中，新能源和输变电项目最多，分别为 99 个和 47 个，占境外新签工程承包项目总数的 48.3%和 22.9%。新能源项目中，太阳能发电和风电项目数量分别为 84 个（占总新签工程承包项目数量的 40.9%）和 15 个（占总新签工程承包项目数量的 7.3%）。2020—2023 年中国主要电力企业境外承包工程项目分布领域（按新签项目数量）如图 13－18 所示。

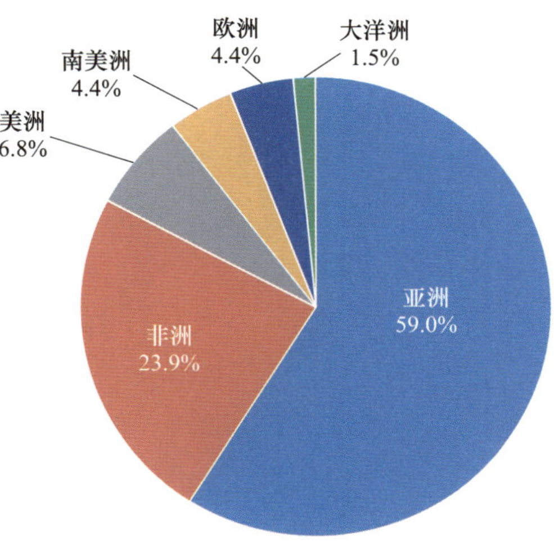


图 13－17　2023 年中国主要电力企业境外承包工程项目业务布局

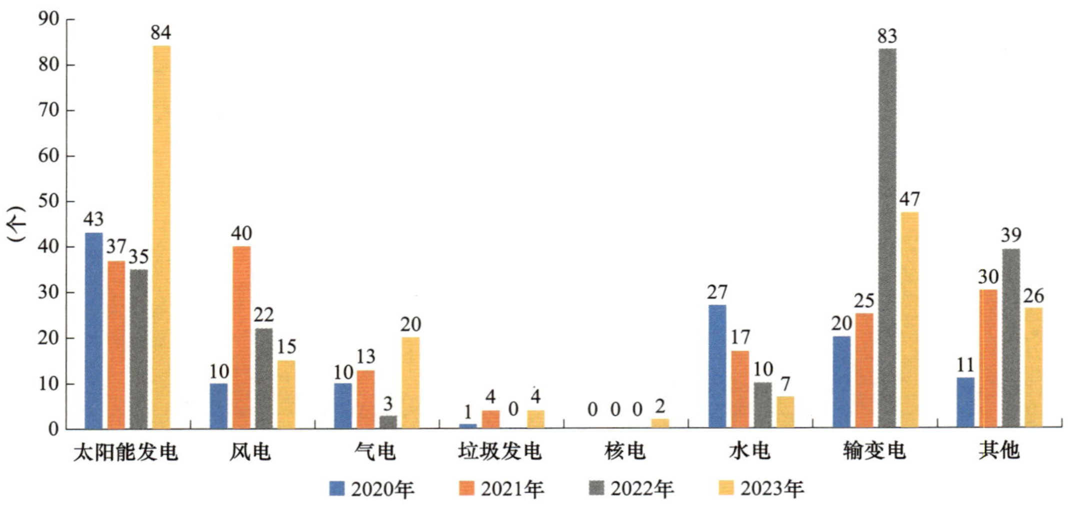


图 13-18　2020—2023 中国主要电力企业境外承包工程项目分布领域（按新签项目数量）

## （三）承包方式

2023 年，中国主要电力企业对外承包工程的承揽方式依然以 EPC 为主，共 155 个项目，占对外承包工程总量的 75.6%。2020—2023 年中国主要电力企业境外承包方式（按新签项目数量）如图 13－19 所示。

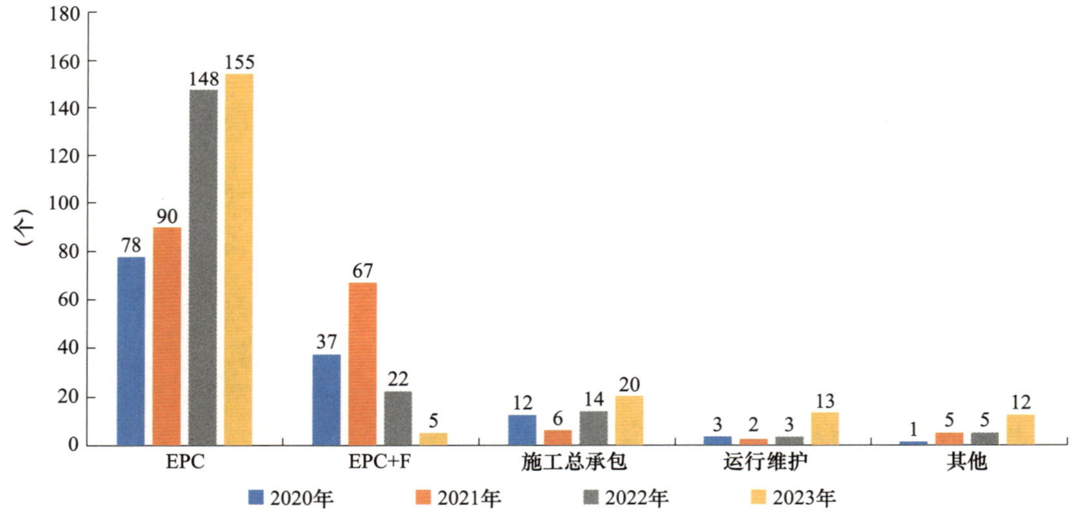


图 13-19　2020—2023 年中国主要电力企业境外承包方式（按新签项目数量）

# 三、电力装备及技术服务出口

2023 年，中国主要电力企业年度出口电力装备总额 21.86 亿美元，同比增长 30.7%。其中，设备直接出口总额 14.63 亿美元，境外工程带动装备出口总额 7.23 亿美元。

2023 年，电力技术服务出口总额为 1.73 亿美元。其中，直接出口技术服务 1.28 亿美元，境外工程带动出口技术服务 0.45 亿美元。电力企业为境外提供电力运营管理、项目建设管理等行业管理服务，涵盖电站维护、运行、基建等领域。

# 第十四章 电力发展展望

## 第一节 2024年电力供需形势预测

### 一、电力需求预测

电力消费增长主要受宏观经济以及气候等方面因素影响。支撑2024年电力消费增长的主要因素有：

（1）国家设定了2024年国内生产总值增长5%左右的预期目标。2024年国务院《政府工作报告》提出全年GDP增长预期目标为5%左右。国务院《政府工作报告》提出，2024年要切实增强经济活力、防范化解风险、改善社会预期，巩固和增强经济回升向好态势，持续推动经济实现质的有效提升和量的合理增长。2024年要坚持稳中求进、以进促稳、先立后破；要强化宏观政策逆周期和跨周期调节，继续实施积极的财政政策和稳健的货币政策。着力扩大国内需求，推动经济实现良性循环，把实施扩大内需战略同深化供给侧结构性改革有机结合起来，更好统筹消费和投资，增强对经济增长的拉动作用。综合当前阶段我国的经济增长潜力，以及国家宏观调控目标，预计2024年我国宏观经济运行保持平稳增长，是拉动电力消费增长的最主要动力。

（2）我国经济运行延续回升向好态势。随着宏观组合政策效应持续释放，经济内生动能继续修复，2024年以来我国经济运行起步平稳，延续了回升向好态势。根据国家统计局数据，一季度，我国GDP同比增长5.3%，增速分别同比同期以及上年四季度提高0.8、0.1个百分点；固定资产投资同比增长4.5%，增速同比全年加快1.5个百分点，其中制造业投资增长9.9%，增速同比全年加快3.4个百分点；货物进出口总额10.2万亿元，同比增长5.0%，其中出口5.7万亿元，同比增长4.9%。

（3）新型基础设施建设以及新业态快速发展。近年来，我国在新型基础设施建设方面取得了显著成就。5G 网络、云计算、大数据、人工智能（AI）、工业互联网等新技术新应用得到广泛推广和应用，推动了数字经济与实体经济的深度融合。这些新型基础设施的建设和发展，客观上推动了用电量的快速增长。如以互联网技术为基础的大数据处理、云存储、云计算、云加工等互联网数据服务 2018—2023 年用电量年均增长 28.0%，2024 年一季度用电量继续增长 33.4%；新能源汽车充电桩快速建设发展，拉动充换电服务业 2018—2023 年用电量年均增长 79.4%，2024 年一季度用电量增速继续高达 70.1%。此外，新型基础设施催生新业态快速发展也拉动了用电量增长。如近两年快速崛起和广泛应用的语言大模型，以及电商、直播、在线教育等新型商业模式的兴起，不仅改变了人们的学习和工作、生活方式，也带来了电力需求的新增长点。

制约 2024 年电力消费增长的主要因素有：

一是当前有效需求依然不足。根据国家统计局数据，一季度，全国工业生产者出厂价格同比下降 2.7%，工业生产者购进价格同比下降 3.4%；全国居民消费价格同比为零增长。一季度，全国规模以上工业产能利用率为 73.6%，同比同期下降 0.7 个百分点，同比四季度下降 2.3 个百分点。当前的工业出厂价格、居民消费价格水平以及工业产能利用率等指标，反映出当前国内有效需求依然不足，市场需求尚未完全恢复，部分行业面临产能过剩。同时，外部环境的复杂性、严峻性、不确定性上升，叠加部分国家对我国出口产品采取反倾销、反补贴调查，给我国出口带来不利影响。

二是当前房地产市场仍处于调整期。根据国家统计局数据，2024 年一季度，全国房地产开发投资 22082 亿元，同比下降 9.5%；其中，住宅投资下降 10.5%。房地产开发企业房屋施工面积同比下降 11.1%；其中，住宅施工面积同比下降 11.7%。房屋新开工面积同比下降 27.8%；其中，住宅新开工面积同比下降 28.7%。房屋竣工面积同比下降 20.7%；其中，住宅竣工面积同比下降 21.9%。2024 年国务院《政府工作报告》提出，要因城施策优化房地产调控，推动降低房贷成本，积极推进保交楼工作；优化房地产政策，对不同所有制房地产企业合理融资需求要一视同仁给予支持，促进房地产市场平稳健康发展；稳步实施城市更新行动，推进“平急两用”公共基础设施建设和城中村改造。预计 2024 年房地产业仍处于筑底阶段，给钢铁、水泥等上下游关联度较高的行业生产继续带来下拉影响，但房地产“三大工程”陆续落地、融资环境持续改善以及上年基数偏低等因素，有望推动后续房企开发投资降幅收窄。

综合考虑国内外经济形势，并结合多种方法对全社会用电量的预测，预计 2024 年全国全社会用电量同比增长 6.5%左右。

各年全社会用电量增速情况如图14－1所示。

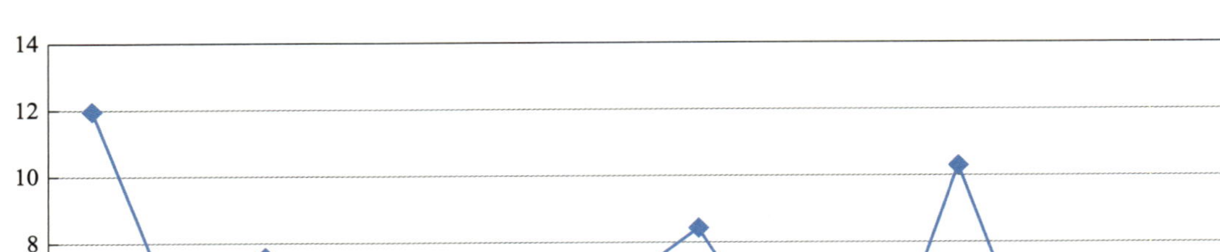
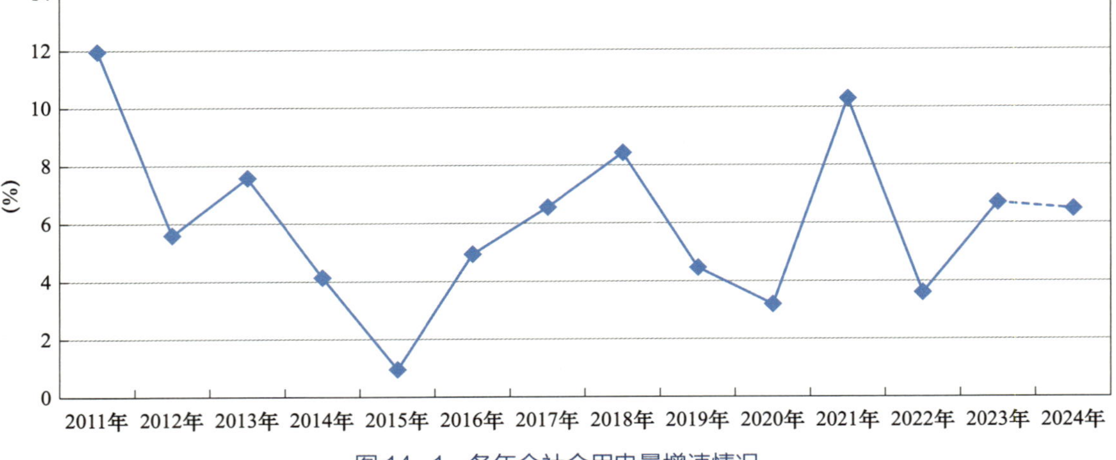


图14－1　各年全社会用电量增速情况

注：2024年为预测值。

## 二、电力供应预测

在国家“双碳”目标下，电力行业持续推进绿色低碳转型发展，大力发展非化石能源。根据《2024年能源工作指导意见》，2024年多措并举提高非化石能源比重，以能源绿色发展支撑美丽中国建设，巩固扩大风电光伏良好发展态势。稳步推进大型风电光伏基地建设，有序推动项目建成投产；统筹优化海上风电布局，推动海上风电基地建设；因地制宜加快推动分散式风电、分布式光伏发电开发，在条件具备地区组织实施“千乡万村驭风行动”和“千家万户沐光行动”。稳步推进水电核电开发建设。编制主要流域水风光一体化基地规划，制定长江流域水电开发建设方案；积极安全有序推动沿海核电项目核准，建成投运山东荣成“国和一号”示范工程1号机组、广西防城港“华龙一号”示范工程4号机组等。

在太阳能发电等非化石能源快速发展带动下，预计2024年全国新增发电装机规模与2023年基本相当，其中新增并网风电和太阳能发电装机规模3亿千瓦左右。2024年底，全国发电装机容量预计将达到33亿千瓦，同比增长13%左右。非化石能源发电装机合计19亿千瓦，占总装机比重上升至57.5%左右；其中，水电4.4亿千瓦、并网风电5.3亿千瓦、并网太阳能发电8.2亿千瓦、核电6191万千瓦、生物质发电4700万千瓦左右。火电14.6亿千瓦，其中煤电12亿千瓦，占总装机比重降至37%以下。并网风电和太阳能发电合计装机容量已在2024年6月首次超过煤电装机，预计年底将达到13.5亿千瓦左右，占总装机比重将首次超过40%，部分地区新能源消纳压力凸显、利用率将下降。

各年发电装机容量情况如图 14－2 所示。

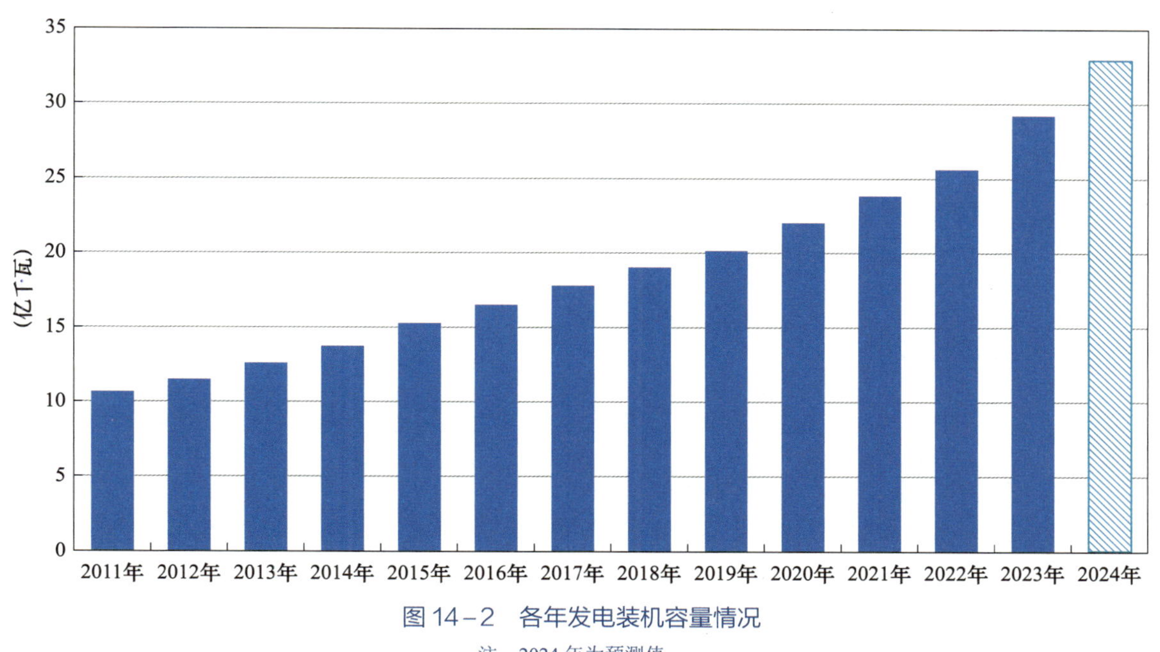


图 14－2　各年发电装机容量情况

注：2024 年为预测值。

## 三、供需形势预测

电力供应和需求中的多方面不确定性因素交织叠加，给电力供需形势带来不确定性。供应方面，新增发电装机保持快速增长，电力供应能力继续提升，为保障电力稳定供应提供了基本支撑。但风、光资源以及来水存在不确定性，常规电源增加规模小于用电负荷增加规模，均增加了电力生产供应的潜在风险。

需求方面，宏观经济增长、外贸出口形势等方面给电力消费增长带来一定的不确定性；同时，气温已成为影响用电增长的重要因素，全国降温用电负荷占比达三成左右，部分地区超过四成；正常气候情况下预计 2024 年全国统调最高用电负荷 14.5 亿千瓦左右，比 2023 年增加 1 亿千瓦。

综合考虑用电增长、电源投产等情况，预计 2024 年全国电力供需形势总体紧平衡。迎峰度夏和度冬用电高峰期，在充分考虑跨省跨区电力互济的前提下，预计华东、华中、西南、南方等区域中有部分省级电网电力供应偏紧，部分时段可能需要实施需求侧管理等措施。

## 第二节　中长期电力发展预测

展望未来，电力行业继续深入贯彻落实能源安全新战略，全面落实碳达峰目标要求，有序推进能耗双控向碳双控转变，在传统能源逐步退出要建立在新能源安全可靠的替代基础上，将构建新型电力系统作为一项长期任务，持之以恒推进实施，为经济可持续发展提供可靠支撑。

### 一、面临的风险挑战

当前，百年未有之大变局加速演进，我国发展环境面临深刻复杂变化，电力行业高质量发展面临许多新领域、新课题、新挑战。

**一是推进中国式现代化带动电力需求刚性增长。**我国经济发展由高速增长阶段转为高质量发展阶段后，仍面临工业化、城镇化以及改善民生等艰巨任务，未来较长一段时期电力消费仍将保持增长趋势。此外，在实现“双碳”目标过程中，工业、交通、建筑等领域的减污降碳也主要通过提高电力消费比重来实现，进一步增加了电力供应和运行的压力。

**二是电力系统的运行机理和平衡机制面临挑战。**新能源占比不断提高，煤电逐步转变为基础保障性和系统调节性电源，同步发电机主导的机械电磁系统，逐步向电力电子设备和同步发电机共同主导的混合系统转变。有源配电网、微电网发展逐步提速，与大电网互通互济、互补共生、协调运行。终端能源消费高度电气化，电力“产消者”大量涌现。电力系统平衡模式由“源随荷动”，逐步向“源荷互动”转变。

**三是能源电力清洁低碳科技创新效能仍需提升。**基础前沿研究和源端技术研发亟需加强。部分高端电力基础材料和装备元器件“卡脖子”问题亟待解决；促进源网荷储提质增效的新能源能效提升和友好并网、新型储能长周期能量存储、高效电—氢转换等重点技术尚未形成核心先发优势；大容量 CCUS、绿氢制备等电力绿色转型重要支撑设备的技术经济性仍待大幅提升等。未来新型电力系统技术形态深刻演变，需要加快绿色低碳科技革命，持续提升能源电力清洁低碳科技创新引领能力。

**四是能源电力体制机制改革有待深化。**绿色低碳政策体系尚需完善，促进电力绿色低碳发展的长效机制需加快建立健全。虽然政府出台了一系列支持清洁低碳电力发展的政策，但政策执行力度和效果有待改进，同时政策之间的协调性和稳定性也需要进一步提高。电力市场主体有待继续培育，中长期、现货、辅助服务市场的功能尚无法满足各类市场主体需求。电力市场对高比例新能源的适应性有待提升，绿色能源的低碳价值、燃煤发电的容量价值、灵活资源的调节价值尚未得到合理体现。

**五是“一带一路”倡议为我国电力国际合作提供更大空间。**随着“一带一路”建设逐步推进，全方位、多领域的电力对外开放格局更加明晰，电力企业国际化面临提高产品和服务多样化水平、行业标准与国际标准衔接、完善金融保险配套服务等诸多挑战，需要不断加强能源基础设施互联互通，构建全方位、深层次国际能源合作新格局。

## 二、发展展望

电力作为一、二次能源转换的枢纽，是规划建设新型能源体系的关键。电力的清洁低碳高质量发展，将更好地服务能源绿色转型，助力全社会“双碳”目标的实现。清洁能源比重将持续上升，火力发电比重将逐步下降，煤电兜底作用进一步增强。风能、太阳能等可再生能源将进一步发展壮大，成为电力供应的重要组成部分；同时，核能、水能等清洁能源也将稳定发展。

**从需求总量上看，**我国经济发展长期向好，电力需求将持续保持刚性增长。预计 2030 年全社会用电量达到 13 万亿千瓦・时以上，其中 5G 基站、数据中心的用电量预计将超过 1.2 万亿千瓦・时；绿氢、抽水蓄能和新型储能的用能需求也将显著提高。

**从供应结构上看，**推动能源供给体系清洁化、低碳化，持续加大非化石电力供给，有力支撑能源结构清洁低碳转型。要把促进新能源和清洁能源发展放在更加突出的位置，积极有序发展光能源、硅能源、氢能源、可再生能源，推进大型风光电基地及其配套调节性电源规划建设，统筹优化抽水蓄能建设布局。预计 2030 年，全国非化石能源发电装机占比接近 70%，带动非化石能源消费占比达到 25%左右，经济社会发展全面绿色转型取得显著成效；到碳中和阶段，非化石能源消费占比有望达到 80%以上，绿色低碳循环发展的经济体系和清洁低碳安全高效的新型能源体系全面建立，电力行业有力保障全社会碳中和目标顺利实现。

**从终端消费上看，**深入实施可再生能源消费替代，全面推进终端用能绿色低碳转型。我国终端电气化水平稳步提升，能源消费绿色转型稳步推进。到 2030 年，伴随着工业、建筑、交通等终端用能部门电能替代不断加强，电能占终端能源消费比重有望达到 35%左右；到碳中和阶段，能源消费结构深刻调整，终端用能部门能源消费量持续降低，能效水平显著提升，电能占终端能源消费比重有望上升至 70%左右。

## 三、持续推进电力技术创新、市场机制创新、商业模式创新

加快形成先进前沿技术创新牵引带动效应，加强基础前沿研究和源端技术研发，在高效新能源发电及主动支撑、新型储能、绿色氢能、CCUS 等重大关键技术和高端电力基础材料、电力气象、数字化智能化等重要支撑技术领域打造先发优势；建立“电—碳—证”多市场协

同机制，加强可再生能源超额消纳量、绿证、碳排放权、CCER 衔接，健全不同环境权益产品间的流通规则、核算方式和价格传导机制；因地制宜推动多元商业模式更新迭代，聚焦煤新联营、新能源配储、虚拟电厂、综合能源服务领热点领域，培育电力新兴业态商业模式，支撑新型电力系统建设路径优化。

## 第三节　电力热点问题分析

### 一、适应新型电力系统的电价机制

在新型电力系统下，各类电源功能定位将会发生显著变化，市场环境下的电力商品价值体现出精细化和差异化的趋势。在电能量价值的基础上，进一步细分出电力容量价值、灵活性价值和绿色价值，有助于通过价格信号促进系统主体进一步明确分工，提升系统供电保障能力和灵活调节能力。此外，新型电力系统的建设必然涉及支撑新能源建设、输送、消纳等一系列新增成本，这些新增成本需要在各类市场主体间科学、公平负担，同时还要充分考虑终端用户的承受能力。

**（1）主要问题。一是**煤电价格形成机制矛盾突出：电煤价格长期高企，煤电基准价没有随之调整，市场价格水平难以反映煤电生产的真实成本。**二是**新能源的绿色价值难以体现：目前的可再生能源消纳责任考核制度只对省级行政区域进行考核，没有体现售电公司、电力用户等个体消纳绿色电力的责任。现行市场交易机制更多针对常规电源特点设计，不符合新能源出力特性，导致新能源在连续成交的电力现货市场缺乏竞争力且承担了大部分市场运营费用。**三是**输配电价定价机制有待完善：省级电网输配电价机制“约束有余、激励不足”，部分核价参数设置与电网生产经营实际存在较大偏差，专项输电工程定价机制不完善，单一制输电价格下，容易对部分跨省跨区交易形成一定的“价格壁垒”效应，难以适应电力资源大范围配置的要求。**四是**系统运行成本难以有效疏导：我国电力辅助服务费用长期在发电侧内部平衡，这种成本分摊方式已不适应未来发展需要。国家已出台政策明确了辅助服务费用的疏导原则和要求，但大部分省区仍然难以落地。

**（2）政策建议。一是**建立更多维度的上网电价形成机制：完善煤电“基准价＋浮动机制”，加快推进并进一步完善容量电价保障机制建设，发挥安全保供作用；完善绿电“市场价＋绿色价值”，促进绿色低碳发展，建立新能源“绿证交易＋强制配额”制度，推动交易机制更加适应新能源特性，建立全国统一的绿证制度，构建与国际接轨的绿证交易体系。完善调节能力合理定价机制，激发系统调节潜力。**二是**建立更加科学的输配电定价机制：完善省级电网输配电价核定规则。按照激励约束并重原则，足额保障电网生产性成本，合理确定定价权益资本收益率，合理核定输配电价水平。针对跨省跨区输电通道制定科学合理的电价机制。**三是**建立更为有效的系统成本疏导机制。合理疏导辅助服务费用，实现系统成本的公平分担；合理疏导交叉补贴费用，实现社会成本的公开透明。充分考虑社会承受能力，监管一次能源价格在合理区间。**四是**更好发挥政府监督管理作用：加强对煤炭市场的监测，加强对电煤中长期合同“三个 100%”政策监督落实；加强对电力市场的监测，深化对电力中长期市场、现货市场、辅助服务市场交易中电价形成的监管，杜绝不合理的行政干预；加强对发电成本的监测，保障各类电源健康可持续发展。

## 二、碳市场与电力市场协同机制

目前，全国碳市场处于起步建设阶段，电力市场处于深化改革进程中。国家出台了推进碳—电市场协同发展的政策，但由于两个市场的主管部门和交易平台不同，分别在各自独立的机制框架和市场规则下运作，全国碳市场与电力市场协同方面尚无实质性进展。但在地方层面，碳—电市场协同开展了一些探索性工作，北京、上海、天津等已出台政策规定了绿电在碳交易企业外购电间接排放中扣除相关要求。

**（1）主要约束。一是**碳—电市场机制衔接缺乏统筹，碳市场与电力市场主管部门不同，运行相对独立，顶层机制缺乏衔接统筹。**二是**碳价与电价传导机制不畅通，碳价向终端电价传导受阻，影响市场优化配置资源效用发挥。**三是**碳—电市场信息传递存在壁垒，两个市场相对独立运作，产生的数据信息互无关联，尚未建立碳—电市场信息联通渠道。**四是**碳—电市场协同监管有待健全。全国碳市场和电力市场分别由生态环境主管部门和电力主管部门监管，尽管两个市场具有一定共性和联系，但两个市场的监管定位、监管目标、监管机制等不同，有待进一步形成协同监管合力。

**（2）政策建议。一是**建议在国家“双碳”机制下统筹考虑碳—电市场衔接与协同。建立健全跨部门跨领域协作机制，处理好碳—电市场建设进程和区域平衡的关系。进程协同方面，近期碳市场与电力市场保持独立运行，但需要强化政策协同、机制完善；中远期，以“双碳”目标和新型电力系统建设为导向，推动两个市场有机融合、协同发展，构建统一开放、竞争有序的碳—电市场体系，充分发挥市场在资源配置中的决定性作用。区域平衡方面，兼顾市场效率与经济公平，妥善处理好东西部协调发展关系，与不同区域发展程度、资源禀赋的差异性特征相协调，从而实现效率与公平的有机统一。**二是**建议以价格协同和信息协同为重点推进碳市场与电力市场协同发展。价格协同方面，核定或调整煤电基准价既要及时联动燃料价格变化，也要综合考虑碳减排、污染治理等必要投入，体现煤电企业承担全社会低碳减排的效用；畅通碳—电市场价格传导链条，促进碳成本在全社会合理分摊和有效疏导，引导全社会节能降碳；同时，还要考虑到民生和经济等因素，避免碳成本过度推升电价影响终端用户。在逐步建立碳价和电价传导机制的同时，可考虑适当建立采取税收减免、资金技术支持等配套补偿机制。信息协同方面，主要是加强两个市场的相关数据信息联通，特别是CCER、绿电的信息联通，避免环境效益的重复计算。同时，加强碳排放监测和碳核查体系建设，制订电力市场与碳市场的共享数据和交互接口规范，实现碳市场与电力市场的信息共享、协调联动。**三是**建议全国碳市场加快“扩围”、优化碳市场关键机制，通过完善自身机制建设更好地与电力市场协同；尽快扩大全国碳市场覆盖范围，综合考虑各行业减排空间和发展空间，统筹设定碳市场不同行业控排目标，充分发挥碳市场的资源配置作用和价格发现功能。**四是**建议强化绿色电力交易机制和加快辅助服务市场建设。在试点基础上形成“强制性绿电消费配额+绿电（绿证）市场”框架，将绿电消费责任完善为强制绿电消费配额制度，对完不成配额的市场主体采取处罚措施。建立多元化的辅助服务市场品种，优化设计调峰、调频等辅助服务品种的开展方式，创新开展快速爬坡、备用、转动惯量等辅助服务交易新品种；以容量成本回收机制保障煤电企业固定成本回收、确保电力系统总体容量充裕度。

## 三、电力行业绿色发展新兴产业

近年来，随着相关政策及市场机制的不断完善，促进电力行业绿色发展的技术方式、管理方式、数智化应用等业态创新不断涌现，各类新兴产业已成为电力企业转型发展的重要抓手，成为推动新型电力系统和新型能源体系构建的重要力量。

**（1）主要问题。在体制机制方面，**对于部分新业态认识不同、边界模糊，缺乏针对性的支持政策，导致新业态难以规模化集群化发展；部分新业态处于产业初期，尚未得到各方的广泛认可；新业态多为横跨能源、工业、交通、农业等行业的系统工程，需要多部门协作高效才能完成。**在实施方面，**部分业态个别地方积极性高但同质化严重，部分类别项目低端重复建设、资源浪费；新业态多采用先进技术、缺乏规模效应，经济性一般较差。**在市场机制方面，**新业态参与现货市场、辅助服务市场、容量市场的条件不充分，商业模式差异较大（部分商业模式还存在多方的利益冲突），部分业态商业模式不清晰，新能源绿色价值在市场机制中未充分体现。**在技术创新方面，**部分业态技术成熟度有待提高，技术可靠性未经过规模市场以及长周期的检验，存在一定技术风险；部分核心技术尚未取得突破，存在卡脖子风险。**在标准支撑方面，**部分新业态领域的标准体系建设仍需持续完善，标准间的协调有待持续加强。

**（2）政策建议。一是**加强规划引领与协调，统筹产业发展全局。加快推进能耗双控向碳双控转变及其配套政策出台，从顶层设计上推动新兴产业快速发展；对虚拟电厂等尚未形成统一共识的具有前景的新业态，建议从国家层面出台专项文件，明确其范围、边界、实施路径、参与电力市场方式和保障措施等；统筹产业链布局，建立产业发展协调机制，推动各地协同发展（如氢能）；优化区域内与区域间新业态项目规划整合，推动源网侧利益共享，因地制宜考虑各新业态项目多场景和典型化配置方式（如源网荷储），有效促进企业间的横向联系（如虚拟电厂平台）、上下游协同（如独立储能的发展），有效推动各类新业态的快速发展。**二是**健全市场机制与财税政策，共促产业形成健康商业模式：持续完善电力市场机制，用价格信号推动火电、储能、虚拟电厂等各类市场主体积极参与电力系统灵活调节；加快推进各类新业态与现货市场、辅助服务市场、容量市场等的衔接机制；通过电碳市场协同、绿电交易及绿证交易等措施，体现新能源绿色价值，充分激发新业态自身活力、增强竞争力；依据新业态特点量身定制相应扶持政策；强化财税金融政策支持力度，给予土地使用、税费、贷款利率等方面的政策支持；鼓励金融机构加大对各类新兴产业、新业态的绿色金融、绿色信贷支持力度，解决项目建设初期融资难题；加快与国际市场融合，推动绿氢、绿氨等融入国际市场。**三是**加大技术创新，推动新兴产业高质量发展：规模化发展仍是推进产业快速发展的基本条件，建议推动各类业态示范项目加快建设，并逐步扩大示范规模，拓宽各类业态应用场景；推动产、学、研、用相结合，加快成果转化，助力新业态快速发展。**四是**加快完善各类新业态标准体系，推动标准引领：加强各类新兴产业规范化发展，依据各细分产业的特点，加快制定完善各业态规划设计、设备制造、施工建设、调试运行、参与市场等各环节，涵盖国标、行标、团标各层级的标准体系，建议建立横跨多部门、多行业参与的国家级标准协调机制，建立健全标准执行的监督检查及后评价机制，推动标准体系不断与时俱进，契合新兴产业发展新要求。

## 四、煤电机组改造升级情况

2021 年 10 月，国家发展改革委、国家能源局印发《全国煤电机组改造升级实施方案》，要求煤电开展节能降碳改造、供热改造和灵活性改造与制造。煤电企业积极克服煤价高企、煤电行业大面积亏损等困难，按要求开展各项改造。2021—2022 年，节能、灵活性和供热改造两年合计分别达到 1.52 亿、1.89 亿、1.45 亿千瓦，完成实施方案总体任务的 81%。其中，灵活性和供热改造进度快于预期。

**（1）主要问题。一是**煤电机组频繁深度调峰下，机组能耗增加及安全性问题凸显：机组频繁调峰下，增加了机组设备尤其是重要金属部件的老化和提早失效的风险，对于老旧机组风险隐患更加突出，影响了机组安全稳定运行。**二是**从市场主体的视角看，煤电机组改造项目投入产出差异较大，部分机组投资回收难：在负荷率下降、煤价频繁波动、上网电价由电力市场确定等背景下，煤电改造投资回报的不确定性增大。**三是**机组改造升级目标及政策配套需进一步协同与优化：燃煤机组频繁调峰及低负荷运行下，部分机组节能改造效果无法完全显现，节能改造目标与灵活性改造目标之间有较大矛盾，部分地区的政策机制不到位，影响改造收益。**四是**部分机组改造升级技术难度较大，仍需持续技术创新：核心难点是需要根据机组情况和电力系统的需求，提出最适合的技术方案。从改造技术难度看，节能改造难度最大、灵活性改造次之。

**（2）政策建议。一是**持续优化调度运行方式，发挥煤电改造升级效能，包括发挥大容量、高参数、低能耗火电机组基荷作用，发挥改造后机组灵活性运行对电力系统调节能力支撑作用，建立智能调度运行方式等。**二是**夯实政策激励煤电改造升级的力度：包括加快完善现货市场、辅助服务机制等，加大有偿调峰补偿力度；加大燃煤机组改造升级专项资金/贷款支持力度，分区域、分机组、分改造内容出台燃煤机组改造升级金融、减税退税等支持政策；适时开展煤电改造升级评价工作。**三是**科学规划，标准引领，安全有序推进煤电改造升级：包括以电力安全稳定供应为前提，有序安排煤电机组停机改造窗口和改造规模等；完善煤电退役、备用、延寿相关机制与改造升级要求的协同；科学制修订能耗限额相关标准，杜绝简单层层加码，要体现煤电功能调整后的综合性指标要求，淡化单一的、刚性的指标要求。**四是**加大科技创新力度，助力煤电改造升级：包括加大科技创新投入力度，积极推进新技术新成果在改造升级中的应用；围绕煤炭清洁高效利用、智能化与数字化等领域，推进先进信息技术与能源技术深度融合；推动煤电由单一电力供应向提供电、热、水、汽、气等综合能源服务方向和循环经济平台拓展。

## 五、火力发电经营形势及其燃料保障相关问题

煤电在相当长时期内仍承担保障能源电力安全的重要作用。近年，煤电企业持续大面积亏损，不利于电力系统安全运行和保供。

**（1）主要问题。一是**电煤供需不匹配，煤价翻倍上涨：电煤供应总体偏紧，煤质下降，叠加跨区域运输增多等，电厂入厂标煤单价屡创新高。**二是**电价、热价形成机制和疏导机制不完善，成本疏导不顺畅、不充分：电厂上网电价和发电成本价格倒挂，导致“多发多亏，越发越亏”；供热价格长期未调整，难以补偿供热成本。**三是**机组运行方式变化影响经济性和可靠性：煤电机组灵活调节运行致使经济性、可靠性下降、运维费增加。**四是**电煤充足稳定供应仍有较大压力：电煤生产集中度持续提高，供需逆向分布加剧运输瓶颈；电煤供应区域性不平衡问题仍较突出；煤质下降带来一系列安全性、经济性问题。**五是**气网、电网联保互助机制不协调，气电价格难以覆盖全部成本：天然气储气能力不足在燃气机组占比偏多的部分地区，气调与电调不协调矛盾更为明显，电价尚未覆盖发电成本和体现辅助服务价值。

**（2）政策建议。一是**建立电煤充足稳定供应的多维长效机制，筑牢安全保障基础：继续释放优质产能，提高煤炭产量和质量，保持进口煤相关政策的稳定性和持续性，保障电煤供

应充足、质量稳定、价格合理。适当放开东北、西南等区域优质产能，提升区域自保能力。坚持中长期合同“基准价+浮动价”定价机制、重新核定基准价、实现分挡级差优质优价定价机制，充分发挥中长期合同压舱石作用；加强电煤市场价格与中长期合同履约监管，保障电煤价格在合理区间和合同兑现率。**二是**加强顶层规划设计，科学统筹煤电机组建设规模和节奏：用好煤电存量，优化煤电增量；科学布局新增煤电机组和配套煤源，明确灵活调节负荷下限和响应速率，确保机组安全可靠运行；推动煤电与煤炭一体化开发运营或煤电与煤炭联营、煤电与新能源联营，提升能源电力资源配置效率和效益。**三是**完善电价热价形成与疏导机制，体现煤电灵活调节与基础保障多维价值：推动容量电价机制落地，补偿回收固定成本，增强有效容量保障能力；坚持“基准价+浮动价”的电量价格机制，进一步完善电价基准价与电煤基准价同步调整联动机制，减少对浮动价的行政干涉；坚持“谁提供、谁获利，谁受益、谁承担”的原则，建立科学合理的电价疏导机制；完善热价定价机制，推进工业热价市场化，居民采暖热价由暗补变明补。**四是**给予煤电机组地位作用相匹配的财税金融政策：给予信贷和税收政策支持，增加权益资金补充渠道，加强煤电关停、退出企业补偿政策，出台解决供暖企业亏损问题的扶持政策，合理调整“两个细则”对供热改造机组的考核条款等。

# 附录

## 附录 1　2023 年电力行业大事记

1 月 3 日，我国首台全国产化 F 级 50 兆瓦重型燃气轮机发电机组在广东华电清远华侨园燃气分布式能源站并网发电，3 月 8 日，正式投入商业运行，填补了我国自主燃气轮机应用领域空白，开启了中国自主燃气轮机产业高质量发展的新篇章。

1 月 5 日，国内首个全息数字电网在江苏建成，全息数字电网实现了虚拟电网与现实电网的深度感知交互与双向智慧控制，这是世界首次对亿千瓦级负荷大电网进行全息数字化呈现，是我国新型电力系统建设的重要试点。

1 月 10 日，世界首台兆瓦级漂浮式波浪能发电装置在广东完成平台主体建造，开展下水调试工作，标志着兆瓦级波浪能发电技术从理论研究正式迈入了工程实践的新发展阶段。

2 月 27 日，世界在建规模最大、综合技术难度最高的水电工程——白鹤滩水电站最后一台机组（9 号机组）顺利通过验收。至此，白鹤滩水电站 16 台机组全部通过验收，标志着中国水电设计、制造、安装调试技术已经赶超世界先进水平。

3 月 2 日，全国首座近零能耗 500 千伏变电站——广州科北变电站建成投产，该变电站也是全国首座电压等级最高的全面自主可控示范变电站，达到了国家《近零能耗建筑技术标准》（GB/T 51350—2019）要求，实现“近零能耗”的目标。

3 月 6 日，全球首个浸没式液冷储能电站——南网梅州宝湖储能电站正式投运，标志着浸没式液冷这一前沿技术在新型储能工程领域的成功应用。

3 月 16 日，国内首个“风光火储一体化”送电特高压直流输电工程——陇东至山东±800 千伏特高压直流输电工程开工建设。该工程是“十四五”国家规划建设的跨省区输电重点工程，也是服务黄河流域生态保护和高质量发展的重大基础设施工程。

3 月 25 日，国家重点研发计划—固态储氢开发项目率先在广州和昆明实现并网发电，这是我国首次利用光伏发电制成固态氢能并成功应用于电力系统，对于推进可再生能源大规模制氢、加快建成新型电力系统具有里程碑意义。

4 月 17 日，全球容量最大的超级电容混合储能调频系统在华能罗源电厂完成与电网的联调试验，顺利进入商运阶段，标志着我国超级电容技术研发、集成及应用水平跻身世界前列。

4 月 21 日，国家标准委、国家发展改革委、工业和信息化部等 11 部门联合发布《碳达峰碳中和标准体系建设指南》，明确了碳达峰碳中和标准体系建设的具体目标、搭建体系框架及重点内容，对解决碳排放数据“怎么算”、如何“算得准”，碳排放“怎么减”、“怎么中和”等问题具有重要意义，为支撑重点行业和领域碳达峰碳中和工作提供协调、全面的标准支撑。

4 月 26 日，全国首批首个“沙戈荒”新能源基地——宁夏腾格里沙漠新能源基地项目一期并网发电，该项目为国家千万千瓦级“沙戈荒”基地中首个备案、开工、投产的基地项目，也是国家第一条以开发沙漠光伏大基地、输送新能源为主的特高压输电通道——“宁电入湘”工程的重点配套项目。

5 月 5 日，我国自主三代核电技术“华龙一号”全球首堆示范工程——中核集团福清核电 5、6 号机组正式通过竣工验收，“华龙一号”全球首堆示范工程全面建成，标志着我国形成了一套完整、自主的三代核电型号标准体系，大幅提升了我国核电的全球竞争力。

5 月 25 日，华能石洞口第一电厂 2×65 万千瓦等容量煤电替代项目二次再热超超临界 6 号机组通过 168 小时满负荷试运行，至此我国首个等容量煤电替代示范项目全面建成投产。

5 月 20 日，我国首座深远海浮式风电平台“海油观澜号”成功并入文昌油田群电网，正式为海上油气田输送绿电。这是我国首次实现深远海浮式风电平台直接为海上油气田群供电，标志着我国深远海风电关键技术取得重大进展。

6 月 2 日，亚洲最大的火电 CCUS 项目——国家能源集团泰州电厂二氧化碳捕集利用封存项目正式投产，该项目贯通从二氧化碳捕集到消纳全周期链条，二氧化碳捕集量达 50 万吨/年，可实现 100%消纳，成功打造火电减碳固碳新样板，为煤电 CCUS 项目长期可持续运营提供了范本。

6 月 9 日，世界首台（套）500 兆瓦级高水头冲击式机组科研攻坚示范项目——大唐西藏扎拉水电站主体工程全面启动建设，项目配备首台套 50 万千瓦高水头冲击式机组，标志着我国在水轮发电机组科技攻关示范应用上迈出关键一步，为提升我国水电开发能力、实现水电装备关键核心技术自主可控发挥重要引领示范促进作用。

6 月 14 日，我国自主研发的首台兆瓦级漂浮式波浪能发电装置“南鲲”号投入试运行，标志着我国兆瓦级波浪能发电技术正式进入工程应用阶段。11 月 5 日，“南鲲”号投入并网运行，标志着我国兆瓦级波浪能发电技术正式迈入深远海示范应用新阶段，这是我国在海洋能开发与利用领域的标志性成果。

6 月 23 日，白鹤滩—浙江±800 千伏特高压直流工程全面投产，该工程是国家“西电东送”战略重点工程，也是继白鹤滩—江苏±800 千伏特高压直流工程后，又一条将白鹤滩水电站清洁能源大规模送出的外送通道，两大工程共形成 1600 万千瓦输电能力。

6 月 25 日，雅砻江两河口水电站水光互补一期项目——位于四川省甘孜藏族自治州的柯拉光伏电站正式投产发电，首次将水光互补运行提升到百万千瓦级别，标志着全球最大、海拔最高的水光互补电站正式投产。

7 月 6 日下午，习近平总书记在江苏省南京市考察南瑞集团有限公司，了解推进重大科技任务攻关、先进制造业集群发展、推动高质量发展等情况。在企业智能制造生产区，习近平总书记详细了解企业开展核心技术攻关，服务电网安全、电力保供和能源转型等情况。他指出，能源保障和安全事关国计民生，是须臾不可忽视的“国之大者”。要加快推动关键技术、核心产品迭代升级和新技术智慧赋能，提高国家能源安全和保障能力。

7 月 19 日，全球首台 16 兆瓦超大容量海上风电机组在三峡集团福建海上风电场成功并网发电，该机组是目前全球范围内已投产的单机容量最大、叶轮直径最大、单位兆瓦重量最轻的海上风电机组。11 月 10 日，由东方电气集团联合中国华能研制的全球单机容量最大的 18 兆瓦海上直驱风电机组下线，标志着我国海上风电大容量机组研发制造及运营能力再上新台阶，达到国际领先水平。

7 月 25 日，国家发展改革委、财政部、国家能源局印发《关于做好可再生能源绿色电力证书全覆盖工作 促进可再生能源电力消费的通知》（发改能源〔2023〕1044 号），明确将对已建档立卡的可再生能源发电项目所生产的全部电量核发绿证，实现绿证核发全覆盖，标志着绿证核发进入新阶段。

8 月 2 日，美国《财富》杂志公布了 2023 年世界 500 强排行榜，国家电网、国家能源集团、南方电网、中国电建、中国华能、中国能建、国家电投、中国华电、中国大唐分列第 3 位、第 76 位、第 83 位、第 105 位、第 209 位、第 256 位、第 262 位、第 323 位、第 396 位。

8 月 3 日，中国海拔最高的风力发电场——西藏措美哲古风电场首批 5 台单机容量 3.6 兆瓦的风力发电机组成功并网。该风场是西藏自治区首个超高海拔风电开发技术研究和科技示范项目，也是首个并入西藏主电网的风电项目。

8 月 8 日，国家标准委与国家发改委等部门联合印发《氢能产业标准体系建设指南（2023 版）》，系统构建了氢能制、储、输、用全产业链标准体系，明确了标准体系建设目标。这是我国首次从国家层面对氢能全产业链标准体系建设提出指导意见，标志着我国氢能产业进入全产业链全面发展新阶段。

8 月 31 日，世界首台 630℃国家电力示范项目——大唐郓城 630℃超超临界二次再热国家电力示范项目主体工程全面启动，项目安装两台 100 万千瓦超超临界二次再热燃煤发电机组，是国内“压力最高、温度最高、效率最高”的单轴百万千瓦火电机组。

9 月 7 日，国家发展改革委、国家能源局印发《电力现货市场基本规则（试行）》的通知（发改能源规〔2023〕1217 号），围绕建设统一开放、竞争有序的电力市场体系的目标，在市场成员、市场构成与价格、市场运营、衔接机制、计量、结算机制等方面设置了基本规则，规范电力现货市场运营和管理，为在全国范围推进现货市场建设提供规则依据。

9 月 19 日，山东文登抽水蓄能电站 6 号机组正式投入商业运营，标志着该电站全部投产发电。该电站位于威海市文登区境内，总装机容量 180 万千瓦，是胶东地区第一座抽水蓄能电站，也是山东省内目前装机容量最大的抽水蓄能电站。2023 年，抽水蓄能电站建设大幅提速。西北地区首座抽水蓄能电站新疆阜康抽水蓄能电站、西南地区首座百万千瓦级大型抽水蓄能电站重庆蟠龙抽水蓄能电站、东北地区规模最大的抽水蓄能电站辽宁清原抽水蓄能电站首台机组投产发电。福建永泰抽水蓄能电站全容量投运、河南天池抽水蓄能电站建成投产。

10 月 20 日，第 24 届东亚及西太平洋电力工业协会大会在福建厦门开幕。国家副主席韩正出席大会开幕式并致辞。大会由东亚及西太平洋电力工业协会、中国电力企业联合会主办，18 家中国主要电力企业及单位联合主办。来自 50 多个国家和地区的近 600 家单位 3000 多位嘉宾参加会议。这是时隔近 20 年，亚太电协大会再次由中国内地承办。大会的举办，标志着亚太能源合作与交流进入新阶段，打造亚太电力命运共同体迈出重要一步。

10 月 29 日，粤港澳大湾区 500 千伏外环西段工程建成，标志着包括广东目标网架主体工程全部建成投运。至此，南方电网广东电网“合理分区、柔性互联、安全可控、开放互济”主网架整体形成。

11 月 8 日，国家发展改革委 国家能源局印发《关于建立煤电容量电价机制的通知》（发改价格〔2023〕1501 号），明确自 2024 年 1 月 1 日起建立煤电容量电价机制，将新型煤电单一制电价调整为“两部制”电价。其中，电量电价通过市场化方式形成，容量电价水平根据转型进度等实际情况合理确定并逐步调整。“两部制”电价的出台，巩固和保障了煤电的“压舱石”地位，也保障了中长期发电容量的充裕性，助力电改纵深推进。

11 月 17 日，我国自主研发制造的重型燃气轮机型号产品首套国产化控制系统交付，实现了自主正向设计和完全国产化，对推进我国燃气轮机控制系统国产化征程具有重要历史意义。同日，智能化燃气轮机控制系统协同创新中心揭牌成立。

11 月 28 日，国家发展改革委办公厅发布《关于印发首批碳达峰试点名单的通知》，确定张家口市等 25 个城市、长治高新技术产业开发区等 10 个园区为首批碳达峰试点城市和园区。首批碳达峰试点的确定，有利于调动试点城市和园区的积极性与创造性，打造降碳先行区和引领区，为全国如期实现“双碳”目标提供有力支撑。

11 月 29 日，“十四五”时期国家第一批开工建设的大型风电光伏基地项目之一、全国单体规模最大的光伏治沙项目——蒙西基地库布其 200 万千瓦光伏治沙项目成功并网。项目的成功并网，将有效改善黄河“几字弯”流域和库布其沙漠的生态环境，为筑牢北方生态安全屏障、黄河中上游和京津冀生态安全再添新支撑。

12 月 1 日，我国首个国家级海上风电研究与试验检测基地在福建开工建设，基地以建成国际一流的海上风电研究平台、试验平台、交流合作平台为目标，打造集“技术研究、检测认证、设备制造、建设安装、运行维护”为一体的产业生态，将填补我国尚无大功率全尺寸地面试验平台的空白。

12 月 1 日，世界首台（套）压缩空气储能电站——湖北应城 300 兆瓦级示范工程全面进入调试阶段，项目正式投产后将成为世界上首个投入商业运行的 300 兆瓦级非补燃压缩空气储能电站项目。

12 月 3 日，中国能建湖南火电承建的阿联酋迪拜 95 万千瓦光伏光热混合电站项目槽式 3 号机组并网成功，该项目是践行“一带一路”倡议和实现全球“碳中和”目标的典型示范项目，是世界上最大的光热+光伏综合电站项目。

12 月 6 日，全球首座第四代核电站——华能石岛湾高温气冷堆核电站商业示范工程完成 168 小时连续运行考验，正式投入商业运行，这是我国具有完全自主知识产权的国家重大科技专项标志性成果，标志着我国在第四代核电技术领域达到世界领先水平。2023 年，我国三代核电批量开工，福建宁德核电项目 5、6 号机组、辽宁徐大堡核电项目 1、2 号机组等 10 台机组获核准，在运在建核电机组容量超过 1 亿千瓦。

12 月 16 日，国家电网福州—厦门 1000 千伏特高压交流工程正式投运，该工程是华东特高压骨干网架的重要组成部分，大幅提升华东特高压交流主网架支撑能力和福建电网主网架结构，同时提升了福建电网与周边省际电网的互联互通交换能力。

12 月 20 日，国家能源局发布 1～11 月全国电力工业统计数据。截至 11 月底，全国累计发电装机容量约为 28.5 亿千瓦，同比增长 13.6%。按照 2023 年底全国人口约 14.12 亿计算，我国人均发电装机历史性突破 2 千瓦。人均装机容量是反映电力供应能力的重要指标，人均发电装机超 2 千瓦直观展现了我国电力供应能力的显著提升。

12 月 21 日，我国首个千万千瓦级多能互补综合能源基地——华能陇东能源基地首批项目成功并网发电，本次首批并网的 100 万千瓦风光项目，是国家首批“沙戈荒”大型风电光伏基地项目之一，也是我国首个千万千瓦级“风光火储输”多能互补绿色智慧综合能源基地的重要组成部分，项目并网具有显著的经济效益和生态环保效益。

# 附录 2　2023 年电力行业基本数据一览表

| | 单位 | 2023 年 | 2022 年 | 同比增长 |
|---|---|---|---|---|
| **一、发电量** | **亿千瓦·时** | **94564** | **88487** | **6.9%** |
| 水　　电 | 亿千瓦·时 | 12859 | 13522 | –4.9% |
| 火　　电 | 亿千瓦·时 | 62657 | 58888 | 6.4% |
| 核　　电 | 亿千瓦·时 | 4347 | 4178 | 4.1% |
| 风　　电 | 亿千瓦·时 | 8859 | 7627 | 16.2% |
| 太阳能发电 | 亿千瓦·时 | 5842 | 4273 | 36.7% |
| **二、全社会用电量** | **亿千瓦·时** | **92238** | **86477** | **6.7%** |
| 第一产业 | 亿千瓦·时 | 1277 | 1146 | 11.4% |
| 第二产业 | 亿千瓦·时 | 60750 | 57050 | 6.5% |
| 其中，工业 | 亿千瓦·时 | 59785 | 56050 | 6.7% |
| 第三产业 | 亿千瓦·时 | 16696 | 14879 | 12.2% |
| **城乡居民生活用电** | **亿千瓦·时** | **13514** | **13402** | **0.8%** |
| **三、发电装机容量** | 万千瓦 | **292224** | **256317** | 14.0% |
| 水　　电 | 万千瓦 | 42237 | 41396 | 2.0% |
| 其中，抽水蓄能 | 万千瓦 | 5094 | 4579 | 11.2% |
| 火　　电 | 万千瓦 | 139099 | 133527 | 4.2% |
| 其中，燃煤（含煤矸石） | 万千瓦 | 116484 | 112632 | 3.4% |
| 燃气 | 万千瓦 | 12620 | 11565 | 9.1% |
| 核　　电 | 万千瓦 | 5691 | 5557 | 2.4% |
| 风　　电 | 万千瓦 | 44144 | 36564 | 20.7% |
| 太阳能发电 | 万千瓦 | 61048 | 39268 | 55.5% |
| 地热能、海洋能发电 | 万千瓦 | 5 | 5 | — |
| **四、220 千伏及以上输电线路回路长度** | **千米** | **919667** | **879008** | **4.6%** |
| **1. 交流部分** | **千米** | **865849** | **825190** | **4.9%** |
| 其中，1000 千伏 | 千米 | 17154 | 16089 | 6.6% |
| 750 千伏 | 千米 | 29167 | 28161 | 3.6% |
| 500 千伏 | 千米 | 230352 | 218932 | 5.2% |

续表

| | 单位 | 2023 年 | 2022 年 | 同比增长 |
|---|---|---|---|---|
| 330 千伏 | 千米 | 37628 | 37023 | 1.6% |
| 220 千伏 | 千米 | 551548 | 524986 | 5.1% |
| **2. 直流部分** | **千米** | **53818** | **53818** | — |
| 其中，±1100 千伏 | 千米 | 3295 | 3295 | — |
| ±800 千伏 | 千米 | 32110 | 32110 | — |
| ±660 千伏 | 千米 | 1441 | 1441 | — |
| ±500 千伏 | 千米 | 15940 | 15940 | — |
| ±400 千伏 | 千米 | 1031 | 1031 | — |
| **五、220 千伏及以上公用变电设备容量** | **万千伏安** | **542400** | **513349** | **5.7%** |
| **1. 交流部分** | **万千伏安** | **494053** | **466752** | **5.8%** |
| 其中，1000 千伏 | 万千伏安 | 21300 | 20700 | 2.9% |
| 750 千伏 | 万千伏安 | 24819 | 22945 | 8.2% |
| 500 千伏 | 万千伏安 | 186006 | 173573 | 7.2% |
| 330 千伏 | 万千伏安 | 15325 | 14701 | 4.2% |
| 220 千伏 | 万千伏安 | 246602 | 234833 | 5.0% |
| **2. 直流部分** | **万千伏安** | **48348** | **46596** | **3.8%** |
| 其中，±1100 千伏 | 万千伏安 | 2867 | 2867 | — |
| ±800 千伏 | 万千伏安 | 30741 | 29420 | 4.5% |
| ±660 千伏 | 万千伏安 | 884 | 884 | — |
| ±500 千伏 | 万千伏安 | 12611 | 12181 | 3.5% |
| ±400 千伏 | 万千伏安 | 1245 | 1245 | — |
| **六、新增发电装机容量** | **万千瓦** | **37067** | **19849** | **86.7%** |
| 水　　电 | 万千瓦 | 943 | 2371 | −60.2% |
| 其中，抽水蓄能 | 万千瓦 | 545 | 880 | −38.1% |
| 火　　电 | 万千瓦 | 6610 | 4568 | 44.7% |
| 其中，燃煤（含煤矸石） | 万千瓦 | 4775 | 2920 | 63.6% |
| 燃气 | 万千瓦 | 1025 | 649 | 57.9% |
| 其中，生物质发电 | 万千瓦 | 305 | 399 | −23.7% |
| 核　　电 | 万千瓦 | 139 | 228 | −39.1% |

续表

| | 单位 | 2023 年 | 2022 年 | 同比增长 |
|---|---|---|---|---|
| 风　　电 | 万千瓦 | 7622 | 3861 | 97.4% |
| 太阳能发电 | 万千瓦 | 21753 | 8821 | 146.6% |
| **七、年底主要发电企业电源项目在建规模** | **万千瓦** | **37308** | **26959** | **38.4%** |
| 水　　电 | 万千瓦 | 9129 | 7708 | 18.4% |
| 火　　电 | 万千瓦 | 9926 | 6236 | 59.2% |
| 核　　电 | 万千瓦 | 3460 | 2232 | 55.0% |
| 风　　电 | 万千瓦 | 5074 | 3886 | 30.6% |
| **八、新增直流输电线路长度及换流容量** | | | | |
| **1. 线路长度** | **千米** | **2123** | **2223** | **－4.5%** |
| 其中，±1100 千伏 | 千米 | — | — | — |
| ±800 千伏 | 千米 | 2123 | 2080 | 2.1% |
| ±660 千伏 | 千米 | — | — | — |
| ±500 千伏 | 千米 | — | 143 | －100.0% |
| ±400 千伏 | 千米 | — | — | — |
| **2. 换流容量** | **万千瓦** | **1600** | **1800** | **－11.1%** |
| 其中，±1100 千伏 | 万千瓦 | — | — | — |
| ±800 千伏 | 万千瓦 | 1600 | 1600 | — |
| ±660 千伏 | 万千瓦 | — | — | — |
| ±500 千伏 | 万千瓦 | — | 200 | －100.0% |
| ±400 千伏 | 万千瓦 | — | — | — |
| **九、新增交流 110 千伏及以上输电线路长度及变电设备容量** | | | | |
| **1. 线路长度** | **千米** | **59049** | **60170** | **－1.9%** |
| 其中，1000 千伏 | 千米 | 1126 | 1451 | －22.4% |
| 750 千伏 | 千米 | 1098 | 1242 | －11.5% |
| 500 千伏 | 千米 | 10827 | 8676 | 24.8% |
| 330 千伏 | 千米 | 962 | 1284 | －25.1% |
| 220 千伏 | 千米 | 25236 | 23812 | 6.0% |
| 110 千伏（含 66 千伏） | 千米 | 19800 | 23706 | －16.5% |
| **2. 变电设备容量** | **万千伏安** | **35978** | **35320** | **1.9%** |

续表

| | 单位 | 2023 年 | 2022 年 | 同比增长 |
|---|---|---|---|---|
| 其中，1000 千伏 | 万千伏安 | 1200 | 600 | 100.0% |
| 750 千伏 | 万千伏安 | 1530 | 2370 | －35.4% |
| 500 千伏 | 万千伏安 | 13117 | 11395 | 15.1% |
| 330 千伏 | 万千伏安 | 1077 | 861 | 25.1% |
| 220 千伏 | 万千伏安 | 10626 | 10784 | －1.5% |
| 110 千伏（含 66 千伏） | 万千伏安 | 8428 | 9310 | －9.5% |
| **十、本年完成电力投资** | **亿元** | **15502** | **12433** | **24.7%** |
| **1. 电源投资** | **亿元** | **10225** | **7427** | **37.7%** |
| 水　电 | 亿元 | 1029 | 872 | 18.0% |
| 火　电 | 亿元 | 1124 | 895 | 25.6% |
| 核　电 | 亿元 | 1003 | 785 | 27.7% |
| 风　电 | 亿元 | 2753 | 2011 | 36.9% |
| 太阳能发电 | 亿元 | 4316 | 2865 | 50.7% |
| **2. 电网投资** | **亿元** | **5277** | **5006** | **5.4%** |
| 输变电 | 亿元 | 5157 | 4851 | 6.3% |
| 其中，直流 | 亿元 | 145 | 316 | －53.9% |
| 交流 | 亿元 | 4987 | 4505 | 10.7% |
| 单独立项二次项 | 亿元 | 24 | 30 | －18.2% |
| 其　他 | 亿元 | 120 | 155 | －22.5% |
| **十一、单机 6000 千瓦及以上机组平均单机容量** | | | | |
| 水电：单机容量 | 万千瓦/台 | 6.81 | 6.80 | 0.01 万千瓦/台 |
| 火电：单机容量 | 万千瓦/台 | 13.76 | 13.78 | －0.02 万千瓦/台 |
| **十二、6000 千瓦及以上电厂供电标准煤耗** | **克/（千瓦·时）** | **301.6** | **300.8** | **0.87 克/（千瓦·时）** |
| **十三、6000 千瓦及以上电厂厂用电率** | **%** | **4.65** | **4.50** | **0.15 个百分点** |
| 水　电 | % | 0.55 | 0.25 | 0.30 个百分点 |
| 火　电 | % | 5.80 | 5.79 | 0.01 个百分点 |
| **十四、6000 千瓦及以上电厂发电设备利用小时** | **小时** | **3598** | **3693** | **－95 小时** |

续表

| | 单位 | 2023年 | 2022年 | 同比增长 |
|---|---|---|---|---|
| 水　电 | 小时 | 3130 | 3417 | －287小时 |
| 其中，抽水蓄能 | 小时 | 1176 | 1181 | －4小时 |
| 火　电 | 小时 | 4476 | 4390 | 87小时 |
| 其中，燃煤 | 小时 | 4690 | 4593 | 97小时 |
| 燃气 | 小时 | 2525 | 2440 | 85小时 |
| 核　电 | 小时 | 7670 | 7616 | 54小时 |
| 风　电 | 小时 | 2235 | 2218 | 16小时 |
| 太阳能发电 | 小时 | 1292 | 1340 | －48小时 |
| **十五、供、售电量及线损** | | | | |
| 供电量 | 亿千瓦·时 | 79247 | 74676 | 6.1% |
| 售电量 | 亿千瓦·时 | 75651 | 71074 | 6.4% |
| 线损电量 | 亿千瓦·时 | 3595 | 3602 | －0.2% |
| 线损率 | % | 4.54 | 4.82 | －0.3个百分点 |

注　1. 发电量数据来源于《中华人民共和国2023年国民经济和社会发展统计公报》。

2. 220千伏及以上输电线路回路长度和公用变电设备容量为初步数据。

# 附录 3　部分国外电力企业产业布局与经营效益

## （一）法国电力公司

法国电力公司（Électricité de France，EDF），于 2022 年 2 月，与通用电气签订合作协议，拟收购其约 15 个国家的核电业务和常规岛蒸汽轮机设备业务，进一步夯实公司在核电领域的产业基础；2022 年 4 月，启动新一轮工业计划——“氢能计划”，提出到 2030 年可再生能源制氢规模达到 3 吉瓦的发展目标；2022 年 6 月，计划在捷克布拉格成立 EDF 核电捷克分公司，支撑公司参与杜库凡尼（Dukovany）新建 5 号机组竞标工作，持续拓展捷克核电市场；11 月，参与建设的法国首个商业化海上风电项目——Saint－Nazaire 海上风电场建成投产。

2022 年，法国电力公司资产总额为 4137 亿美元，实现营业收入 1529 亿美元（海外收入占比 54.9%），净资产收益率为－33.6%（主要原因是公司 16 台在役核电机组陆续停运检修，为确保售电合同履约，外购大量高价电），在“2023 年《财富》世界五百强排行榜”中排名第 55 位，见附表 3－1。

附表 3－1　　2022 年法国电力公司经营效益情况

| 指标 | | 单位 |
|---|---|---|
| 资产总额 | 4137 | 亿美元 |
| 营业收入 | 1529 | |
| 净资产收益率 | －33.6 | % |
| 海外收入占比 | 54.9 | |
| 2022 年《财富》世界五百强排名 | 55 | — |

## （二）意大利国家电力公司

意大利国家电力公司（Enel Group），于 2022 年 9 月，与以色列初创企业合作成立人工智能与机器人实验室，探索人工智能和机器人技术在可再生能源和电网领域的实践应用；10 月，完成旗下俄罗斯子公司全部股份转让，全面退出俄罗斯发电业务；2022 年 11 月，发布 2023—2025 年公司战略，调整业务布局方向，面向意大利、西班牙、美国、巴西、智利、哥伦比亚六个国家着力拓展电能替代业务；2022 年 12 月，旗下公司 Enel X Way 与大众汽车集团成立合资企业 Ewiva，以促进在意大利全国范围内部署可靠的、覆盖面广的电动汽车高功率充电（HPC）网络。

2022 年，意大利国家电力公司资产总额为 2341 亿美元，实现营业收入 1498 亿美元（海外收入占比 57.3%），净资产收益率为 6.9%，在“2023 年《财富》世界五百强排行榜”中排名第 59 位，见附表 3－2。

附表 3－2　　2022 年意大利国家电力公司经营效益情况

| 指标 | | 单位 |
|---|---|---|
| 资产总额 | 2341 | 亿美元 |
| 营业收入 | 1498 | |
| 净资产收益率 | 6.9 | % |
| 海外收入占比 | 57.3 | |
| 2022 年《财富》世界五百强排名 | 59 | — |

## （三）日本东京电力公司

日本东京电力公司（Tokyo Electric Power Company，TEPCO），于 2022 年 2 月，收购印度尼西亚可再生能源公司——PT Kencana Energi Lestari，Tbk，拓展印尼可再生能源发电市场；2022 年 8 月，签订股票购买协议，参与首个英德电力互联项目；2022 年 10 月，与 Pertamina Power Indonesia（Pertamina NRE）签署协议，联合开展绿氢和绿氨制备研究；2022 年 11 月，与 SMUD 公司达成协议，在车网互动集成技术领域开展合作，助力加速交通电气化进程；2022 年 12 月，通过旗下可再生能源子公司收购越南电力开发股份公司 24.96%的股份，进一步拓展公司在越南水电产业市场。

2022 年，日本东京电力公司资产总额为 1020 亿美元，实现营业收入 587 亿美元（海外收入占比 0.1%），净资产收益率为－3.9%（主要原因是燃料成本大幅上涨，叠加福岛核泄漏赔偿等额外支出增加），在“2023 年《财富》世界五百强排行榜”中排名第 242 位，见附表 3－3。

附表 3－3　　2022 年日本东京电力公司经营效益情况

| 指标 | | 单位 |
|---|---|---|
| 资产总额 | 1020 | 亿美元 |
| 营业收入 | 587 | |
| 净资产收益率 | －3.9 | % |
| 海外收入占比 | 0.1 | |
| 2022 年《财富》世界五百强排名 | 242 | — |

### （四）日本杰拉公司

日本杰拉公司（JERA），于2022年1月，与三菱重工株式会社（MHI）合作开展煤电降碳转型示范项目，共同研发提高煤电机组掺氨共燃率的关键技术，以应对公司当前高碳电源结构带来的碳成本溢价风险；2022年3月，公司旗下越南能源子公司正式投入运营，进一步拓展越南气电、可再生能源发电市场；2022年5月，与千代田株式会社（Chiyoda）、地球创新技术研究所（RITE）共同启动燃气发电废气中大规模二氧化碳分离与回收技术示范项目，旨在研发更加经济高效的碳捕集技术；2022年11月，与日本数据科学联盟株式会社（JDSC）共同开发的高精度太阳能发电预测系统投入运行。

2022年，日本杰拉公司资产总额为690亿美元，实现营业收入356亿美元，净资产收益率为8.2%，见附表3－4。

附表3－4　　2022年日本杰拉公司经营效益情况

| 指标 | | 单位 |
|---|---|---|
| 资产总额 | 690 | 亿美元 |
| 营业收入 | 356 | |
| 净资产收益率 | 8.2 | % |
| 海外收入占比 | — | |
| 2022年《财富》世界五百强排名 | — | — |

### （五）韩国电力公司

韩国电力公司（Korea Electric Power Corporation，KEPCO），于2022年4月，启动建设大容量氨储存罐，加速推动燃煤发电机组掺氨技术创新示范；2022年5月，继续推进出售海外煤电业务，以改善企业经营状况；2022年8月，与LS电气签署业务合作协议，围绕电力数据挖掘、电力设备状态远程监控等业务加强合作，深度融合人工智能和数据分析技术，拓展用户用能监测服务；2022年9月，公司承建的阿联酋巴拉卡核电站3号机组首次达到临界状态，持续推进接入阿联酋电网并分阶段进行功率提升试验和性能测试。

2022年，韩国电力公司资产总额为1862亿美元，实现营业收入559亿美元（海外收入占比2.0%），净资产收益率为－45.5%（主要原因是韩国政府为刺激经济限制电价进一步上调，叠加新增售电收入不及预期），在“2023年《财富》世界五百强排行榜”中排名第258位，见附表 3－5。

附表 3－5　　2022 年韩国电力公司经营效益情况

| 指标 | | 单位 |
| --- | --- | --- |
| 资产总额 | 1862 | 亿美元 |
| 营业收入 | 559 | |
| 净资产收益率 | －45.5 | % |
| 海外收入占比 | 2.0 | |
| 2022 年《财富》世界五百强排名 | 258 | — |

## （六）西班牙伊维尔德罗拉公司

西班牙伊维尔德罗拉公司（Iberdrola），于 2022 年 5 月，建成投运位于西班牙普埃托里亚诺的大型集中式光伏电站制氢项目（绿氢产能 4 万吨/年）；2022 年 6 月，在爱尔兰正式投运商业化储能系统，该系统将为当地电网运营商 EirGrid 提供六年服务，支撑系统调节能力提升；2022 年 10 月，与 Sempra Infrastructure 签署协议，计划在美国共同开发可再生能源制氢、制氨项目；2022 年 11 月，在第 27 届联合国气候变化大会（COP27）上提出公司气候行动计划，计划在 2030 年实现发电和配电业务净零排放、2040 年实现企业碳中和；2022 年 12 月，提出到 2030 年将公司技术研发和研究等创新活动投资增加一倍，达到 40 亿欧元，新增科研费用重点聚焦可再生能源开发利用、智能电网、数字化转型、绿色氢能、终端用户能源服务等领域。

2022 年，伊维尔德罗拉公司资产总额为 1648 亿美元，实现营业收入 575 亿美元（海外收入占比 57.4%），净资产收益率为 8.9%，在“2023 年《财富》世界五百强排行榜”中排名第 246 位，见附表 3－6。

附表 3－6　　2022 年西班牙伊维尔德罗拉公司经营效益情况

| 指标 | | 单位 |
| --- | --- | --- |
| 资产总额 | 1648 | 亿美元 |
| 营业收入 | 575 | |
| 净资产收益率 | 8.9 | % |
| 海外收入占比 | 57.4 | |
| 2022 年《财富》世界五百强排名 | 246 | — |

## （七）德国莱茵公司

德国莱茵公司（RWE Group），于 2022 年 6 月，与 Vattenfall 签署 Magnum 燃气发电厂收购协议，计划收购完成后进一步对该电厂实施技术升级改造，提高燃机掺氢比例；2022 年 8 月，公布公司投资情况，2022 年上半年划拨约 20 亿欧元用于优化公司绿色产业投资组合，到 2022 年底总投资超过 50 亿欧元。2022 年 10 月，收购联合爱迪生（Con Edison）旗下 Con Edison Clean Energy Businesses 公司全部股份；2022 年 11 月，计划在德国北莱茵–威斯特法伦州（NRW）投资建设两个电池储能系统（BESS）项目；2022 年 12 月，收购爱尔兰西部电力海上开发有限公司 100%股份，进一步拓展公司在爱尔兰海上风电产业市场。

2022 年，德国莱茵公司资产总额为 1477 亿美元，实现营业收入 411 亿美元（海外收入占比 72.1%），净资产收益率为 12.9%，在“2023 年《财富》世界五百强排行榜”中排名第 367 位，见附表 3–7。

附表 3–7　　2022 年德国莱茵公司经营效益情况

<table>
<tr><th colspan="2">指标</th><th>单位</th></tr>
<tr><td>资产总额</td><td>1477</td><td rowspan="2">亿美元</td></tr>
<tr><td>营业收入</td><td>411</td></tr>
<tr><td>净资产收益率</td><td>12.9</td><td rowspan="2">%</td></tr>
<tr><td>海外收入占比</td><td>72.1</td></tr>
<tr><td>2022 年《财富》世界五百强排名</td><td>367</td><td>—</td></tr>
</table>

## （八）美国杜克能源公司

美国杜克能源公司（Duke Energy），于 2022 年 2 月，提出 2030 年前将公司可再生能源发电装机增加一倍的发展目标，在 2035 年前退出煤电业务，在未来五年投入 630 亿美元，其中 80%用于投资现代化电网和清洁能源发电产业；2022 年 5 月，公司旗下风能子公司（Duke Energy Renewables Wind）获得美国卡罗莱纳长湾海上风电租赁合同，租赁区域内海上风电可开发潜力达到 1.6 吉瓦；2022 年 10 月，发布公司新版发展战略，计划在未来 10 年投资 1450 亿美元用于关键能源基础设施，满足客户能源需求，助力实现 2050 年净零碳排放目标；2022 年 11 月，和亚马逊网络服务公司（AWS）达成长期战略合作意向，加速公司旗下公用事业子公司打造行业领先的现代化电网建设解决方案。

2022年，美国杜克能源公司资产总额为1781亿美元，实现营业收入288亿美元，净资产收益率为4.8%，见附表3－8。

附表3－8　2022年美国杜克能源公司经营效益情况

| 指标 | | 单位 |
|---|---|---|
| 资产总额 | 1781 | 亿美元 |
| 营业收入 | 288 | |
| 净资产收益率 | 4.8 | % |
| 海外收入占比 | — | |
| 2022年《财富》世界五百强排名 | — | — |

## （九）巴西电力公司

巴西电力公司（Electriobras）于2022年5月，与Cepel、EnerTech签署合作协议，旨在为亚马逊地区的太阳能和储能项目部署和实施提供创新性解决方案；2022年6月，在圣保罗证券交易所成功发行8亿股新股，完成重大资本化过程，通过公开发行股票，共筹集约336.9亿雷亚尔的资金，使联邦政府在巴西电力的股份从61.69%稀释到36.99%；2022年12月，与谷歌云（Google Cloud）建立合作关系，计划将公司技术基础设施迁移至谷歌云，依托大数据和人工智能技术应对企业转型升级面临的新挑战。

2022年，巴西电力公司资产总额为511亿美元，实现营业收入64亿美元，净资产收益率为3.9%，见附表3－9。

附表3－9　2022年巴西电力公司经营效益情况

| 指标 | | 单位 |
|---|---|---|
| 资产总额 | 511 | 亿美元 |
| 营业收入 | 64 | |
| 净资产收益率 | 3.9 | % |
| 海外收入占比 | — | |
| 2022年《财富》世界五百强排名 | — | — |

## （十）印度国家火电公司

印度国家火电公司（National Thermal Power Corporation，NTPC），于2022年4月，与古

吉拉特天然气公司（GGL）签署协议，合作开展天然气掺氢输送项目；2022 年 7 月，公司旗下可再生能源有限公司（NTPC－REL）与国家肥料有限公司（NFL）签署谅解备忘录，在可再生能源和绿色氨领域加强合作，计划分阶段建设 90 兆瓦可再生能源制氨设施；2022 年 9 月，以 92.5 亿卢比收购 Jhabua 电站，收购完成后公司总装机容量超过 70 吉瓦；2022 年 10 月，与 GE 燃气能源公司签署谅解备忘录，合作研究燃气轮机高比例掺氢技术路线。

2022 年，印度国家火电公司资产总额 543 亿美元，实现营业收入 217 亿美元（海外收入占比 0.7%），净资产收益率为 11.8%，见附表 3－10。

附表 3－10　　2022 年印度国家火电公司经营效益情况

| 指标 | | 单位 |
|---|---|---|
| 资产总额 | 543 | 亿美元 |
| 营业收入 | 217 | |
| 净资产收益率 | 11.8 | % |
| 海外收入占比 | 0.7 | |
| 2022 年《财富》世界五百强排名 | — | — |

## （十一）美国南方公司

美国南方公司（Southern Company）于 2022 年 4 月，与 Volta 合作推出能够为客户提供实现交通电气化信息和建议的产品——PredictEV Fleet；2022 年 7 月，公司旗下佐治亚电力公司 2022 年综合资源计划（IRP）获得佐治亚州公共服务委员会（PSC）批准，计划未来三年在佐治亚州大规模部署应用可再生能源发电和储能技术，加强该州电网基础设施建设；2022 年 10 月，与 TerraPower 合作开发的熔融氯化物快速反应堆（MCFR）完成集成效果测试，标志着 MCFR 研发取得重要进展。

2022 年，美国南方公司资产总额为 1349 亿美元，实现营业收入 293 亿美元，净资产收益率为 10.2%，见附表 3－11。

附表 3－11　　2022 年美国南方公司经营效益情况

| 指标 | | 单位 |
|---|---|---|
| 资产总额 | 1349 | 亿美元 |
| 营业收入 | 293 | |
| 净资产收益率 | 10.2 | % |
| 海外收入占比 | — | |
| 2022 年《财富》世界五百强排名 | — | — |

## （十二）美国联合能源公司

美国联合能源公司（Constellation Energy）于2022年3月，与Microsoft达成为期五年的战略合作协议，联合开发实时数据驱动的碳排放计量解决方案，为客户提供清晰、准确的碳排放影响数据分析，助力实现零碳目标；2022年8月，与美国芝加哥市政府达成协议，携手Swift Current Energy帮助芝加哥实现到2025年城市基础设施100%使用可再生能源，助力当地绿色转型；2022年9月，与美国能源部所属阿贡国家实验室（Argonne）签署长期合作协议，在评估美国能源系统发展趋势、开发高效低碳发电技术等方面展开合作；2022年10月，计划向美国核能监管委员会（NRC）申请，将其位于伊利诺伊州的克林顿和德雷斯顿核电站的运营许可延长20年。

2022年，美国联合能源公司资产总额为469亿美元，实现营业收入244亿美元，净资产收益率为－1.5%（主要原因是公司金融产品投资亏损），见附表3－12。

附表3－12　2022年美国联合能源公司经营效益情况

| 指标 | | 单位 |
|---|---|---|
| 资产总额 | 469 | 亿美元 |
| 营业收入 | 244 | |
| 净资产收益率 | －1.5 | % |
| 海外收入占比 | — | |
| 2022年《财富》世界五百强排名 | — | — |

# 附录 4　2023—2025 年省级电网输配电价表

| 省级电网 | 用电分类 | | 电量电价［元/（千瓦·时）］ | | | | | 容（需）量电价 | | | | | | | |
|---|---|---|---|---|---|---|---|---|---|---|---|---|---|---|---|
| | | | | | | | | 需量电价［元/（千瓦·月）］ | | | | 容量电价［元/（千伏安·月）］ | | | |
| | | | 不满 1 千伏 | 1～10（20）千伏 | 35 千伏 | 110（66）千伏 | 220 千伏及以上 | 1～10（20）千伏 | 35 千伏 | 110（66）千伏 | 220 千伏及以上 | 1～10（20）千伏 | 35 千伏 | 110（66）千伏 | 220 千伏及以上 |
| 北京 | 工商业用电 | 单一制 | 0.4100 | 0.3900 | 0.3200 | | 0.2750 | | | | | | | | |
| | | 两部制 | | 0.2065 | 0.1660 | | 0.1510 | 51.0 | 48.0 | | 45.0 | 32.0 | 30.0 | | 28.0 |
| 天津 | 一般工商业用电 | 单一制 | 0.2839 | 0.2510 | 0.1866 | 0.1536 | 0.1316 | | | | | | | | |
| | 大工业用电 | 两部制 | 0.2158 | 0.1687 | 0.1456 | 0.1316 | 0.1102 | 41.6 | 38.4 | 38.4 | 35.2 | 26.0 | 24.0 | 24.0 | 22.0 |
| 河北 | 工商业用电 | 单一制 | 0.1950 | 0.1750 | 0.1550 | | | | | | | | | | |
| | | 两部制 | | 0.1533 | 0.1333 | 0.1133 | 0.0933 | 35.0 | 35.0 | 32.0 | 32.0 | 21.9 | 21.9 | 20.0 | 20.0 |
| 冀北 | 工商业用电 | 单一制 | 0.1602 | 0.1442 | 0.1282 | | | | | | | | | | |
| | | 两部制 | | 0.1292 | 0.1132 | 0.0972 | 0.0912 | 37.3 | 37.3 | 34.6 | 34.6 | 23.3 | 23.3 | 21.6 | 21.6 |
| 山西 | 工商业用电 | 单一制 | 0.1456 | 0.1256 | 0.1106 | | | | | | | | | | |
| | | 两部制 | | 0.1040 | 0.0740 | 0.0490 | 0.0290 | 36.0 | 36.0 | 33.6 | 33.6 | 22.5 | 22.5 | 21.0 | 21.0 |
| 山东 | 工商业用电 | 单一制 | 0.2219 | 0.2069 | 0.1919 | | | | | | | | | | |
| | | 两部制 | | 0.1491 | 0.1341 | 0.1191 | 0.1041 | 38.4 | 35.2 | 35.2 | 32.0 | 24.0 | 22.0 | 22.0 | 20.0 |
| 湖北 | 工商业用电 | 单一制 | 0.2103 | 0.1903 | 0.1703 | | | | | | | | | | |
| | | 两部制 | | 0.1263 | 0.1065 | 0.0884 | 0.0694 | 42.0 | 42.0 | 39.0 | 39.0 | 26.3 | 26.3 | 24.4 | 24.4 |
| 湖南 | 工商业用电 | 单一制 | 0.2558 | 0.2358 | 0.2158 | 0.1958 | | | | | | | | | |
| | | 两部制 | | 0.1694 | 0.1394 | 0.1104 | 0.0852 | 33.8 | 33.8 | 30.6 | 30.6 | 21.1 | 21.1 | 19.1 | 19.1 |
| 江西 | 工商业用电 | 单一制 | 0.1766 | 0.1616 | 0.1466 | | | | | | | | | | |
| | | 两部制 | | 0.1505 | 0.1355 | 0.1205 | 0.1105 | 42.3 | 40.6 | 39.1 | 37.5 | 26.4 | 25.4 | 24.4 | 23.4 |
| 河南 | 工商业用电 | 单一制 | 0.1955 | 0.1680 | 0.1412 | 0.1145 | | | | | | | | | |
| | | 两部制 | | 0.1680 | 0.1456 | 0.1210 | 0.1030 | 40.0 | 36.9 | 33.7 | 30.5 | 25.0 | 23.0 | 21.0 | 19.0 |
| 四川 | 工商业用电 | 单一制 | 0.2560 | 0.2296 | 0.1989 | | | | | | | | | | |
| | | 两部制 | | 0.1390 | 0.1092 | 0.0669 | 0.0478 | 35.0 | 32.0 | 27.0 | 24.0 | 22.0 | 20.0 | 17.0 | 15.0 |

续表

| 省级电网 | 用电分类 | | 电量电价［元/（千瓦·时）］ | | | | | 容（需）量电价 | | | | | | | |
|---|---|---|---|---|---|---|---|---|---|---|---|---|---|---|---|
| | | | | | | | | 需量电价［元/（千瓦·月）］ | | | | 容量电价［元/（千伏安·月）］ | | | |
| | | | 不满1千伏 | 1～10（20）千伏 | 35千伏 | 110（66）千伏 | 220千伏及以上 | 1～10（20）千伏 | 35千伏 | 110（66）千伏 | 220千伏及以上 | 1～10（20）千伏 | 35千伏 | 110（66）千伏 | 220千伏及以上 |
| 重庆 | 工商业用电 | 单一制 | 0.2321 | 0.2121 | 0.1922 | 0.1774 | | | | | | | | | |
| | | 两部制 | | 0.1529 | 0.1271 | 0.1078 | 0.0885 | 35.2 | 35.2 | 32.0 | 32.0 | 22.0 | 22.0 | 20.0 | 20.0 |
| 上海 | 一般工商业用电 | 单一制 | 0.2756 | 0.2305 | 0.1859 | | | | | | | | | | |
| | | 两部制 | 0.1456 | 0.1272 | 0.0956 | 0.0652 | 0.0551 | 40.8 | 40.8 | 38.4 | 38.4 | 25.5 | 25.5 | 24.0 | 24.0 |
| | 大工业用电 | 两部制 | 0.2234 | 0.2039 | 0.1547 | 0.1251 | 0.1127 | 40.8 | 40.8 | 38.4 | 38.4 | 25.5 | 25.5 | 24.0 | 24.0 |
| 江苏 | 工商业用电 | 单一制 | 0.2394 | 0.2134 | 0.1884 | | | | | | | | | | |
| | | 两部制 | | 0.1357 | 0.1107 | 0.0857 | 0.0597 | 51.2 | 48.0 | 44.8 | 41.6 | 32.0 | 30.0 | 28.0 | 26.0 |
| 浙江 | 工商业用电 | 单一制 | 0.2452 | 0.2144 | 0.1770 | | | | | | | | | | |
| | | 两部制 | | 0.1260 | 0.0955 | 0.0791 | 0.0688 | 48.0 | 44.8 | 41.6 | 38.3 | 30.0 | 28.0 | 26.0 | 24.0 |
| 安徽 | 工商业用电 | 单一制 | 0.1814 | 0.1614 | 0.1414 | | | | | | | | | | |
| | | 两部制 | | 0.1428 | 0.1175 | 0.0924 | 0.0673 | 48.0 | 45.6 | 44.0 | 40.8 | 30.0 | 28.5 | 27.5 | 25.5 |
| 福建 | 工商业用电 | 单一制 | 0.1833 | 0.1633 | 0.1433 | 0.1233 | 0.1033 | | | | | | | | |
| | | 两部制 | | 0.1292 | 0.1092 | 0.0842 | 0.0592 | 40.0 | 39.0 | 38.0 | 37.0 | 25.0 | 24.4 | 23.8 | 23.1 |
| 陕西 | 一般工商业用电 | 单一制 | 0.2215 | 0.2015 | 0.1815 | 0.1565 | | | | | | | | | |
| | 大工业用电 | 两部制 | | 0.1231 | 0.1031 | 0.0831 | 0.0731 | 35.2 | 35.2 | 32.0 | 32.0 | 22.0 | 22.0 | 20.0 | 20.0 |
| 甘肃 | 一般工商业用电 | 单一制 | 0.2965 | 0.2765 | 0.2565 | | | | | | | | | | |
| | 大工业用电 | 两部制 | | 0.1028 | 0.0888 | 0.0764 | 0.0658 | 38.4 | 36.8 | 32.8 | 32.8 | 24.0 | 23.0 | 20.5 | 20.5 |
| 宁夏 | 工商业用电 | 单一制 | 0.1846 | 0.1646 | 0.1446 | | | | | | | | | | |
| | | 两部制 | | 0.0920 | 0.0769 | 0.0600 | 0.0521 | 28.8 | 28.8 | 25.6 | 25.6 | 18.0 | 18.0 | 16.0 | 16.0 |
| 青海 | 工商业用电 | 单一制 | 0.1858 | 0.1807 | 0.1756 | | | | | | | | | | |
| | | 两部制 | | 0.0834 | 0.0779 | 0.0677 | 0.0577 | 33.6 | 33.6 | 32.0 | 32.0 | 21.0 | 21.0 | 20.0 | 20.0 |
| 辽宁 | 工商业用电 | 单一制 | 0.2297 | 0.2085 | | 0.1875 | | | | | | | | | |
| | | 两部制 | | 0.1024 | | 0.0838 | 0.0571 | 36.8 | | 35.2 | 33.6 | 23.0 | | 22.0 | 21.0 |

续表

| 省级电网 | 用电分类 | | 电量电价［元/（千瓦·时）］ | | | | | 容（需）量电价 | | | | | | | |
|---|---|---|---|---|---|---|---|---|---|---|---|---|---|---|---|
| | | | | | | | | 需量电价［元/（千瓦·月）］ | | | | 容量电价［元/（千伏安·月）］ | | | |
| | | | 不满1千伏 | 1～10（20）千伏 | 35千伏 | 110（66）千伏 | 220千伏及以上 | 1～10（20）千伏 | 35千伏 | 110（66）千伏 | 220千伏及以上 | 1～10（20）千伏 | 35千伏 | 110（66）千伏 | 220千伏及以上 |
| 吉林 | 工商业用电 | 单一制 | 0.2864 | 0.2564 | | 0.2464 | | | | | | | | | |
| | | 两部制 | | 0.1497 | | 0.1197 | 0.1097 | 36.8 | | 35.2 | 35.2 | 23.0 | | 22.0 | 22.0 |
| 广西 | 工商业用电 | 单一制 | 0.2589 | 0.2462 | 0.2264 | | | | | | | | | | |
| | | 两部制 | | 0.1476 | 0.1054 | 0.0777 | 0.0288 | 38.7 | 37.3 | 34.2 | 32.0 | 24.2 | 23.3 | 21.4 | 20.0 |
| 广东 | 工商业用电 | 单一制 | 0.1965 | 0.1719 | 0.1296 | | | | | | | | | | |
| | | 两部制 | | 0.0985 | 0.0734 | | 0.0457 | 36.1 | 31.0 | | 26.1 | 22.6 | 19.4 | | 16.3 |
| 云南 | 工商业用电 | 单一制 | 0.1620 | 0.1520 | 0.1420 | | | | | | | | | | |
| | | 两部制 | | 0.1296 | 0.1045 | 0.0749 | 0.0555 | 38.4 | 38.4 | 36.8 | 36.8 | 24.0 | 24.0 | 23.0 | 23.0 |
| 贵州 | 工商业用电 | 单一制 | 0.2186 | 0.2062 | 0.1805 | | | | | | | | | | |
| | | 两部制 | | 0.1280 | 0.1143 | 0.0777 | 0.0529 | 35.0 | 33.0 | 31.0 | 30.0 | 22.0 | 21.0 | 20.0 | 19.0 |
| 海南 | 工商业用电 | 单一制 | 0.2592 | 0.2361 | | | | | | | | | | | |
| | | 两部制 | | 0.1350 | 0.0815 | 0.0798 | 0.0700 | 35.2 | 35.2 | 35.2 | 35.2 | 22.0 | 22.0 | 22.0 | 22.0 |
| 蒙东 | 一般工商业用电 | 单一制 | 0.3732 | 0.3361 | 0.2504 | | | | | | | | | | |
| | 大工业用电 | 两部制 | | 0.1483 | 0.1413 | 0.1019 | 0.0789 | 32.8 | 32.8 | 31.2 | 31.2 | 20.5 | 20.5 | 19.5 | 19.5 |
| 蒙西 | 工商业用电 | 单一制 | 0.1561 | 0.1289 | 0.1139 | | | | | | | | | | |
| | | 两部制 | | 0.0795 | 0.0645 | 0.0525 | 0.0455 | 32.8 | 32.8 | 31.2 | 31.2 | 20.5 | 20.5 | 19.5 | 19.5 |

注 1. 每个省级包含两行，第一行为一般工商业输配电价（单一制）/工商业及其他用电（单一制），第二行为大工业输配电价（两部制）/工商业及其他用电（两部制）。

2. 广东所列内容为珠三角五市（广州、珠海、佛山、中山和东莞市）输配电价。

## 附录 5　30 万千瓦及以上等级煤电机组能效对标表

2023 年，全国共有 1413 台机组参加年度煤电机组对标活动。其中，100 万千瓦级机组 132 台，60 万千瓦级机组 540 台，30 万千瓦级机组 695 台，20 万千瓦级机组 46 台，整体同比增加 46 台。统计装机容量 71295.2 万千瓦，同比增加 3616.8 万千瓦。其中，60 万及以上千瓦级机组装机容量占全国同型机组装机比重 77.81%。

2022—2023 年度 30 万千瓦及以上等级对标机组能效指标统计

| 序号 | 机组类型 | 机组台数 | 机组容量（万千瓦） | 主要能效指标平均值 | | | | | | | |
|---|---|---|---|---|---|---|---|---|---|---|---|
| | | | | 供电煤耗［克/（千瓦·时）］ | | 厂用电率（%） | | 发电水耗［千克/（千瓦·时）］ | | 油耗（吨/年） | |
| | | | | 2023 年度 | 2022 年度 | 2023 年度 | 2022 年度 | 2023 年度 | 2022 年度 | 2023 年度 | 2022 年度 |
| 1 | 100 万千瓦级超超临界湿冷 | 114 | 11524 | 280.20 | 280.50 | 4.01 | 3.97 | 0.76 | 0.64 | 148.45 | 193.50 |
| 2 | 100 万千瓦级超超临界空冷 | 18 | 1812 | 291.56 | 294.23 | 4.62 | 4.68 | 0.19 | 0.20 | 24.88 | 32.22 |
| 3 | 60 万千瓦级超超临界纯凝湿冷 | 96 | 6304 | 290.09 | 287.36 | 4.45 | 4.35 | 1.14 | 1.14 | 55.80 | 48.96 |
| 4 | 60 万千瓦级超超临界供热湿冷 | 24 | 1572 | 277.15 | 279.66 | 4.35 | 4.24 | 0.91 | 0.94 | 164.82 | 121.67 |
| 5 | 60 万千瓦级超临界纯凝湿冷 | 123 | 7791 | 304.98 | 302.72 | 5.17 | 5.00 | 1.33 | 1.01 | 152.10 | 125.74 |
| 6 | 60 万千瓦级超临界供热湿冷 | 51 | 3219 | 294.48 | 293.48 | 4.88 | 4.78 | 1.18 | 1.19 | 152.30 | 141.48 |
| 7 | 60 万千瓦级亚临界湿冷 | 79 | 4856 | 312.13 | 311.89 | 5.44 | 5.56 | 1.31 | 1.27 | 266.23 | 209.56 |
| 8 | 60 万千瓦级超超临界空冷 | 47 | 3102 | 296.99 | 297.63 | 4.68 | 4.91 | 0.23 | 0.26 | 52.83 | 56.03 |
| 9 | 60 万千瓦级超临界纯凝空冷 | 41 | 2634 | 314.14 | 315.43 | 5.98 | 5.99 | 0.28 | 0.30 | 57.70 | 71.99 |
| 10 | 60 万千瓦级超临界供热空冷 | 25 | 1598.6 | 300.40 | 300.18 | 6.48 | 6.75 | 0.41 | 0.37 | 135.81 | 132.09 |
| 11 | 60 万千瓦级亚临界纯凝空冷 | 36 | 2178 | 325.57 | 327.12 | 7.25 | 7.06 | 0.30 | 0.32 | 210.28 | 135.28 |
| 12 | 60 万千瓦级亚临界供热空冷 | 13 | 780 | 312.45 | 315.82 | 7.34 | 7.77 | 0.34 | 0.38 | 147.71 | 157.30 |
| 13 | 60 万千瓦级俄（东欧）制 | 5 | 329 | 301.81 | 305.87 | 5.78 | 5.37 | 1.29 | 1.39 | 98.70 | 72.64 |
| 14 | 30 万千瓦级亚临界纯凝湿冷 | 139 | 4373 | 327.25 | 325.62 | 6.43 | 6.44 | 1.36 | 1.17 | 183.42 | 141.50 |
| 15 | 30 万千瓦级亚临界供热湿冷 | 262 | 8401.2 | 297.93 | 297.43 | 5.78 | 5.77 | 1.75 | 1.47 | 124.63 | 147.44 |

续表

| 序号 | 机组类型 | 机组台数 | 机组容量（万千瓦） | 主要能效指标平均值 | | | | | | | |
|---|---|---|---|---|---|---|---|---|---|---|---|
| | | | | 供电煤耗［克/（千瓦·时）］ | | 厂用电率（%） | | 发电水耗［千克/（千瓦·时）］ | | 油耗（吨/年） | |
| | | | | 2023 年度 | 2022 年度 | 2023 年度 | 2022 年度 | 2023 年度 | 2022 年度 | 2023 年度 | 2022 年度 |
| 16 | 30 万千瓦级亚临界空冷 | 80 | 2521 | 305.56 | 307.50 | 7.30 | 7.30 | 0.50 | 0.38 | 69.40 | 56.97 |
| 17 | 35 万千瓦级亚临界纯凝湿冷进口 | 24 | 842.6 | 328.78 | 324.90 | 6.05 | 6.00 | 0.65 | 0.81 | 223.90 | 213.90 |
| 18 | 35 万千瓦级亚临界供热湿冷进口 | 35 | 1211.3 | 314.53 | 307.69 | 6.21 | 5.80 | 0.76 | 0.96 | 219.90 | 186.45 |
| 19 | 35 万千瓦级超临界纯凝湿冷 | 11 | 385 | 316.20 | 311.27 | 5.07 | 4.76 | 2.25 | 1.33 | 42.77 | 40.64 |
| 20 | 35 万千瓦级超临界供热湿冷 | 84 | 2940 | 276.72 | 277.29 | 4.75 | 4.72 | 1.35 | 1.43 | 74.46 | 76.34 |
| 21 | 35 万千瓦级超临界空冷 | 60 | 2096 | 292.93 | 296.05 | 4.83 | 5.13 | 0.31 | 0.37 | 28.50 | 39.79 |

## 附录 6　第 24 届亚太电协大会

2023 年 10 月 20～23 日，第 24 届亚太电协大会由亚太电协、中电联主办，18 家中国主要电力企业及单位联合主办。大会以“绿色低碳 电亮未来”为主题，这是继 2004 年后，时隔近 20 年，亚太电协大会再次由中国内地承办。来自 50 多个国家和地区的政府部门、电力企业、行业协会、研究机构及高等院校等近 600 家单位 3000 多位嘉宾参加会议。大会为期 3 天，除主旨演讲外，还发布亚太电协技术委员会专题报告，举行 11 场专题论文交流会，举办 3 场平行边会，并开展文化之夜、展览展示、技术参观系列活动，为参会嘉宾和代表打造多维度、跨领域的交流及合作平台。大会展览会展区总面积 17500 平方米左右，全方位展示了亚太电协成员单位的创新成果与发展成就。

大会规格高，韩正副主席出席、集体会见国内外贵宾并作大会致辞。本次大会规模大，来自 50 多个国家和地区、600 多家单位的 3000 位嘉宾代表现场参会，在线观看近 2000 万人次。

大会影响大，韩正副主席指出，能源绿色低碳转型已成为世界各国共识，是不可逆转的时代趋势。中国将秉持人类命运共同体理念，同亚太各国一道，携手推动构建“合作、开放、共赢”的能源电力国际合作新格局，并围绕“加强互联合作、推动能源转型，推进绿色低碳、应对气候变化，深化务实合作、推动科技创新”提出了“三点倡议”。一是加强互联合作，推动能源转型：要加强能源电力交流合作，共建能源电力基础设施，促进清洁能源在区域范围内大规模开发利用。二是推进绿色低碳，应对气候变化：要坚定维护以联合国为核心的国际

体系，全面有效落实《联合国气候变化框架公约》及其《巴黎协定》，推动建立公平合理、合作共赢的气候治理体系。三是深化务实合作，推动科技创新：要以更加开放的思维和举措，合作开展新能源和关键技术的研发应用，共同探索新技术、新业态、新模式，为亚太电力科技创新注入强劲动力。

中电联理事长辛保安提出了交流互鉴、同舟共济、协同创新、互利共赢四点建议，倡导亚太地区应当以建设“清洁低碳、安全充裕、经济高效、供需协同、灵活智能”的新型电力系统为着力点，推动新型能源体系建设，并提出了促进能源生产清洁化、能源消费电气化、能源配置广域化、能源创新融合化、能源业态数智化的发展理念。

国家能源局监管总监黄学农、国际电工委员会第 36 届主席舒印彪、大唐集团董事长邹磊等国内嘉宾，从促进全球能源绿色转型、共建“一带一路”、加强能源电力设施互联互通、保障亚太地区产业链供应链安全、加大联合攻关力度、促进技术转移共享等方面，为共创亚太能源清洁低碳美好未来建言献策，显示了中国能源电力行业强烈的时代使命感和责任担当。

大会的“中国声音”“中国主张”，引起了国际社会的广泛共鸣，进一步凝聚了亚太地区推动能源转型、绿色发展的共识。“绿色低碳 电亮未来”主题理念深入人心。

# 后记

在《中国电力行业年度发展报告 2024》编撰过程中，国家政府相关部门给予了大力支持和帮助，国家电网、南方电网、中国华能、中国大唐、中国华电、国家能源集团、国家电投、中国三峡集团、中核集团、中广核、中国中煤、中国海油、东方电气集团、哈电集团、中国电建、中国能建、中国安能、华润电力、国投电力、内蒙古电力集团、广东能源、浙能集团、京能集团、江苏国信、申能股份、河北建投、深圳能源、晋控电力、皖能股份、甘肃电投、广州发展、新力能源、特变电工等中电联理事单位及有关大型电力企业为报告提供了翔实的资料。

顾青（国家电网）、林菲（南方电网）、王晓茜（中国华能）、焦翔鸥（中国大唐）、郑海茹（中国华电）、范蕊（国家能源集团）、吕彩霞（国家电投）、杨蒙（中国三峡集团）、余金涛（中核集团）、沈元钦（中广核）、张敏（中国中煤）、田野（中国海油）、唐丽丽（东方电气集团）、褚凌摩（哈电集团）、吴志襄（中国电建）、王凯（中国能建）、陈伯智（中国安能）、梁海勇（华润电力）、陈钊（国投电力）、高昆（内蒙古电力集团）、魏华山（广东能源）、金利（浙能集团）、刘红欣（京能集团）、赵霞（江苏国信）、郑子旋（申能股份）、陈丽（河北建投）、龙朝晖（深圳能源）、郜俊秀（晋控电力）、沈俊花（皖能股份）、罗莉（甘肃电投）、张宪丽（广州发展）、王钊（新力能源）、杨筱（特变电工）、屈博（中国电科院）、李想（中信证券）等同志为本单位资料的收集整理、汇总提交做了大量工作。

王志轩、陈宗法、于刚、王俊、张正陵、张文亮、张运洲、张丽英等行业资深专家审核了报告。在此一并表示衷心感谢。

参与报告编写的主要撰稿人分别是：第一章由刘亮、张喆编写；第二章第一、二节由杨丹编写，第三节由潘卫群、蓝国青编写；第三章第一节由庄严、叶静编写，第二节由屈博编写，第三节由王馨艺、梁良编写；第四章第一节由靳坤坤编写，第二、三节由庄严编写，第四节由尹琳琳、刘伟、张亮编写，第五节由叶静编写；第五章第一节由姜晶编写，第二节由郑媛媛编写，第三节由周慧、徐慧声编写，第四节由李真、董士波、白洪海编写；第六章由高长征、韩超、郭永成、赵名锐、韩晓宇、刘禹含、周星、刘涛编写；第七章第一节至第三节由刘旭龙编写，第四节由李娜、魏聚妍、李泽编写；第八章第一节由陈旦、高丹丹编写，第二节由陈旦、高丹丹、高云鹏、周宏编写，第三节由姜锐、谈萌编写；第九章由马海伟、邬敏、郭涛、周丽波、李治甫、李璟延、常云岭编写；第十章第一节由石丽娜、雷雨蔚编写，

第二节由杨帆、王艳召编写，第三节由刘志强、李云凝编写，第四节由赵名锐编写；第十一章第一节由付红娟、侯春杰编写，第二节由方国、李猛编写；第十二章第一节由奚杰、刘彤编写，第二节由米富丽、张志强编写，第三节由李想编写，第四节由潘卫群、蓝国青编写；第十三章第一节由刘坤、徐丹编写，第二节由韩晓宇编写，第三节由刘坤、徐丹编写；第十四章第一节由吴立强编写，第二节由董博编写；附录 1 由陈瑞卿、王娜编写，附录 2 由靳坤坤、庄严编写，附录 3 由徐丹编写，附录 4 由刘旭龙编写，附录 5 由王娟编写，附录 6 由刘坤、徐丹编写。

中电联规划发展部牵头负责报告的组织编制、统稿等工作，受编撰时间、资料收集和编者水平所限，报告难免存在疏漏，恳请读者谅解并批评指正。我们将不断总结经验，进一步提高编撰质量，使报告成为引领中国电力行业科学发展和服务中电联会员企业的重要载体，成为研究、了解、记录中国电力行业发展的重要工具，在立足行业、联系政府、服务企业、沟通社会中发挥更大的作用。